EINE KULINARISCHE ENTDECKUNGSREISE
durch Südtirol

ALLA SCOPERTA DELL'ARTE CULINARIA
altoatesina

Cornelia Haller
Brigitte Frank

EINE KULINARISCHE ENTDECKUNGSREISE
durch Südtirol

ALLA SCOPERTA DELL'ARTE CULINARIA
altoatesina

MIT DEN BESTEN REZEPTEN AUS DER REGION

UMSCHAU

Inhalt | Sommario

• Roggenteigtaschen mit Burgeiser Almkäse
• Schneemilch aus dem Vinschgau

Fagottini di segale con formaggio di malga Burgusio •
Pannaneve della Val Venosta •

DAS ETSCHTAL — LA VAL D`ADIGE

- Lammrücken in der Senfkruste gebraten
- Getrüffelter Carbonara-Raviolo mit Rahmspinat und Lardo
- Zandercarpaccio mit Apfel-Meerrettich und Spitzwegerich
- Bratl von der Passeirer Bergziege mit Speckknödeln
- Spaghetti mit Mies- und Venusmuscheln
- Schlutzkrapfen
- Zartes Lammfilet mit Selleriepüree und glasierten Kastanien
- Kalbskopf sauer
- Semmelknödel mit Pfifferlingssauce

Schiena di agnello arrosto in crosta senape •
Raviolone alle carbonara tartufato con spinaci alla pana e lardo •
Carpaccio di lucioperca con cren alle mele e piantaggine •
Arrosto di capra di montagna della Val Passiria con canderli allo speck •
Spaghetti con cozze e vongole •
Ravioli tirolesi •
Filetto d'agnello con purè al sedano rapa con castagne glassate •
Testina di vitello all'agro •
Canderli di pane con salsa ai finferli •

• Passeirer Bachforellen Müllerin Art

• Preiselbeer-Rahmgefrorenes

Trote del Passirio alla mugnaia •

Gelato di panna e mirtilli rossi •

REZEPTE AUS DER REGION — 250

- Rinderfilet mit gefüllten Kartoffeln
- Saure Suppe (Kuttelsuppe)
- Malis Schlutzkrapfen
- In Lagrein geschmorte Ochsenwangen
- Pikante Fischsuppe mit Muscheln und Garnelen
- Rittner Kloatzen-Krapfen mit Apfeleis
- Kloatzen-Schlutzkrapfen
- Speckknödel mit Rittner Steinpilzen
- Fastenknödel mit Steinpilz-Pfifferlingsgröstel
- Hirschnüsschen in Lagreinsauce
- Salat mit Garnelen
- Rote-Bete-Teigtaschen mit Gorgonzolafüllung
- Schwarzbeerschmarren

250 — LE RICETTE REGIONALI

- Filetto di manzo con patate ripiene
- Zuppa di trippa in agro
- Ravioloni alla Mali
- Stufato di guanciale di bue in Lagrein
- Zuppa di pesce piccante con molluschi e gamberetti
- Krapfen di pere secche "kloatzen" del Renon con gelato alla mela
- Ravioloni di pere secche "kloatzen"
- Canederli allo speck con funghi porcini del Renon
- Canederli magri con rosticciata di funghi porcini e finferli
- Nocette di cervo in salsa di Lagrein
- Insalata con gamberetti
- Fagottini di bietola rossa con ripieno di gorgonzola
- Frittata dolce ai mirtilli neri

Südtirol | Alto Adige

Italien

Gilfenklamm
Ratschings

Moos
in Passeier
168 170
172
St. Leonhard
in Passeier
154 156 158
162 166
174 Walten

Passeiertal

St. Martin
in Passeier
152
150

Sarntaler
Alpen

40 Burgeis
Mals

44 Glurns

Schluderns
Churburg

Schlanders
46

Laas

Latsch
48

50 52
Kastelbell

54 Plaus
Naturns

Vinschgau

Prad a.S.

Stilfs

42 Trafoi

Ortler
3905 m

Hohe Wilde
3480 m

Schloss Tirol

Algund
62
Partschins 58
Rabland 56
64 66
Marling
122

Riffian
Meran
68 72 74 76
70
78 82 86 90
94 98 100

Hafling

Tscherms 118 120
124 126

Burgstall
138
140

Lana
128 130
132

Tisens 146

Mölten
144

Vilpian
142

Terlan
266
268

Schloss
Runkel-
stein

Oberbozen

Bozen

Sarntal
Sarnthein

23

236

Hasenöhrl
3257 m

134 St. Nikolaus

St. Gertraud

Hochwart
2627 m

Ulten

28 30
34
36 192 194
198
200 202 206
208 210 21

St. Pauls 286

Eppan an der
Weinstraße
280
282
284 306

272 274
276 Girlan
278 St. Michael

Leifers

Kaltern an der
Weinstraße
290 292 294
296 298 300 302
304 306 308 312

Branzoll

96 Pfatten

Mendelpass

Cles

Sanzeno

Coredo

Tassulo

Nanno

Denno

Tramin
an der
Weinstraße
316

Kurtatsch
an der
Weinstraße

Kurtinig an der
Weinstraße 322

Auer
318
Monta
326
320 324
Neumarkt

Südtiroler Weinstraße

22

Salurn

22

Mezzolombardo

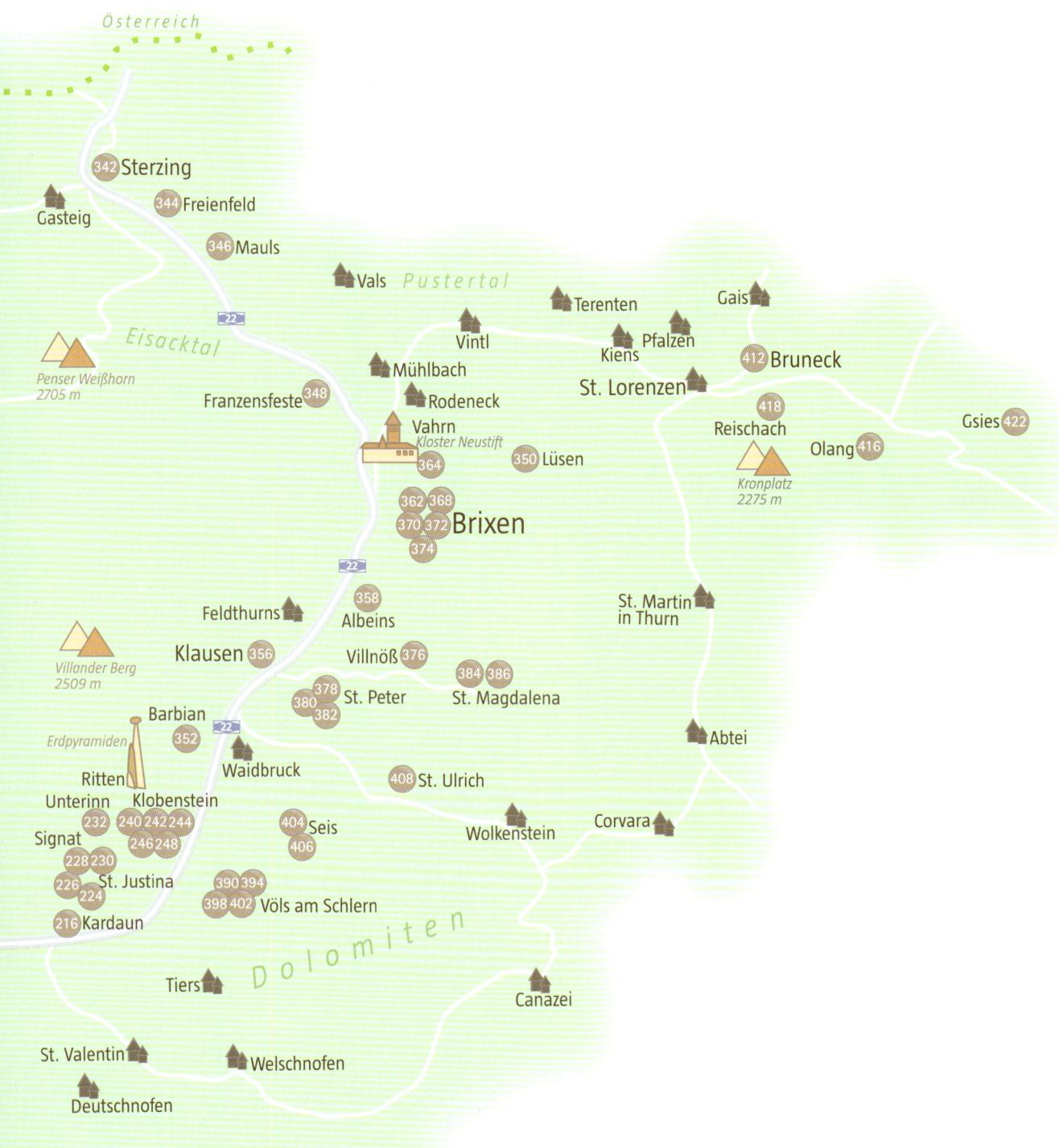

Österreich

342 Sterzing
344 Freienfeld
Gasteig
346 Mauls

Vals   *Pustertal*
Eisacktal
Vintl
Terenten
Gais
Mühlbach
Pfalzen
Penser Weißhorn
2705 m
Kiens
412 Bruneck
Franzensfeste 348
Rodeneck
St. Lorenzen
Vahrn
418
Kloster Neustift
Reischach
364
350 Lüsen
Olang 416
Gsies 422
Kronplatz
2275 m
362 368
370 372   Brixen
374

358
Feldthurns
Albeins
St. Martin
in Thurn
Villander Berg
2509 m
Klausen 356
Villnöß 376
384 386
378
380 St. Peter
St. Magdalena
382
Barbian
Abtei
Erdpyramiden
352
22
Waidbruck
408 St. Ulrich
Ritten
Unterinn
Klobenstein
Signat
232
240 242 244
404 Seis
246 248
406
228 230
Wolkenstein
Corvara
226
St. Justina
390 394
224
398 402 Völs am Schlern
216 Kardaun

D o l o m i t e n
Tiers

Canazei

St. Valentin
Welschnofen
Deutschnofen

Die Zahlen ⓯ sind identisch mit den Seitenzahlen der einzelnen Betriebe
in diesem Buch und bezeichnen ihre Lage in der Region.

Südtirol | Alto Adige

Italia

Cascate
Racines

Moso
in Passiria
168 170
172

San Leonardo
in Passiria
154 156 158
162 166

174 Valtina

Val Passiria

San Martino
in Passiria
152
150

*Le Alpi
Sarentine*

Altissima
3480 m

Castel Tirolo

Lagundo
62

Rifiano

Merano

Parcines 58
64 66

68 70 72 74 76
78 82 86 90

Rablà 56

122

Marlengo
94 98 100

Sarentino

40 Burgusio

🏠 **Malles**

44 Glorenza

Sluderno
Castello Coira

Silandro
46

Plaus

54

Naturno

Cermes 118 120
124 126

Avelengo

138 Postal
140

Prato allo
Stelvio

Lasa

50 52

Castelbello

48

Laces

128 130

Lana 132

144 Meltina

Val Venosta

Tesimo 146

Vilpiano
142

Castel Roncolo

🏠 Stelvio

266

Soprabolzano

236

42 Trafoi

Ultimo

Terlano 268

Bolzano

l'Orecchia di Lepre
3257 m

34 28 30 32
36 192 19
198 200 202 206
208 210 2

Ortles
3905 m

134 San Nicolò

Vedetta Alta
2627 m

San Paolo 286

272 274
276 Cornaiano

San Gertrude

280
Appiano 282
284 306

278
San Michele

290 292 294
Caldaro 296 298 300 302

Laives

304 306 308 312

Branzol

96 Vadena

Cles

Sanzeno

Termeno 316

Ora

Coredo

318

Monta

Tassulo

326

Nanno

320 324

Cortaccia

Egna

Denno

Cortina 322

Salorno

22

Mezzolombardo

Österreich

342 Vipiteno

Casateia

344 Campo di Trens

346 Mules

Val Pusteria

Terento

Gais

Vandoies

Kiens

Pfalzen

412 Brunico

Valle Isarco

Corno Bianco
2705 m

22

Fortezza 348

Rodengo

San Lorenzo
di Sebato

418

Riscone

Valle di
Casies 422

Varna
Abbazia di Novacella

364

350 Luson

416

Valdaora

Plan de Corones
2275 m

362 368

370 372

374

Bressanone

San Martion
in Badia

358

Velturno

Albes

Funes 376

Monte Villandro
2509 m

Chiusa 356

384 386

Piramidi di terra

378

380

382

San Pietro

San Maddalena

Badia

Barbiano

352

22

Ponte Gardena

408 Ortisei

Renon
Unterinn

Collalbo

232

240 242 244

246 248

404

406

Siusi

Corvara
in Badia

Signato

Selva di Val
Gardena

228 230

226

224

San
Giustina

390 394

398 402

Fiè allo
Sciliar

216 Cornedo
all'isarco

Dolomiti

Tires

Canazei

San Valentino
in Campo

Nova Levante

Nova Ponente

I numeri 128 corrispondo al numero di pagina su cui trovare la presentazione del singolo esercizio e indicano la sua posizione geografica.

Vorwort | Introduzione

Südtirol – was ist das Besondere an diesem Land? Was macht aus Südtirol eine Region, die Interesse weckt? Es sind viele verschiedene Aspekte, die ein Land prägen, die es zu dem machen, was es ist. Immer aber ist es das Bunte, ist es die Vielfalt der Dinge, die auf besonderes Interesse stößt.

Südtirol ist bekannt für seine einzigartigen Landschaften, für Kultur und Brauchtum. Traditionen werden auch heute noch gepflegt, Altes bewahrt und geschätzt. Gleichzeitig ist Südtirol offen für Neues, offen für Entwicklung. Eine nachhaltige, harmonische Entwicklung, die Einklang zwischen Natur, Umwelt und Wirtschaft anstrebt, steht dabei im Vordergrund. Dieser Ansatz ist auch in der Gastronomie Südtirols anzutreffen. Die Verwendung heimischer Produkte in der Küche ist mittlerweile vielerorts zur Selbstverständlichkeit geworden. Das Ergebnis ist eine regionale Küche, die Ausdruck der Kultur unseres Landes ist und die sich durch Vielfalt und hervorragende Qualität auszeichnet. Klima, Landschaft und nicht zuletzt der Geist der Menschen, die in diesem Land leben, spiegeln sich in den kulinarischen Gaumenfreuden wider.

Und wie in vielen anderen Bereichen ist es auch in der Gastronomie wichtig, sich sowohl auf das Althergebrachte zu besinnen als auch Neues zu wagen. Gerade diese Kombination hat Südtiroler Betrieben in der Gastronomieszene viele hohe Auszeichnungen eingebracht. Für seine kulinarischen Genüsse ist das Land im Herzen der Alpen und im Herzen Europas längst weit über die Grenzen hinaus bekannt.

Als Landeshauptmann von Südtirol wünsche ich viel Freude mit diesem einzigartigen Buch. Möge die „Kulinarische Entdeckungsreise durch Südtirol" den Lesern aber nicht nur das gute Essen und Trinken näherbringen, sondern auch die Vielfalt und Besonderheit unseres Landes vermitteln.

Alto Adige – cosa ha di particolare questa terra? Che cosa rende l'Alto Adige una regione degna di interesse? Sono molteplici gli aspetti che caratterizzano una terra e che la rendono quello che è. Ma sono comunque sempre la poliedricità e la varietà dell'offerta ad attirare l'attenzione di chi viene da fuori.

L'Alto Adige è conosciuto soprattutto per i suoi paesaggi unici, per i suoi aspetti storico-culturali e per i suoi usi e costumi. Ancora oggi le tradizioni vengono coltivate e il patrimonio del passato è custodito e valorizzato. Allo stesso tempo l'Alto Adige è aperto al nuovo e allo sviluppo. Infatti in primo piano c'è anche una crescita duratura ed armonica che tende ad una convivenza simbiotica tra natura, ambiente ed economia. Questa considerazione la riscontriamo anche nella gastronomia dell'Alto Adige. In molti posti l'utilizzo di prodotti locali in cucina è diventato una prassi con il risultato di una cucina regionale che è espressione della cultura della nostra terra e che si distingue per la varietà e per un'impeccabile qualità. Il clima, il paesaggio e non per ultimo lo spirito della gente che vive in questa terra si rispecchiano anche nei piaceri culinari. Come in molti altri settori, anche nella gastronomia è importante prendere coscienza della tradizione, ma anche avventurarsi nella modernità. Proprio grazie a questa combinazione le aziende altoatesine del settore enogastronomico si sono aggiudicate molti prestigiosi riconoscimenti. Le prelibatezze culinarie di questa terra nel cuore delle Alpi e nel cuore dell'Europa l'hanno resa famosa ben oltre i confini nazionali. Come presidente della provincia autonoma di Bolzano – Alto Adige auguro a questo bel libro un grande successo. Possa questo straordinario viaggio "alla scoperta dell'arte culinaria altoatesina" far conoscere non solo il buon cibo ed il buon vino, ma anche trasmettere la molteplicità e la particolarità della nostra terra.

Dr. Luis Durnwalder

Essen & Trinken in Südtirol
Mangiare e bere in Alto Adige

„Knödel, Nocken, Nudeln, Plenten sein die Tiroler Elementen" heißt ein Sprichwort, das in ganz Tirol zu Hause ist. Die älteste Darstellung von Knödeln finden wir auf der Burg Hocheppan an der Südtiroler Weinstraße. Diese um 1131 gemalten Fresken zeigen eine Magd, die der Muttergottes einen Tiegel Knödel reicht.

Bis ins 19. Jahrhundert waren Hafer, Gerste, Roggen und Mais die Hauptnahrung der überwiegend bäuerlichen Bevölkerung. Zum Frühstück gab es Mus, einen Brei aus Getreide, entweder in Wasser, Milch oder – die Luxusversion – in Sahne gekocht. Auch heute noch ist das Mus während der Sommermonate auf den Almen ein Grundnahrungsmittel. Mittags aß man früher vielleicht eine Knödelsuppe und abends in Milch eingeweichtes Roggenbrot. Zwischendurch, zum „Halbmittag" und zur „Marend'", also zur Vesper, gab es Brot mit Käse oder einem Brocken Speck. Fleischgerichte, vornehmlich vom Schwein, Speckknödel, Selchoder Surfleisch kamen nur sonntags und an Feiertagen auf den Tisch. An Weihnachten, wenn die Tafel reichlich gedeckt war, drohten der Volksweisheit zufolge dem Tiroler drei Gefahren: das „Der-

"Canederli, polenta, paste e gnocconi son del Tirolese i più amati bocconi" così all'incirca recita un detto di casa in tutto il Tirolo storico. La più antica raffigurazione dei canederli la troviamo a castel Appiano: un affresco del 1311 mostra una contadina che sta per servire dei canederli alla Madonna.

Fino alla metà dell'Ottocento l'alimentazione principale della popolazione rurale era concentrata sull'avena, l'orzo, la segale ed il mais. Alla mattina si mangiava la "mosa", una pappa preparata con farina di frumento, di mais o di segale con l'aggiunta di acqua, di latte oppure – nella variante più pregiata – di panna fresca. Ancora oggi questa "mosa" fa parte del menu giornaliero dei malgari durante i mesi dell'alpeggio estivo. A mezzogiorno poi, si mangiava magari una minestra con canederli e alla sera spesso ci si accontentava di pan di segale raffermo "pucciato" nel latte. C'erano però anche due pasti intermedi, quello a metà mattinata e la merenda pomeridiana, fatti di pane, formaggio e un pezzo di speck. I piatti a base di carne – in prevalenza di maiale, affumicata, in salamoia o aggiunta ai canederli – erano riservati

hungern", weil bis mittags gefastet wurde, das „Derfrieren" auf dem Weg zur Kirche und letzlich das „Derschnöllen", also das Zerplatzen nach ungewohnt üppigem Essen und Trinken.

Auch in der Volksmedizin spielten Speis' und Trank eine große Rolle. Gegen Erkältungen und bei Rheuma wickelte man Brotteig um Hals und Gelenke. Die „drei weißen Gaben" dienten dem Bann nächtlicher Geister und Dämonen. Beim Bau eines Hauses wurde ein Ei unter den Firstbalken gelegt, beim Pflügen kam eines als Fruchtbarkeitsopfer in die erste Furche.

Reichlicher als bei den Bergbauern wurde in den Tälern an den Durchgangsstraßen gegessen. Als im 15. Jahrhundert das Postwesen aufkam, entwickelten sich die Fuhrmannsgasthöfe zu Poststationen, in denen auch Reisende mit höheren Ansprüchen beherbergt und verköstigt wurden. Aus dem Vollen konnten die Adeligen auf ihren Herrensitzen schöpfen. Die wegen ihrer Schönheit bewunderte Philippine Welser (1521–1580), Gattin des Erzherzogs Ferdinand II., imponierte ihren Verehrern damit, dass sie einen Humpen Rotwein auf einen Zug leeren konnte. Die Kochbuchautorin mit dem großen Durst trug sich denn auch als Erste in das berühmte Trinkbuch von Schloss Ambras bei Innsbruck ein. Sie hinterließ eine Sammlung Rezepte für Küche und Hausmedizin und somit das älteste erhaltene Zeugnis der Tiroler Kochkunst, das heute in der Wiener Nationalbibliothek verwahrt wird.

Bis heute sind Knödel, Nocken und gefüllte Teigtaschen aus der Südtiroler Küche nicht wegzuden-

alla domenica e alle feste religiose. Il giorno di Natale invece, secondo una tradizione popolare, ogni tirolese rischiava di morire per ben tre volte: morire affamato a causa del digiuno imposto fino a mezzogiorno, morire congelato durante la camminata verso la chiesa ed infine morire scoppiato per colpa del successivo opulentissimo pranzo natalizio.

Anche nella medicina popolare il cibo e le bevande avevano un ruolo importante. Contro il raffreddore e i reumatismi si usavano impacchi con impasto di pane da applicare intorno al collo e sulle articolazioni, i "tre doni bianchi" servivano a scacciare i demoni e nella costruzione di una casa nuova si usava mettere un uovo sotto l'architrave del tetto come pure si soleva deporre un uovo nel primo solco durante l'aratura dei campi.

Pasti più lauti rispetto a quelli dei masi contadini si consumavano a valle lungo le strade di passaggio. Quando nel Quattrocento iniziò a svilupparsi il traffico postale, le vecchie osterie si trasformarono in stazioni postali in cui poter servire e dare alloggio anche a viaggiatori più esigenti. Le tavole più ricche erano quelle apparecchiate nelle residenze dei nobili. Philippine Welser (1521–1580), la bellissima consorte dell'arciduca Ferdinando II, impressionò i suoi ammiratori svuotando con un sol sorso un intero boccalone di vino. Autrice di libri di cucina, l'assetata duchessa fu anche la prima ad immortalarsi nel famoso "libro dei brindisi" di Castel Ambras alle porte di Innsbruck. La sua raccolta di ricette culinarie e di medicina popolare, oggi conservata nella biblioteca nazio-

ken: Speck-, Käse- oder Spinatknödel, die berühmten Schlutzkrapfen – sie alle finden sich auf den Speisekarten der Restaurants, seien sie einfach oder edel.

Schon lange besitzt die italienische cucina ihren festen Platz in Südtirol mit Nudeln, Pizza und mediterranen Fischgerichten. Auch ferne Länder haben kulinarisch Einzug gehalten, von chinesisch über indisch bis mexikanisch reicht die Bandbreite der Abwechslungsmöglichkeiten. Spezialitäten-Geschäfte und gut sortierte Supermärkte haben Exotisches wie Ingwer, Zitronengras und Kochbananen im Angebot. Bio-zertifizierte Lebensmittel steigen in der Gunst der Verbraucher, das reicht von Obst und Gemüse über Milchprodukte und Brot bis zum Fleisch.

Die Region Südtirol darf sich rühmen, die höchste Dichte an Michelin-Sternen in Italien zu besitzen! Diesen oft jungen Meistern gelingt der Spagat, kulinarische Traditionen in das Hier und Jetzt zu transferieren. So manche Genießerschar findet sich in den im ganzen Land verteilten hoch dekorierten Feinschmecker-Refugien ein, um sich eine neue Südtiroler Küche schmecken zu lassen, die Traditionsbewusstsein und Kreativität spielend und selbstbewusst unter einen Hut bringt. Zu einem feinen Essen darf natürlich ein ebensolcher Wein nicht fehlen. Südtirol als ältestes deutschsprachiges Weinbaugebiet kann auch hier mit Vielfalt und Erstklassigkeit punkten.

nale di Vienna, costituisce una tra le più antiche testimonianze sulla cucina tirolese.

Ancora oggi nella cucina altoatesina sono i canederli, gli gnocchi e i fagottini di pasta ripieni a farla da padrone: canederli allo speck, al formaggio o agli spinaci ed i gustosissimi "schlutzer" hanno un posto fisso su tutti i menu, sia nelle trattorie più semplici che nei ristoranti più raffinati. Ma da molto tempo anche la cucina italiana con le sue apprezzatissime paste, pizze e specialità di pesce costituisce parte integrale della buona tavola dell'Alto Adige. E sono presenti perfino quelle più esotiche, dalla cucina cinese a quella indiana o messicana, rifornite da innumerevoli negozi alimentari specializzati e supermercati con ottimi assortimenti compresi gli alimenti a certificazione biologica che vanno dalla frutta e verdura fino ai latticini, al pane e alla carne. E non è un caso che l'Alto Adige gastronomico sia la provincia italiana con la maggiore densità di stelle Michelin. Spesso questi chef di eccellenza, per lo più giovani, riescono a creare uno splendido connubio tra le tradizioni del territorio e le esigenze dell'arte culinaria più progredita. Apprezzati da una schiera di buongustai in continua crescita, questi pluripremiati "rifugi gourmet" sparsi sul territorio sanno soddisfare al meglio ogni palato con la loro creatività innovativa radicata nelle tradizioni. Si sa che su una buona tavola non deve mancare un vino altrettanto buono, e di vini davvero buoni l'Alto Adige ne offre tanti, basti pensare che si tratta della più antica regione vitivinicola dell'intera area germanofona.

Pure Lebensfreude aus der Flasche
Il puro piacere racchiuso nella bottiglia

Südtirol und Wein: Das gehört einfach zusammen! Dank der außergewöhnlich günstigen Klima- und Bodenbedingungen fühlt sich die Weinrebe hier sehr wohl – und das schon seit 3 000 Jahren. Funde von Traubensamen belegen den Rebenwuchs schon in der Eisenzeit, somit gehört Südtirol zu den ältesten Weinbaugebieten Mitteleuropas. Auch die Römer waren angetan vom „rätischen Wein", den sie in Holzfässern nach Rom transportierten.

An die 350 000 Hektoliter Wein werden heute in Südtirol im Durchschnitt jährlich erzeugt, 55 Prozent davon sind Weißweine, 45 Prozent Rotweine. Die Weißen werden von Ruländer (Grauburgunder), Gewürztraminer, Chardonnay und Weißburgunder angeführt. Bei den Roten dominiert der heimische Vernatsch in allen seinen Spielarten.

Die Anbaugebiete reichen vom unteren Vinschgau über Meran und das Burggrafenamt, das mittlere Etschtal, Bozen und Umgebung und das Eisacktal bis ins Überetsch und Unterland – eine ungeheuer vielfältige Weinlandschaft, die unvergleichliche Spezialitäten hervorbringt.

So sind es im Eisacktal der rassige Sylvaner, in der Bozner Gegend der samtige St. Magdalener und der kräftige autochthone Lagrein, im Überetsch der fruchtig-frische Weißburgunder und der bekömmliche Kalterersee, und das Unterland wartet mit elegantem Blauburgunder und dem wohl berühmtesten aller Südtiroler Weine, dem duftigen Gewürztraminer auf. 15 Kellereigenossenschaften,

L'Alto Adige e il vino: un binomio indissolubile! Grazie al clima e al suolo estremamente favorevoli la vite è di casa in Alto Adige da ben 3000 anni come testimoniano i ritrovamenti di semi d'uva risalenti all'età del ferro. Quindi, l'Alto Adige è una tra le prime aree mitteleuropee in cui si è coltivata la vite. Gli stessi antichi Romani gradivano alquanto il "vino retico" trasportato fino a Roma in botti di legno.

Oggi sono circa 350 000 gli ettolitri di vino altoatesino che ogni anno escono dalle cantine locali, di cui il 55 % sono vini bianchi, prevalentemente Pinot Grigio (Ruländer), Gewürztraminer, Chardonnay e Pinot Bianco, mentre il rimanente 45 % sono vini rossi per lo più a base di uva Schiava.

I territori di viticoltura si estendono dalla bassa Val Venosta attraverso Merano ed il Burgraviato fino al centro della Valle d'Adige e alla conca di Bolzano nonché dalla Val d'Isarco fino alla zona dell'Oltradige e all'intera Bassa Atesina – un paesaggio vitivinicolo alquanto poliedrico in cui crescono specialità pregiatissime ed inconfondibili. A cominciare dal corposo Sylvaner della Val d'Isarco o dal vellutato Santa Maddalena e dal vigoroso Lagrein autoctono della zona di Bolzano, per passare al fruttuoso Pinot Bianco e al rosso di Caldaro dell'Oltradige e giungere nella Bassa Atesina con il suo pregiato Pinot Nero e l'aromatico Gewürztraminer, il più rinomato tra i vini altoatesini. 15 cantine sociali e una quarantina di tenute vinicole e cantine private, oltre a tanti piccoli coltivatori diretti, cu-

circa 40 Weingüter und Kellereien und etliche Weinbauern pflegen ihre Weinberge, in denen über 20 Rebsorten gedeihen. Neben den reinsortigen Weinen gehören auch Cuvées, Dessertweine und Sekt zum Sortiment.

rano con grande passione e sapienza le loro vigne ricche di oltre venti diverse varietà di vitigno che forniscono anche l'uva per tante altre specialità altoatesine come i vari cuvée, i vini da dessert e gli spumanti.

EOS

Export Organisation Südtirol
der Handelskammer Bozen
Konsortium Südtiroler Wein
Südtiroler Straße 60
I-39100 Bozen
☎ 00 39 04 71 / 94 57 50
www.suedtirolerwein.com

EOS

Organizzazione export
Alto Adige della Camera
di commercio di Bolzano
Consorzio Vini Alto Adige
Via Alto Adige 60
39100 Bolzano

Gesunde Vielfalt aus den Apfelgärten Südtirols
Sana varietà dai meleti dell'Alto Adige

Wer gerade herzhaft in einen knackigen Apfel beißt, hat es statistisch gesehen bei ungefähr jedem zehnten Exemplar mit einem „echten Südtiroler" zu tun. Mit 18 400 Hektar ist Südtirol das größte geschlossene Anbaugebiet in der EU. Rund 8 000 Obstbauern bewirtschaften ihre zum Teil nur zweieinhalb bis drei Hektar großen Obstwiesen. Boden und Klima bieten dem Apfel hervorragende Bedingungen. Auf etwa 100 Kilometern Tallänge gedeihen die Äpfel in 200 bis 1 100 Metern Höhe. Bei 300 Sonnentagen und über 2 000 Sonnenstunden jährlich erhalten die Früchte ihre besondere, herausragende Qualität. Durchschnittlich 800 Millimeter Niederschlag pro Jahr sichern die Wassergrundversorgung. Das alpin-kontinentale Klima mit warmen Sommertagen und kühlen Herbstnächten sorgt für die einzigartige Fruchtfarbe, für wertvollen Zucker, Aromastoffe und Vitamine. Mit circa 12 Milligramm Vitamin C deckt ein Apfel 15 Prozent des Tagesbedarfs.

In Südtirol wird hauptsächlich integrierter Anbau betrieben, seit den 80er-Jahren ist auch der biologische Anbau mit steigender Tendenz zu verzeichnen. Elf Sorten sind es, die mit dem EU-Siegel der geschützten geografischen Angabe (g.g.A.) vermarktet werden: Golden Delicious, Gala, Red Delicious, Braeburn, Fuji, Granny Smith, Morgenduft, Jonagold, Winesap, Idared und Elstar. Dazu kommen noch sogenannte Clubsorten wie die Pink Lady. Insgesamt beläuft sich die jährliche Ernte auf etwa eine Million Tonnen, das sind zehn bis zwölf Prozent der gesamten EU-Produktion.

Chi si trova a mordere di gusto una mela croccante, un caso su dieci all'incirca, statisticamente parlando, sta gustando un'autentica mela altoatesina. Con una superficie di 18.400 ettari l'Alto Adige ha il più grande territorio integrale coltivato e meli di tutta l'Unione Europea. Circa 8000 coltivatori gestiscono i propri frutteti che in parte si estendono solamente dai due e mezzo fino ai tre ettari. Il terreno e il clima si prestano in maniera ottimale alla coltivazione della mela. Le mele maturano su un territorio che si estende a valle per circa 100 chilometri, ad un'altitudine dai 200 fino ai 1 100 metri. I 300 giorni di sole all'anno con oltre 2 000 ore di sole conferiscono ai frutti la loro qualità particolare e superlativa. Una media di 800 millimetri di precipitazioni all'anno assicurano il rifornimento d'acqua al terreno. Il clima alpino-continentale con calde giornate estive e fresche notti autunnali è il responsabile dell'inconfondibile colore dei frutti, dello zucchero pregiato, dell'aroma e della vitamina. Con un contenuto di circa 12 milligrammi di vitamina C, una mela soddisfa il 15% del fabbisogno giornaliero. Nell'Alto Adige viene praticata in prevalenza un'agricoltura integrata e dagli anni '80 si registra anche una crescita di tendenza dell'agricoltura biologica. Sono undici le qualità che vengono messe in commercio con il marchio europeo d'indicazione geografica protetta (IGP): Golden Delicious, Gala, Red Delicious, Braeburn, Fuji, Granny Smith, Morgenduft, Jonagold, Winesap, Idared e Elstar. A queste si aggiungono anche le cosiddette "varietà club" come la Pink Lady. In totale il raccolto annuo ammonta a circa un milione di tonnellate, che significa il dieci fino al dodici % dell'intera produzione dell'Unione Europea.

🏠 Südtiroler Apfelkonsortium
c/o EOS der Handelskammer Bozen
Südtiroler Straße 60
I-39100 Bozen
☎ 00 39 04 71 / 94 57 50
www.suedtirolerapfel.com

Consorzio Mela
Alto Adige
c/o EOS della Camera
di commercio di Bolzano
Via Alto Adige 60
39100 Bolzano

Der König der Südtiroler Genüsse
Il re delle delizie dell'Alto Adige

Weltweit gilt Südtiroler Speck als „die" kulinarische Berühmtheit des Landes. Er ist ein spezifisches Markenprodukt mit unverkennbarem Geschmack und leicht erkennbar am grünen Trägersteg. Ursprünglich geht der Speck auf die Notwendigkeit zurück, Fleisch ohne Kühlung haltbar zu machen. So „erfanden" die Bergbauern durch Würzen, Pökeln, leichte Räucherung und Lufttrocknung der ganzen Schweinehälften die Spezialität, die heute mit der Bezeichnung „g.g.A." (geschützte geografische Angabe) für Begeisterung bei den Verbrauchern sorgt. Basis ist zu allererst der gute Rohstoff, nämlich magere, vollfleischige Schlegel von Schweinen aus artgerechter Haltung. In fünf Schritten erfolgt die Produktion, die strengen Qualitätskriterien unterworfen ist. Nachdem die Schlegel nach traditionellen Methoden zugeschnitten und mit dem Datum des Produktionsbeginns markiert wurden, reibt man sie

In tutto il mondo lo speck dell'Alto Adige è conosciuto come la "celebrità gastronomica della regione". È un prodotto di marchio specifico con un gusto inconfondibile e facilmente riconoscibile dall'etichetta verde. Le origini dello speck sono da ricondursi alla necessità di poter conservare la carne senza refrigerazione. Così i contadini di montagna "scoprirono" attraverso la speziatura, salmistratura, leggera affumicatura ed essiccazione all'aria delle cosce suine intere la specialità che oggigiorno entusiasma i consumatori con il suo marchio "IGP" (indicazione geografica protetta). La base è prima di tutto una buona materia prima, cioè magra da allevamento nel rispetto della specie animale. La produzione si svolge in cinque fasi sottoposte a rigidi criteri di qualità. Dopo che i cosciotti sono stati tagliati secondo metodi tradizionali e marchiati con la data di inizio produzione, vengono frizionati con il sale in un composto di

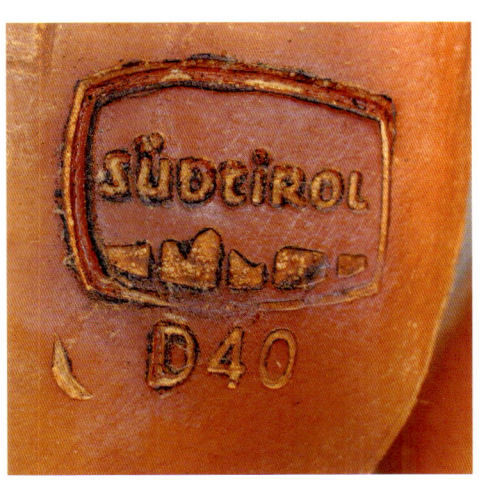

mit Salz und einer Gewürzmischung ein, deren genaue Bestandteile natürlich das Geheimnis jedes einzelnen Herstellers sind. Nun werden die Hammen drei Wochen lang in kühlen Räumen gepökelt. Danach werden sie abwechselnd geräuchert und getrocknet. Wenig Rauch und viel Luft ist hier die Devise, die Temperatur darf 20 Grad Celsius nicht überschreiten. Anschließend reift der Speck in gut durchlüfteten, von Südtiroler Bergluft durchströmten Räumen je nach Gewicht bis zu 22 Wochen. Speck schmeckt nicht nur pur, sondern lässt sich zu vielerlei Gerichten verarbeiten. Wichtig ist, dass man ihn etwa 20 Minuten vor dem Verzehr aus der Vakuumpackung nimmt und ihn immer gegen die Faser schneidet, entweder in Streifen, Würfel oder dünne Scheiben.

spezie la cui esatta composizione è naturalmente il segreto di ogni singolo produttore. Quindi i cosciotti vengono salmistrati per tre settimane in locali freschi. In seguito vengono affumicati ed essiccati in alternanza. Il trucco qui è poco fumo e tanta aria, inoltre la temperatura non deve superare i 20°. Infine lo speck matura in locali ben arieggiati, traspira l'aria di montagna dell'Alto Adige e rimane a stagionare fino a 22 settimane a seconda del peso. Non solo lo speck è delizioso se gustato da solo, ma si può impiegare in moltissimi altri piatti. L'importante è che lo si tolga dalla confezione sottovuoto circa 20 minuti prima del consumo e che lo si tagli sempre in senso contrario alle fibre, in striscioline, cubetti oppure a fettine sottili.

Südtiroler Speck Consortium
Rittner Straße 33 A
I-39100 Bozen
☎ 00 39 04 71 / 30 03 81
www.speck.it

Consorzio Speck Alto Adige
Via Renon 33 A
39100 Bolzano

Milch: gesunde Wellness aus den Südtiroler Bergen
Latte: sano benessere dalle montagne dell'Alto Adige

Das „Qualitätszeichen Südtirol" garantiert auch bei Milch und Milchprodukten nachvollziehbare Herkunft und Qualitätssorgfalt in der gesamten Wertekette auf Bauernhöfen und in Sennereien, kontrollierte, gentechnikfreie Fütterung, artgerechte Tierhaltung, kontrollierte Milchgewinnung und verantwortungsbewusste Verarbeitung und Veredelung. Die Südtiroler Milchbauern widmen sich mit Fleiß und Leidenschaft der Milchgewinnung und erhalten und pflegen damit auch die einzigartige Kulturlandschaft. Während viele noch schlafen, steht die frisch gemolkene Milch täglich abholbereit am Bauernhof, und zwar auch in den

Il "marchio di qualità Alto Adige" garantisce anche nel caso del latte e dei prodotti da esso derivati origine rintracciabile e cura qualitativa nell'intera catena del valore per quanto riguarda masi e malghe, oltre a mangimi controllati e non geneticamente modificati, allevamento secondo le esigenze delle specie, mungitura controllata e lavorazione e affinamento svolti in maniera responsabile. I produttori di latte dell'Alto Adige si dedicano con diligenza e passione alla produzione del latte e così facendo salvaguardano ed hanno cura del singolare patrimonio culturale di questa terra. Mentre siamo ancora in tanti a dormire,

abgelegensten Tälern. Vom Bauernhof geht es direkt zu einem der zehn Milchhöfe, wo der wertvolle Grundstoff veredelt und weiterverarbeitet wird. So kommt die Südtiroler Frischmilch innerhalb von 24 Stunden von der Kuh ins Kühlregal.

Der Sennereiverband Südtirol wurde 1941 gegründet und sichert mit einem dichten Netz an Kontrollen auf dem gesamten Produktionsweg die unverkennbare Milchqualität: Wo Südtirol draufsteht, ist nur Südtirol drin! Das gilt natürlich nicht nur für die Milch, sondern auch für alle Milchprodukte wie Joghurt, Schnittkäse, Mozzarella, Mascarpone, Ricotta, Sahne, Butter und Topfen. Südtiroler Käse wird nach alter Tradition in Handarbeit und ausschließlich aus naturbelassener Milch hergestellt. Bei 90 Käsesorten ist für jeden Geschmack etwas dabei.

il latte appena munto ogni giorno è pronto al maso e anche nelle valli più isolate per essere portato in una delle dieci latterie sociali sparso sul territorio, dove la pregiata materia prima viene affinata e lavorata ulteriormente. Così il latte fresco dell'Alto Adige arriva dalla mucca al banco frigo nel giro di 24 ore.

La federazione delle latterie dell'Alto Adige venne fondata nel 1941 ed assicura l'inconfondibile qualità del latte tramite una fitta rete di controlli sull'intero percorso produttivo: laddove c'è scritto Alto Adige, allora all'interno c'è solo l'Alto Adige! Questo naturalmente non vale solo per il latte, ma anche per altri prodotti derivati come lo yogurt, la mozzarella, il mascarpone, le ricotte, la panna, il burro e le innumerevoli varietà di formaggi da taglio prodotti esclusivamente con latte allo stato naturale e secondo le antiche tradizioni dell'arte casearia altoatesina. Tra i novanta diversi tipi di formaggio prodotti in Alto Adige ce n'è davvero per tutti i gusti e palati, raffinati ed esigenti che siano.

Sennereiverband Südtirol
Galvanistraße 38
I-39100 Bozen
☎ 00 39 04 71 / 06 39 00
www.meinesuedtirolermilch.com

Federazione Latterie
Alto Adige
Via Galvani 38
39100 Bolzano

Südtiroler Spezialitäten: bunte Vielfalt an leckeren Produkten
Specialità altoatesine: Colorata varietà su prodotti deliziosi

Produkte mit dem Qualitätszeichen Qualität Südtirol, g.g.A. (geschützte geografische Angabe), g.U. (geschützte Ursprungsbezeichnung) oder DOC (kontrollierte Ursprungsbezeichnung bei Wein) garantieren für geprüfte Qualität und für Südtiroler Herkunft. Mit der Einführung des Qualitätszeichens ist Südtirol Vorreiter in Europa. Neben den solchermaßen gekennzeichneten Lebensmitteln Speck, Äpfeln, Milch und Wein gehören auch Rindfleisch, Brot und Apfelstrudel, Beeren und Kir-

I prodotti con il simbolo di qualità "Qualità Alto Adige", IGP (indicazione geografica protetta), DOP (denominazione di origine protetta) o DOC (denominazione di origine controllata per il vino) sono garanzia di comprovata qualità e di origine sudtirolese. Con l'introduzione del marchio di qualità l'Alto Adige è pioniere in Europa. Accanto ai prodotti alimentari che portano tale contrassegno come lo speck, le mele, il latte e il vino vanno annoverati anche pane, strudel di mele, frutti di

schen, Apfelsaft und frische und getrocknete Apfelschnitten, Honig, Grappa und Gemüse dazu.

Südtiroler Brot wird aus bestem Getreide nach traditionellen Rezepten und ohne Konservierungsstoffe gebacken. Über Jahrhunderte haben sich landestypische Brotsorten entwickelt, darunter Vinschger Paarln, Pusterer Breatln und Schüttelbrot in etlichen Varianten.

Südtiroler Beeren und Kirschen reifen bis in 1 600 Metern Höhe und entwickeln dadurch ihren frischen, süßen Geschmack. Das Qualitätszeichen garantiert, dass sie aus kontrollierter, integrierter Produktion stammen und handgepflückt wurden. Honig aus Südtirol zeichnet sich durch seine geschmackliche Vielfalt aus, er ist naturbelassen, reich an natürlichen Wirkstoffen und frei von Zusatzstoffen. 40 000 Bienenvölker finden in Südtirol eine Unzahl von Blüten, aus denen zum Beispiel Mischblüten-, Alpenrosen-, Löwenzahn- und Waldhonig hergestellt wird.

Auch Gemüse ist ein hochwertiges Lebensmittel und sollte zum täglichen Speiseplan gehören. Das milde Klima in Südtirol schafft ideale Bedingungen für den Anbau von Eisbergsalat, Blumenkohl, Radicchio, Kartoffeln, Roten Rüben und Weißkohl.

bosco e ciliegie, succo di mela e freschi tranci alle mele, frutta essiccata e carne bovina, miele, grappa e verdure.

Il pane sudtirolese viene prodotto dai cereali migliori e secondo ricette tradizionali senza l'aggiunta di conservanti. Nel corso dei secoli si sono sviluppate varietà di pane tipiche di questa terra come le coppiette della Val Venosta, le pagnotte della Val Pusteria e lo "Schüttelbrot" o pane scosso croccante in parecchie varianti. I frutti di bosco e le ciliegie sudtirolesi maturano fino a 1 600 metri di altitudine e sviluppano di conseguenza un loro proprio gusto fresco e dolce. Il marchio di qualità ne garantisce l'origine da produzione controllata ed integrata e la raccolta a mano. Il miele dell'Alto Adige si contraddistingue per le sue gustose varietà, viene prodotto secondo metodi naturali ed è ricco di principi attivi e privo di additivi. 40 000 colonie di api trovano in Alto Adige un'immensa quantità di fiori, dai quali viene prodotto per esempio il miele millefiori, il miele di bosco, il miele di rododendro e il miele di tarassaco. Anche le verdure sono un alimento pregiato e dovrebbero essere consumate giornalmente. Il clima mite dell'Alto Adige crea le condizioni ideali per la coltivazione dell'insalata iceberg, cavolfiore, radicchio, patate, barbabietola rossa e cavolo bianco.

EOS
**Export Organisation Südtirol
der Handelskammer Bozen**
Südtiroler Straße 60
I-39100 Bozen
☎ 00 39 04 71 / 94 57 50
www.suedtirolerspezialitaeten.com

EOS
Organizzazione export Alto Adige
della Camera di commercio
di Bolzano
Via Alto Adige 60
39100 Bolzano

Der Vinschgau – Von Gipfeln und Reben
La Val Venosta – dai ghiacciai ai vigneti

Von den vielen schönen Tälern Südtirols ist der ost-westlich verlaufende Vinschgau wahrscheinlich das abwechslungsreichste. Vom Reschenpass kommend, zeigt sich bald der höchste Gipfel der Ostalpen, „König Ortler", dann entfaltet die Landschaft nach und nach ihre liebreizende Seite. Kunsthistorisch Interessierte können im Vinschgau aus dem Vollen schöpfen und die „Stiegen zum Himmel" auf der alpinen Straße der Romanik erklimmen. Zu den sagenhaften Kulturschätzen gehört zum Beispiel St. Johann in Taufers mit Mauerteilen aus dem 9. Jahrhundert und dem größten Freskenzyklus des Vinschgaus samt ältester Christophorus-Darstellung Tirols. Naturliebhaber finden eine grandiose, unberührte Bergwelt im Nationalpark Stilfserjoch, Wanderer und Bergsteiger unzählige Routen der verschiedensten Schwierigkeitsgrade, Romantiker lauschige Waalwege entlang der alten Bewässerungskanäle. Stellt sich Hunger ein, so hat man es im Vinschgau wieder gut getroffen, Heimat der würzigen „Paarln", die auch die Vinschger Brotsuppe bereichern.

Di tutte le belle valli dell'Alto Adige la Val Venosta è forse quella del paesaggio più poliedrico. Venendo dal Passo Resia ci si trova di fronte all'imponente massiccio dell'Ortles, la montagna più alta delle Alpi orientali. Più giù il paesaggio si spiega in un'ampia vallata morbida e vellutata dove anche gli appassionati della storia dell'arte non hanno che da scegliere lungo la "strada del romanico alpino" con i suoi tanti tesori tra cui il monastero di S. Giovanni a Tubre con mura risalenti al IX sec. e uno splendido ciclo di affreschi e una tra le più antiche raffigurazioni di San Cristoforo. Gli amanti della natura più incontaminata trovano il loro eldorado nel Parco Nazionale dello Stelvio, mentre gli escursionisti e gli alpinisti hanno a loro disposizione un'infinità di bellissimi itinerari ed altri percorreranno i romantici sentieri pianeggianti lungo le rogge d'acqua che accompagnano l'intera vallata. Se poi si fa sentire la fame, la Val Venosta ha molto da offrire anche per quanto concerne l'arte culinaria, a cominciare dai suoi famosi "paarln" speziati, le pagnotte appaiate di segale.

Nicht zu Hause und doch daheim
Sentirsi a casa fuori casa

Roggenteigtaschen mit Burgeiser-Almkäse in Salbeibutter und gebratenem Vinschger Bauchspeck | Fagottini di segale con formaggio di malga Burgusio in burro di salvia e pancetta della Val Venosta rosolata

Rezept finden Sie auf Seite 104 |
Per la ricette vedere a pag. 104

Das reizende Örtchen Burgeis unterhalb des Benediktinerstifts Marienberg ist wie geschaffen für Menschen, die sich Zeit nehmen, malerische Winkel und prachtvolle Gebäude zu entdecken. Gleich neben dem historischen Dorfbrunnen mit der Säule des Heiligen Michael haben wir das ebenso geschichtsträchtige Hotel-Restaurant Zum Mohren gefunden – einen Gasthof wie aus dem Bilderbuch! Wer die imposante Freitreppe hinauf und dann durch das Eingangsportal tritt, fühlt sich geborgen in der Atmosphäre eines 350 Jahre alten Hauses. Holzgetäfelte Stuben, gemütlich-elegante Speiseräume und überall die spürbare Gastfreundschaft einer Hoteliersfamilie in der 13. Generation – da kommt wahre Urlaubsfreude auf! Familie Theiner kann auch kulinarisch aus dem Vollen schöpfen, die eigene Landwirtschaft versorgt die Küche mit Gemüse, Kräutern, Rind- und Kalbfleisch. Eine neue Seite der Geschichte des traditionsreichen Hauses hat Familie Theiner mit der Neugestaltung des nur wenige Schritte entfernten Plavina aufgeschlagen. Stil und Wohnlichkeit werden hier großgeschrieben, modernster Komfort verbindet sich auf faszinierende Weise mit der alten Tradition des Hauses. Angenehm und gemütlich, wo man sich auch gerade aufhält, auf der Sonnenterrasse mit Panoramablick, in der weitläufigen Aufenthaltslounge, im lichtdurchflu-

Il pittoresco paesino di Burgusio ai piedi dell'imponente monastero benedettino di Monte Maria che domina l'ameno paesaggio dell'alta Val Venosta, è un luogo ideale per chi si prende il tempo di andare alla scoperta di angoli pittoreschi e splendide case storiche. Accanto alla storica fontana al centro del paese con una statua di San Michele ci attende un albergo altrettanto storico, il venerando "Mohren", un edificio che sembra uscito da un libro di fiabe. Chi sale la scalinata esterna per entrare nell'antica locanda risalente a 350 anni fa, si sente subito a suo agio tra gli ambienti accoglienti con stube rivestite in legno e l'atmosfera di grande ospitalità che ci riserva la famiglia Theiner di cui è ormai la tredicesima generazione a condurre con passione lo storico albergo nonché il proprio maso agricolo che rifornisce la cucina di verdure, erbe e carni fresche. Una pagina più recente della storia di questa atavica azienda familiare è rappresentata dal "Plavina", la struttura ricettiva a due passi dal ristorante, un hotel dall'atmosfera molto più moderna e dotato di ogni comfort che arricchisce armoniosamente l'antica tradizione della casa. Ogni ambiente risulta piacevole ed accogliente, dalla soleggiata terrazza panoramica all'ampia lounge del soggiorno, dalla luminosa sala per la prima colazione fino alle camere e suite arredate con pregevole

teten Frühstücksraum. Auch die Zimmer und Suiten bieten behagliches Wohnvergnügen mit großzügiger und komfortabler Ausstattung. Besonderer Wert wird im Plavina auf die Entspannung von Körper und Seele gelegt. Die Wellness-Oase bittet zum Dolce-far-niente im Hallenbad, in den Saunas und bei alpinen Massagen.

gusto. Relax e piacere senza pari per il corpo e la mente li offre anche il modernissimo reparto wellness dotato di piscina coperta, di saune e di spazi per il fitness e per i massaggi, un'oasi del più assoluto benessere psicofisico che invita ad un dolce far niente immersi nell'acqua della piscina, rilassandosi nelle saune o godendosi un massaggio di tipo alpino.

Hotel-Restaurant
Zum Mohren & Plavina
Familie Theiner
Burgeis 81
I-39024 Mals
☎ 00 39 04 73 / 83 12 23
www.mohren-plavina.com

Hotel Ristorante
Zum Mohren & Plavina
Famiglia Theiner
Località Burgusio 81
39024 Malles

Hotel Bella Vista
Hotel Bella Vista

Hautnahes Bergerlebnis beim Olympiasieger
Vivere la montagna in casa di un grande campione

Schneemilch aus dem Vinschgau | "Pannaneve" della Val Venosta

Rezept finden Sie auf Seite 105 |
Per la ricette vedere a pag. 105

"Bella vista" heißt auf Deutsch „schöne Aussicht" – und das ist eher untertrieben, denn die Aussicht von der Hotelterrasse und von den Zimmerbalkonen auf die beeindruckende Kulisse des Ortlermassives ist nicht nur „schön", sondern ergreifend. Das Hotel Bella Vista vom mehrfachen Weltmeister und Olympiasieger Gustav Thöni wurde schon 1875 von seinen Urgroßeltern als „Gasthof Zur Schönen Aussicht" erbaut und präsentiert sich heute als ein überaus komfortables Hotel mit familiärer Atmosphäre.
Schon der Eingangsbereich und die Lounge sorgen für Entschleunigung – entweder am Kamin, an der Ice-Bar oder in der holzgetäfelten Nische mit den vielen Fotos und Gemälden aus vergangenen Tagen. Die Verbindung von alt und neu, von antik und modern ist bestens gelungen: Die moderne Lobby geht über in den original im Jugendstil erhaltenen Speisesaal mit wunderschöner Holztäfelung und setzt sich in der schlichten Veranda mit den kunstvollen „Kronleuchtern" aus stattlichen Hirschgeweihen fort. Die hohe Glasfront gibt den Blick auf die fantastische Bergwelt frei und lässt

Il nome "Bella Vista" non rende giustizia al panorama che si gode dalla terrazza e dai balconi dell'albergo, poiché la vista sul magico massiccio dell'Ortles non è solo bella, ma semplicemente grandiosa. Già nel 1875 i bisnonni di Gustav Thöni, leggenda dello sci italiano e patron del Bella Vista, avevano chiamato la loro nuova locanda "Gasthof Zur Schönen Aussicht", locanda che Gustav ha trasformato in un albergo assai confortevole e dall'atmosfera decisamente familiare. Già la hall e la lounge contribuiscono a creare una sensazione di tranquillità sia accanto al caminetto che all'ice bar o nella nicchia rivestita di legno con numerose foto e immagini testimoni di un passato movimentato. Qui il connubio tra il nuovo e il vecchio, tra l'antico e il moderno è riuscito alla perfezione: dalla moderna lobby si passa alla sala da pranzo mantenuta ancora nell'originale stile liberty per poi proseguire nella veranda dallo stile sobrio con gli artistici lampadari a corona formati da imponenti palchi di corna di cervo. Quando il tempo è bello la grande vetrata che offre una magnifica vista sul panorama montano può essere

sich bei schönem Wetter zur Liegewiese hin öffnen, wo man herrlich faulenzen kann. Während die Sprösslinge mit dem „Bärenclub" auf Abenteuerpirsch sind, im Waldkindergarten mit Wildgehege spielen oder im Winter im Skikindergarten spielend Skifahren lernen, können die Eltern die panoramareichen Pisten auch einmal alleine genießen. Ein Genuss am Abend ist die ausgezeichnete Küche, die die typisch alpinen Aromen mit mediterraner Raffinesse kombiniert, und das alles mit atemberaubendem Blick auf die höchsten Berge Südtirols.

aperta per accedere al prato antistante dove prendere il sole e rilassarsi mentre i bambini si divertono prendendo parte con il "club degli orsi" a qualche escursione avventurosa guidata intorno all'asilo nel bosco con recinto di animali oppure imparano a sciare giocando nello skigarden a loro riservato, mentre i genitori avranno così l'occasione di godersi un po' da soli le piste panoramiche. Alla sera ci si dà ai piaceri della tavola con un'eccellente cucina in grado di combinare i sapori tipici alpini con delle raffinatezze mediterranee, il tutto sempre accompagnato da un ottimo bicchiere di vino e dalla vista mozzafiato sulla montagna più alta dell'Alto Adige.

Hotel Bella Vista
Familie Gustav Thöni
I-39020 Trafoi am Stilfser Joch
☎ 00 39 04 73 / 61 17 16
www.bella-vista.it

Hotel Bella Vista
Famiglia Gustav Thöni
39020 Trafoi al Passo dello Stelvio

Aus Gutem das Beste machen
Fare del buono il meglio

Es war im Jahr 1954, als Adolf und Rosa Mair das Familienunternehmen mit ihrem ersten Geschäft in Taufers im Münstertal gründeten. Sie betrieben ein kleines Schlachthäuschen, bildeten Lehrbuben aus und schufen sich auf diese Weise eine solide Existenz. Sie nahmen ihre Nichte Margit mit ins Boot, deren Mann Ernst ebenfalls in den Betrieb eintrat. Heute ist die Metzgerei Mair ein Familienunternehmen par excellence mit mittlerweile vier Geschäften, nämlich neben dem Hauptsitz in Glurns die Filialen in Mals, Taufers im Münstertal sowie der Schlachthof Mals.

Correva l'anno 1954 quando Adolf e Rosa Mair fondarono la loro azienda familiare a Tubre in Val Monastero nell'alta Val Venosta. Nel loro piccolo mattatoio insegnavano ad apprendisti della zona il mestiere del macellaio assicurandosi così una solida esistenza. Collaborò nella macelleria anche la loro nipote Margit insieme a suo marito Ernst. Oggi la macelleria Mair, una delle imprese familiari così tipiche di questa terra, vanta quattro aziende, il negozio principale a Glorenza, le filiali di Malles e di Tubre e il mattatoio a Malles.
Il cavallo di battaglia dei Mair è senz'altro lo speck

Das Markenzeichen der Metzgerei Mair ist der hausgemachte Speck mit dem Südtiroler Gütesiegel, langsam gepökelt, fein geräuchert und sorgsam abgehangen. Großer Wert wird auf die Weiterbildung in der Wurstproduktion gelegt. Verschiedenste Wurstsorten, feine Schinken, Salamis, Kaminwurzen, Rindsgeselchtes, Selchkarree und -haxe, Blut- und Leberwürste, Coppa (Nackenspeck), einheimischer Bauernspeck, der als halbe Seite in den Rauch gehängt wird, gehören zum Sortiment. Dazu gesellen sich Wild- und Geflügelsorten, Lamm-, Schweine- und Rindfleisch, außerdem Grillspezialitäten – alles ist von erster Qualität. Zu Weihnachten sind verschiedene Fondues beliebt. Bei der Metzgerei Mair kann man sich neben dem Fleisch dafür auch mit bis zu acht leckeren, hausgemachten Mayo-Joghurtsaucen eindecken. Wer ein kulinarisches Geschenk sucht, ist mit den Präsentkörben und appetitlich angerichteten Bretteln bestens bedient. Einmal pro Woche bereichert auch frischer Fisch das Angebot, und die Hausküche bereitet täglich verschiedene Salate, Speck-, Käse- und Leberknödel zu.

di produzione propria certificato con il marchio di qualità Alto Adige, uno speck sapientemente lavorato, delicatamente affumicato e accuratamente stagionato. Ma altrettanta attenzione è rivolta anche alla formazione professionale delle nuove leve e alla produzione delle varie altre specialità come i saporiti prosciutti, i diversi tipi di salame, i kaminwurzen, il manzo affumicato e l'arista e gli stinchi di maiale, i sanguinacci, le salsicce di fegato e la coppa nostrana, oltre alla selvaggina ed ai gallinacei, le carni ovine e le specialità destinate al barbecue. Verso Natale, invece, sono innanzitutto le carni da fonduta a tenere banco e ben otto diverse salse ca accompagnamento alla maionese e allo yogurt. tutte rigorosamente fatte in casa. Per chi dovesse essere alla ricerca di un dono saporito da portare a parenti o amici, ci sono poi simpaticissimi ceste e taglieri regalo. E mentre il pesce fresco viene offerto una sola volta alla settimana, altre specialità della gastronomia tradizionale tra cui varie insalate e canederli allo speck, al fegato e al formaggio, vengono preparate tutti i giorni e sono quindi sempre freschissime.

Metzgerei Mair
Kuenrath Roland & Co OHG
Florastraße 32
I-39020 Glurns
☎ 00 39 04 73 / 83 12 07

Macelleria Mair
Kuenrath Konrad & Co. snc
Via Flora 32
39020 Glorenza

Genuss-Urlaub auf der Sonnenseite
Una vacanza all'insegna del sole

🍴 **Schokoladenmousse |**
Mousse al cioccolato

Rezept finden Sie auf Seite 106 |
Per la ricette vedere a pag. 106

Heiteres Sonnengelb verleiht der Fassade des Hotels Maria Theresia eine unbeschwerte Ausstrahlung – in dem neu erbauten Haus wird man zum „Dolce far niente" und zu entspannten, genüsslichen Tagen eingeladen. Die Umgebung ist wunderbar, nahe der Ortsumfahrung von Schlanders bietet das Hotel eine herrliche Aussicht auf die nahen Obstwiesen und auf die imposante Gebirgslandschaft des Vinschgaus. Dazu kommen die herzliche Atmosphäre und die familiäre Gemütlichkeit in den weitläufigen Räumlichkeiten des Hauses. Viel Holz, warme Farben, runde, geschwungene Formen in typisch tirolischer Bauweise und liebevolle Details sorgen für Behaglichkeit rundum. Die Zimmer und Suiten mit Balkon sind ebenfalls mit jedem Komfort ausgestattet, und in der fantastischen Wellness-Welt des Thermenparadieses können die Gäste wunderbar ausspannen: Alle nur erdenklichen Vergnügen stehen zum Verwöhnen bereit. „Verwöhnen" hat sich auch die Küche unter der Leitung des Hausherrn auf ih-

Il giallo solare della sua accogliente facciata conferisce all'hotel Maria Theresia un tocco di leggiadria che invita a fermarsi e trascorrere qualche giorno all'insegna del più assoluto benessere in mezzo ad uno splendido paesaggio immerso tra i frutteti e le belle montagne della Val Venosta. Situato in posizione tranquilla in prossimità della strada che costeggia l'abitato di Silandro, l'albergo è caratterizzato da una cordiale atmosfera familiare che si respira in tutta la casa e nei begli ambienti in cui abbondano il legno, le forme tondeggianti e le tinte calde tipiche dell'architettura interna tirolese dove ogni cosa è curata con grande amore per il dettaglio, così come le stanze e le suite con balcone sono dotate di ogni moderno comfort. E nel favoloso mondo termale del reparto wellness gli ospiti troveranno un'oasi paradisiaca dove coccolarsi all'insegna del dolce far niente. Infine c'è la cucina del Maria Theresia, anch'essa destinata a coccolare gli ospiti e accontentare i palati più esigenti. A tal fine è presente una bri-

ren Plan geschrieben. Essen und Trinken hält bekanntlich Leib und Seele zusammen, und so sollten sich die Gäste des Hotels Maria Theresia dem Küchenteam sorglos anvertrauen, ob man nun leicht oder herzhaft, regional oder international speisen möchte. Zum Dessert lockt dann eine süße Versuchung in Form von Haselnuss-Halbgefrorenem, Pfirsich Melba oder heißen Pfefferfeigen mit Zitroneneis. Täglich ab 14 Uhr gibt es auch ofenfrische Pizzas.

gata di eccellenti cuochi che sotto la direzione dello stesso patron preparano squisitezze di ogni genere, dalle specialità della tradizionale cucina tirolese fino ai classici dell'alta cucina internazionale. A conclusione del pasto vi attende infine il dolce obbligo di dover scegliere, ad esempio, tra un semifreddo alla nocciola, una pesca melba o dei fichi pepati con gelato al limone. Ogni giorno alle ore 14 viene anche acceso il forno da cui escono gustosissime pizze.

Hotel Café Restaurant
Maria Theresia
Familie Norbert Tappeiner
Staatsstraße 15
I-39028 Schlanders
☎ 00 39 04 73 / 73 02 09
www.hotel-maria-theresia.it

Hotel Café Restaurant
Maria Theresia
Famiglia Norbert Tappeiner
Via Nazionale 15
39028 Silandro

Von echtem Schrot und Korn
I sapori autentici del pane

Apfel- oder Birnenbrot |
Pane alle mele o pere

Rezept finden Sie auf Seite 107 |
Per la ricette vedere a pag. 107

Knusprige, ofenwarme Semmeln zum Frühstück, ein herzhaftes Jausen- oder Abendbrot – eine Selbstverständlichkeit. Dabei ist es für die Verbraucher immer beruhigend, zu wissen, wo und wie die Lebensmittel des täglichen Bedarfs hergestellt werden. Wie man das „tägliche Brot" herstellt, gehört zu den ältesten Handwerken der Welt. Einer der Garanten für naturbelassene Backwaren ist die Feinbäckerei Egger in Latsch. Klein, aber fein und einer der Pioniere im Exportgeschäft, ein Familienbetrieb seit 31 Jahren mit einem beispiellosen Angebot an Backwaren von Top-Qualität.

„Die Seele des Bäckers liegt in den Fingerspitzen", sagt Horst Egger. Bei ihm wird nur nach alten Rezepturen und überlieferten Traditionen gebacken. Ausgesuchte, beste Rohstoffe bürgen für Brot in seiner reinsten Form. Dazu gehören auch die Backwaren mit der Qualitätsmarke „Südtirol", die stren-

Le rosette appena sfornate per la prima colazione, un pane vigoroso per la merenda ed uno dal gusto raffinato per il pranzo e la cena – sono varie ed individuali le esigenze del nostro palato quando si tratta di scegliere il "pane quotidiano" la cui preparazione rappresenta una delle arti più antiche del mondo. E tra coloro che di tale arte se ne intendono davvero, c'è senz'altro il rinomato panificio Egger di Laces in Val Venosta, un'azienda familiare piccola ma importante che è tra i pionieri dell'export altoatesino e che da oltre 30 anni stupisce per l'incomparabile qualità dei suoi prodotti. "È nella punta delle dita che si nasconde l'anima del panettiere" ama sostenere Horst Egger che si attiene scrupolosamente alle ricette di lunga tradizione tramandateci dai nostri antenati e impiega soltanto ingredienti di primissima qualità per garantire l'assoluta genuinità del suo pane. Lo di-

gen Kriterien unterliegen. Groß ist die Vielfalt an Broten, Brötchen und anderen Backwaren, die Horst Egger und seine Mitarbeiter täglich anfertigen: gut 100 verschiedene Weizen-, Misch- und Roggenbrote, eine Bio-Linie, natürlich die beliebten würzigen Vinschger Paarl, knuspriges, teils handgeschütteltes Schüttelbrot, Vollkornbrot, ausschließlich mit einheimischen Zutaten gebackener Apfelstrudel und Delikatessen wie das Apfel- und das Palabirnenbrot mit einem 30-prozentigen Anteil an Trockenfrüchten. Das muss man einfach probieren, entweder mit Butter bestrichen oder zu einer feinen Käseplatte – ein himmlischer Genuss, nicht nur lecker, sondern auch gesund. Die Egger-Spezialitäten sind übrigens auch online erhältlich.

mostra anche il marchio di qualità "Alto Adige" che è indice di rigorosi criteri qualitativi e di severissimi controlli. Sono un centinaio i tipi di pane di frumento, di segale e di cereali misti che ogni giorno escono dai forni della Egger tra cui una linea bio e ovviamente i Vinschger Paarl, le gustosissime pagnottine venostane di segale, lo Schüttelbrot in parte "scosso" a mano e il pane integrale, ma anche specialità dolci come lo strudel di mele e il pane alla frutta con un contenuto di oltre il 30 per cento di mele o di pere secche, sempre rigorosamente preparato con ingredienti esclusivamente locali e squisitissimo da mangiarsi con un po' di burro o accompagnato al formaggio. Va infine ricordato che alla Egger gli acquisti si possono fare anche online.

Feinbäckerei Egger

Horst Egger
Kugelgasse 2
I-39021 Latsch
☎ 00 39 04 73 / 62 33 66
www.eggerbrot.com

Specialità di pane Egger
Horst Egger
Via Kugelgasse 2
39021 Laces

Der Natur auf der Spur
Sulle orme della natura

Vielseitigkeit hat sich Heiner Pohl, ehemaliger Zehnkämpfer mit abgeschlossenem Wirtschafts-studium, auf sein Wappen geschrieben. Er be-herrscht das Weinmachen genauso wie den Obstanbau und das Schnapsbrennen. Sein Hof wirkt auf den ersten Blick wie ein modernes Fa-milienanwesen, in dem zwei mit Naturmaterialien eingerichtete Ferienwohnungen zum Urlaub auf dem Bauernhof laden. Mit großer Leidenschaft und viel Liebe bewirtschaften Heiner und Sabrina Pohl, glückliche Eltern von vier Kindern, vier Wein-berge in arbeitsintensiven Terrassenlagen und Obstwiesen rund um den Marinushof mit erstklas-sigen Äpfeln, Birnen, Zwetschgen und Marillen. Die Reben trotzen am Kastelbeller Sonnenberg dem heißen, trockenen Klima. Nur durch ein ural-tes Bewässerungssystem kann hier überhaupt Weinbau betrieben werden. Am Marinushof wer-

Heiner Pohl, ex decatleta e laureato in econo-mia, è un personaggio poliedrico che si occupa con successo non solo di vitivinicoltura, ma anche di frutticoltura e dell'arte della distillazione. A prima vista la sua tenuta sembra un complesso rurale dall'architettura decisamente moderna che comprende anche due appartamenti agrituristici realizzati con materiali rigorosamente naturali e uno spaccio per la vendita dei propri prodotti agri-coli. Con grande passione e amore, Heiner e sua moglie Sabrina, madre felice di quattro figli, cu-rano i loro quattro splendidi vigneti terrazzati e gli estesi frutteti che circondano il maso che danno mele, pere, prugne e albicocche di prima qualità. I vitigni che crescono sul Monte Sole sopra Cas-telbello resistono al clima caldo e secco soltanto grazie ad un antichissimo sistema di irrigazione fatto di rogge e canaloni che convogliano l'acqua.

den daraus Weine mit besonderer Note. Heiner Pohl ist zwar Newcomer und Quereinsteiger auf diesem Gebiet, keltert aber mit einer gehörigen Portion Ehrgeiz charaktervolle Weine, wie zum Beispiel blumigen Weißburgunder, eleganten Pinot Grigio, würzigen Zweigelt und mineralischen Blauburgunder. Dazu kommen die hervorragenden Edelbrände aus dem eigenen Obst, vollkommen frei von künstlichen Aromastoffen und Zucker. Die arbeitsintensiven Qualitätsschritte von der kontrollierten Gärung über das doppelte Destillieren bis zum Verdünnen mit klarem Naturwasser gipfeln schließlich in erstklassigem „Flaschenobst", wie Williams Birne, Vinschger Marille, Gala, Jonagold, Grappa Blauburgunder oder Grappa Zweigelt, und versüßen dem Genießer den Abschluss eines feinen Essens.

E Heiner Pohl, nonostante sia un vignaio neofita, riesce a trasformare le sue uve in vini assai apprezzabili tra cui un morbido Pinot Bianco, un elegante Pinot Grigio, un aromatico Zweigelt e un Pinot Nero spiccatamente mineralico. Poi ci sono i nobilissimi distillati, assolutamente privi di additivi aromatici e senza zucchero aggiunto, ottenuti con procedure assai dispendiose che vanno dalla fermentazione controllata al doppio passaggio nel distillatore fino alla diluizione con acqua sorgiva purissima. Una fatica che comunque viene ricompensata, se alla fine ci regala dei così favolosi distillati alla pera Williams, all'albicocca venostana, alle mele Gala e Jonagold e delle grappe altrettanto eccellenti come quelle del Pinot Nero e dello Zweigelt, tutte squisitezze che davvero riescono a dare un prestigioso tocco finale ad ogni buona tavola.

Marinushof
Familie Dr. Heinrich Pohl
Alte Straße 9 B
I-39020 Kastelbell
☎ 00 39 04 73 / 62 49 02
www.marinushof.it

Marinushof
Famiglia Dr. Heinrich Pohl
Strada Vecchia 9 B
39020 Castelbello

Schätze der Natur vom Vinschgauer Sonnenberg
Tesori della natura dal Monte Sole venostano

In 600 Metern Meereshöhe am Vinschgauer Sonnenberg liegt der wunderschöne, aus dem 14. Jahrhundert stammende Wein- und Obsthof Köfelgut, seit 1786 im Besitz der Familie Pohl. Seit 1970 werden hier die Reben gepflanzt und gepflegt, die aufgrund des günstigen Klimas und der durchlässigen Böden ohne Düngung und dank schonender Bearbeitung gute Traubenqualität liefern. Im eigenen Keller reifen sie dann zu ausdrucksstarken Weiß- und Rotweinen heran: Weiß- und Grauburgunder, Riesling, Gewürztraminer, Blauburgunder und Cabernet. Die Philosophie des

A 600 metri di altitudine sui pendii del Monte Sole venostano troviamo un bellissimo maso storico del XIV secolo, la tenuta Köfelgut che dal 1786 è di proprietà della famiglia Pohl. Nel 1970 qui vennero piantati i primi vitigni che oggi, grazie alle favorevoli condizioni climatiche, al suolo permeabile e non bisognoso di concimazione e alla delicatezza con cui vengono trattati, forniscono un'eccellente qualità di uva che i Pohl sanno trasformare in vini altrettanto eccellenti. Parliamo di prestigiosi Pinot Bianco e Grigio, di Riesling e di Gewürztraminer nonché di Pinot Nero e di Caber-

Hausherrn zielt darauf ab, naturbelassene Weine bester Qualität zu erzeugen. Weinbau ist aber nur einer der vier Betriebszweige des Köfelguts. Martin Pohl destilliert nämlich auch hochgeistige Spezialitäten aus handverlesenem eigenem Obst, ohne fremde Aromazusätze – reine Frucht duftet aus dem Glas: Marillenbrand, Jonagold Apfelbrand, Muskateller Birnenbrand, Blauburgunder-Grappa und Gewürztraminer Grappa sind Beispiele höchster Destillierkunst. Neben Wein- und Obstbau und den Edelbränden widmet sich das Köfelgut seit über 20 Jahren auch dem Spargelanbau. Für die „Königin der Gemüse" eignet sich der humusreiche, tiefgründige, lehmige Sandboden nahe der Etsch außerordentlich gut. Auch das gemäßigte Klima bietet den schlanken Stangen ideale Voraussetzungen, um die gewünschte Zartheit und den vollen Geschmack zu erreichen. Spargel vom Köfelgut, das heißt: topfrische Qualität, eine Delikatesse pur mit Butter oder zu Kartoffeln und Schinken, kongenial begleitet von einem Glas Pinot Grigio Ruländer vom Köfelgut.

net, tutti lavorati e lasciati maturare nel modo più naturale possibile secondo la filosofia del padrone di casa. Lo stesso vale anche per i nobilissimi distillati che costituiscono un altro importante ramo dei vari settori produttivi dell'azienda: splendide grappe di Pinot Nero e di Gewürztraminer ad esempio, ma anche morbidi distillati di albicocca, di mela Jonagold e di pere moscate, tutti rigorosamente prodotti con frutti provenienti dalle proprie coltivazioni. Accanto alla vitivinicoltura e alla distillazione, la tenuta Köfelgut si dedica anche, da ormai più di vent'anni, alla coltivazione degli asparagi favorita dal terreno a profondi strati arenoso-argillosi e particolarmente ricchi di humus che si trova intorno all'alveo del fiume Adige. Condizioni ideali per far crescere degli asparagi apprezzatissimi per la delicatezza del loro sapore, una vera specialità da servire con soltanto un po' di burro oppure per accompagnare un ottimo prosciutto cotto ed in ogni caso da gustare insieme ad un buon bicchiere di Pinot Grigio dello stesso Köfelgut.

🏠 **Köfelgut**
Martin Pohl
Im Winkel 12
I-39020 Kastelbell
☎ 00 39 04 73 / 62 46 34
pohlmartinkoefelgut@dnet.it

Köfelgut
Martin Pohl
Rione ai tre canti 12
39020 Castelbello

Italiens prominentester Riesling–Produzent
Il più rinomato produttore di Riesling italiano

20 Jahre sind es her, dass Franz Pratzner sich entschloss, vom einstigen Obsthof am Naturnser Sonnenberg auf die Weinproduktion umzusteigen. Die steilen, trockenen Lagen sind für den Weinbau nämlich geradezu prädestiniert. Warme, leichte und durchlässige Böden, die Lage auf 900 Metern Seehöhe, 300 Tage Sonne im Jahr, weniger Regen als auf Sizilien und ein spezielles Mikroklima mit hohen Tages- und niedrigen Nachttemperaturen bieten den Reben beste Voraussetzungen. Als Autodidakt mit feiner Nase, Know-how und Gespür für Wein produziert er mit seiner Frau Bernadette

Vent'anni fa Franz Pratzner decise di trasformare in vigneti i prati intorno al suo maso sul Monte Sole sopra Naturno che fino ad allora erano coltivati a meli. I terreni a pendio esposti a meridione, il suolo leggero e permeabile, l'altitudine intorno ai 900 metri, i 300 giorni di sole all'anno, meno pioggia che in Sicilia e le particolari condizioni microclimatiche con temperature alte durante il giorno e piuttosto basse di notte rappresentano la premessa ideale per la viticoltura. Da autodidatta dal naso e dal palato molto fine ha cominciato a lavorare, insieme a sua moglie Bernadetta, i dieci

auf zehn Hektar Rebfläche rund um ihren modernen, schon vom Tal aus zu sehenden Keller heute Weine, die zum Besten weit und breit gehören.

Alle Weine werden nach kurzer Präfermentation im Holzfass vergoren und ausgebaut, die Weißen im Akazienholz, der Blauburgunder im Eichenbarrique. Der Riesling hat es Franz Pratzner besonders angetan, und mit dem „König der Weißweinreben" konnte das Weingut Falkenstein schon etliche Auszeichnungen, Preise und Medaillen gewinnen. Dank seiner unnachahmlichen Eleganz, Fruchtigkeit und Bekömmlichkeit, mit rauchigen Duftnoten und warmem Pfirsicharoma eignet er sich hervorragend als Aperitif. Das ausgewogene Verhältnis von Säure, Mineralität und Saftigkeit sowie sein kräftiger Körper machen ihn aber auch zu einem kongenialen Begleiter zu Fisch- und Fleischspeisen. Neben Riesling produziert Franz Pratzner auch Blauburgunder, Weißburgunder, Sauvignon blanc und Gewürztraminer sowie feinste sortenreine Grappas und Edelbrände.

Auf Vorbestellung kann man an Verkostungen teilnehmen.

ettari di vigna intorno all'edificio moderno della cantina che già salta all'occhio passando lungo il fondovalle e dove oggi cresce l'uva all'origine di alcuni tra i migliori vini dell'intera zona. Tutti i vini della tenuta Falkenstein, una volta fermentati e accuratamente affinati, vengono stoccati in botti di legno, i bianchi in botti di acacia e il Pinot Nero in barrique di rovere. La grande passione di Franz Pratzner è il suo Riesling, "il principe tra i vitigni bianchi", per il quale gli sono già stati conferiti numerosi premi, onorificenze e medaglie. Grazie alle sue spiccate qualità organolettici ed alla sua incomparabile eleganza piacevolmente fruttata con note fumé ed aromi di pesca calda si presta come eccellente aperitivo, mentre il perfetto equilibrio tra i tenori di acidità, mineralità e succosità e il corpo vigoroso fanno di questo Riesling un eccellente accompagnatore di piatti sia di carne che di pesce. Accanto all'insuperabile Riesling, Franz Pratzner produce anche Pinot Nero, Pinot Bianco, Sauvignon Blanc e Gewürztraminer nonché grappe e nobili distillati. Prenotando si può anche partecipare a degustazioni.

Weingut Falkenstein

Franz Pratzner

Schlossweg 19

I-39025 Naturns

☎ 00 39 04 73 / 66 60 54

www.falkenstein.bz

Tenuta vinicola Falkensteiner

Franz Pratzner

Via Castello 19

39025 Naturno

Leben und genießen fern des Alltags
Il benessere puro lontano da ogni stress

Apfel-Scheiterhaufen |
Dolce pasticcio alle mele

Rezept finden Sie auf Seite 108 |
Per la ricette vedere a pag. 108

Schon von Weitem strahlt die weiße Fassade mit den rot-weißen Fensterläden allerbeste Tiroler Gastlichkeit aus. Der Hanswirt ist ein prächtiges, äußerst gepflegtes und eines der ältesten Gasthäuser Südtirols. Die trutzigen Mauern des Anwesens stammen aus dem achten Jahrhundert. Im Jahr 1552 wurde hier ein römischer Meilenstein entdeckt – durch Rabland und direkt vor dem Haus verlief die berühmte Römerstraße Via Claudia Augusta – heute ist noch ein Teil davon vor dem Hauseingang unter Glas zu betrachten.

Seit dem 16. Jahrhundert befindet sich der Hanswirt im Besitz der Familie Laimer und beherbergt heute ein wunderschönes Viersterne-S-Hotel. Schnörkellose Schlichtheit ohne jeglichen Alpenkitsch und liebevolle Details bieten ein elegantes Ambiente in harmonischer Atmosphäre. In der warmen Jahreszeit lädt die große überdachte Terrasse zu Speis und Trank. Im Innern lassen angenehm schlichte, holzgetäfelte Stuben und weißgetünchte Gewölbe Appetit auf die exquisite Küche aufkommen: Kalte und warme Vorspeisen mit Delikatem wie Gänselebermousse oder Tatar eröffnen den kulinarischen Weg von der Südtiroler Bauernküche mit Speck, Kraut und Knödeln über Klassiker aus Österreich wie Tafelspitz und Rostbraten bis zu mediterranen Spezialitäten. Es versteht sich von selbst, dass auch die Zimmer und Suiten erlesen und geschmackvoll eingerichtet sind. Der feine Wellnessbereich ist eine Relax-Oase mit Sauna, Dampfbad, Whirlpool und Massageraum. Im Garten mit Pool findet jeder sein idyllisches, sonniges Plätzchen.

Già da lontano riluce la facciata bianca con le imposte rosse e bianche di quello che è uno tra i più antichi e begli alberghi del Sudtirolo. I solidi muri dell'imponente edificio risalgono all'VIII secolo, accanto al quale, nel 1552, fu scoperta una pietra miliare di epoca romana appartenente alla famosa Via Claudia Augusta che attraversava la Val Venosta e della quale ancora oggi si possono ammirare le residue vestigia sotto vetro davanti all'ingresso.

Fin dal Cinquecento l'Hanswirt è gestito dalla famiglia Laimer che conservandolo l'ha trasformato in un albergo a quattro stelle S davvero bellissimo. A dominare l'atmosfera elegante ed armoniosa è

una grande sobrietà di stile senza fronzoli e privo di qualsiasi elemento kitsch. Bella e alquanto invitante è la grande terrazza estiva coperta, mentre all'interno vi aspettano varie accoglienti stube rivestite di legno sotto le storiche volte imbiancate. Anche dal punto di vista culinario l'Hanswirt rappresenta un luogo di assoluta rinomanza: squisiti antipasti e primi piatti aprono l'ampio menu che dalla tradizionale cucina altoatesina con speck, crauti e canederli ci porta, passando per i piatti più classici di quella austriaca, alle più gustose specialità della cucina mediterranea. Va da sé che anche le stanze e le suite dell'albergo siano arredate con grande gusto e dotate di ogni comfort. Così come il vasto spazio riservato al wellness con diverse saune, bagno turco, whirlpool e reparto massaggi si presenta come una vera oasi del relax completata da uno splendido giardino con una bellissima piscina intorno alla quale l'ospite troverà il suo meritato posto al sole.

Hotel Hanswirt
Geroldplatz 3
I-39020 Rabland
☎ 00 39 04 73 / 96 71 48
www.hanswirt.com

Hotel Hanswirt
Piazza Gerold 3
39020 Rablà/Parcines

Hotel an der
Stachelburg
Hotel an der
Stachelburg

Bewegen – Entspannen – Genießen
Muoversi – rilassarsi – star bene

Apfelstrudel | Strudel di mele

Rezept finden Sie auf Seite 109 | Per la ricette vedere a pag. 109

Wer ein ruhiges, aussichtsreiches Plätzchen im malerischen Örtchen Partschins sucht, ist im Hotel an der Stachelburg gerade richtig! Das Ambiente ist ausgesprochen gemütlich und familiär. Vom Frühling bis in den Spätherbst lässt sich ein Aufenthalt im Hotel oder in der Residence so richtig genießen, das fängt schon beim reichhaltigen Frühstücksbüffet an, das im Sommer auf der Terrasse serviert wird. Abends stehen abwechslungsreiche Menüs auf dem Programm, zum Beispiel Vorspeisenbuffets, Tranchier- und Flambier-Abende, Grillen im Freien, Tiroler Abend mit Livemusik, Fisch-Spezialitäten, Törggelen im Herbst oder das Galadinner bei Kerzenlicht. Die kreativen Gerichte mit heimischen Produkten munden auch den anspruchsvollsten Gourmets. Natürlich werden dazu die passenden Weine serviert. Baron von Kripp persönlich lädt wöchentlich zu einer Verkostung der Weine vom Schlossweingut. Nachmittags plaudert es sich nett mit Freunden oder anderen Gästen beim Kaffeekränzchen mit ofen-

Se siete alla ricerca di un bel posto tranquillo in mezzo alla natura dove trascorrere le vacanze, con l'Hotel Stachelburg nel pittoresco paesino di Parcines avete fatto la scelta giusta. L'atmosfera è particolarmente ospitale e familiare. Da primavera fino ad autunno inoltrato soggiornare in questo splendido hotel o nell'attiguo residence è un pia-

frischen Mehlspeisen, sechs verschiedene Tee-sorten stehen ganztägig zur freien Verfügung.

So viel Gutes verträgt natürlich auch ein wenig Bewegung: Partschins hat die besten Luftwerte weit und breit, warum also nicht wandern oder spazierengehen gleich in der nächsten Umgebung? Vom Haus aus führen sage und schreibe 32 verschiedene Wander- und Waalwege in die herrliche Natur. Ein Muss ist der Besuch des Partschinser Schreibmaschinenmuseums. Der Erfinder dieses revolutionären Geräts war der gebürtige Partschinser Peter Mitterhofer.

cere, a cominciare dal ricco buffet della prima colazione che d'estate è servito sull'ampia terrazza. Anche i menu offerti per cena sono ricchi e vari, dal buffet degli antipasti alle serate flambé, dalle grigliate all'aperto, le serate tirolesi con musica dal vivo, il tradizionale Törggelen autunnale fino alle cene di gala a lume di candela. Le specialità preparate con gli ingredienti più genuini del posto sono molto apprezzate anche dai gourmet che qui potranno gustare inoltre degli eccellenti vini. Una volta alla settimana il barone von Kripp invita personalmente ad una degustazione dei vini prodotti con l'uva dei suoi vigneti intorno al castello Stachelburg. Ed ogni pomeriggio vi attendono torte appena sfornate da gustare insieme ad un buon caffè o ad uno dei sei tipi di tè che durante l'intera giornata sono sempre a disposizione degli ospiti. Dopo tutto questo ben di Dio ci vuole un po' di moto: Parcines vanta un'aria tra le più pure dell'Alto Adige per cui le passeggiate ed escursioni nelle vicinanze diventano un vero toccasana. Sono ben 32 i sentieri lungo le rogge ed itinerari escursionistici che partono da qui e si addentrano nella rigogliosa natura dei dintorni. Da non perdere, infine, una visita al rinomato museo delle macchine da scrivere, un omaggio a Peter Mitterhofer, il geniale inventore figlio di Parcines.

Hotel an der Stachelburg
Residence
Familie Bernhard Mazohl
Wasserfallweg 7
I-39020 Partschins
☎ 00 39 04 73 / 96 73 10
www.hotel-stachelburg.com

Hotel an der Stachelburg
Residence
Famiglia Bernhard Mazohl
Via Cascata 7
39020 Parcines

Meran – mediterrane Kurstadt
Merano – incantevole città termale

Hier wärmt die Sonne früh im Jahr, hier scheint sie noch bis tief in den Herbst, und sogar der Winter verliert seinen Schrecken, denn der Himmel ist meist blau! Die bis in den Frühling schneebedeckten Dreitausender der Texelgruppe bilden einen reizvollen Kontrast zu den Palmen, zu Magnolien, Rosen, Forsythien und Mandeln. Unvergesslich ein Bummel durch die Schatten spendenden Lauben mit ihren zahlreichen Geschäften, Gasthäusern und Cafés. Aus der Zeit der Jahrhundertwende und des Jugendstils stammen die prächtigen Hotelbauten, Villen und andere architektonische Kleinode wie das entzückende Theater und das Kurhaus, Schauplatz der jährlich stattfindenden Meraner Musikwochen mit weltbekannten Orchestern und Solisten.

Was wäre aber ein Besuch in Meran, ohne das Stammschloss des ganzen Landes gesehen zu haben: Schloss Tirol, Fürstenresidenz mit zwei Palasbauten, Kapelle, romanischen Portalen und Fenstern und gotischem Freskenschmuck. Schloss Tirol ist heute Sitz des Südtiroler Landesmuseums für Kulturgeschichte.

In primavera qui il sole inizia presto a scaldare e continua a splendere fino in autunno inoltrato. Persino l'inverno è piacevole con il cielo quasi sempre di un azzurro intenso. Le vette del Gruppo di Tessa, alte oltre i tremila metri e coperte di neve fino in primavera, contrastano in modo suggestivo con palme, magnolie, rose, forsizie e mandorli in fiore. Indimenticabile anche una passeggiata all'ombra sotto i Portici, la via principale del centro storico della città. Gran parte dei magnifici alberghi, delle ville e di altri gioielli architettonici risalgono all'epoca del liberty tra la fine dell'Ottocento e l'inizio del secolo scorso, tra questi l'affascinante Teatro Puccini e il Kursaal che ogni anno ospita le Settimane Musicali Meranesi con orchestre e solisti di fama mondiale. Cosa sarebbe un soggiorno a Merano senza una vista al castello simbolo di tutta la regione: il Castel Tirolo, residenza avita dei conti di Tirolo, costituito da due palazzi, la cappella, portali e finestre di stile romanico e decori e affreschi gotici, uno splendido maniero che oggi ospita il Museo storico-culturale della Provincia di Bolzano.

Braugarten Forst
Giardino Forst

Zünftige Schmankerl in urigem Biergarten
Il variopinto mondo del giardino di una birreria

Wem der Sinn nach einer zünftigen Mahlzeit in einem echten Biergarten steht, ist im gemütlichen Braugarten Forst direkt gegenüber der traditionsreichen gleichnamigen Brauerei von Ende April bis Ende September goldrichtig. Auf kiesbestreutem Boden unter mächtigen Rosskastanien kann man hier Brotzeit machen oder auch die ganztägig warme Küche genießen, wozu natürlich ein frisch gezapftes Bier gehört. Für den kleinen Hunger zwischendurch empfehlen sich der Marendteller, Hirsch-Carpaccio, Rettich, saures Rindfleisch, Graukäse und Wurstsalat. Aus dem Würstltopf kommen Weißwurst mit Brezl, Bratwurst oder eine Meraner Hauswurst. Soll es etwas Def-

Chi desidera pranzare o cenare in un "autentico" tradizionale giardino di una birreria, con il Braugarten Forst, situato proprio di fronte all'omonima storica birreria altoatesina, ha fatto la scelta giusta. Aperto da fine aprile fino alla fine di settembre, questo classico giardino da birreria con i tavoli di legno sistemati su un pavimento di ghiaia e all'ombra di possenti ippocastani, oltre ai tipici spuntini e merende offre piatti caldi tutto il giorno accompagnati naturalmente da una birra fresca alla spina. Per spezzare la fame consigliamo la classica merenda sudtirolese, un carpaccio di cervo, una porzione di ravanelli, un piatto di manzo in agro oppure dei formaggi tra i quali non dovrà

tiges sein, so bieten sich die täglich frisch gegrillten Schweinshaxen, Rippchen, Nackensteaks oder Entrecôtes mit passenden Beilagen an. Auch Süßmäulchen kommen auf ihre Kosten mit Apfelstrudel, Buchweizentorte, Nuss-Halbgefrorenem, Erdbeer- oder Himbeerbecher sowie vielen Eisspezialitäten.

Wechselnde Events machen den Besuch im Braugarten Forst zu etwas Besonderem. Angeboten werden Nachmittagskonzerte verschiedener Musikkapellen und die Dämmerschoppen mit Live-Musik von den Südtiroler Spitzbuam oder der Algunder Böhmischen. Eine große Leinwand überträgt Auto- und Motorradrennen sowie Fußballspiele, bei Regen schützt eine große Markise. Auf keinen Fall versäumen sollte man einen Besuch im gleich daneben liegenden Forst-Shop. Hier kann man Souvenirs oder Mitbringsel erwerben: T-Shirts, Schirmmützen, Biergläser der Brauerei Forst, Regen- und Sonnenschirme, Bücher und Broschüren, Aufkleber, Sticker und natürlich alle Forst-Biere.

mancare il tipico Graukäse servito con cipolle. Dal pentolone delle salsicce potrete invece scegliere tra una classica bratwurst, una bianca lessa oppure una "meranese". Se si ha voglia di qualcosa di più, allora ci sono, sempre freschi di giornata, i saporiti stinchi o ariste di maiale, costicine e bistecche di ogni tipo accompagnate dai contorni più svariati. Anche i più golosi possono deliziarsi il palato con strudel alla mela, dolci al grano saraceno, semifreddo alle nocciole, coppe di fragole o di lamponi e tante specialità di gelato. Il Giardino Forst è anche luogo di eventi che cambiano in continuazione, dai concerti pomeridiani di bande musicali agli intrattenimenti serali con gruppi folcloristici. C'è anche un maxischermo sul quale vengono trasmesse, oltre alle partite di calcio, le grandi gare automobilistiche e motociclistiche, il tutto riparato da grande tendone in caso di pioggia. Da non perdere una visita al negozio vicino dove si può curiosare e magari acquistare un souvenir come magliette, berretti, boccali da birra Forst, ombrelli, libri, adesivi e spille e naturalmente tutte le varietà di birra prodotta dalla Forst.

Braugarten Forst
Pächterfamilie Reiterer
Vinschgauer Straße 9
I-39022 Algund/Forst
☎ 00 39 04 73 / 44 77 27
www.braugartenforst.com

Giardino Forst
Gestione: famiglia Reiterer
Via Venosta 9
39022 Lagundo/Foresta

Wohlfühlen ohne Moderne und Superlative
Il benessere all'antica e senza superlativi

Kartoffelteigtaschen mit Algunder Ziegenfrischkäse und Tomaten-Basilikum-Pesto | Fagottini di patate con formaggio fresco di capra di Lagundo e pesto di pomodoro e basilico

Rezept finden Sie auf Seite 110 |
Per la ricette vedere a pag. 110

Der Tirolerhof: ein Haus für Individualisten, die Wert auf familiäres und stimmungsvolles Ambiente legen. Die Lage des kleinen Hotels ist nahezu perfekt, nahe bei Meran, direkt an der Ausfallstraße ins Vinschgau und trotzdem in paradiesischer Ruhe. Das Auto kann getrost auf dem Parkplatz bleiben, denn die Bushaltestelle befindet sich gegenüber dem Haus, und auch der Bahnhof der Vinschgerbahn ist nur ein paar Minuten entfernt. Auf Animation und Programme verzichten die Gastgeber nachdrücklich, denn die Urlauber sollen tun und lassen können, worauf sie gerade Lust haben. Wer lieber so richtig ausspannen will, legt sich in die grüne Wiese unter Palmen und genießt ein erfrischendes Bad im beheizten Außenpool. Auf die kleinen Gäste wartet ein toller Kinderspielplatz mit Baumhaus, Kletterwand, Rutsche, Schaukel und Sandkasten.

Il Tirolerhof: un albergo per individualisti che sanno apprezzare accoglienza e ambiente familiare. La posizione del piccolo hotel è pressoché ideale: a due passi da Merano sulla strada che porta in Val Venosta, ma immerso allo stesso tempo in un silenzio paradisiaco. La macchina potrà tranquillamente rimanere parcheggiata, perché la fermata dell'autobus si trova direttamente di fronte e anche la stazione del treno della Val Venosta si raggiunge in pochi minuti a piedi. Quel che non viene offerto all'interno del Tirolerhof sono eventi e programmi di animazione, affinché l'ospite stesso possa decidere come trascorrere le sue giornate di vacanza. Sono invece disponibili un grande e verdeggiante prato relax con piscina esterna riscaldata e uno splendido parco giochi per bambini con casetta tra gli alberi, parete per arrampicarsi, scivolo, altalena e cassone di sabbia.

Auf der überdachten Gartenterrasse weckt das leckere Frühstück die Lebensgeister am Morgen, und nachmittags kann man sich an hausgemachten Kuchen und am wunderbaren Apfelstrudel satt essen oder unter der idyllischen Trauben-Laube ein gutes Glas Wein trinken. Doch sollte man sich noch ein Plätzchen für das ausgezeichnete Abendessen freihalten, das Walter Gruber täglich aufs Neue kreativ und liebevoll zubereitet. Dabei haben die Gäste des Tirolerhofs die Wahl zwischen Halbpension, die ein abendliches, mehrgängiges Menü beinhaltet, und Zimmer mit Frühstück und Abendessen à la carte, ganz wie es beliebt. In der warmen Jahreszeit bietet der wöchentliche Grillabend eine schmackhafte Abwechslung.

Alla mattina, la prima colazione ricca ed abbondante vi verrà servita sulla terrazza-giardino coperta, al pomeriggio invece vi aspettano gustosissime torte e strudel fatti in casa ed un'idilliaca pergola vi inviterà ad assaggiare un buon bicchiere di vino. Alla sera poi, se ne avrete voglia, potrete sedervi a tavola e dedicarvi alle squisitezze sempre diverse, che lo chef Walter Gruber prepara con grande cura e passione. Potrete quindi scegliere tra mezza pensione che comprende la cena a più portate oppure camera con prima colazione e l'eventuale cena, se la desiderate, à la carte. Inoltre, durante la stagione calda, vi aspetta una piacevole serata di barbecue una volta alla settimana.

Hotel Tirolerhof
Familie Bacher
J. Weingartner Straße 34
I-39022 Algund
☎ 00 39 04 73 / 44 98 88
www.tirolerhof-hotel.it

Hotel Tirolerhof
Famiglia Bacher
Via Weingartner 34
39022 Lagundo

Schlürfen, Schlemmen und Genießen
Il piacere del buon bere

Crostini mit Tomaten und frischem Basilikum, dazu Sesamgarnelen | Crostini con pomodoro e basilico fresco con scampi al sesamo

Rezept finden Sie auf Seite 111 |
Per la ricette vedere a pag. 111

Wer auf der Suche nach einem frischen Weißwein für ein Sommerfest ist, einem Champagner oder einem ganz besonders guten Tropfen zum Sonntagsbraten, sich einmal eine Rarität gönnen möchte oder ein hochprozentiges Mitbringsel sucht: Im „Vinum Bonum" bei A. Wolfram Hilbring – von Freunden und Stammkunden einfach „Wolfi" genannt – ist man an der richtigen Adresse.

Neben einem großen Sortiment ausgesuchter Weine aus Südtirol findet der vinophile Genussmensch Weiß- und Rotweine der namhaftesten italienischen Weinregionen, darunter Schätze wie Sassicaia, Ornellaia, Barolo und Amarone. Deutsche Weine bester Rieslinglagen, österreichische Spezialitäten sowie gute Tropfen aus Übersee runden das Angebot ab. Genießer von edlen Destillaten und Feinbränden, von exquisiten Whiskeys, Cognac, Calvados und altem Rum werden bei Wolfi Hilbring kompetent beraten und sicher fündig, ebenso wie bei Olivenölen, Balsamessig und erlesenen Delikatessen für Feinschmecker. Seit 38 Jahren lebt der gelernte Journalist, dem der Wein in seiner südbadischen Heimat quasi in die Wiege gelegt wurde, in Südtirol. Seit fast 20 Jahren prägt

Chi è alla ricerca di un buon vino bianco fresco per una festa estiva, un ottimo rosso da accompagnare ad un pranzo importante o uno champagne per un'occasione particolare, oppure chi desidera trovare un distillato pregiato da regalare a qualcuno, non ha che da fare un salto al "Vinum Bonum" di Wolfram Hilbring – "Wolfi" per gli amici e gli habitués della sua fornitissima enoteca.

Qui, accanto ad un vastissimo assortimento di pregiati vini altoatesini, l'appassionato dell'uva nobilmente fermentata, bianca o rossa che sia,

der Wein sein Berufsbild. Im „Vinum Bonum" in Algund überträgt der leidenschaftliche Hobbykoch und Gourmet seit acht Jahren seine Begeisterung für Wein und gutes Essen an Kunden und hereinschauende Urlaubsgäste. Auf Wunsch reicht Wolfi zum Wein auch kleine Häppchen oder Snacks. Aperitif-Empfänge und Weinverkostungen werden gerne ausgerichtet. Highlights sind die alljährlich von Wolfi organisierten Wein- und Schlemmerreisen in die schönsten Weinbauregionen des In- und Auslands.

trova veri gioielli della vinicoltura italiana, dal Sassicaia all'Ornellaia, dal Barolo all'Amarone, ma anche i più pregiati Riesling tedeschi, il meglio dei vini austriaci e perfino ottime specialità d'oltremare. E non basta, perché anche gli amanti di delicati liquori e distillati, di whiskey, di cognac, di calvados e di rhum non hanno che da scegliere e farsi consigliare da Wolfi Hilbring che completa la sua offerta con oli d'oliva, aceti balsamici ed altre specialità da buongustai. Da ormai 38 anni il giornalista nativo della Germania sud-occidentale risiede in Alto Adige e coltiva le sue passioni di sempre, quella per i vini e, essendo lui anche gourmet e ottimo cuoco amatoriale, quella della buona tavola. E ora, da otto anni, nel suo "Vinum Bonum" a Lagundo, riesce a condividere il proprio entusiasmo con una clientela sempre più numerosa, tra cui anche sempre più turisti e villeggianti alla ricerca di gusti e sapori autentici accompagnati, a richiesta, da piccoli spuntini tipici. Inoltre si dedica anche all'organizzazione di degustazioni enologiche e apprezzati viaggi gastroenologici nelle più belle zone vitivinicole d'Italia e all'estero.

🏠 **Vinum Bonum**
Weinfachgeschäft – Vinothek
Alfred Wolfram Hilbring
Alte Landstraße 33
I-39022 Algund
☎ 00 39 04 73 / 44 00 50
www.vinumbonum-hilbring.it

Vinum Bonum
Vinoteca
Alfred Wolfram Hilbring
Strada Vecchia 33
39022 Lagundo

Im Dienste gepflegter Gastlichkeit
Al servizio della più squisita ospitalità

Der Südtiroler Köcheverband wurde im März 1971 in Meran von Andreas Hellrigl (siehe Foto links) und mehreren Küchenchefs (siehe Foto rechts) gegründet und zählt an die 2 000 Mitglieder, davon circa 100 in der ganzen Welt verstreut. Damit ist er der mitgliederstärkste Regionalverband Europas, gemessen an der Bevölkerungszahl des Landes. Seit dem Jahr 2000 ist der SKV Mitglied im Weltbund der Kochverbände WACS (World Association of Chef's Societies). Südtirol ist nach-

L'Associazione dei Cuochi Sudtirolesi (Skv) è stata fondata dallo chef Andreas Hellrigl (vedi foto a sinistra) e da alcuni altri chef (vedi foto a desta) nel marzo del 1971 a Merano e oggi conta intorno ai 2 000 soci di cui un centinaio sparso in tutto il mondo. È l'associazione di categoria regionale più forte in Europa in rapporto alla popolazione della provincia. Dal 2000 l'Skv è associata alla federazione mondiale delle associazioni dei cuochi WACS (World Association of Chef's Societies). È accertato

gewiesen die Region mit der höchsten Dichte an Restaurants mit Michelin-Sternen und Gault-Millau-Hauben Europas. Seit Dezember 2010 gibt es in Südtirol 15 Restaurants mit einem und drei Restaurants mit zwei Michelin-Sternen. 69 Restaurants wurden vom Gastronomieführer Gault-Millau 2011 mit einer oder mehreren Hauben ausgezeichnet.

Der Südtiroler Köcheverband (der derzeitige Vorstand im Bild links unten) verfolgt mit seinen Aktivitäten klare Ziele und achtet als qualifizierter Fachverband unter anderem auf folgende Kriterien: hoher Ausbildungsstandard bei Lehrlingen, erfolgreiche Teilnahme an nationalen und internationalen Kochkunstwettbewerben, qualitative Aufwertung der Weiterbildung zum Küchenmeister, Diätetisch Geschulten Koch und Diplomierten Diätkoch, Erfahrungsaustausch und Kommunikation auf allen Ebenen und Präsenz auf gastronomischen Messen in Südtirol. Als einziger regionaler Kochverband hat der SKV ein regelmäßig monatlich erscheinendes Magazin, die „SKV-Zeitung". Wichtig ist dem Verband auch die Bewahrung der Südtiroler Esskultur, die Förderung von Südtiroler Qualitätsprodukten, die Unterstützung von „Querdenkern" im Gastronomiebereich und Kleinproduzenten sowie alternativer, natürlicher Produkte wie Urgemüse und Kräuter.

che l'Alto Adige è la regione con il maggior indice di intensità in Europa di ristoranti con stelle Michelin e "cappelli" Gault Millau: nel 2010 in Alto Adige esistono 15 ristoranti con una e tre ristoranti con due stelle Michelin, mentre sono 69 i ristoranti premiati dalla guida gastronomica Gault Millau 2011 con uno o più "cappelli". Con le proprie attività l'associazione persegue degli obiettivi ben precisi prestando particolare attenzione, quale qualificata associazione di categoria, ai seguenti criteri: elevato standard della formazione degli apprendisti, partecipazione a concorsi culinari nazionali e internazionali, valorizzazione qualitativa della specializzazione come maestro di cucina, cuoco specializzato in dietetica e cuoco diplomato in dietetica, scambio di esperienze e comunicazione a tutti i livelli e presenza in tutte le fiere gastronomiche organizzate in Alto Adige. Come unica associazione di cuochi a livello regionale (l'attuale direttivo nella foto sotto a sinistra), l'Skv pubblica una propria rivista con edizione mensile. Obiettivo importante dell'associazione è anche preservare la cultura della tavola altoatesina, promuovere i prodotti di qualità dell'Alto Adige, supportare i "pensatori trasversali" nel settore gastronomico e i piccoli produttori nonché i prodotti naturali e alternativi, quali antiche varietà di verdure e di erbe aromatiche.

Südtiroler Köcheverband
Freiheitsstraße 62
I-39012 Meran BZ
☎ 00 39 04 73 / 21 13 83
www.skv.org

Associazione dei Cuochi
Sudtirolesi (Skv)
Corso Libertà, 62
39012 Merano BZ

Die älteste und schönste Weinhandlung Merans
L'enoteca più antica e più bella di Merano

Wer eines der schönsten und originalsten Geschäfte in Meran kennenlernen möchte und außerdem Weinliebhaber ist, sollte unbedingt einen Besuch beim liebenswürdigen Heinrich Winterholer am Rennweg einplanen. In dieser Oase der Ruhe am lebhaften Rennweg wird man von Heinrich Winterholer seit sage und schreibe 60 Jahren bestens beraten und bedient.

Zum Sortiment der Weinhandlung Winterholer gehören neben den besten Weinen auch Sekt und edle Spirituosen wie Cognac, Whiskey, Rum, Sherry und Grappa, allen voran die „Grappa Prosecco Reale" der Firma Dalla Vecchia, die sieben Jahre im Eichenfass lagerte: eine Spitzenqualität. Überhaupt haben Kunden bei Heinrich Winterholer die größte Auswahl an Destillaten in der Meraner Innenstadt. Viele dieser erstklassigen Grappas und

Chi desidera conoscere la rivendita di vini più vecchia di Merano, che oltretutto è anche uno dei negozi più originali della città sul Passirio, non può mancare di fare una visita all'enoteca del simpatico Heinrich Winterholer che da oltre 60 anni elargisce i suoi preziosi consigli agli appassionati del buon vino che frequentano quest'oasi di pace in mezzo alla trafficata via delle Corse.

Accanto ai migliori vini di ogni provenienza, da Winterholer troviamo anche un ricchissimo assortimento di nobili distillati, dal cognac al whisky, dal rum allo sherry e alle grappe, tra cui eccelle la "Grappa Prosecco Reale" del distillatore Dalla Vecchia stagionata per ben sette anni in botti di rovere. C'è anche da dire che Winterholer dispone comunque della più grande scelta di distillati che si possa trovare entro le mura della città. E alcuni

einen wunderbaren Kaffeelikör schenkt Heinrich Winterholer gratis zur Verkostung aus.

In Zusammenarbeit mit einem Kupferschmied entstanden die schönen Kupferkessel zum Destillieren für den Hausgebrauch. Entweder setzt man sich selbst die Maische aus vergorenem Obst an oder man „verfeinert" eine gute Flasche Wein – ruhig auch mit Korkgeschmack, der verschwindet beim Brennen – in eineinhalb Stunden zu einem Treber oder Obstbrand Marke Eigenbau – es braucht gerade so lange, wie ein gutes Abendessen dauert, und fertig ist der Digestif! Heinrich Winterholer bietet auch Eichenfässchen in verschiedenen Größen an, die man sich dann mit Wein oder Schnaps füllen lassen kann. Und wer ein schönes Geschenk oder nettes Mitbringsel sucht, macht mit einer der wunderschönen, mundgeblasenen Kunstflaschen mit edlem Inhalt den besten Eindruck.

di questi, tra i quali anche un deliziosissimo liquore al caffè, ce li fa pure assaggiare gratuitamente.

Frutto della collaborazione con un esperto ramaio sono invece i bellissimi alambicchi in rame che servono ad una distillazione per così dire personalizzata. Basta metterci della frutta fermentata oppure una buona bottiglia di vino – magari di quelle che sanno di tappo, caratteristica che svanisce durante il processo di distillazione – per ottenere, dopo appena un'ora e mezza e giusto la durata di una buona cena, una grappa o un digestivo alla frutta fatti in casa, nel senso più vero del termine. Inoltre si possono acquistare anche dei barilotti di rovere di varie dimensioni oppure, per chi è alla ricerca di un regalo molto raffinato, delle bellissime bottiglie artistiche soffiate a bocca, naturalmente dal contenuto assai pregiato e di sicuro gradimento.

🏠 Weinhandlung
Heinrich Winterholer
Rennweg 69
I-39012 Meran
☎ 00 39 04 73 / 23 68 10

Enoteca Heinrich Winterholer
Via delle Corse 69
39012 Merano

Genuss und Spaß unter den Meraner Lauben
Il ritrovo in voga sotto i portici di Merano

Steinpilz-Knödel-Terrine mit Kopfsalat und Südtiroler Speckmarinade | Canederli ai funghi porcini con lattuga e marinata di speck altoatesino

Rezept finden Sie auf Seite 112 |
Per la ricette vedere a pag. 112

Der Hotspot Merans ist das Bistro 7 unter den Meraner Lauben, ein modern und geschmackvoll eingerichteter Treffpunkt, wo von morgens früh bis spät nachts immer etwas los ist. Sehen und gesehen werden, lautet das Motto, und ganz besonders am Samstagvormittag geben sich hier vor allem die Einheimischen ein Stelldichein. Junges, schickes Publikum, Meraner Geschäftsleute, aber auch Urlauber und Flanierer, die nach einem Shopping-Bummel durch die Altstadt bei einem Cappuccino oder einem Glas Wein dem Treiben in der Gasse zuschauen. Kellner und Kellnerinnen in langen Schürzen unterstreichen das französische Bistro-Flair. Bei Regen sitzt man draußen unter einem Baldachin gut beschützt, und wenn es kalt ist, sorgen Heizstrahler für wohlige Wärme. Drinnen laden die große runde Bar und etliche gemütliche Nischen zu stilvollem Rasten und Speisen in einem Ambiente voller Lebensfreude. In der re-

Il locale "in" di Merano, il Bistro 7 sotto i portici del centro storico, è un ritrovo arredato in stile moderno e accogliente dove dalla mattina alla sera tardi c'è sempre grande movimento. Vedere e farsi vedere è il motto dei tanti frequentatori abituali che qui si danno appuntamento, specie nella mattinata di sabato. Un pubblico giovane e chic, ma anche commercianti e uomini d'affari del posto, oltre a turisti e villeggianti che dopo lo shopping sotto i portici si riposano un attimo gustando un cappuccino o di un buon bicchiere di vino. Camerieri e chellerine in lunghi grembiuli sottolineano il tipico flair di un bistrò francese. Sul plateatico esterno in caso di pioggia un grande baldacchino offre riparo, mentre nei giorni freddi ci sono degli appositi radiatori a riscaldare piacevolmente l'ambiente. L'interno è invece caratterizzato da un grande bancone circolare e da una serie di accoglienti nicchie che invitano a sedersi

laxten und gleichzeitig angeregten Atmosphäre lässt es sich genussvoll plaudern, untermalt von stimmungsvoller, abwechslungsreicher Musik. Abends wechselt die akustische Untermalung zu Jazz, Instrumental oder House. Die umfangreiche Getränkekarte bietet eine große Auswahl an Säften, Tee- und Kaffee-Spezialitäten, internationalen Biersorten, Weinen aus den besten Anbaugebieten und Spirituosen, und den kleinen Hunger stillen Snacks, Salate, Suppen oder Antipasti. Wer besonders edel und gut speisen möchte, begibt sich in das liebevoll restaurierte historische Gewölbe im ersten Stock.

per bere, mangiare e chiacchierare in un'atmosfera vivace e rilassante allo stesso tempo e allietata da una piacevole ma non invadente musica da sottofondo che alla sera passa al jazz, all'instrumental o all' house. Una nutrita lista di bevande propone ogni tipo di caffè, tè e tisane, di succhi, di birre e distillati nonché di vini eccellenti provenienti dalla più rinomate zone di produzione. E per soddisfare quel leggero languorino, c'è una grande scelta tra spuntini, insalate, minestre ed antipasti. Chi invece desidera pranzare o cenare alla grande, salirà al primo piano sotto le storiche volte amorevolmente restaurate.

Bistro 7
Lauben 232
I-39012 Meran
☎ 00 39 04 73 / 21 06 36
www.bistrosieben.it

Bistro 7
Via Portici 232
39012 Merano

Beliebter Treffpunkt inmitten der Meraner Altstadt
Apprezzato luogo d'incontro nel centro storico di Merano

Seit 2010 ist im Bistrò Hellweger's alles neu: die Einrichtung ebenso wie das kulinarische Konzept. Geblieben ist die einmalige Lage und der wunderschöne Innenhof gleich gegenüber der Meraner Pfarrkirche, deren Turm hier zum Greifen nah ist. „Bei uns soll sich jeder wohlfühlen", sagt Paul Hellweger, und so ist das Publikum auch bunt ge-

Dal 2010 il Bistrò Hellweger's è completamente rinnovato, sia per l'arredo che per il suo concetto gastronomico. Sono invece rimasti immutati la sua splendida posizione e il bellissimo cortile interno direttamente di fronte al duomo di Merano con il campanile che fa da ombra.
"Da noi ognuno deve sentirsi a suo agio" com-

mischt. Hier treffen sich Meraner Bürger zum Stammtisch, hier speisen mittags die Angestellten aus den verschiedenen umliegenden Büros, Freundinnen treffen sich zum Kaffeeklatsch, Touristen genießen die ungezwungene Atmosphäre mitten in der Altstadt und lassen sich die schmackhafte mediterrane Küche schmecken. Ab 17 Uhr gibt es auch frische Pizzas aus dem Holzkohleofen. Sollte es einmal regnen, sorgen Planen dafür, dass man im Trockenen sitzt, und im Winter braucht man dank der Heizstrahler nicht zu frieren. Rund um den Innenhof gruppieren sich die modern eingerichteten Räumlichkeiten des Bistròs mit Lounge und Piano-Bar mit Musik. Das Bistrò Hellweger's eignet sich übrigens auch prima für Familienfeiern wie zum Beispiel Geburtstagsessen.

menta Paul Hellweger riferendosi al suo pubblico estremamente poliedrico. Infatti, nel suo locale si ritrovano un po' tutti, dagli habitué meranesi dei negozi e uffici vicini che qui mangiano a mezzogiorno, alle amiche che si danno appuntamento per il caffè pomeridiano ed ai turisti che apprezzano non solo l'accoglienza dell'ambiente, ma anche, e soprattutto, le gustose specialità della cucina mediterranea che il locale offre. A partire dalle ore 17 c'è anche la classica pizza cotta nel forno a legna. E se dovesse piovere, ci sono grandi tendoni a far da riparo, come ci sono anche dei radiatori di calore a non farci sentire il freddo durante la stagione invernale. Intorno al bel cortile così protetto ci aspettano invece gli ambienti interni con il loro raffinato arredo moderno, affiancati da una lounge e da un piano bar che fanno del Bistrò Hellweger's un luogo ideale anche per organizzare delle feste familiari.

Bistrò Hellweger's
Pfarrplatz 30
I-39012 Meran
☎ 00 39 04 73 / 21 25 81
www.hellwegers.it

Bistrò Hellweger's
Piazza Duomo 30
39012 Merano

Das Fachgeschäft für feinste Weine und Spirituosen
La Casa del Vino di Merano per eccellenza

Seit 1977 ist das Meraner Weinhaus eine Institution in Meran und *die* Adresse, wenn es um Wein & Co. geht. Hier kümmern sich diplomierte Sommeliers um Wünsche und Fragen rund um Wein und Spirituosen. Weinliebhaber und Gastronomen, aber auch Kunden auf der Suche nach einer passenden Weinbegleitung für ein Essen oder ein Fest schätzen die fachliche Kompetenz und das außergewöhnlich große und breit gefächerte Angebot. Über 2 500 Etiketten regionaler, nationaler und internationaler Weine befinden sich im Sortiment des Weinhauses. In der Vinothek geben detaillierte Informationen Aufschluss über jedes Produkt. Internationale Fachliteratur ist in der Weinbibliothek ausgestellt, und allerlei Wissenswertes zu den einzelnen Weinen findet sich an den Regalen.

Fin dalla sua nascita nel 1977 la Meraner Weinhaus ossia la Casa del Vino di Merano è considerata una vera istituzione nel settore enologico e non solo nella città sul Passirio. Qui gli amanti del vino e i gastronomi vengono consigliati ed assistiti da esperti sommelier diplomati per fare la giusta scelta dei vini da accompagnare ad un determinato menu o ad una grande festa. Una scelta spesso tutt'altro che scontata, visto lo straordinario assortimento di oltre 2 500 etichette tra vini regionali, nazionali ed internazionali che la casa offre. Nella vinoteca i clienti possono trovare preziose informazioni dettagliate su ogni prodotto, l'apposita eno-biblioteca è fornitissima di letteratura specialistica di tutto il mondo ed altre informazioni ancora sono poste vicino ai vini nei rispettivi scaffali. C'è poi ovviamente la possibilità di degustare a piacere i

Im Meraner Weinhaus kann man aber nicht nur Wein verkosten und kaufen, sondern sich bei Degustationen unterhaltsam und professionell beraten lassen. Zu einer privaten Weinprobe daheim stellt ein Fachmann eine interessante Palette zusammen. Dazu kommt der Verleih von Gläsern, denn ein guter Wein schmeckt aus dem passenden Glas nochmal so gut. Eine weitere Dienstleistung sind perfekt organisierte Degustationen privat oder in Firmen mit Vergleichs- oder Zonenverkostungen und kleiner Weinschule.

Ein Präsent mit Stil? Auch hier helfen die Mitarbeiter des Meraner Weinhauses mit netten Geschenkideen. So viel Engagement rund um den Wein wird natürlich belohnt: 2004 wurde das Meraner Weinhaus mit dem Oscar des Weines als beste Vinothek Italiens ausgezeichnet.

vini proposti oppure di farsi consigliare dagli esperti della Weinhaus per organizzare a casa propria delle degustazioni di una specifica scelta di vini. Inoltre, considerata l'importanza che assume il bicchiere nel gustare a pieno le qualità organolettiche di un grande vino, si possono addirittura "noleggiare" i bicchieri più adatti a tale scopo. Un'altro servizio d'eccellenza della Casa del Vino di Merano consiste nell'organizzare stimolanti degustazioni comparative o riguardanti determinate zone di viticoltura, degustazioni che vengono sempre accompagnate da brevi seminari enologici. Inoltre sarete ottimamente consigliati anche per quanto riguarda qualche simpatica idea-regalo. Che un tale appassionato impegno a favore della cultura enologica a 360 gradi venga alla fine premiato, pare più che giusto. Ed infatti, nel 2004 alla Meraner Weinhaus è stato conferito l'Oscar del Vino come "migliore enoteca d'Italia".

🏠 Meraner Weinhaus
Romstraße 76
I-39012 Meran
☎ 00 39 04 73 / 01 21 30
www.meranerweinhaus.com

Meraner Weinhaus
Via Roma 76
39012 Merano

Das Beste aus Südtirol unter einem Dach
Il meglio dell'Alto Adige sotto un unico tetto

Auf dieses Geschäft haben sicher viele gewartet: Endlich gibt es in Meran einen Ort, der sich den Luxus erlaubt, ausschließlich Qualitätsprodukte aus Südtirol anzubieten. Es gibt nämlich so viel „Guats" in Südtirol, nur kennen es viele nicht, oder man musste bisher weite Wege auf sich nehmen, um einen besonderen Speck oder einen ganz bestimmten Käse zu kaufen. Auf 450 Quadratmetern und sehr ansprechend gestaltet, haben die Kunden jetzt eine riesige Auswahl an feinsten Genussmitteln. Und so nennt sich Pur Südtirol auch: Genussmarkt. Denn wie auf einem echten Markt tummelt sich hier alles, was kulinarisch Rang und Namen hat und einen echten Südtiroler Stammbaum vorweisen kann.

Hinter „Pur" steckt die Philosophie, eine lebenswerte Natur und Umwelt zu erhalten, sich zwar der Tradition verpflichtet zu fühlen, aber gleichzeitig den Blick in die Zukunft zu richten. Dies spiegelt sich auch im Design der großzügig gestalteten Verkaufsräume wider. Harry Thaler heißt der junge Meraner Künstler, der sich von den alten „Harassen", den Obst- und Gemüsekisten, inspirieren ließ und besondere Holzregale aus Apfelbaumholz

Sono in molti ad aver apprezzato la recente apertura di un simile negozio a Merano: un punto di vendita che si concede il lusso di offrire alla sua clientela soltanto ed esclusivamente prodotti di qualità dell'Alto Adige. La tradizione gastronomica di questa terra è piena di "cose buone", ma spesso ci tocca girare parecchio per trovare certe specialità come uno speck particolarmente raffinato o un determinato tipo di formaggio. Invece qui al Pur Südtirol, il nuovo mercato dei sapori più eccellenti dell'Alto Adige, è possibile trovare ogni cosa e su una superficie di 450 metri quadri potrete degustare, mangiare, bere ed infine, se ne avete voglia, acquistare quello che preferite. La scelta è davvero infinita: sono oltre 1400 i prodotti di alta qualità, tutti rigorosamente legati alla più autentica tradizione enogastronomica altoatesina. Il concetto del "puro" è un leitmotiv della filosofia aziendale che si rispecchia anche nell'arredo degli ampi e luminosi locali adibiti alla vendita realizzato dal giovane artista meranese Harry Thaler con le classiche cassette di frutta e verdura in legno di melo a modello delle antiche harassen, gli scaffali finemente lavorati e i raffinati lampadari,

schuf, die die Ursprünglichkeit und den Wert der dargebotenen Erzeugnisse unterstreichen. Die ebenfalls aus Holz kontrastreich gedrechselten Lampen geben in allen Bereichen ein mildes, weiches Licht.

Die Liste der heimischen Produkte ist lang, etwa 1400 sind es an der Zahl, die eines vereint, nämlich hochwertige Qualität zu fairen Preisen. Das Ambiente des Genussmarkts verführt zu längerem Verweilen, zum Flanieren und Schauen, aber auch zum Schnuppern und Kosten. Die Schenke mit Theke und gemütlichen Sitzecken ist der Treffpunkt für Genussspechte, die ein Glas guten Wein, ein

sempre di legno tornito a mano, che diffondono nell'intero ambiente una luce morbida ed armoniosa.

Un ambiente che invita a trattenersi, a curiosare tra i prodotti esposti e a paragonarli tra di loro, ma che è ideale anche per sostare davanti al bancone o a sedersi intorno ad uno dei tavolini per assaggiare un buon bicchiere di vino, per fare uno spuntino oppure mangiare un dolce in compagnia di un ottimo caffè, tutte squisitezze che ovviamente si possono anche acquistare per l'asporto. Non c'è lo spazio per elencare tutte le specialità offerte, ma per farsi un'idea almeno approssimativa basti

Frühstück, eine Marende oder Kaffee und Kuchen schätzen. Alles gibt es natürlich auch zum Mitnehmen, und da kann man nur sagen: Wer die Wahl hat, hat die Qual. Rund 100 verschiedene Brotspezialitäten und Gebäck, 80 Käsesorten, darunter feinste Rohmilchkäse von kleinen Bauern und Manufakturen und elf Specksorten machen die Entscheidung schwer. Besonders ernährungsbewusste Menschen, die auf saisonale, regionale und nachhaltig produzierte Ware Wert legen, finden im Pur Südtirol etwa einheimisches Obst und Gemüse aus biologischem Anbau, feine Weine und Destillate, köstliche Fruchtaufstriche, Essig und Öl, frische Milch und Milchprodukte, Teemischungen, Gewürze und aromatische Kräuter. Etwa 250 Produkte tragen das Qualitätszeichen Roter Hahn, die Garantie für heimische, gesunde Ware von Südtiroler Bauern, die viel Liebe und Sorgfalt darauf verwenden, Obst und Gemüse aus ihren sonnenverwöhnten Gärten und Äckern zu köstlichen Produkten zu veredeln. Naturreine Kosmetikartikel auf der Basis von Latschenkiefern- oder Traubenkernöl sowie Bücher und kulinarische Reiseführer runden das Angebot ab. Wichtig ist natürlich auch die kompetente und freundliche Beratung des geschulten Pur-Teams. Neben dem Markt und dem Gastrobereich bietet Pur im wunderschönen jahrhundertealten Keller unterhalb des Geschäfts Events wie Wein- oder Käseverkostungen sowie Vorträge und Filmvorführungen und Veranstaltungen mit Musik, Kunst und Kulinarik.

ricordare quel centinaio di diverse specialità di pane e di pasticceria, gli 80 tipi di formaggio nostrano tra cui quelli delicatissimi al latte crudo provenienti da piccoli caseifici contadini o gli undici differenti tipi di speck, uno più squisito dell'altro. E per i clienti più esigenti nel seguire un'alimentazione il più possibile naturale, stagionale e locale, non manca nemmeno una vasta scelta di frutta e verdura proveniente da coltivazioni biologiche, eccellenti vini e distillati di ogni genere, gustosissime marmellate e confetture, aceti ed oli, il latte fresco e tutti i suoi derivati, le tisane miste, le spezie e le erbe aromatiche. Sono circa 250 i prodotti certificati con la sigla del "gallo rosso" che indica la loro origine da masi contadini dell'Alto Adige e l'assoluta genuinità sia della materia prima che delle procedure di lavorazione. A completare l'offerta ci sono infine una serie di cosmetici preparati sulla base di prodotti naturali tipici della zona come l'essenza di pino mugo o l'olio di semi d'uva nonché una nutrita selezione di libri a tema e di guide gastronomiche. Un fattore importante è rappresentato dalla grande esperienza professionale dei collaboratori e dalla loro disponibilità cordiale e competente nell'assistere e consigliare la clientela. Oltre ai locali di vendita e al reparto di gastronomia, questo splendido paradiso dei sapori dispone di un'antica taverna sotterranea che ospita i ricorrenti eventi speciali che vanno dalle degustazioni di vini o di formaggi fino alle conferenze tematiche, alle proiezioni di film e agli intrattenimenti musicali, artistici e culinari.

Pur Südtirol
Freiheitsstraße 35
I-39012 Meran
☎ 00 39 04 73 / 01 21 40
www.pursuedtirol.com

Pur Südtirol
Corso Libertà 35
39012 Merano

Prickelnder Genuss aus Südtiroler Äpfeln
Le mele altoatesine in versione frizzante

Endlich ist es so weit: Aus den in die ganze Welt verschickten oder zu Saft verarbeiteten berühmten Südtiroler Äpfeln kann man auch etwas ganz Edles zaubern, nämlich Sekt! Was für Engländer, Franzosen, Spanier und Deutsche schon lange selbstverständlich ist, nämlich cider, cidre oder Äppelwoi, hält nun auch in Südtirol Einzug. Dabei wurde in Südtirol vor dem Ersten Weltkrieg auch Apfelwein hergestellt. Aber nachdem die Region zu Italien gekommen war, kam es wegen sehr restriktiver Gesetze zu einem Rückgang und schließlich zum kompletten Stillstand bei Herstellung und Vertrieb dieses feinen Getränks. Nun haben sich glücklicherweise einige findige, innovative und vor allem genussfreudige Köpfe zusammengefunden und dieser alten Tradition zu neuem Leben verholfen.

Am Troidnerhof in Unterinn am Ritten wachsen auf 900 Höhenmetern die Äpfel, die zunächst „nur" zu Apfelwein verarbeitet wurden – nicht schlecht, aber dieser Idee fehlte noch das „Plopp", ein gewisses Prickeln, und so entstand in Zusammenarbeit mit dem fachmännischen Team von Pur Südtirol der Apfelsekt S'Pom. Der raffinierte Name

Finalmente ci siamo: dalle gustose mele altoatesine note ormai dappertutto sia come frutto da tavola che sotto forma di succhi o di dolci strudel, ora si produce un'altra specialità: uno spumante o un prosecco, se si preferisce, fatto di mele! Quel che agli inglesi, ai francesi, agli spagnoli e ai tedeschi è già noto da molto tempo, cioè il sidro da loro chiamato cider, cidre e äppelwoi, ora entra a far parte anche del mondo delle specialità dell'Alto Adige. O meglio ritorna a farne parte, visto che fino alla prima guerra mondiale era una bevanda molto apprezzata anche dai sudtirolesi. Ma col passaggio dell'Alto Adige all'Italia e l'entrata in vigore di una legislazione assai più restrittiva, si ridusse la produzione fino alla sua definitiva sparizione dal mercato. Ora però, grazie ad alcuni menti innovative ed ingegnose, questa vecchia tradizione è stata riportata a nuova vita. Ed è a 900 metri di altitudine, nei frutteti del maso Troidner sull'altipiano del Renon, che maturano le mele che vengono dapprima "soltanto" trasformate in sidro, al quale mancava però ancora quel "frizzante nonsoché", e così ci hanno pensato gli esperti della Pur Südtirol a raffinare la ricetta e

ist eine Mischung aus dem lateinischen „spomant" für schäumend und „poma" für Obst beziehungsweise Äpfel. Den besonderen Geschmack erhält der S'Pom durch eine ausgewogene Mischung aus verschiedenen aromatischen Bergäpfeln, die nach der Pressung in Stahltanks vergoren werden. Das Ergebnis ist ein harmonischer, eleganter und spritziger Sekt mit nur 6,5 Prozent Alkohol, ein herrlicher, erfrischender Aperitif, aber auch köstlich zu vielen Vorspeisen oder Desserts wie Apfelstrudel oder zu Frisch- und Weichkäse mit Apfelchutney.

creare lo S'Pom. Il suo nome è un simpatico gioco di parole che si compone da "spumante" e "pomo", mentre il suo particolare sapore gli viene da una sapiente miscela tra diverse varietà di mele di montagna aromatiche che successivamente alla loro pressatura vengono fatte fermentare in serbatoi d'acciaio inox. Il risultato finale è più che convincente, una bevanda frizzante molto elegante ed armoniosa con un tasso alcolico di appena 6,5%, uno splendido aperitivo rinfrescante che altrettanto bene si presta ad accompagnare dei primi, dei dessert come lo strudel o dei formaggi freschi e morbidi serviti con chutney di mele.

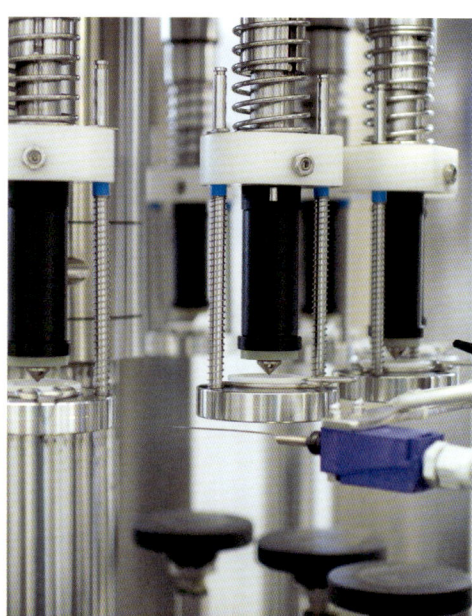

Pur Südtirol
Freiheitsstraße 35
I-39012 Meran
☎ 00 39 04 73 / 01 21 40
www.pursuedtirol.com

Pur Südtirol
Corso Libertà 35
39012 Merano

Kulinarisches Kleinod über der Meraner Altstadt
Un gioiello di gastronomia sopra il centro storico di Merano

Rote-Bete-Ravioli mit Feigen-Pecorino-Füllung und gegrillter Gänsestopfleber | Ravioli di barbabietola con ripieno di fichi e pecorino e foie gras alla griglia

Rezept finden Sie auf Seite 114 |
Per la ricette vedere a pag. 114

Ziemlich versteckt zwischen der Meraner Pfarrkirche und der Barbarakapelle ziehen sich die steilen Treppen hinauf zum Tappeinerweg. Wer nach nur zehnminütigem Aufstieg hier oben angekommen ist, steht genau vor dem Eingang in das an ein verwunschenes Hexenhaus erinnernde Restaurant und Café Saxifraga. Direkt am schönsten Spazierweg Merans, dem Tappeinerweg gelegen, eröffnet das stattliche Anwesen aus dunklem Holz eine herrliche Aussicht über den ganzen Meraner Talkessel – im April, Mai, September und Oktober ohne Ruhetag. Die 1906 erbaute Villa Saxifraga – der botanische Name für Steinbrech – ist außen wie innen ein architektonisches Juwel. Jahrzehntelang fristete es ein unbewohntes Dasein, bis es von Markus und Raffaella Brunner aus seinem Dornröschenschlaf geweckt wurde und seit 2001 in neuem Glanz erstrahlt.

Alles ist äußerst behutsam und mit viel Gespür für das Wesen dieser bezaubernden Villa restauriert worden – kein Alpenkitsch, keine überbordenden Dekorationen, alles ist edel und schlicht. Von April bis Oktober kann man es sich bei Sonnenschein in verschiedenen Terrassenwinkeln gutgehen lassen und neben Palmen und Zypressen den Glocken des Meraner Kirchturms beim Läuten zuschauen;

Un po' nascosta tra il duomo di Merano e l'attigua chiesetta di Santa Barbara inizia la scalinata che porta alla passeggiata Tappeiner che dall'alto costeggia il centro storico della città. Ed è proprio qui, dove finiscono i gradini e inizia la splendida passeggiata panoramica, che ci troviamo di fronte al "Saxifraga", un edificio a chalet che assomiglia ad una fiabesca dimora di nobili streghe. Il nome gli viene dalla botanica e sta ad indicare il "frangipietra", una pianta grassa che cresce tra le rocce. Il caffè-ristorante con la più splendida vista sulla città e sull'intera conca del Burgraviato è una rara chicca architettonica sia all'esterno che all'interno. Una decina d'anni fa Markus e Raffaella Brunner hanno saputo risvegliarlo dal suo lungo sonno da bella addormentata. Il restauro è avvenuto con tatto e grande sensibilità nei confronti del carattere storico di questa incantevole villa evitando ogni kitsch alpino ed esaltandone invece l'eleganza e la sobrietà. Da aprile fino ad ottobre, quando il tempo è bello, qui si possono trascorre ore piacevoli sulla terrazza e assistere in diretta, tra cipressi e palme, allo scampanio proveniente dal vicinissimo campanile del duomo di Merano. All'interno invece bisogna "purtroppo" decidere in quale delle cinque stube, una

drinnen muss man sich „leider" zwischen den fünf Stuben entscheiden, von denen eine schöner als die andere ist. Im unteren Stock befinden sich die große Tappeiner- und die kleine Bacchus-Stube, die sich bestens für einen Aperitif oder auch nur ein Glasl Wein eignet. Im oberen Stock bieten noch einmal drei Salons Platz: die in Waldgrün gehaltene Lenhart-Stube, die magentarote Fellin-Stube und schließlich die reizende kleine Sissi-Stube mit dem grünen Kachelofen. Alle Räume besitzen noch ihre originale Holztäfelungen und bilden einen äußerst stilvollen Rahmen für die gute Küche unter der Leitung von Chef Vincenzo. Von der Tiroler Hausmacherküche mit mediterranem Touch bis zu Gourmet-Spezialitäten wird alles frisch und mit Liebe zubereitet. Zum Original Südtiroler Speck mundet der Eigenbau-Vernatsch. Alle Nudel- und Brotteige sind hausgemacht, auch die Nachspeisen kommen aus der eigenen Küche, das saftige Tiramisu genauso wie die Zwetschgenknödel oder die Torten. Weniger „süße" Zeitgenossen entscheiden sich vielleicht für die Variationen von Südtiroler Edelkäsen mit Chutneys. Die Saxifraga eig-

più bella dell'altra, accomodarsi. Al piano terra la grande stube "Tappeiner" e quella più raccolta "Bacchus" si prestano benissimo per un aperitivo o un bicchiere di buon vino, mentre al piano superiore altre tre stube accolgono gli ospiti, quella "Lenhart" arredata in verde bosco, la "Fellin" in rosso magenta e infine l'incantevole stube "Sissi" con la stufa in maiolica verde. Tutti gli ambienti mantengono ancora i rivestimenti in legno originali e costituiscono una cornice raffinata per l'ottima cucina diretta dallo chef Vincenzo. Dalla cucina tipicamente tirolese fino alle specialità di quella mediterranea, ogni piatto è preparato al momento con grande cura e amore. L'eccellente speck è accompagnato da un buon bicchiere di Schiava di produzione propria e anche il pane e la pasta vengono fatti in casa come pure i dessert, dal gustoso tiramisù ai dolci canederli alle susine ed alle torte fatte in casa. Chi invece preferisce sapori meno dolci opterà magari per l'assortimento di nobili formaggi altoatesini con chutney. Il Saxifraga si presta poi benissimo per feste familiari o tra amici a cominciare dai matrimoni e dal cenone

net sich hervorragend für kleine oder mittlere Feiern wie Hochzeiten, Geburtstagsfeste, Silvester oder Firmenessen. Hausgemachte Marmeladen, ein besonderes Olivenöl und Teemischungen sind auch käuflich zu erwerben.

Etwas ganz Besonderes ist das exquisite Überraschungs-Dinner für zwei auf dem ganz privaten „Lenhart-Balkon" mit romantischem Ambiente und wahlweise mit Fisch oder Fleisch. Die Saison dauert in der Saxifraga von Anfang März bis Anfang Januar, mittags ist immer auf, abends öffnet sie ihre Pforten mittwochs, freitags und samstags. Im August ist täglich abends außer dienstags geöffnet, dann ist der Abstieg über die beleuchteten Treppen in die Altstadt besonders stimmungsvoll. Während des Meraner Advents trifft man das Team an seinem Glühwein-Stand auf dem Weihnachtsmarkt , wo man sich in fünf kleinen Chalet-Stuben das komplette kulinarische Angebot schmecken lassen kann.

di fine anno fino ai compleanni e alle cene sociali. Le marmellate fatte in case, uno speciale olio d'oliva e le tisane di erbe miste vengono offerte anche per l'asporto.

Una cosa molto particolare è il "dinner a sorpresa" per due servito nell'ambientazione romantica del balcone privato "Lenhart" e che può essere a base di carne o di pesce. Durante la stagione di apertura che va da inizio marzo fino ai primi di gennaio, il Saxifraga è sempre aperto a mezzogiorno, mentre alla sera apre il mercoledì, il venerdì e il sabato. In agosto, invece, lo troviamo aperto anche tutte le altre sere tranne il martedì, serate in cui è particolarmente bello tornare giù in città lungo la scalinata illuminata. Nel periodo dell'avvento, infine, lo staff del Saxifraga lo troviamo sul mercatino di Natale a mescere vin brulé e a farvi gustare delle vere squisitezze culinarie nelle cinque piccole stube allestite a mo' di chalet in occasione della tradizionale sagra prenatalizia.

Restaurant & Café Saxifraga
Familie Brunner
Tappeinerweg
I-39012 Meran
☎ 00 39 04 73 / 23 92 49
www.saxifraga.it

Restaurant & Café Saxifraga
Famiglia Brunner
Passeggiata Tappeiner
39012 Merano

Die ganze Welt in einem Garten
Il mondo intero in un giardino

Schon Kaiserin Elisabeth von Österreich, auch „Sissi" genannt, weilte zweimal im Winter (1870/89) in Meran auf Schloss Trauttmansdorff, dessen sonnige Lage die naturverbundene Kaiserin sehr schätzte. Heute präsentieren sich hier die im Jahr 2001 eröffneten Gärten von Schloss Trauttmansdorff, Paradiese von seltener Schönheit und reizvoll vom Frühling bis in den Spätherbst. In einem natürlichen Amphitheater versammeln sich über 80 Natur- und Kulturlandschaften sowie verschiedene Themengärten. Zahlreiche Wege schlängeln sich durch vier große Gartenwelten. Hier gehen buchstäblich die Sinne spazieren.

Der Weg durch die exotischen Waldgärten mit Waldtypen und Kulturlandschaften aus Asien und Amerika führt vorbei am Farntal mit „lebenden Fossilien", einem rauschenden Wasserfall, Tee- und Reisterrassen und einer Voliere mit bunten Papageien. Hier blühen im Frühling Zierkirschen, Rhododendren und die einzigartig befestigten Steilhänge. Die Sonnengärten auf der Südseite des Schlosses vermitteln mediterranes Flair mit Zypressen, Zitrusbäumen, Pinien und dem nördlichsten Olivenhain Italiens. Auf einem nahe gelegenen Wüstenhügel wachsen Kakteen, Agaven und Aloen. Duftender Rosmarin, Thymian, Lavendel und die größte Salbeisammlung Italiens betören

Due volte, nel 1870 e nel 1889, l'imperatrice Elisabetta d'Austria, meglio nota come "Sissi", scelse di trascorrere l'inverno nel Castel Trauttmansdorff da lei particolarmente apprezzato per la sua posizione soleggiata e la natura circostante. Oggi il castello è circondato da un immenso giardino botanico, i Giardini di Castel Trauttmansdorf per l'appunto, che vennero inaugurati nel 2001 e sono dei veri paradisi di rara bellezza aperti al pubblico da primavera fino ad autunno inoltrato. In uno splendido anfiteatro modellato dalla natura si trovano raccolti oltre 80 ambienti botanici con piante provenienti da ogni angolo del mondo. Innumerevoli sentieri si snodano attraverso le quattro grandi aree tematiche. A cominciare dall'area dedicata ai "boschi del mondo" che oltre a portarci in Asia e nelle Americhe ci fa ammirare una valle delle felci con i suoi fossili viventi, un ruscello a cascata scrosciante, coltivazioni di tè e risaie terrazzate e una grande voliera con pappagalli dal piumaggio variopinto. L'area dei "giardini del sole" che si estende lungo le pendici meridionali si presenta con l'inconfondibile vegetazione del sud caratterizzata da cipressi, agrumeti, pini marittimi e dall'oliveto più settentrionale d'Italia, mentre su un vicino poggio desertico crescono cactus, agave e aloe. L'aria è piacevolmente impregnata dalle

die Sinne. Die Landschaften Südtirols sind der nächste Schwerpunkt. Da zieht sich ein Flaumeichenwald den Hang empor, ein Auwald erinnert an die ehemaligen Sumpflandschaften des Etschtals. In Weinbergen und Obstgärten wachsen alte einheimische Sorten. Ein liebevoll gepflegter kleiner Bauerngarten versinnbildlicht die heimische Landwirtschaft. Dem Thema Wein wird mit dem Südtiroler Weinberg und seinem Tabernakel besonderes Augenmerk geschenkt, eine begehbare Schatzkammer, die 3 000 Jahre Südtiroler Weinkultur anhand antiker Traubenkerne zeigt. In den Wasser- und Terrassengärten können die Besucher die unterschiedlichen europäischen Gartenstile be-

aromatiche fragranze del rosmarino, del timo, della lavanda e della salvia, di cui Trauttmansdorff coltiva la più grande gamma di varietà a livello nazionale. E passiamo ai "paesaggi dell'Alto Adige" con un bosco di roverelle che sale lungo il pendio, un bosco ripariale ricorda le paludi che un tempo ricoprivano la valle dell'Adige, vigne e frutteti coltivati con le varietà locali ed un orto-giardino tipico dei masi contadini dell'Alto Adige. Una grande vigna fa il dovuto omaggio all'ancestrale cultura vitivinicola di questa terra e in un apposito "tabernaculum" si possono ammirare antichissimi vinaccioli, testimoni di tale affascinante storia trimillenaria. Nell'area dei "giardini acquatici e ter-

wundern. Wie der Mensch gestalterisch mit der Natur umgeht, zeigen Terrassen, Treppen und Wasserläufe auf ihrem Weg zum Seerosenteich mit den herrlichen Blüten der Lotosblume. Das Ufer säumt ein exotischer Palmenwald mit farbenprächtigen Kamelien.

Zahlreiche Erlebnisstationen – zum Beispiel der Summfelsen, der verbotene Garten, die Multimediashow in der Grotte im Farntal, das Bienenhaus oder die Libellenuhr – begeistern Jung und Alt und machen den Besuch der Gärten zu einem Erlebnis für alle Sinne. Elf Künstlerpavillons illustrieren spielerisch und anschaulich botanische Phänomene. Die spektakuläre Aussichtsplattform – gestaltet vom Meraner Stararchitekten Matteo Thun – gewährt Ausblicke auf Meran, die exotisch-mediterranen Gärten und die umliegende Bergwelt.

Dieses Ausflugsziel begeistert von der prachtvollen Tulpenblüte bis zur berauschenden Herbstfärbung auch mit zahlreichen Events und Veranstaltungen wie dem Frühstück bei Sissi oder den Gartennächten, die an lauen Abenden World Music bieten. Die Gärten von Schloss Trauttmansdorff vereinen Erlebnis und Ruhe, sie sind Augenweide und Sinnesverlockung für Groß und Klein. Kein Wunder, dass dieses zwölf Hektar große Gesamtkunstwerk im Jahr 2005 zum schönsten Garten Italiens und 2006 zu Europas Garten Nummer sechs gekürt wurde.

razzati" i diversi stili di giardini europei testimoniano i differenti rapporti tra uomo e natura, con terrazze, scale e rivoli d'acqua che conducono in basso al laghetto delle ninfee con i leggendari fiori di loto e con affianco un esotico palmeto dove primeggiano le camelie con i loro vivaci colori.

A rendere ancora più piacevole e divertente una visita ai Giardini di Trauttmansdorff ci sono infine numerose stazioni "sensoriali" che invitano a soffermarsi e stupirsi, come ad esempio la roccia sonora, il giardino proibito, lo show multimediale nella grotta della valle delle felci, l'alveare o l'orologio delle libellule. E ci sono undici padiglioni artistici con interessanti opere dedicate ai più svariati fenomeni botanici. Dalla spettacolare piattaforma panoramica, opera dell'archistar meranese Matteo Thun, si gode una vista mozzafiato sull'intera conca di Merano e sul circostante paesaggio montano.

Oltre ad essere una vera meraviglia della botanica mondiale, i Giardini di Castel Trauttmansdorff sono anche un apprezzato ritrovo per assistere e partecipare ad eventi mondani e artistici, dalla "colazione da Sissi" fino alle serate musicali sul laghetto all'insegna della world music.

Non c'è quindi da stupirsi che questo magico mondo vegetale, e non solo, sia stato eletto nel 2005 a "Giardino più bello d'Italia" e nel 2006 fosse al sesto posto tra quelli più belli di tutta l'Europa.

Die Gärten von Schloss Trauttmansdorff
St. Valentin-Straße 51 a
I-39012 Meran
☎ 00 39 04 73 / 23 57 30
www.trauttmansdorff.it

I Giardini di Castel Trauttmansdorff
Via S. Valentino 51 a
39012 Merano

Vergnügliche Reise durch die Geschichte des alpinen Tourismus
Un divertente viaggio nella storia del turismo alpino

Eine lehrreiche und zugleich unterhaltsame Reise in die Vergangenheit des Fremdenverkehrs im Alpenraum bietet Südtirols erstes Tourismusmuseum, das Touriseum in Schloss Trauttmansdorff, ein Spaß für die ganze Familie. Auf verschiedenen Etappen reist der Besucher hier in 20 Räumen durch 200 Jahre Tourismusgeschichte des historischen Tirols und Südtirols.

Der Parcours durch das Touriseum schlägt dabei einen Bogen von der Zeit vor 1800, als die Alpen noch gefahrvoll und unbekannt waren, bis zum heutigen „Produkt" Südtirol, das sich als beliebtes Reiseziel für Menschen aus aller Welt etabliert hat. Dazwischen liegt ein äußerst charmant inszenierter Rundgang durch die Entwicklung dieses Wirtschaftszweiges: die früheren Risiken des Reisens, die Entdeckung Tirols als Urlaubsziel, die Epoche der Grand Hotels, aber auch Zeitgeschichtliches wie Südtirol im Nationalsozialismus und Faschismus, die Blechlawinen über die Brennerautobahn ab der 1960er-Jahre und die Wandlung von Bauernhöfen über Pensionen zu Bettenburgen. Stuben, Gästezimmer und eine Hotel-Bar gehören ebenso dazu wie eine Original-BMW-Isetta und zahlreiche Objekte wie Geschirr und Besteck oder ein Grand Hotel in Form einer überdimensionalen Puppenstube. Drei Räume mit Originalexponaten widmen sich Kaiserin Sissi, dem prominentesten

Il Touriseum a Castel Trauttmansdorff alle porte di Merano, il primo museo dell'Alto Adige dedicato esclusivamente alla storia del turismo, ci invita ad un viaggio nel tempo, istruttivo e divertente allo stesso tempo. Accompagnato da fantasiose scenografie allestite lungo il percorso attraverso le venti sale del museo, il visitatore ripercorre la movimentata storia bisecolare del turismo nel Tirolo e in Alto Adige. Si parte dagli albori e cioè prima del 1800, quando le Alpi erano ancora sconosciute e piene di insidie, fino ad approdare all'attuale Alto Adige, un "prodotto turistico" ormai apprezzato da vacanzieri di ogni parte del mondo. Ogni aspetto legato allo sviluppo di questo importante settore dell'economia viene accuratamente illustrato, dai rischi del viaggiare di una volta fino alla scoperta del Tirolo quale terra di villeggiatura, dall'epoca dei maestosi Grand Hotel e le vicissitudini sotto i regimi nazionalsocialista e fascista fino alle valanghe di turisti lungo l'Autobrennero a partire dagli anni sessanta e la miracolosa trasformazione dei masi contadini in pensioni e imponenti strutture ricettive. Lungo il tragitto museale fanno bella mostra di sé vecchie stube di locanda, stanze d'albergo, un autentico bar d'hotel, un'originalissima BMW Isetta d'altri tempi, stoviglie, posate e quant'altro attinente al settore, come pure un Grand Hotel in formato

Gast des Schlosses. Der weltweit größte Holzflipper lädt zu einer ironischen „Fahrt" durch Südtirol. So viel vergnügliche Information macht sicher hungrig: Im Restaurant Schlossgarten kann man bei Speis' und Trank und herrlicher Aussicht auf die Gärten von Schloss Trauttmansdorff die Eindrücke Revue passieren lassen.

giocattolo, mentre tre sale sono interamente dedicate all'imperatrice Sissi, la più famosa tra i villeggianti ospitati dal castello. E c'è anche un simpatico "flipper turistico", il più grande del mondo, che invita ad una divertente ed ironica escursione attraverso i luoghi comuni sull'Alto Adige. Al termine di questo lungo e divertente viaggio attraverso la storia del turismo potrete rifocillarvi nel ristorante Schlossgarten e godervi la bellissima vista sopra i Giardini di Trauttmansdorff.

Touriseum
Landesmuseum für Tourismus
Schloss Trauttmansdorff
St. Valentin-Straße 51 a
I-39012 Meran
☎ 00 39 04 73 / 27 01 72
www.touriseum.it

Touriseum
Museo provinciale del Turismo
Castel Trauttmansdorff
Via S. Valentino 51 a
39012 Merano

Tief verwurzelt, um zu wachsen
Radici profonde per crescere meglio

Dieser Leitspruch des Direktors der Gutsverwaltung und des Landesweinguts Laimburg, Klaus Platter, spiegelt nicht nur die 3 000 Jahre alte Weintradition Südtirols wider, sondern auch die über 40-jährige Pflege dieses Erbes. Die Erfahrungen des Weinguts gründen auf jahrelangem Weinbau und lang erprobter Kelterung aller in Südtirol etablierten sowie experimenteller Rebsorten. Mit den rund 20 landeseigenen Gutshöfen, mit dem Felsenkeller als Teil der beeindruckenden Kelleranlagen im Porphyfels des Mitterbergs und mit seinen erstklassigen Weinen präsentiert sich die Laimburg Südtirol als ältestes und südlichstes Weinland im deutschen Sprachraum. Innovative, schonende Methoden im Weinberg, gepaart mit moderner Kelterung, setzen die Tradition der Weinbaukultur Südtirols fort. Laimburg-Weine sind traditionelle Rebsortenweine und werden in zwei Linien ausge-

In questo motto di Klaus Platter, direttore del podere vitivinicolo Laimburg di proprietà della Provincia autonoma di Bolzano, si rispecchia non solo la storia trimillenaria della viticoltura altoatesina, ma anche il mantenimento e la sapiente cura di tale importante eredità culturale durante gli ultimi quarant'anni. La grande esperienza e competenza di questa istituzione si basa su una pluriennale coltivazione e vinificazione di tutte le varietà di uva presenti in Alto Adige oltre che sul trattamento di vitigni sperimentali. Con le loro circa 20 tenute vinicole, sempre di proprietà della Provincia, la splendida cantina scavata nella roccia porfidica e i vini di assoluta eccellenza qui prodotti, le Cantine Laimburg rappresentano per così dire l'intero Alto Adige vitivinicolo. Innovativi e delicati metodi di lavorazione nei vigneti abbinati a processi di vinificazione di assoluta avanguardia tec-

baut, in klassische Gutsweine und in die Weine der Burgselektion, die vorwiegend in kleinen Eichenholzfässern reifen.

Auch der Kräuteranbau als Nebenerwerb für Südtirols Bauern hat in der Laimburg seit 1982 Tradition: Am Gachhof bei Meran werden Kräuter ökologisch angebaut, unter anderen Pfefferminze, Zitronenmelisse, Stevia und Ringelblumen sowie Gewürzkräuter wie Origano, Majoran, Bohnenkraut und Basilikum. Viel Arbeitseinsatz per Hand ist nötig, besonders die Blütenernte im Sommer erfordert ein hohes Maß an Arbeit und Geduld. In der Entfeuchtungsanlage werden die Kräuter dann schonend und ohne Farb- und Aromaverlust getrocknet. Daraus werden zum Beispiel Kräutermischungen, Kräutersalz, Kräuterkissen sowie Duftsäckchen hergestellt.

nologica danno vita a due diverse linee enologiche contraddistinte da uno stile specifico: i classici e tradizionali "Vini del Podere" e la "Selezione Maniero" con vini particolarmente pregiati in prevalenza maturati in piccoli botti di rovere.

Dal 1982 le competenze del Podere Laimburg si sono allargate ad un ulteriore settore di coltivazione agricola, quello delle erbe aromatiche e officinali, un importante ramo aggiuntivo dell'agricoltura montana. Intorno al proprio maso Gach sopra Merano crescono tra l'altro la menta piperita, la melissa cedronella, la stevia e la calendula, ma anche l'origano, la maggiorana, la trigonella e il basilico, tutti coltivati rigorosamente con metodi biologici, raccolti a mano, deumidificati ed essiccati con grande delicatezza per evitare scolorature e perdite di aromaticità.

Landesweingut Laimburg
Laimburg 6
I-39040 Auer/Pfatten
☎ 00 39 04 71 / 96 97 00
www.laimburg.bz.it

Podere provinciale
Cantine Laimburg
Laimburg 6
39040 Ora/Vadena

Relais & Châteaux Hotel
Castel Fragsburg
Relais & Châteaux Hotel
Castel Fragsburg

Sterne–Küche hoch über Meran
Cucina stellata in alto sopra Merano

Duett von der Schlossgartenmarille und der edlen Valrhona-Schokolade |
Duetto di albicocche del giardino del castello e di nobile cioccolato Valrhona

Rezept finden Sie auf Seite 115 |
Per la ricette vedere a pag. 115

Er ist sehr schnell gekommen und auf jeden Fall verdient: Seit 2009 leuchtet einer der begehrten Michelin-Sterne über dem bezaubernden Hotel Castel Fragsburg. Luis Haller ist der junge, sympathische Küchenchef und der Shooting Star unter Südtirols Sterneköchen, bodenständig und den kulinarischen Traditionen seiner Südtiroler Heimat verbunden, dabei neugierig, experimentierfreudig und ungeheuer kreativ. Seine geradlinigklassische Cuisine zeichnet sich durch großes handwerkliches Geschick und künstlerische Fantasie aus. Wichtig ist ihm dabei, dass die Gäste sich Zeit nehmen, seine Küche in aller Ruhe zu goutieren. Die Fragsburg ist nichts für einen schnellen Business-Lunch, sondern ein Ort für entschleunigten Genuss auf höchstem Niveau, was einerseits die nicht zu toppende Aussicht betrifft und andererseits die Kreationen des Küchenchefs beschreibt. Für Luis Haller stehen erstklassige Ausgangspro-

È arrivata presto ed è più che meritata: l'ambita stella Michelin che da un anno illumina l'incantevole Hotel Castel Fragsburg. Si chiama Luis Haller, il giovane simpatico chef, il nuovo personaggio di spicco tra i cuochi pluripremiati dell'Alto Adige, che è fortemente legato alle tradizioni culinarie della propria terra, ma anche estremamente curioso, creativo e pronto a sperimentare. Il suo modo di cucinare, classico e sobrio, esprime grande abilità nel mestiere, accompagnata da una vivace fantasia artistica. È importante che gli ospiti si prendano il tempo necessario per gustare i suoi piatti, perché tutto l'ambiente del Fragsburg non è adatto a consumare frettolosamente un business lunch, ma è un luogo votato al piacere distensivo in cui godere sia la pace e la strepitosa vista panoramica che le squisitezze preparate dallo chef con eccellenti materie prime, mai più di quattro per pietanza, ed ingredienti e odori combinati con

dukte an erster Stelle. Mit maximal vier Komponenten entstehen dann hinreißende Kompositionen, wobei er Texturen und Aromen vortrefflich miteinander vereint. Ob man sich für die Fragsburger Landhausküche aus der Meraner Region, die große Fragsburger Tafelrunde oder das Sommer Style Menü entscheidet, immer klingen bei aller Raffinesse die heimischen kulinarischen Wurzeln durch. Dies alles im Ambiente der wunderschönen verglasten Biedermeier-Veranda oder in den eleganten Räumen des einzigartigen Hotels Castel Fragsburg hoch über Meran: ein echter Glücksfall für Feinschmecker.

grande sapienza. Sia che ci si voglia attenere alla tradizionale cucina del meranese sia che si preferisca scegliere tra le prelibatezze del menu gourmet o della lista dedicata alle specialità squisitamente estive, qui ogni piatto si trasforma in una indimenticabile esperienza per gli occhi e il palato e nonostante l'assoluta raffinatezza che caratterizza la preparazione di ogni singola pietanza, si scorge sempre l'inconfondibile certezza delle radici regionali. Eleganti e raffinati anche gli ambienti dell'hotel e del ristorante, tra i quali spicca la bellissima veranda in stile Biedermeier con una favolosa vista panoramica sulla conca di Merano.

Relais & Châteaux Hotel
Castel Fragsburg
Alexander Ortner
Fragsburger Straße 3 A
I-39012 Meran
☎ 00 39 04 73 / 24 40 71
www.fragsburg.com

Relais & Châteaux Hotel
Castel Fragsburg
Alexander Ortner
Via Fragsburg 3 A
39012 Merano

Weinkultur seit dem 13. Jahrhundert
L'antica cultura vinicola che risale al XIII secolo

Schon im Jahr 1227 fand das malerische Schloss Erwähnung als bedeutendes Zeugnis der Weinkultur. Auf Schloss Rametz wurde 1860 die erste Blauburgunder-Rebe in Südtirol angepflanzt. Das milde Klima, der fruchtbare Boden und die besondere Lage lässt die gepflegten Guyot-Rebanlagen, die in Zeilen quer zum Hang terrassenförmig angeordnet sind, außergewöhnlich hochwertiges Traubengut hervorbringen, das anschließend mittels modernster Kellereitechnik zu vielfach preisgekrönten Weinen verarbeitet wird.

Ebenfalls zum Betrieb der Familie Schmid und zum Schloss Rametz gehört ein zweites Weingut namens „Castel Monreale" im Trentino, das neben Chardonnay, Weiß- und Blauburgunder auch hochwertigen Sekt herstellt. Von Schloss Rametz selbst kommt eine große Anzahl verschiedener Weine, darunter weiße wie Riesling, Ruländer, Gewürztraminer und Sauvignon und rote wie Blauburgunder, Merlot, Lagrein und Cabernet Sauvignon.

Auch ein Weinbaumuseum befindet sich in den Mauern des Schlosses. Hier lassen sich historische Arbeitsgeräte zum Thema Weinbau besichtigen. Die verschiedenen Themenbereiche zeigen zum Beispiel Werkzeuge für Bodenbearbeitung, Lese und Transport, Hilfsmittel zur Schädlingsbekämp-

Già nel lontano 1227 il pittoresco castello di Rametz viene menzionato quale importante luogo di viticoltura. E fu nelle vigne dello stesso castello che nel 1860 venne piantata la prima vite di Pinot Nero in Alto Adige. Il clima mite, il suolo fertile e la favorevole esposizione dei terreni terrazzati e coltivati a Guyot lungo i pendii della collina fanno crescere pregiatissime uve che vengono trasformate, con modernissima tecnologia enologica, in vini spesso e ripetutamente premiati per la loro alta qualità.

L'azienda familiare Schmid comprende, oltre al Castello Rametz, una seconda tenuta vinicola, quella di "Castel Monreale" nel Trentino che accanto allo Chardonnay e ai Pinot Bianco e Nero produce uno splendido spumante. Tra le molte specialità della cantina di Castello Rametz vanno invece citati, tra i bianchi, il Riesling, il Pinot Grigio, il Gewürztraminer e il Sauvignon, mentre tra i rossi eccellono il Pinot Nero, il Merlot, il Lagrein e il Cabernet Sauvignon.

Inoltre, le mura del castello ospitano un interessantissimo museo del vino ricco di attrezzi storici usati per la viticoltura, in parte dimenticati, che comprendono strumenti per la lavorazione del terreno, per la vendemmia, per la vinificazione e

fung, Geräte der Küferei und teilweise in Vergessenheit geratene Utensilien zur Weinverarbeitung und -lagerung. Vom Weinanbau bis zur Abfüllung ist hier alles anschaulich präsentiert, daneben Geräte für Kornanbau und Getreideverarbeitung. Täglich finden Führungen statt, die mit einem Rundgang durch die Weinberge beginnen, währenddessen man alles Wissenswerte über die Arbeit im Weingarten und die Geschichte des Schlosses erfährt. Dann geht es in die sehenswerten Schlosskeller, in denen alle Weine des Gutes lagern. Der große mittelalterliche Keller aus dem 18. Jahrhundert verströmt ein ganz besonderes Flair vergangener Epochen, mit der stimmungs-

per il trasporto nonché gli antichi mezzi utilizzati per la lotta antiparassitaria. Accanto a questi sono esposte anche attrezzature per la coltivazione e la lavorazione dei cereali. Le visite guidate al museo a cadenza giornaliera iniziano con una passeggiata tra i vigneti durante la quale si apprende tutto ciò che riguarda il lavoro in vigna e la storia del castello. Successivamente si fa visita alla splendida cantina del castello in cui vengono conservati tutti i vini della tenuta. In questa grande cantina risalente al Settecento con le sue botti disposte in maniera ordinata e sapientemente illuminate si respira un'aria magica d'altri tempi. Senza alcun dubbio si tratta di una della cantine più belle del

vollen Beleuchtung kann man ihn sicher als den schönsten Weinkeller des Burggrafenamtes bezeichnen. Im kleineren Gewölbe aus dem 12. Jahrhundert werden die wertvollen Barrique-Weine ausgebaut. Die anschließende Verkostung von fünf Spitzenweinen rundet die interessante Führung ab. Eine weitere Attraktion ist das Speckmuseum, das einen Einblick in die Erzeugung dieses beliebten Produktes von der Schlachtung bis zur Lagerung gewährt – natürlich ebenfalls mit Verkostung. Die schlosseigene Önothek ist eine wahre Schatzkammer für Liebhaber edler Weine, Destillate, Liköre und Grappas. Aber auch typische Südtiroler Spezialitäten und italienische Feinkost sind hier appetitlich aufgereiht. Wer Lust auf eine kleinere oder größere Mahlzeit bekommt, kann sich nur ein paar Schritte entfernt im Restaurant am Schloss Rametz niederlassen, wo im urgemütlichen Ambiente einer Tiroler Stube raffinierte lokale und italienische Gerichte zubereitet werden, begleitet natürlich von den hervorragenden Weinen der Schloss-Kellerei. Im Sommer mundet die hervorragende Küche ganz vorzüglich im schattigen Garten.

Übrigens eignet sich Schloss Rametz ausgezeichnet für Feiern und Events, die vielseitigen Räumlichkeiten mit einzigartiger, stilvoller und romantischer Atmosphäre, der mittelalterliche Innenhof und der Schlosspark lassen alle Feste unvergesslich werden.

Burggraviato. Nella cantina più piccola che risale addirittura al XII secolo, maturano invece i pregiati vini in barrique. A concludere la visita nel modo migliore ci aspetta quindi una degustazione di cinque tra i vini di punta prodotti a Castello Rametz. Un'altra attrazione da non perdere è il museo dello speck dedicato alla lavorazione di quest'altro prodotto così tipico dell'Alto Adige. E anche qui ci aspetta un gustosissimo assaggio.

Poi c'è l'enoteca, un altro vero gioiello del castello, che accanto ai vini, alle grappe, ai distillati e ai liquori offre anche squisite specialità gastronomiche sia dell'Alto Adige che di altre regioni italiane. E chi, nel frattempo, fosse stato colto da un certo languorino, potrà recarsi nel ristorante adiacente al castello dove in un'accogliente stube tirolese o anche nel giardino ombreggiato gli verranno servite raffinate specialità della cucina sia altoatesina che italiana, prelibatezze culinarie da accompagnare ovviamente con quelle enologiche di Castello Rametz.

Infine va ricordato come il Castello Rametz sia un luogo ideale per ogni tipo di festa o evento importante come matrimoni, banchetti o compleanni. I suoi splendidi ambienti, dalle varie sale al cortile interno medievale e al suggestivo parco, diffondono un'incantevole atmosfera romantica che fan di ogni festa un'esperienza indimenticabile.

Weingut Schloss Rametz
Familie Schmid
Labersstraße 4
I-39012 Meran
☎ 00 39 04 73 / 21 10 11
www.rametz.com

Tenuta vinicola Castello Rametz
Famiglia Schmid
Via Labers 4
39012 Merano

Roggenteigtaschen mit Burgeiser Almkäse in Salbeibutter und gebratenem Vinschger Bauchspeck

☐ Hotel Restaurant Zum Mohren & Plavina, S. 40

Zutaten für 4 Personen

300 g Roggenmehl | *100 g Weizenmehl* | *4 Eier* | *1–2 EL Olivenöl* | *Salz*
Füllung *150 ml Milch* | *100 ml Sahne* | *1 Msp. Muskatnuss, gerieben* |
30 g Butter | *30 g Mehl* | *100 g Burgeiser Almkäse* | *1 Eigelb* | *Salz*
außerdem *50 g Butter* | *4 Salbeiblätter* | *8 Scheiben Vinschger Bauchspeck* |
3–4 EL geriebener Burgeiser Almkäse

Zubereitung

Beide Mehlsorten vermischen, die Eier verquirlen und alles mit Salz und Olivenöl zu einem geschmeidigen Teig kneten. Den Teig zugedeckt 30 Minuten ruhen lassen.
Für die Füllung Milch und Sahne mit Salz und Muskatnuss erhitzen. Die Butter schmelzen, den Käse in kleine Würfel schneiden. Die geschmolzene Butter und das Mehl unter ständigem Rühren hinzufügen und alles etwa 3 Minuten kochen lassen. Die Käsewürfel und das Eigelb einrühren und die Masse kalt stellen.
Den Nudelteig dünn ausrollen und runde Blätter von etwa 5 Zentimetern Durchmesser ausstechen. Die Füllung daraufgeben, die Ränder mit Wasser bestreichen und Teigtaschen formen. In reichlich Salzwasser 5 Minuten kochen, mit einem Schaumlöffel herausholen und abtropfen lassen. Inzwischen in einer Pfanne die Butter erhitzen, Salbei und die Teigtaschen hineingeben und durchschwenken. Die Speckscheiben knusprig ausbraten. Die Teigtaschen mit dem Salbei auf vier Tellern verteilen, die Speckscheiben darauflegen und mit geriebenem Almkäse bestreuen.

Fagottini di segale con formaggio di malga Burgusio in burro di salvia e pancetta della Val Venosta rosolata

☐ Hotel Ristorante Zum Mohren & Plavina, pag. 40

Ingredienti per 4 persone

per la pasta *300 g di farina di segale* | *100 g di farina 00* | *4 uova* |
1–2 cucchiai di olio d'oliva | *sale*
per il ripieno *150 ml di latte* | *100 ml di panna* | *1 pizzico di noce moscata grattugiata* | *30 g di burro* | *30 g di farina* | *100 g di formaggio di malga Burgusio* | *1 tuorlo d'uovo* | *sale*
inoltre *50 g di burro* | *4 foglie di salvia* | *8 fette di pancetta della Val Venosta* | *3–4 cucchiai di formaggio di malga Burgusio grattugiato*

Preparazione

Mescolate entrambi i tipi di farina, frullate le uova e lavorate il tutto con sale e olio d'oliva fino a formare un impasto morbido. Lasciate riposare l'impasto coperto per 30 minuti.
Per il ripieno scaldate il latte e la panna con il sale e la noce moscata. Sciogliete il burro e tagliate il formaggio a piccoli dadini. Aggiungete il burro fuso e la farina continuando a mescolare e lasciate cuocere il tutto per circa 3 minuti. Aggiungete mescolando i dadini di formaggio e il tuorlo d'uovo, quindi mettete il composto a l fresco.
Stendete finemente l'impasto e ritagliate dei fogli tondi di 5 centimetri di diametro. Disponete sopra il ripieno, bagnate i bordi e formate dei fagottini. Fate cuocere in acqua ben salata per 5 minuti, tirate fuori i fagottini con una schiumarola e lasciate scolare. Nel frattempo scaldate il burro in una padella, versateci la salvia e i fagottini e fate saltare. Rosolate le fette di pancetta fino a raggiungere una certa croccantezza. Distribuite i fagottini con la salvia su quattro piatti, stendete sopra le fette di pancetta e cospargete con il formaggio di malga grattugiato.

Pannaneve della Val Venosta

Hotel Bella Vista, pag. 42

Ingredienti per 4 persone

3 panini (vecchi di 3 giorni) | *qualche cucchiaio di latte* | *2–3 cucchiai di zucchero* | *1 cucchiaio di cannella in polvere* | *2–3 cucchiai di noci tritate grosse* | *2–3 cucchiai di uva sultanina tritata grossa* | *1 tazza di panna da dolci (125 ml)* | *1–2 cucchiaini di zucchero* | *scaglie di cioccolato*

Preparazione

Tagliate i panini a piccoli dadini ed inumiditeli nel latte (come per i canederli), mescolateci lo zucchero e lasciate riposare per un'ora. Quindi insaporite bene con la cannella e mescolateci le noci e l'uva sultanina tritate. Versate il composto su una forma piana e premete leggermente. Addolcite la panna con un po' di zucchero e versatela sopra la massa fino a ricoprirla. Fate raffreddare per un'ora e cospargetela con le scaglie di cioccolato prima di servire.

Invece delle scaglie di cioccolato o in aggiunta ad esse si possono utilizzare diversi frutti di bosco (more, ribes, lamponi) come guarnizione oppure si possono mettere delle mele a pezzettini sotto il composto.

Schneemilch aus dem Vinschgau

Hotel Bella Vista, S. 42

Zutaten für 4 Personen

3 Semmeln (3 Tage alt) | *einige Esslöffel Milch* | *2–3 EL Zucker* | *1 EL Zimtpulver* | *2–3 EL grob gehackte Walnüsse* | *2–3 EL grob gehackte Rosinen* | *1 Becher süße Sahne (125 ml)* | *1–2 TL Zucker* | *Schokoladensplitter*

Zubereitung

Die altbackenen Semmeln in kleine Würfel schneiden und mit Milch befeuchten (ähnlich wie für Knödel), den Zucker untermischen und 1 Stunde ziehen lassen. Dann kräftig mit Zimt würzen, die gehackten Walnüsse und Rosinen untermengen. Die Masse in eine flache Form geben und leicht andrücken. Die Sahne mit etwas Zucker süßen und die Masse damit bedecken. Eine Stunde kalt stellen und vor dem Servieren mit Schokoladensplittern bestreuen.

Statt der Schokoladensplitter oder auch zusätzlich kann man verschiedene Beeren (Brombeeren, Johannisbeeren, Himbeeren) als Garnitur verwenden oder klein gewürfelte Äpfel unter die Masse geben.

Schokoladenmousse

⬛ Hotel Café Restaurant Maria Theresia, S. 46

Zutaten für 10 Personen

100 g Kuvertüre | *50 g Staubzucker* | *1 Ei* | *1 Blatt Gelatine* | *125 ml Milch* |
1 TL Rum | *250 ml Sahne*

Zubereitung

Die Kuvertüre zerbröckeln und in einem warmen Wasserbad zergehen lassen.
Den Staubzucker und das Ei zur Rose schlagen. Die Gelatine in kaltem Wasser
einweichen, gut ausdrücken und mit der warmen Kuvertüre und der Zucker-
mischung verrühren. Die Milch dazugießen, mit Rum parfümieren. Die Sahne
steif schlagen und unter die Mousse heben. Im Kühlschrank 4 Stunden kalt
werden lassen.

Varianten

Von Schokoladenmousse gibt es zahlreiche Varianten. Die dunkle Mousse
lässt sich zum Beispiel auch mit Kaffee und Vanillezucker zubereiten. Dazu
passt wunderbar eine Fruchtsauce aus Maracuja oder Orangen.
Für eine weiße Schokoladenmousse ersetzt man die dunkle Kuvertüre mit
weißer. Eine hübsche Dekoration dazu sind Himbeeren. Optisch reizvoll
präsentiert sich auch die marmorierte Mousse aus weißer und dunkler Creme.
Dafür schichtet man beide Massen aufeinander und zieht mit einer Gabel
vorsichtig ein Muster.
Auch Mousse-Törtchen lassen sich einfach herstellen, indem man mithilfe
eines Spritzsacks Ringe von etwa 8 Zentimetern Durchmesser mit weißer und
dunkler Mousse ausfüllt, exakt genauso groß ausgestochene Biskuitkreise
darauflegt und die Törtchen einfriert. Vor dem Servieren lässt man sie einige
Minuten bei Zimmertemperatur antauen und serviert sie mit in Orangenlikör
marinierten Orangenfilets.

Mousse al cioccolato

⬛ Hotel Café Restaurant Maria Theresia, pag. 46

Ingredienti per 10 persone

100 g di glassa di cioccolato | *50 g di zucchero a velo* | *1 uovo* | *1 foglio di*
gelatina | *1/8 l di latte* | *1 cucchiaino di rum* | *250 ml di panna*

Preparazione

Spezzate la glassa di cioccolato e lasciatela andare a bagnomaria. Sbattete
insieme lo zucchero a velo e l'uovo fino ad ottenere un amalgama compatto.
Mettete a mollo la gelatina in acqua fredda, strizzate bene e mescolate con la
glassa di cioccolato e il composto di zucchero e uovo. Versateci il latte e
profumate con il rum. Montate la panna e incorporatela alla mousse. Lasciate
raffreddare in frigorifero per 4 ore.

Varianti

Ci sono tantissime varianti della mousse al cioccolato. La mousse scura ad
esempio si presta bene ad essere preparata con il caffè e lo zucchero vanigliato. Un salsa fruttata di maracuja o di arance si sposa a meraviglia.
Per la mousse bianca di cioccolato non si fa altro che sostituire la glassa di
cioccolato nero con quella bianca. Come decorazione ci stanno bene i lamponi. Dal punto di vista ottico fa molta scena anche la mousse marmorizzata
di crema bianca o nera. Per prepararla si mettono le mousse una sull'altra e
si cerca di tracciare con attenzione un modello utilizzando una forchetta.
Anche i tortini di mousse sono facili da preparare. Con l'aiuto di una sacca da
pasticcere si riempiono dei cerchi di circa 8 centimetri di diametro con della
mousse bianca e nera, si appoggiano sopra dei biscotti a cerchio esattamente
dello stesso diametro e si congelano i tortini. Prima di servirli si fanno sconge-
lare un po' a temperatura ambiente e si presentano con fettine d'arancia
marinate nel liquore all'arancia.

Pane alle mele o pere

☐ Specialità di pane Egger, pag. 48

Ingredienti per 10 pani

350 g di mele o pere secche
per la biga *200 g di farina di segale | 20 g di lievito*
per la pasta *600 g di farina di segale | 200 g di farina 00 o di farina di farro | 20 g di lievito | 20 g di sale | 200 g di pasta madre (dal fornaio) | 15 g di trigonella*

Preparazione

Tagliate la frutta a pezzettini piccoli e mettete a mollo in 300 millilitri di acqua.
Preparate la biga: per far ciò lasciate la farina di segale e il lievito sbriciolato in 200 millilitri di acqua tiepida da 4 fino a 5 ore. Mescolate quindi questo lievitino con gli altri ingredienti e 650 millilitri di acqua tiepida. Mescolateci la frutta e amalgamate bene il tutto. Formate delle porzioni della grandezza di una mela da 100 grammi ciascuna e lasciate riposare coperto su una superficie infarinata per un'ora a temperatura ambiente. Preriscaldate il forno a 200 °C, mettete una tazza di acqua nel forno e fate cucinare il pane per 20 minuti.

💡 A piacere potete aggiungere nell'impasto anche fichi secchi, uva sultanina e noci. Il pane alle mele o pere si presta benissimo come spuntino, e spalmato con un po' di burro è molto nutriente. Si dovrebbe provare a servirlo anche insieme ad un piatto di formaggi ed accompagnarlo con un buon vino bianco.
In Alto Adige la trigonella è un ingrediente utilizzato di frequente. Le suoi origini sono da ricercare nel Mediterraneo orientale. La trigonella conferisce al pane e ai panini di segale in particolare un sapore rustico e speziato.

Apfel- oder Birnenbrot

☐ Feinbäckerei Egger, S. 48

Zutaten für 10 Brote

350 g getrocknete Äpfel oder Birnen
Vorteig *200 g Roggenmehl | 20 g Hefe*
Teig *600 g Roggenmehl | 200 g Weizen- oder Dinkelmehl | 20 g Hefe | 200 g Sauerteig (vom Bäcker) | 15 g Brotklee | 20 g Salz*

Zubereitung

Die Früchte klein schneiden und in 300 Millilitern Wasser einweichen.
Für den Vorteig das Roggenmehl mit 200 Millilitern lauwarmem Wasser und zerbröckelter Hefe 4 bis 5 Stunden gehen lassen. Diesen Vorteig dann mit den anderen Zutaten und etwa 350 Millilitern lauwarmem Wasser vermengen. Die Früchte einmischen und alles gut durchkneten. Etwa apfelgroße Portionen von je 100 Gramm formen und auf einer bemehlten Fläche bei Raumtemperatur eine Stunde zugedeckt ruhen lassen. Den Ofen auf 200 °C vorheizen, eine Tasse Wasser in den Ofen stellen und die Brote 20 Minuten backen.

💡 Wer mag, kann auch getrocknete Feigen, Rosinen und Walnüsse in den Teig geben. Das Apfel- oder Birnenbrot eignet sich hervorragend als Pausenbrot, mit etwas Butter bestrichen ist es sehr nahrhaft. Man kann es aber auch gut zu einer Käseplatte reichen und dazu einen Weißwein servieren.
In Südtirol ist Brotklee (lat. trigonella caerulea) eine häufig verwendete Zutat. Er stammt ursprünglich aus dem östlichen Mittelmeerraum und verleiht besonders Brot und Brötchen mit Roggenmehl einen würzigen, rustikalen Geschmack.

Apfel-Scheiterhaufen

Hotel Hanswirt, S. 56

Zutaten für 4 Personen

80 g altbackenes Hefegebäck oder Rosinenbrötchen | 1 Bio-Zitrone | 3 Äpfel |
20 g Mandelstifte | 1 EL Zucker | 100 ml Sahne | 50 ml Milch | 2 EL Zucker |
2 Eier
Sauce *½ Vanilleschote | 400 ml Milch | 20 g Zucker | 2 Eigelb |*
10 g Maisstärke
4 Timbale-Förmchen, Butter und Brösel oder Paniermehl für die Förmchen

Zubereitung

Für die Sauce die Schote längs aufschneiden, das Mark herauskratzen. Milch
und Zucker mit Schote und Mark aufkochen. Eigelb und Stärke verrühren, die
kochend heiße Milch unterrühren, alles unter ständigem Rühren bis zum
Siedepunkt erhitzen, die Schote entfernen und die Sauce abkühlen lassen.
Die Förmchen ausbuttern und mit Paniermehl ausstreuen.
Das Hefegebäck würfeln, ein Viertel der Zitronenschale dazureiben, Äpfel
ungeschält vierteln und in Scheiben schneiden. Mandeln und Zucker untermischen. Alles vermischen und in die Förmchen füllen. Den Ofen auf 200 °C
vorheizen. Sahne, Milch, Zucker und Eier verrühren und über die Masse
gießen. Etwa 20 Minuten goldbraun backen. Herausnehmen und die Scheiter-
haufen mit einem Messer aus den Förmchen lösen. Auf Tellern mit der
Vanillesauce anrichten.

Dolce pasticcio alle mele

Hotel Hanswirt, pag. 56

Ingredienti per 4 persone

80 g di pan dolce raffermo o panino all'uvetta | 1 limone biologico | 3 mele |
20 g di scaglie di mandorle | 1 cucchiaio di zucchero | 100 ml di panna |
50 ml di latte | 2 cucchiai di zucchero | 2 uova
per la crema *½ stecca di vaniglia | 400 ml di latte | 20 g di zucchero |*
2 tuorli d'uovo | 10 g di amido di mais
4 formine conoidali, burro e pan grattato per le formine

Preparazione

Per la crema tagliate la stecca di vaniglia per lungo e grattatene via il midollo.
Fate bollire il latte e lo zucchero con la stecca di vaniglia e il midollo. Mescolate
i tuorli d'uovo con l'amido di mais, sbattete il latte bollente con la frusta.
Portate ad ebollizione continuando a mescolare, togliete la vaniglia e lasciate
raffreddare.
Imburrate le formine e cospargetele di pan grattato.
Tagliate il pan dolce a dadini e grattugiateci un quarto di buccia di limone.
Tagliate le mele non sbucciate in quattro e quindi in fettine. Mescolate le
mandorle con lo zucchero, unite il tutto e riempite le formine. Preriscaldate il
forno a 200 °C. Mescolate la panna, il latte, lo zucchero e le uova e versateli
sul preparato di mele. Fate dorare al forno per circa 20 minuti quindi estraete i
tortini dalle formine aiutandovi con un coltello. Disponete su un piatto
assieme alla crema di vaniglia.

Strudel di mele

Hotel an der Stachelburg, pag. 58

Ingredienti per 1 strudel

300 g di farina | 120 g di pezzetti di burro a temperatura ambiente |
100 g di zucchero | 1 bustina di zucchero vanigliato | 1 uovo | 1 pizzico di
sale | un po' di buccia di limone grattugiata | 1 cucchiaio di panna |
1–2 cucchiaini di lievito o per dolci
per il ripieno 650 g di mele aspre (ad es. Jonagold) | 30 g di pan grattato |
100 g di zucchero | 3 cucchiai di burro | 40 g di uva sultanina | 30 g di
mandorle sbucciate e tritate | 2 cucchiai di rum | 1 bustina di zucchero
vanigliato | ½ cucchiaino di cannella | un po' di buccia di limone grattugiata
1 tuorlo d'uovo | 1 cucchiaio di panna | 2 cucchiai di zucchero in avelo

Preparazione

Su un piano lavorate velocemente la farina, i pezzetti di burro, lo zucchero,
lo zucchero vanigliato, l'uovo, il sale, la buccia di limone, la panna e il lievito
fino ad ottenere una pasta frolla liscia. Avvolgete su fogli di pellicola trasparente e mettete al fresco per un'ora. Sbucciate e togliete i semi delle mele,
quindi tagliatele prima a fette e poi a pezzettini. Fate dorare leggermente il
pan grattato in una padella asciutta e caramellate lo zucchero in una pentola
piatta fino ad ottenere un colore bruno-dorato. Aggiungete i pezzetti di mela
e il burro e fate saltare per 2 minuti. Lasciate raffreddare un po' e quindi
mescolate con il pan grattato, l'uva sultanina, le mandorle, il rum, lo zucchero
vanigliato, la cannella e la buccia di limone.
Stendere l'impasto su un piano di lavoro infarinato fino a formare un rettan-
golo di circa 40 x 25 centimetri. Distribuite il ripieno di mele sul lato basso
della pasta lasciando uno spazio di circa 4 centimetri a destra e sinistra.
Dapprima ribaltate entrambi i lati verso l'interno, arrotolate quindi la pasta
dal basso verso l'alto e adagiate lo strudel con l'apertura verso il basso su una
teglia ricoperta di carta da forno. Mescolate il tuorlo d'uovo con la panna
e spalmatelo sullo strudel. Cuocete in forno preriscaldato a 180 °C per circa
40 minuti fino ad ottenere un colore marrone dorato. Cospargete con lo
zucchero a velo e servite tiepido o freddo. Come accompagnamento si presta
a meraviglia la panna montata.

Apfelstrudel

Hotel an der Stachelburg, S. 58

Zutaten für 1 Strudel

300 g Mehl | 120 g Butterstückchen, zimmerwarm | 100 g Zucker | 1 Päck-
chen Vanillezucker | 1 Ei | 1 Prise Salz | 1 Msp abgeriebene Zitronenschale |
1 EL Sahne | 1–2 TL Backpulver
Füllung 650 g säuerliche Äpfel (z. B. Jonagold) | 30 g Semmelbrösel |
100 g Zucker | 3 EL Butter | 40 g Rosinen | 30 g Mandeln, geschält und
gerieben | 2 EL Rum | 1 Päckchen Vanillezucker | ½ TL Zimt | 1 Msp geriebene
Zitronenschale
1 Eigelb | 1 EL Sahne | 2 EL Puderzucker

Zubereitung

Aus Mehl, Butterstückchen, Zucker, Vanillezucker, dem Ei, Salz, Zitronenschale,
Sahne und Backpulver auf einem Arbeitsbrett rasch einen glatten Mürbeteig
kneten. In Klarsichtfolie einwickeln und eine Stunde kalt stellen.
Die Äpfel schälen, entkernen, erst in Scheiben und dann in Stückchen schneiden. Die Brösel in einer trockenen Pfanne hellbraun rösten. Den Zucker in
einem flachen Topf goldbraun karamellisieren, Apfelstücke und Butter hinzufügen und 2 Minuten dünsten. Etwas abkühlen lassen, dann mit den Bröseln,
Rosinen, Mandeln, Rum, Vanillezucker, Zimt und Zitronenschale vermischen.
Den Teig auf einer bemehlten Arbeitsfläche zu einem Rechteck von etwa
40 x 25 Zentimetern ausrollen. Die Apfelfüllung auf dem unteren Teil des
Teiges verteilen und dabei rechts und links etwa 4 Zentimeter Platz lassen.
Zuerst die beiden Seiten nach innen klappen, dann den Teig von unten
nach oben aufrollen und den Strudel mit der Naht nach unten auf ein mit
Backpapier ausgelegtes Backblech legen. Das Eigelb mit der Sahne verrühren
und den Strudel damit bestreichen. Im vorgeheizten Ofen bei 180 °C etwa
40 Minuten goldbraun backen.
Mit Puderzucker bestreuen und lauwarm oder kalt servieren. Dazu passt
ausgezeichnet steif geschlagene Sahne.

Kartoffelteigtaschen mit Algunder Ziegenfrischkäse und Tomaten-Basilikum-Pesto

Hotel Tirolerhof, S. 64

Zutaten für 4 Personen

Teigtaschen *300 g mehlige Kartoffeln* | *2 Eigelb* | *80 g Weizenmehl* | *geriebene Muskatnuss* | *Salz*

Füllung *150 g Algunder Ziegenfrischkäse* | *50 g Topfen* | *1 TL Salz, Pfeffer aus der Mühle*

Tomaten-Basilikum-Pesto *50 g getrocknete Tomaten, in Öl eingelegt* | *10 Basilikumblätter* | *1 EL Olivenöl* | *1 EL geriebener Parmesankäse*

Zubereitung

Die Kartoffeln waschen, schälen, nochmals waschen und gar kochen, gut ausdämpfen lassen, durch ein Kartoffelsieb passieren und auf einer Tischplatte auskühlen lassen. Das gesiebte Mehl, das Eigelb, Salz und Muskat hinzufügen und rasch zu einem Teig verarbeiten.

Für das Tomaten-Basilikum-Pesto die Tomaten abtropfen lassen und mit den übrigen Zutaten außer dem Parmesankäse im Mörser zu einer Paste zerstampfen.

Den Ziegenfrischkäse mit dem Topfen verrühren und mit Salz und Pfeffer würzen.

Den Kartoffelteig auf einer bemehlten Arbeitsfläche dünn ausrollen und circa 5 mal 5 Zentimeter große Vierecke ausschneiden. Jeweils einen Teelöffel Füllung in die Mitte geben, den Teig zu Dreiecken zusammenfalten und die Ränder mit den Fingern gut andrücken. In Salzwasser etwa 2 bis 3 Minuten kochen, mit der Schaumkelle vorsichtig herausnehmen und abtropfen lassen. Auf Tellern verteilen, mit Parmesankäse bestreuen und mit dem Pesto beträufeln.

💡 Als Weinbegleitung empfiehlt der Hausherr den Goldmuskateller vom Weingut Manincor, einen trockenen Wein von leuchtend strohgelber Farbe, delikat duftend nach Muskatnuss, Zedernholz und Grapefruit, im Geschmack saftig, fruchtig und mineralisch und von anhaltendem Aroma.

Fagottini di patate con formaggio fresco di capra di Lagundo e pesto di pomodoro e basilico

Hotel Tirolerhof, pag. 64

Ingredienti per 4 persone

per i fagottini *300 g di patate farinose* | *2 tuorli d'uovo* | *80 g di farina 00* | *sale e noce moscata grattugiata*

per il ripieno *150 g di formaggio fresco di capra di Lagundo* | *50 g di ricotta* | *1 cucchiaino di sale* | *pepe macinato*

per il pesto di pomodoro e basilico *50 g di pomodori secchi sott'olio* | *10 foglie di basilico* | *1 cucchiaio di olio d'oliva* | *1 cucchiaio di parmigiano grattugiato*

Preparazione

Lavate e pelate le patate, lavatele di nuovo e cuocetele bene. Fate evaporare e quindi passatele in uno schiacciapatate e lasciate raffreddare su un ripiano. Aggiungete la farina setacciata, i tuorli d'uovo, il sale e la noce moscata e impastate il tutto velocemente.

Per il pesto di pomodoro e basilico fate scolare i pomodori e pestate insieme agli altri ingredienti tranne il parmigiano nel mortaio fino a formare una pasta.

Mescolate il formaggio di capra con la ricotta e insaporite con sale e pepe. Stendete finemente l'impasto di patate su un piano di lavoro infarinato e tagliate quadrati di circa 5 centimetri. Mettete su ciascuno un cucchiaino di ripieno nel mezzo, ripiegate la pasta a forma di triangolo e schiacciate i bordi per farli aderire bene. Fate cuocere in acqua salata per 2 o 3 minuti, toglieteli delicatamente dall'acqua con una schiumarola e fate scolare. Distribuite sui piatti, cospargete con il parmigiano e condite con il pesto.

💡 Il padrone di casa consiglia di accompagnare questo piatto con un moscato giallo della tenuta Manincor, un vino secco dal colore paglierino acceso con delicati sentori di noce moscata, legno di cedro e pompelmo, rotondo, fruttato e minerale al palato e dall'aroma permanente.

Crostini con pomodoro e basilico fresco con scampi al sesamo

📖 Vinum Bonum, pag. 66

Ingredienti per 6–8 persone

per i crostini *1 kg di pomodori da insalata o pomodori ramati* | *1 spicchio d'aglio* | *2–3 cucchiai di olio extravergine d'oliva* | *3–4 foglie di basilico* | *½ peperoncino (o anche di più)* | *1 ciabatta o baguette* | *1 spicchio d'aglio* | *sale marino e pepe macinato* | *foglie di basilico per la guarnizione*

per gli scampi al sesamo *1 kg di scampi* | *un pizzico di zenzero in polvere* | *succo di un limone* | *50 g di farina* | *2 uova* | *100 g di pangrattato* | *150 g di sesamo* | *sale* | *grasso vegetale in abbondanza per friggere*

Preparazione

Dividete in quattro i pomodori, a piacimento pelati o meno, togliete i semi e metteteli in una ciotola. Pelate l'aglio, tritatelo e fate soffriggere un po' in olio d'oliva caldo, quindi versate i pezzetti di pomodoro. Tagliate finemente il basilico, mescolate il tutto con il sale, pepe e il peperoncino tritato e lasciate riposare per un po'. Tagliate il pane a fette e fate indorare bene nel forno. Pelate lo spicchio d'aglio e tagliatelo a metà, spalmatelo quindi sulle fette di pane. Distribuite il preparato con il pomodoro sulle fette di pane e guarnite con le foglie di basilico intere.

Per gli scampi al sesamo, lavate gli scampi, togliete le teste e rompete il guscio fino all'estremità della coda. Tagliate gli scampi lungo il dorso e rimuovete l'intestino. Asciugate bene gli scampi e distribuiteli su un foglio alluminato. Insaporite con lo zenzero in polvere e il succo di limone, cospargete quindi di farina utilizzando un passino. Sbattete le uova in un piatto e in un altro mescolate il pangrattato, il sesamo e il sale. Immergete velocemente gli scampi nell'uovo, quindi rivoltateli nel composto di sesamo. Friggete per circa 3 minuti nel grasso vegetale ben caldo fino ad ottenere un colore brunito, fate quindi scolare su carta da cucina. Lo Chutney piccante di mango si accompagna a meraviglia a questo piatto.

Crostini mit Tomaten und frischem Basilikum, dazu Sesamgarnelen

📖 Vinum Bonum, S. 66

Zutaten für 6–8 Personen

Crostini *1 kg Fleisch- oder Strauchtomaten* | *1 Knoblauchzehe* | *2–3 EL Olivenöl extra vergine* | *3–4 Blätter Basilikum* | *½ Chilischote (oder auch mehr)* | *1 Ciabattabrot oder Baguette* | *1 Knoblauchzehe* | *Meersalz* | *Pfeffer aus der Mühle* | *Basilikumblättchen zum Garnieren*

Sesamgarnelen *1 kg Riesengarnelen* | *eine Prise Ingwerpulver* | *Saft einer Zitrone* | *50 g Mehl* | *2 Eier* | *100 g Paniermehl* | *150 g Sesam* | *Salz* | *reichlich Pflanzenfett zum Frittieren*

Zubereitung

Die Tomaten je nach Belieben geschält oder ungeschält vierteln, entkernen und in eine Schüssel geben. Den Knoblauch pellen, hacken und in heißem Olivenöl kurz anschwitzen, dann zu den Tomatenwürfeln geben. Das Basilikum fein schneiden, alles mit Salz, Pfeffer und der zerriebenen Chilischote mischen und etwas ziehen lassen. Das Brot in Scheiben schneiden und im Ofen goldbraun rösten. Die Knoblauchzehe pellen und halbieren und die Brotscheiben damit einreiben. Die Tomatenmischung auf die Brotscheiben häufen und mit ganzen Basilikumblättchen garnieren.

Für die Sesamgarnelen die Garnelen waschen, die Köpfe abtrennen und bis auf die Schwanzenden aus den Schalen brechen. Die Garnelen am Rücken einschneiden und die Därme entfernen. Die Garnelen trocken tupfen und auf einer Alufolie ausbreiten. Mit Ingwerpulver und Zitronensaft würzen und das Mehl durch ein Sieb darüberstäuben. Die Eier in einem Teller verquirlen, in einem zweiten Paniermehl, Sesam und Salz mischen. Die Garnelen kurz in die Eiermasse tauchen, dann in der Sesammischung wenden. In heißem Fett etwa 3 Minuten goldbraun frittieren, auf Küchenpapier abtropfen lassen. Dazu passt scharfes Mango-Chutney.

Steinpilz-Knödel-Terrine mit Kopfsalat und Südtiroler Speckmarinade

Bistro 7, S. 72

Zutaten für 4 Personen

Steinpilz-Knödel-Terrine *50 g Schalotten | 1 EL Butter | 200 g Knödelbrot | 6 Eier | 80 ml Milch | 2 EL Petersilienblättchen | 250 g Steinpilze | 1–2 EL Olivenöl | Salz und Pfeffer*
Salat *1 kleiner Kopfsalat | 100 g Südtiroler Bauchspeck | 3–4 EL Olivenöl | 2–3 EL Weißweinessig | Salz, Pfeffer*

Zubereitung

Die Schalotten fein würfeln und in der Butter leicht anrösten. Das Knödelbrot in eine Schüssel geben. Die Eier verquirlen, die Petersilienblättchen hacken. Eier, Milch und Petersilie mit den Brotwürfeln gut vermengen, salzen und pfeffern. Die Steinpilze putzen, wenn nötig kurz abbrausen, in 0,5 Zentimeter dicke Scheiben schneiden und in Olivenöl von beiden Seiten anbraten. Die Knödelmasse und die Steinpilze schichtweise in eine mit einer Stoffserviette ausgelegte Terrinenform geben, die Serviette über der Knödelmasse zusammenfalten und die Form in heißem Dampf etwa 30 Minuten garen. Die Serviette abnehmen, die Knödelterrine in Scheiben schneiden.
Den Kopfsalat putzen und waschen, trocken schleudern und in Blätter teilen. Die Salatblätter auf vier Tellern verteilen. Den Speck in feine Streifen schneiden und in einer Pfanne rösten. Aus dem Olivenöl und dem Weißweinessig, Salz und frisch gemahlenem Pfeffer eine Marinade rühren. Die Knödel-Pilzterrine auf den Salatblättern anrichten, die Speckstreifen darüberstreuen und mit der Marinade beträufeln.

💡 Als Weinbegleitung eignet sich sehr gut ein Südtiroler Weißburgunder.

Terrina di canederli ai funghi porcini con lattuga e marinata di speck altoatesino

Bistro 7, pag. 72

Ingredienti per 4 persone

per la terrina di canederli ai funghi porcini *50 g di scalogno | 1 cucchiaio di burro | 200 g di pane per canederli | 6 uova | 80 ml di latte | 2 cucchiai di foglie di prezzemolo | 250 g di funghi porcini | 1–2 cucchiai di olio d'oliva | sale e pepe*
per l'insalata *1 cespo piccolo di lattuga | 100 g di speck altoatesino | 3–4 cucchiai di olio d'oliva | 2–3 cucchiai di aceto di vino bianco | sale, pepe*

Preparazione

Tagliate lo scalogno a dadini sottili e fate rosolare appena nel burro. Mettete il pane per i canederli in una terrina. Sbattete le uova e tritate il prezzemolo. Mescolate bene le uova, il latte e il prezzemolo con i pezzetti di pane, salate e pepate. Lavate i funghi, se necessario lasciateli un po' sotto l'acqua corrente, tagliateli a fette dello spessore di 0,5 centimetri, rosolateli quindi in olio d'oliva da entrambe le parti. Disponete a strati il preparato per i canederli e i funghi porcini in un recipiente coperto con un tovagliolo di stoffa. Ripiegate il tovagliolo sul preparato di canederli e fate cuocere a vapore per circa 30 minuti. Togliete il tovagliolo e tagliate i canederli a fette.
Mondate e lavate la lattuga, asciugatela bene nella centrifuga per insalata e dividetela a foglie. Distribuite le foglie di insalata su quattro piatti. Tagliate lo speck in strisce sottili e fatele rosolare in una padella. Mescolate e marinate insieme l'olio d'oliva, l'aceto di vino bianco, il sale e il pepe macinato fresco. Disponete i canederli sulle foglie di insalata, guarnite con le strisce di speck e cospargete con la marinata.

💡 Come accompagnamento si presta molto bene un Pinot Bianco altoatesino.

Rote-Bete-Ravioli mit Feigen-Pecorino-Füllung und gegrillter Gänsestopfleber

Restaurant & Café Saxifraga, S. 86

Zutaten für 4 Personen

300 g Hartweizengrieß | 50 g gekochte Rote Bete | 2 Eier – möglichst Bio-Eier | 1 EL Olivenöl extra vergine
Füllung *10 Feigen | 80 g Pecorino-Käse | Salz, Pfeffer aus der Mühle*
200 g Gänsestopfleber

Zubereitung

Für den Teig alle Zutaten zu einem homogenen, geschmeidigen Teig verkneten und im Kühlschrank etwa eine Stunde rasten lassen.
Für die Füllung die Feigen schälen, den Käse reiben und alles zusammen etwas einkochen lassen, nach Bedarf würzen. Den Teig auf einer bemehlten Arbeitsfläche dünn ausrollen und die Füllung mit einem Löffel im Abstand von circa 5 Zentimetern daraufgeben. Dann Kreise oder Rechtecke ausstechen, den Teig gut verschließen und Ravioli formen. In Salzwasser kochen und gut abtropfen lassen. Die Gänsestopfleber in Scheiben schneiden, kurz grillen, alles auf Tellern anrichten und mit Demi Glace beträufeln.

💡 Die Demi Glace ist eine braune Grundsauce und Basis vieler Saucen. Die klassische Version wird aus Kalbsknochen hergestellt, Rinderknochen kommen aber ebenfalls in Frage. Die klein gehackten Knochen werden in Öl scharf angebraten. Man gießt das ausgetretene Fett ab, gibt gewürfeltes Suppengemüse hinzu und röstet dieses ebenfalls an. Mit Mehl abstauben und mit kaltem Wasser ablöschen, alles in einen Topf umfüllen und aufkochen lassen. Abschäumen, mit Piment- und Pfefferkörnern, Lorbeerblatt, Thymian, Knoblauch und Tomatenmark würzen und eineinhalb Stunden offen köcheln lassen und durchsieben. Diese Sauce wird erst bei ihrer weiteren Verwendung gesalzen und mit diversen Kräutern, Wein etc. verfeinert. Sie lässt sich auch gut auf Vorrat einfrieren.

Ravioli di barbabietola con ripieno di fichi e pecorino e foie gras alla griglia

Restaurant & Café Saxifraga, pag. 86

Ingredienti per 4 persone

300 g di farina di semola di grano duro | 50 g di barbabietola bollita | 2 uova – possibilmente uova biologiche | 1 cucchiaio di olio extravergine d'oliva
per il ripieno *10 fichi | 80 g di pecorino | sale, pepe macinato*
200 g di foie gras

Preparazione

Per la pasta, lavorate tutti gli ingredienti fino ad ottenere un impasto morbido e lasciate riposare in frigo per circa un'ora.
Per il ripieno, sbucciate i fichi, grattugiate il formaggio e fate cuocere tutto insieme per un po', condite a piacere. Su un piano di lavoro infarinato stendete finemente l'impasto e metteteci sopra il ripieno con un cucchiaio ad una distanza di circa 5 centimetri. Ritagliate quindi dei cerchi o dei rettangoli, chiudete bene la pasta e formate dei ravioli. Cucinate in acqua salata e fate scolare bene. Tagliate a fette il fegato d'oca, grigliatelo per un po', distribuite il tutto su un piatto e cospargete con la Demi Glace.

💡 La Demi Glace è una salsa dal colore brunito che fa da base a molte altre salse. La versione classica viene preparata con ossa di vitello, vanno bene comunque anche le ossa di manzo. Le ossa tritate finemente vanno rosolate bene nell'olio. Togliete il grasso, aggiungete le verdure tagliate a dadini e rosolate tutto insieme. Spolverate con la farina e bagnate con acqua fredda. Travasate tutto in una pentola e portate ad ebollizione. Togliete la schiuma ed insaporite con chicchi di pimento e di pepe, una foglia d'alloro, timo, aglio e polpa di pomodoro. Fate quindi cucinare senza coperchio per un'ora e mezza, quindi filtrate con il passino. Questa salsa va salata solo nei suoi utilizzi successivi e raffinata con erbe diverse, vino etc. Se ne avanza si presta bene ad essere congelata.

Duetto di albicocche del giardino del castello e di nobile cioccolato Valrhona

☐ Relais & Châteaux Hotel Castel Fragsburg, pag. 98

Ingredienti per 4 persone

per il parfait di cioccolato *30 g di tuorlo d'uovo* | *20 g di zucchero* | *85 g di cioccolato Guanaja* | *1 cucchiaio di rum* | *½ foglio di gelatina* | *30 g di albume* | *125 ml di panna* | *burro di cacao e cioccolato*

per la mousse di ricotta ed albicocca *125 g di ricotta* | *125 g di polpa di albicocche* | *25 g di zucchero a velo* | *succo di limone* | *2 fogli di gelatina* | *100 ml di panna*

per la mousse di cioccolato *40 g di tuorlo* | *30 g di albume* | *35 g di zucchero a velo* | *100 g di cioccolato Guanaja* | *1 foglio di gelatina* | *1 cucchiaio di rum* | *250 ml di panna*

per il sorbetto di albicocche *250 g di polpa di albicocche* | *50 g di glucosio* | *50 g di zucchero* | *succo e strisce di buccia di un limone* | *¼ di baccello di vaniglia*

Preparazione

Per il parfait al cioccolato sbattete il tuorlo d'uovo fino ad ottenere una schiumetta, sciogliete il cioccolato e nel rum sciogliete la gelatina. Mescolate il cioccolato con il composto di tuorlo d'uovo, aggiungete la gelatina, montate a neve l'albume e la panna separatamente e girate il tutto. Modellate in formine e congelate. Al momento di servire spruzzate con burro di cacao e cioccolato.

Per la mousse alla ricotta ed albicocche, mescolate bene la ricotta, la polpa di albicocche e lo zucchero a velo. Mescolate la gelatina sciolta nel succo di limone e alla fine montate la panna e mescolate. Riempite delle formine tonde e mettete al fresco.

Per la mousse al cioccolato, montate tuorlo, albume e zucchero a velo fino ad ottenere una schiumetta, mescolate la gelatina sciolta nel rum, montate la panna e mescolate.

Infine per il sorbetto di albicocca fate bollire tutti gli ingredienti, fate raffreddare e congelate, quindi pacossate, cioè mantecate al Pacojet.

Disponete tutto insieme sui piatti.

Duett von der Schlossgartenmarille und der edlen Valrhona-Schokolade

☐ Relais & Châteaux Hotel Castel Fragsburg, S. 98

Zutaten für 4 Personen

Schokoladenparfait *30 g Eigelb* | *20 g Zucker* | *85 g Guanaja-Schokolade* | *1 EL Rum* | *½ Blatt Gelatine* | *30 g Eiweiß* | *125 ml Sahne* | *Kakaobutter und Schokolade*

Topfen-Marillenmousse *125 g Topfen* | *125 g Marillenmark* | *25 g Staubzucker* | *Zitronensaft* | *2 Blatt Gelatine* | *100 ml Sahne*

Schokoladenmousse *40 g Eigelb* | *30 g Eiweiß* | *35 g Staubzucker* | *100 g Guanaja-Schokolade* | *1 Blatt Gelatine* | *1 EL Rum* | *250 ml Sahne*

Marillensorbet *250 g Marillenmark* | *50 g Glukose* | *50 g Zucker* | *Saft und Zesten einer Zitrone* | *¼ Vanilleschote*

Zubereitung

Für das Schokoladenparfait das Eigelb mit dem Zucker schaumig aufschlagen, die Schokolade auflösen, die Gelatine in Rum auflösen. Die Schokolade unter die Eigelbmasse rühren, die Gelatine hinzufügen, Eiweiß und Sahne getrennt steif schlagen und unterheben. In Formen dressieren und einfrieren. Zum Servieren mit Kakaobutter und Schokolade besprühen.

Für die Topfen-Marillenmousse den Topfen, das Marillenmark und den Staubzucker glattrühren. Die in Zitronensaft aufgelöste Gelatine einrühren und zum Schluss die Sahne steif schlagen und unterheben. In Ringe abfüllen und kalt stellen.

Für die Schokoladenmousse Eigelb, Eiweiß und Staubzucker schaumig schlagen, die in Rum aufgelöste Gelatine unterziehen, die Sahne steif schlagen und unterheben.

Schließlich für das Marillensorbet alle Zutaten zusammen aufkochen, abkühlen und einfrieren, dann pacossieren (sehr fein pürieren).

Alles zusammen auf Tellern anrichten.

Das Etschtal – inmitten von Apfelgärten
La Val d'Adige – in un mare di meleti

Das Tal zwischen Meran und Bozen punktet mit einer Apfellandschaft ohnegleichen. Wer hier im April zur Apfelblüte weilt, wird die millionenfache weiß-rosa Blütenpracht nie vergessen; ab September hängen die Bäume dann schwer von rot, grün und golden leuchtenden Äpfeln, Südtirols Exportschlager Nr. 1. Die Orte entlang der Etsch heißen Lana, Burgstall, Gargazon, Vilpian oder Terlan, wo die Südtiroler Weinstraße beginnt. Ein 55 Kilometer langer, vollkommen eben verlaufender Radweg verbindet die zwei größten Südtiroler Städte und führt entlang der Etsch oder durch Apfelplantagen; rechts und links immer wieder Schlösser, Burgen und Ruinen, die einen Abstecher lohnen.

Bei Lana schraubt sich die Straße hinauf ins wildromantische Ultental, ein Tal von ursprünglicher Schönheit, mit dunkel verwitterten Bauernhöfen aus Holz, grünen Wiesen und dichten Wäldern. Die Schwemmalm ist das beliebteste Skigebiet mit Pisten, Loipen, Schneeschuh-Wanderwegen und Rodelbahnen.

L'ampia vallata tra Merano e Bolzano appare come un unico grande giardino di meli. A chi vi soggiorna in aprile durante il periodo della fioritura, la distesa immensa di fiori bianco e rosa regalerà emozioni indimenticabili. In settembre invece, stentano a reggere il peso di mele rosse, verdi e giallo oro. Le località lungo l'Adige sono Lana, Postal, Gargazzone, Vilpiano e Terlano, dove ha inizio la Strada del Vino altoatesina. Una via ciclabile, lunga 55 km e sempre pianeggiante, collega le due maggiori città dell'Alto Adige correndo lungo gli argini dell'Adige o attraverso i meleti passando per castelli, fortezze e rovine che meritano senz'altro una sosta per essere visitati. Da Lana una strada si snoda ripida per entrare nella Val d'Ultimo, una valle idilliaca in mezzo ad una natura pressoché incontaminata, con i suoi storici masi in legno segnato dalle intemperie, prati verdi e boschi fitti, e con la splendida area sciistica Schwemmalm con piste di discesa, da fondo e per slittini ed incantevoli itinerari escursionistici sia estivi che invernali.

Gehobene Küche in elegantem Ambiente
Cucina d'eccellenza in ambiente elegante

Lammrücken in der Senfkruste gebraten |
Schiena di agnello arrosto in crosta di senape

Rezept finden Sie auf Seite 178 |
Per la ricette vedere a pag. 178

Nur ein paar Autominuten von Meran entfernt erwarten den Feinschmecker im Restaurant Elisabeth wahre Gaumenfreuden, und das ganzjährig. Schon beim Betreten der angenehmen Räumlichkeiten lädt die Bar zu Aperitif, Cocktails oder einer Tasse Kaffee. Zum Essen lässt man sich dann entweder in dem eleganten, mit edlen Ledermöbeln eingerichteten Speiseraum oder in der bezaubernden, mit Zirbenholz getäfelten alten Stube verwöhnen. In diesem stilvollen Ambiente mit romantischer Atmosphäre werden Service und Qualität großgeschrieben, dafür steht die liebenswürdige Gastgeberfamilie Reiterer mit Chefkoch

Ad attendere i buongustai, durante tutto l'anno e a pochi minuti in macchina da Merano, c'è il rinomato ristorante Elisabeth. Non appena all'interno, un accogliente bar vi invita a prendere un aperitivo o un cocktail prima di scegliere se accomodarvi nell'elegante sala da pranzo arredata con pregiati mobili in pelle oppure nell'antica romantica stube rivestita in legno di cirmolo. Ambienti estremamente curati e dell'atmosfera romantica in cui anche qualità e servizio sono impeccabili. A garantire tutto ciò, l'impegno della famiglia Reiterer e Stefano Brida, il loro eccellente chef. Potrete iniziare, ad esempio, con un carpac-

Stefano Brida. Den Anfang machen vielleicht das Carpaccio vom Kalb oder das Gemüserisotto mit Pesto genovese und gebratener Jakobsmuschel. Danach schmecken die perfekt zubereiteten Rindfleischgerichte vom Grill wie Filetsteak, Chateaubriand oder Fiorentina. Das weithin gelobte Tatar wird am Tisch vor den Augen der Gäste zubereitet. Zur Trüffelsaison bereichern unter anderem hausgemachte Tagliolini mit Albatrüffel die Speisekarte. Auch Fischliebhaber kommen mit Branzino (Wolfsbarsch) in der Salzkruste oder einer anderen Spezialität der internationalen Fischküche auf ihre Kosten. Zum Nachtisch bildet das innen flüssige Schokotörtchen mit Walnusseis das kulinarische I-Tüpfelchen.

Das Restaurant Elisabeth eignet sich ganz wunderbar für Familienfeiern wie Hochzeiten, Geburtstage oder Taufen. In der warmen Jahreszeit sitzt es sich im überdachbaren Gastgarten wirklich schön. Die frische Luft, das besondere Ambiente und spezielle Sommergerichte machen das Abendessen in einer lauen Sommernacht zu einem unvergesslichen Erlebnis.

cio di vitello o un risotto alle verdure con pesto genovese e cappesante al forno, per proseguire con una squisita carne di manzo alla griglia, sia essa un filetto di steak, un Chateaubriand o una Fiorentina. Il piatto di tartara viene preparato al momento ed è una della tante apprezzatissime specialità della casa. Stagione permettendo potrete assaggiare anche gli squisiti tagliolini fatti in casa al tartufo fresco d'Alba. Ottimo anche il branzino in crosta di sale o altre specialità di pesce di cui lo chef è sapiente interprete. E per finire magari un gustosissimo tortino di cioccolato dell'anima fusa con gelato di noci.

Il ristorante Elisabeth è anche un luogo ideale per festeggiare matrimoni, compleanni ed altri eventi di aggregazione familiare o sociale. Particolarmente invitante, infine, è il giardino a copertura estraibile per fare ombra o proteggere da eventuali piogge, nel quale, durante la stagione calda, vi verranno offerti speciali piatti estivi che faranno della vostra serata trascorsa all'Elisabeth un ricordo indimenticabile.

Restaurant Elisabeth
Familie Reiterer
Gampenstraße 43 A
I-39010 Tscherms
☎ 00 39 04 73 / 56 07 78
www.restaurantelisabeth.it

Ristorante Elisabeth
Famiglia Reiterer
Via Palade 43 A
39010 Cermes

Elisabeth-Keller
Cantina Elisabeth

Südtiroler Spezialitäten in rustikalem Ambiente
Specialità dell'Alto Adige in ambiente rustico

Im Elisabeth-Keller gleich unterhalb des Restaurants Elisabeth in Tscherms stehen traditionelle Südtiroler Gerichte in gemütlich-rustikalem Ambiente im Vordergrund. Hier kann man sich eine zünftige Marend' mit Speck, Kaminwurzen und Käse oder ein Fondue in geselliger Runde schmecken lassen, entweder als traditionelles oder als Suppen-Fondue. Auch saures Rindfleisch, Nockentris (Käseknödel, Spinatknödel und Schlutzkrapfen) auf Speckkrautsalat, Steinpilzgeröstl mit Salat, Hauswurst mit Kraut, Rippchen, Schlachtteller oder Zwiebelrostbraten sind verlockende Gerichte,

Proprio sotto l'omonimo ristorante a Cermes ci attende la Cantina Elisabeth, un accogliente locale in stile rustico in cui prevale decisamente la cucina tradizionale dell'Alto Adige, a cominciare dal classico spuntir o sudtirolese con speck, kaminwurzen e formaggio, il tipico tris di primi (mezzelune pusteresi e canederli al formaggio e agli spinaci) con insalata di cavolo bianco, la rosticciata ai porcini con insalata, le salsicce della casa e le costicine con crauti, il manzo in agro oppure arrosto alla cipolla, ma anche la macellata mista e le gustosissime fondute di vario tipo, pietanze par-

die besonders im Herbst und Winter gut schmecken. Süßspeisen sind unter anderem mit Apfelstrudel, Nuss-Halbgefrorenem oder Zitronensorbet vertreten.

Der Elisabeth-Keller eignet sich auch gut für das stimmungsvolle Törggelen im Herbst. In der Zirmstube und im Steinkeller treffen sich Einheimische und Urlaubsgäste von Ende Oktober bis Mitte März. Raucher können in einem eigenen Raum ihrer Leidenschaft frönen und aus einer großen Anzahl edler Zigarren ihre Wahl treffen. Und an der Bar lässt es sich bei einem frisch gezapften Bier oder einem Glas Wein aus der umfangreichen Karte nett mit Freunden oder anderen Gästen plaudern. Der Elisabeth-Keller ist auch die ideale Location für kleine und größere ungezwungene Feiern im Freundes- oder Familienkreis.

ticolarmente indicate per le serate d'autunno e d'inverno. Tra i dolci più gustosi lo strudel di mele, il semifreddo alle noci e il sorbetto al limone. L'Elisabeth-Keller La Cantina Elisabeth con la sua stube rivestita in legno di cirmolo e la cantina di pietra è anche un gettonatissimo ritrovo per il tradizionale Törggelen autunnale che inizia verso la fine di ottobre e si protrae fino a metà marzo. Qui anche i fumatori possono indugiare nel loro piacere in un ambiente separato, dove a loro disposizione troveranno un'ampia scelta di nobili sigari. Al bar ci si ritrova poi per una simpatica chiaccherata tra amici davanti ad una birra appena spillata o ad un buon bicchiere scelto tra gli ottimi vini offerti dalla lista delle bevande davvero ineccepibile. Grazie alla sua accogliente atmosfera, il locale è anche luogo ideale per celebrare piccole o grandi feste in famiglia o tra amici.

Elisabeth-Keller
Familie Reiterer
Gampenstraße 43 A
I-39010 Tscherms
☎ 00 39 04 73 / 56 43 05

Cantina Elisabeth
Famiglia Reiterer
Via Palade 43 A
39010 Cermes

Design und Genuss über den Dächern von Meran
Design e piacere culinario sopra i tetti di Merano

Getrüffelter Carbonara-Raviolo mit Rahmspinat und Lardo | Ravioli alla carbonara tartufati con spinaci alla panna e lardo

Rezept finden Sie auf Seite 179 |
Per la ricette vedere a pag. 179

Wohnen – Genießen – Erleben in exklusiver Panoramalage über der Kurstadt Meran: Im la maiena Life Resort wird der Gast rundum perfekt umsorgt. Natürliche Materialien und warme Farben vermitteln in den weitläufigen, gemütlichen Räumlichkeiten sowie in den äußerst behaglichen, völlig neu gestalteten Zimmern und Suiten ein Wohngefühl der Extraklasse. Schon seit vielen Jahren gehört das Haus zu den allerersten Adressen in ganz Südtirol. Das Design der Einrichtung zeigt sich lässig-elegant und luxuriös. Eine heiter-mediterrane Atmosphäre zieht sich durch das ganze Haus. Von der Terrasse und den Zimmern eröffnet sich ein traumhafter Blick auf Meran und die umliegenden Berge. Die Lage ist perfekt für Ausflüge in die nähere und weitere Umgebung, Wanderungen dem nah gelegenen Waalweg entlang und für Sport aller Art wie zum Beispiel ein Tennismatch auf den hauseigenen Plätzen. Im großzügigen Wellness-Bereich mit Hallenbad und Spa, Panorama-Fitness und beheiztem Freibad ist aktive Entspannung angesagt, oder man lässt sich in der Beautyfarm „la dolce vita" von Kopf bis Fuß verwöhnen. Hier hören die Highlights aber noch lange nicht auf, denn die Kulinarik nimmt im la maiena

Abitare – gustare – sperimentare nell'esclusiva posizione panoramica sopra la città di cura di Merano: Nel Life Resort La Maiena ci si prende perfettamente cura del cliente in tutto e per tutto. Negli ambienti spaziosi ed accoglienti così come nelle camere e suite estremamente confortevoli e completamente rinnovate, i materiali naturali ed i colori caldi trasmettono una sensazione di benessere e di classe estrema. Il resort fa parte già da molti anni degli indirizzi top dell'intero Alto Adige. Il design dell'arredamento si caratterizza per la sua disinvolta eleganza e il suo lusso. In tutta la casa si respira una serena atmosfera mediterranea. Dalla terrazza e dalle camere si apre una vista da sogno su Merano e sulle montagne circostanti. La posizione è perfetta per gite nei dintorni vicini e lontani, escursioni lungo il vicino sentiero delle rogge e per tutti i tipi di sport come ad esempio una partita a tennis sui campi di proprietà del resort. Nello spazioso reparto wellness con piscina coperta e spa, zona fitness panoramica e piscina all'aperto riscaldata, il relax attivo è garantito, oppure ci si può far coccolare dalla testa ai piedi nella beautyfarm "la dolce vita". Ma gli highlights del resort non finiscono certo qui, poiché al Life Resort

Life Resort ebenfalls einen besonderen Platz ein: Küchenchef André Kassin gehört zu den Shooting-Stars der Südtiroler Gourmetszene, ein Meister der feinen Nuancen, der Südtiroler und mediterrane Spezialitäten gekonnt kombiniert. Ob ein mehrgängiges Gourmet-Menü oder ein erlesenes Dinner im à-la-carte-Restaurant Urbanstube: Auch hier ist der Genuss garantiert.

La Maiena, anche il lato culinario occupa un posto importante. Lo chef André Kassin è tra le stelle del firmamento culinario altoatesino, un maestro delle sfumature raffinate, in grado di combinare abilmente specialità altoatesine e mediterranee. Che si tratti di un menu gourmet a più portate o di una cena esclusiva al ristorante à la carte Urbanstube, il piacere culinario è garantito.

la maiena Life Resort
Familie Waldner
Nörderstraße 15
I-39020 Marling/Meran
☎ 00 39 04 73 / 44 70 00
www.lamaiena.it

Life Resort la maiena
Famiglia Waldner
Via Tramontana 15
39020 Marlengo/Merano

Willkommen in der alten Miil
Benvenuti al vecchio mulino

Zandercarpaccio mit Apfel-Meerrettich und Spitzwegerich | Carpaccio di lucioperca con cren alle mele e piantaggine

Rezept finden Sie auf Seite 180 |
Per la ricette vedere a pag. 180

Die Fahrt in die „Miil", das ist quasi eine Pilger-reise für Genießer, die sich bei Othmar Raich und seinem Team in der alten Mühle auf unerwartete Gaumenfreuden einstellen können. Nicht weit von Meran, im beschaulichen Örtchen Tscherms und direkt neben dem historischen Ansitz Kränzel mit dem einzigartigen Labyrinthgarten wurde hier vor vielen Hundert Jahren Getreide zu Mehl ge-mahlen. In den alten Mauern unter dunklem Ge-bälk, auf der Empore oder in kleinen Stuben tafelt es sich einfach angenehm. Im Sommer lässt es sich mittags und abends herrlich im idyllischen Hofgarten verweilen. Die Achtung vor den Natur-produkten hat Othmar Raich bereits seine Mutter Agnes beigebracht. Nach dem Besuch der Hotel-fachschule in Meran und mehreren Lehrstationen in Südtirol und im Ausland hat er sich mit der Miil einen Traum erfüllt, von dem seine Gäste begeis-

La strada che porta al "Miil" è quasi un pellegri-naggio per i buongustai, che possono prepararsi a gioie culinarie naspettate da Othmar Raich e dal suo team nel vecchio mulino detto "miil" in dialetto altoatesino. Non lontano da Merano, nell'incantevole paesino di Cermes e proprio vici-no alla storica dimora Kränzel con il singolare gi-ardino-labirinto, molti secoli fa qui venivano ma-cinati i cereali per la farina. E' un piacere sedersi a tavola tra le vecchie mura sotto scure travi, nella galleria o nelle piccole stube. D'estate ci si può in-trattenere a meraviglia nell'idilliaco cortile a pranzo o di sera. L'attenzione che Othmar Raich presta ai prodotti naturali gli viene da sua madre Agnes. Dopo aver frequentato la scuola alber-ghiera a Merano e fatto vari stage in Alto Adige e all'estero, con la "macina" egli ha realizzato un sogno, di cui ne approfittano i suoi clienti entu-

tert profitieren. Sein Team und er lieben die Tradition, fördern aber gleichzeitig die Moderne. Inspiration holt sich Othmar von Südtirols Wäldern und Wiesen. Nichts ist von der Stange, sondern alles kommt liebevoll zubereitet und je nach Saison frisch auf den Tisch, was ein Auszug aus der Speisekarte beweist: Hirschtatar auf „Waldboden", Zandercarpaccio mit Apfel-Meerrettich und Spitzwegerich, Selleriesalat mit wildem Wiesenspinat, Flusskrebsen und Kaffee, Passeirer Kitz, mit Bärlauch und Marlinger Spargel gefüllt, und zum Abschluss Fichtennadel-Honigeis auf Waldbeeren mit frischem Waldklee – alles ist ungewöhnlich, aber hinreißend kombiniert und zeugt von Othmars Kunst, Regionales mit Raffinesse zu vereinen.

siasti. Lui e il suo team amano la tradizione, ma allo stesso tempo promuovono la modernità. Othmar trae ispirazione dai boschi e prati dell'Alto Adige. Di confezionato non c'è nulla, tutto viene preparato amorevolmente e servito fresco sul piatto a seconda della stagione, come dimostra un estratto dal menu: tartare di cervo su "terreno di bosco", carpaccio di lucioperca con cren alla mela e piantaggine, insalata di sedano con spinaci selvatici, granchi di fiume e caffè, capretto della Val Passiria ripieno di aglio orsino e asparagi di Marlengo, e a conclusione gelato al miele ed aghi di pino su frutti di bosco e acetosella – tutto è straordinario ma combinato in maniera affascinante e testimonia l'arte di Othmar a saper unire la cucina regionale con la raffinatezza.

Restaurant Miil
Othmar Raich
Gampenstraße 1
I-39010 Tscherms
☎ 00 39 04 73 / 56 37 33
www.miil.info

Ristorante Miil
Othmar Raich
Via Palade 1
39010 Cermes

Weinbau mit jahrhundertealter Tradition
Viticoltura dalla tradizione secolare

Ein stattliches Gebäude ist der Biedermannhof, dessen Grundmauern bis ins 14. Jahrhundert reichen. Seine Geschichte ist eng mit der des Klarissenklosters in Meran verbunden, zu dessen Besitz er damals gehörte. Seit über 200 Jahren befindet sich der schöne Hof im Besitz der Familie Innerhofer und darf sich somit „Erbhof" nennen. Drei Generationen wirtschaften heute unter einem Dach: Großvater Hans senior, der sich mit Leib und Seele um die Weinberge kümmert, Vater Hans und Enkel Hannes, denen die Kelterung und Vinifizierung obliegt. Auf drei Hektar Obstwiesen und einem Hektar Weinreben rund um den Hof wach-

Il maso Biedermannn è costituito da un edificio signorile nomirato in atti ufficiali già nel lontano XIV secolo. La sua storia è strettamente legata al convento delle Clarisse di Merano, al quale all'epoca apparteneva. Da oltre 200 anni il maso è di proprietà della famiglia Innerhofer potendosi così fregiare dell'appellativo „maso avito". Sono tre le generazioni che insieme gestiscono l'azienda: il nonno Hans, che si dedica anima e corpo alla cura dei vigneti, mentre suo figlio Hans, insieme al nipote Hannes, si occupa della cantina. Sui tre ettari di frutteti e su un ettaro di vigneto situati a ridosso del maso vengono coltivate mele

sen Äpfel und Trauben. Die Böden sind das besondere Kapital des Hofes. Die kontrolliert integrierte Bearbeitung der Rebflächen trägt zum biologischen Gleichgewicht bei, Grünsaat zwischen den Rebzeilen reguliert den Luft- und Wasserhaushalt im Boden, fördert die Humusbildung, schützt vor Erosion und bietet willkommenen Lebensraum für Nützlinge. So gedeihen die Sorten Weißburgunder, Vernatsch, Lagrein und Merlot, welche die Familie Innerhofer zu exquisiten fruchtig-mineralischen Weiß- und gehaltvollen Rotweinen ausbaut. Seit 2002 werden die Qualitätsweine ab Hof angeboten. Im urigen, rustikalen Steinkeller kann man sich bei einer Führung von der Qualität der Weine überzeugen. Familie Innerhofer bietet auch großzügige, gemütlich eingerichtete Zimmer mit reichhaltigem Frühstück an – die Lage des Hofes, nur knapp zehn Gehminuten vom Ortszentrum entfernt, ist ideal, um alles bequem zu erreichen und trotzdem in Ruhe und familiärer Atmosphäre völlig abschalten zu können.

e uva. Le proprietà del suolo rappresentano una delle ricchezza di questo maso. La lavorazione controllata del vitigno contribuisce affinché l'equilibrio ecologico della vite venga incrementato in modo naturale, la semina di piante erbacee tra i filari delle viti regoli l'approvvigionamento di aria ed acqua, aumenti la formazione di humus, protegga dall'erosione e favorisca un habitat ideale per insetti utili. Con costante impegno vengono coltivate le varietà di Pinot Bianco, Schiava, Lagrein e Merlot, in seguito trasformate in vini bianchi dai sentori fruttato-mineralici e in corposi vini rossi. Dal 2002 è possibile acquistare presso la cantina questi eccellenti vini e, volendo, prenotare una visita guidata nell'antica cantina ed accertarsi di persona della qualità dei vini. La famiglia Innerhofer offre anche belle camere confortevolmente arredate e con abbondante colazione. Il maso è situato a circa dieci minuti di cammino dal centro del paese, punto di partenza ideale per raggiungere comodamente qualsiasi meta e comunque sfuggire alla quotidianità frenetica immersi in un'oasi familiare e tranquilla.

Biedermannhof
Familie Johann Josef Innerhofer
Lebenbergstraße 1
I-39010 Tscherms
☎ 00 39 04 73 / 56 30 97
www.biedermannhof.it

Biedermannhof
Famiglia Johann Josef Innerhofer
Via Lebenberg 1
39010 Cermes

100 Prozent Qualität und Geschmack aus Südtirol
Qualità e sapore della migliore tradizione altoatesina

In Zeiten der Globalisierung ist es immer wichtiger geworden, zu wissen, wo die Rohstoffe herkommen, wer hinter den Produkten steht und wie sie hergestellt wurden. Bei Alexander Holzner in Lana werden die Verbraucher darüber genauestens aufgeklärt. Im Jahr 1949 von Franziska und Alois Holzner gegründet, führt seit 1991 ihr Sohn, Metzgermeister Alexander Holzner, den Betrieb getreu der elterlichen Tradition: Streben nach regionaler Vielfalt und höchster handwerklicher Qualität.

Das breite Angebot beinhaltet natürlich frisches Rind-, Kalb- und Schweinefleisch sowie Geflügel. Neu und im Trend der Zeit sind die schmackhaften Südtiroler Lamm-Spezialitäten. Ein besonderes Anliegen Alexander Holzners ist es, traditionelle Produkte zeitgemäß zu entwickeln, zu gestalten und zu vermarkten. Im Jahr 2009 startete er mit einem Projekt, bei dem zwei neue Produktlinien an Schinken und Wurstwaren entstanden: „100 % Südtiroler Fleisch" – also Würste und Schinken aus Südtirol – und „100 % Bio Südtirol", Würste und Schinken aus einheimischem Fleisch und kontrolliert biologischer Landwirtschaft. Als Mitglied bei KOVIEH (Südtiroler Viehvermarktungskonsortium), Laugen-Rind Partnerbetrieb und Bioland Südtirol

In tempi di globalizzazione la conoscenza dell'origine di materie prime, produttore e metodo di produzione adottato assumono un aspetto fondamentale. Alexander Holzner di Lana è in grado di fornire ai propri clienti informazioni dettagliate sui suoi prodotti. Oggi la macelleria, fondata già nel 1949 da Franziska e Alois Holzner, è gestita dal figlio Alexander, maestro macellaio che secondo i criteri della tradizione familiare, non perde mai di vista l'obiettivo della massima qualità artigianale accanto ad un'offerta ampia di prodotti regionali. Ciò include naturalmente carni fresche di manzo, vitello e maiale nonché carni bianche. A tener banco ci sono poi le gustose specialità dell'agnello nostrano. Lo sforzo costante di Alexander Holzner è incentrato su sviluppo, presentazione e commercializzazione di prodotti tradizionali rendendoli innovativi. Nell'anno 2009 ha avviato un progetto creando due linee nuove di prosciutti e salumi: "Carni d'origine controllata dall'Alto Adige" – vale a dire salumi e prosciutti di origine altoatesina certificata dall'ente "Coltivazione biologica controllata dell'Alto Adige". In qualità di socio di "Kovieh" (consorzio altoatesino per la commercializzazione del bestiame), di azienda associata al "LaugenRind" e di macellaio iscritto

Vertragsmetzger kann die Metzgerei Holzner für Herkunft und Fütterung der Tiere bürgen. Die Produktion nach Bio-Richtlinien stellt eine besondere Herausforderung dar, da es auf diesem Gebiet anderer Verfahren und Zutaten bedarf. Mit seinen hochwertigen Produkten leistet Alexander Holzner einen Beitrag zu Südtirols Image als bewusst naturverbundenes Gourmet-Land.

a "Bioland", Holzner garantisce per l'origine e l'alimentazione naturale del bestiame. Produrre secondo le direttive biologiche rappresenta una sfida molto impegnativa. Con i suoi prodotti gourmet di alta qualità Alexander Holzner contribuisce ad imprimere all'imagine culinaria dell'Alto Adige una nuova dimensione al servizio della buona tavola.

Dorfmetzgerei Alexander Holzner
Andreas-Hofer-Straße 15
I-39011 Lana
☎ 00 39 04 73 / 56 13 48
www.lanaspeck.it

Macelleria Alexander Holzner
Via Andreas Hofer 15
39011 Lana

120 Jahre Erfahrung garantieren Qualität
120 anni di esperienza – garanzia di qualità

In heutigen Zeiten, in denen die Verbraucher in den Supermärkten geradezu überschüttet werden von Lebensmitteln, deren Herkunft oft nicht rückverfolgbar ist, tut es gut zu wissen, dass es noch Betriebe gibt, die in ehrlicher Handarbeit, mit Passion und Verantwortung natürliche Nahrungsmittel produzieren. Einer davon ist die Bäckerei Schmidt in Lana, die schon seit 1890 mittlerweile in der fünften Generation für feinste Brot- und Backwaren bürgt.

Das Sortiment des Familienbetriebs ist riesig: duftend-frisches Weizenbrot wie Kaisersemmeln, von

Oggi, nei supermercati i consumatori vengono letteralmente sommersi da generi alimentari la cui origine spesso non è tracciabile. Fa bene pertanto sapere che esistono ancora delle aziende che producono alimenti naturali artigianalmente con passione e responsabilità. Tra queste spicca il panificio Schmidt di Lana: sin dal 1890, ormai nella quinta generazione, sinonimo di pane e dolci di qualità. La varietà di tipi di pane che l'azienda a conduzione familiare offre è ampia: pane bianco fresco e profumato prodotto con farina di frumento, tra cui le rosette, baguettes intagliate a

Hand eingeschnittenes Baguette, italienische Spezialitäten wie Ciabattas und kräftige Roggenbrote, die mit eigenem Sauerteig zubereitet werden. Zudem verfügt die Bäckerei über eine Bioland-Zertifizierung. Ein besonderes Augenmerk wird der Herstellung traditioneller Südtiroler Spezialitäten geschenkt wie Schüttelbrot und Paarln, die wie vor 3 000 Jahren gedampfelt werden. Weiters werden jährlich saisonale Delikatessen wie Zelten zu Weihnachten und Gebildbrote zu Ostern nach altbewährten Rezepturen gebacken. Vorgebackene Brötchen sorgen zu Hause nach kurzer Zeit im Ofen für knuspriges Frühstücksglück. Unter der Devise „ofenfrische Qualität" beliefert die Bäckerei Schmidt mittlerweile sieben eigene Filialen. Überall erwartet den Besucher ein großes Angebot an frischem Brot und Gebäck, eine Kühlvitrine mit Ware des täglichen Bedarfs, dazu je nach Standort ein Kaffeeautomat für einen frisch aufgebrühten Cappuccino zum duftenden Croissant oder zur handgeschwungenen Brezen – das ist die Qualität, die anspruchsvolle Kunden zu schätzen wissen.

mano, specialità italiane quali le ciabatte, e il pane di segale prodotto con pasta madre. Inoltre il panificio è certificato dal marchio Bioland. L'azienda presta particolare attenzione alla produzione di varietà di pane "tipiche" dell'Alto Adige, quali Schüttelbrot e Paarln e cioè il pane croccante "scosso" e le tradizionali "coppiette" di segale che ancora oggi vengono pretrattate al vapore come 3 000 anni fa. Poi ci sono le specialità stagionali preparate secondo ricette antiche, come lo Zelten natalizio alla frutta o le dolci focacce pasquali. Nei sette negozi affiliati e riforniti dal panificio Schmidt si possono infine acquistare anche i panini precotti per avere a casa pane appena sfornato e croccante in ogni momento, anche per la prima colazione alla domenica. In ognuno di questi negozi i clienti trovano un'ampia scelta di pane e dolci freschi e una vetrina refrigerata con altri prodotti alimentari, a cui si aggiunge per taluni punti vendita la macchina da caffè per un cappuccino fresco da gustare insieme ai croissant o Brezel fatti a mano – qualità che i clienti esigenti sanno molto apprezzare.

Bäckerei Schmidt
Familie Schmidt
Kapuzinergasse 3
I-39011 Lana
☎ 00 39 04 73 / 56 11 90
www.schmidtbrot.it

Panificio Schmidt
Famiglia Schmidt
Via Cappuccini 3
39011 Lana

Neuer Wein in alten Mauern
Vino nuovo tra mura antiche

Es ist immer wieder eine Freude, im Rebmann-keller einzukehren, sei es nach einer Wanderung zu Fuß oder mit dem Rad oder sei es, um mit Freunden bei einem guten Glas Wein die Leckerbissen des Hauses zu genießen.

Schon 1288 wurde das zinnenbewehrte Anwesen urkundlich erwähnt. Im Jahr 1333 gehörte es Christian, genannt Rebmann. Nachnamen, wie wir sie heute kennen, waren damals nicht üblich, und so wurden den Bürgern Zweitnamen gegeben, die mit dem Hofnamen oder ihrer Tätigkeit zusammenhingen. Im Innern beherbergt der Rebmann-hof mehrere urgemütliche Stuben, einige erreicht man durch ein Gewölbe mit alten Holzfässern. Erst kürzlich wurde die älteste Kammer stilecht und urig eingerichtet. Bäuerlich-rustikal und niemals kitschig ist das ganze Ambiente im Rebmannhof. Im Sommer finden die Gäste Platz im lauschigen Garten mit Schatten spendenden Bäumen und bunten Blumen. Hier ist man weg von Verkehr und Lärm, und Kinder vergnügen sich gefahrlos auf dem Spielplatz.

È sempre un piacere fare una sosta al Rebmann-keller, per rifocillarsi dopo una passeggiata a piedi o in bicicletta o per gustare in compagnia di amici i manicaretti della casa insieme ad un buon bicchiere di vino.

Il podere con la facciata merlata viene già menzionato in una cronaca del lontano 1288. Nell'anno 1333 appartenne ad un certo Christian detto "Rebmann" ovvero "l'uomo delle viti". I cognomi, così come li conosciamo oggi, non venivano usati all'epoca, ma erano tratti dal nome del maso o dall'attività svolta. Il maso Rebmannhof ospita diverse stube accoglienti e calde, alcune raggiungibili attraverso antiche volte con vecchie botti di vino. Di recente il vano più antico è stato reso accogliente con un sapiente restauro in stile autentico. Tutto l'ambiente in stile rustico è confortevolmente arredato. In estate gli ospiti possono rilassarsi in giardino all'ombra di alberi circondati da aiole fiorite. Lontano dal traffico e dai rumori, i bambini possono divertirsi in tutta tranquillità nel parco giochi privato. Per l'ospite ordinare un

Werfen wir einen Blick in die Speisekarte und bestellen erst einmal einen naturtrüben Apfelsaft von eigenen Obstwiesen. Ein Schlückchen vom Eigenbau darf natürlich nicht fehlen, hier hat der Weinfreund die Wahl zwischen Chardonnay, Weißburgunder, Edelvernatsch und Merlot – auch zum Mitnehmen. Dann lassen wir uns Speck und Kaminwurzen, Pellkartoffeln mit Gorgonzola, Schlutzer oder das hausgemachte Knödeltris, Hauswurst mit Kraut oder die Grillspezialitäten des Hauses schmecken, zu denen Pommes Frites oder Krautsalat mit Speck serviert werden. Und hinterher versüßt der ebenfalls hausgemachte Apfelstrudel den Abschied.

succo di mele naturale di coltivazione propria è quasi un obbligo. E non può ovviamente mancare un buon bicchiere di vino, anche questo di produzione propria. La scelta spazia dallo Chardonnay e dal Pinot Bianco alla Schiava e al Merlot, bottiglie che possono essere anche acquistate per l'asporto. Inoltre è possibile gustare speck e kaminwurzen (salamino affumicato), patate lesse con gorgonzola, gli schlutzkrapfen, vale a dire i ravioloni tirolesi oppure un tris di canederli fatti in casa, salsiccia con crauti o specialità alla griglia accompagnati da patate fritte o insalata di verza con speck. E per chiudere in bellezza lo strudel di mele, anche questo fatto in casa.

▢ Buschenschank Rebmannkeller
Familie Martin Fliri
Kirchweg 12
I-39011 Lana
☎ 00 39 04 73 / 55 00 07
www.rebmannhof.com

Buschenschank Rebmannkeller
Famiglia Martin Fliri
Via Chiesa 12
39011 Lana

Freude ist Nahrung für die Seele
La gioia è il nutrimento dell'anima

Wer sich in einer ursprünglichen Schönheit weitab von Lärm und Hektik des Alltags erholen möchte, gleichermaßen aktiven und entspannten Urlaub und dazu eine außergewöhnliche Küche genießen möchte, hat mit dem Erlebnishotel Waltershof in St. Nikolaus die richtige Wahl getroffen. Schon immer war es eine der besten Adressen im idyllischen Ultental, aber der vor einigen Jahren erfolgte Umbau hat aus dem Waltershof eine luxuriöse Oase entstehen lassen, die auf einmalige Weise Traditionelles mit Modernem verbindet. Wo man auch hinsieht: Holz dominiert. Ob die Balkonstruktur mit gehobelten alten Baumstämmen, ob der helle, einladende Barbereich oder die gemütlichen Stuben und Speiseräume: Altes und neues Holz sorgt dafür, dass die Grenzen zwischen bäuerlicher Idylle und modernem Design verschwimmen und eine einmalige, erholsame Atmosphäre entsteht. Wunderschön sind die Kuschelsuiten und Wohlfühloasen, teilweise mit Himmelbett, offenem Kamin, begehbarem Kleiderschrank, Infrarotkabine oder einer großen Terrasse mit einzigartigem Ausblick ausgestattet. Für „Wällnäss"-Freude sorgt die „Xunde Alm", ein Spa-Bereich mit Außen-Barfuß-Parcours, verschiedenen Saunas, Ultner Badln und einem großzügi-

Per chi è alla ricerca di una vacanza attiva e allo stesso tempo rilassante, il Waltershof rappresenta una delle mete migliori. Circondato dalla natura idilliaca della Val d'Ultimo, questo splendido albergo è stato recentemente sottoposto a ingenti lavori di ristrutturazione che lo hanno trasformato in una lussuosa oasi nella quale si fondono armoniosamente il tradizionale con il moderno. Da qualsiasi parte si guardi è il legno a dominare, nella struttura dei balconi con vecchi tronchi d'albero piallati, nel luminoso ed invitante bar o nelle accoglienti stube e sale da pranzo. Il legno antico e quello nuovo fanno sfumare i confini tra idillio contadino e moderno design creando un'atmosfera unica e rilassante. Bellissime sono le nuove suite "coccole" in parte con baldacchino, caminetto, cabina armadio, bagno con cabina a infrarossi e una grande terrazza con una stupenda vista panoramica sulla Val d'Ultimo. Per gli amanti del wellness c'è a disposizione un nuovo grande reparto spa con percorso esterno a piedi nudi, diversi tipi di sauna, bagni contadini come si usavano una volta ed un'ampia zona relax comprensiva di un letto vecchio 300 anni riempito di paglia nel quale poter rilassare corpo e anima. In cucina, le creazioni artistico-culinarie del padrone di casa

gen Ruhe- und Relaxbereich, in dem man in einer 300 Jahre alten, mit Stroh gefüllten Bettstatt Geist und Seele baumeln lassen kann.

Kommt kleiner oder großer Hunger auf, so stillen die Gäste selbigen bei „Ässn & Trinken", wofür Hausherr Gunter Holzner persönlich sorgt. Der passionierte Skirennläufer und dreimalige Italienmeister hegte schon immer eine große Leidenschaft fürs Kochen und konnte sich zwischen Sport und Küche kaum entscheiden. Jahrelang verbrachte er seine Zeit im Winter auf der Piste und im Sommer bei befreundeten Spitzenköchen. Ir-

Gunter Holzner, appassionato discesista e per tre volte campione d'Italia, promettono – e mantengono le promesse – di soddisfare i palati più esigenti. Da sempre egli ha coltivato un grande amore per la cucina e la scelta tra la passione culinaria e quella per lo sci è stata ardua. A un certo punto, dopo lunghi inverni trascorsi sulle piste da sci ed estati passate insieme ai suoi amici rinomatissimi cuochi, l'inclinazione culinaria ha preso il sopravvento e dopo aver passato con successo l'esame di cuoco e sommelier ha affinato la sua arte presso l'amico Norbert Niederkofler, chef

gendwann gewann das Kochen die Oberhand, und nach Absolvierung der Koch- und Sommelierprüfung holte er sich den nötigen Feinschliff bei seinem Freund, dem hochdekorierten, weit über Südtirols Grenzen bekannten Sternekoch Norbert Niederkofler vom Restaurant St. Hubertus in St. Kassian. Dies und seine mittlerweile langjährige Erfahrung, gepaart mit nach wie vor anhaltendem Enthusiasmus, beflügeln ihn zu gleichzeitig kreativen wie auch gesunden Speisen, die Leib und Seele erfreuen, denn „Freude ist Nahrung für die Seele", sagt Gunter. Und was für die Seele gut ist, kann für den Leib auch nicht schlecht sein! Produkte aus der Region, wie Ultner Milchkalb oder Ultner Weidelamm, frisches Gemüse und Kräuter, gehören zu den Grundlagen seiner fantasievollen Gerichte. Dazu die passenden Tropfen aus der hauseigenen Vinothek, in der Gunter auch Verkostungen anbietet. Vielleicht noch ein Drink in der rustikal-gemütlichen Hausbar, und der Tag klingt perfekt aus. Der wöchentliche Pianoabend oder der Digestif im „Spinnradl" mit flambiertem Kaiserschmarrn gehören auch zum Verwöhnangebot, ebenso die hauseigene Schneebar in 2 500 Metern Höhe mit einzigartigem Panoramablick, wo den hungrigen Skifahrern pikante Spaghetti serviert werden.

pluripremiato del ristorante St. Hubertus di San Cassiano, uno tra i più prestigiosi dell'Alto Adige. Tutto ciò, unito ad una lunga esperienza e ad un entusiasmo che non è mai venuto a meno, gli ha ispirato piatti creativi a allo stesso tempo sani che riempiono di gioia non solo il palato ma anche l'anima, perché "è la gioia a nutrire l'anima" come dice Gunter, "e quel che è bene per l'anima, non può essere da meno per il corpo". Sono in prevalenza i prodotti agricoli della Val d'Ultimo a rifornire la cucina del Waltershof come ad esempio i vitelli da latte e gli agnelli da pascolo allevati nei dintorni, le verdure ed erbe fresche provenienti dagli orti dei masi circostanti o i caprioli, camosci e cervi che il padrone di casa stesso caccia nei boschi vicini. Poi c'è la fornitissima enoteca della casa nella quale Gunter invita a partecipare a degustazioni tematiche. Le serate settimanali di piano-bar, un buon bicchiere di vino nell'accogliente bar o un digestivo nello "Spinnradl", magari accompagnato da un dolce "kaiserschmarrn" flambé, sono davvero dei piaceri da concedersi, così come piacevole è indugiare allo "snow bar", la piccola baita di proprietà dell'albergo a 2 500 metri di altitudine con un panorama mozzafiato e dove agli sciatori affamati vengono servite delle spaghettate piccanti.

Erlebnishotel Waltershof
Familie Holzner
Dorf 59
I-39010 St. Nikolaus/Ultental
☎ 00 39 04 73 / 79 01 44
www.waltershof.it

Hotel Waltershof
Famiglia Holzner
Paese 59
39010 San Nicolò/Val d'Ultimo

G. Pfitscher
G. Pfitscher

Fleisch und Wurst aus Meisterhand
Carni e salumi preparati con maestria

Seit nunmehr 30 Jahren bürgt Familie Pfitscher für beste Fleisch- und Wurstwaren. Zusammen mit 30 Mitarbeitern verarbeitet der Familienbetrieb Fleisch zu schmackhaften Delikatessen. Vater und Sohn setzen ihr ganzes Wissen und Können im Dienste der Kunden – hauptsächlich Spezialitätenläden – ein, die auf Wunsch in ganz Europa beliefert werden können. Familie Pfitscher legt großen Wert auf soziale Verantwortung, auf Menschlichkeit und Ehrlichkeit, sodass jeder in irgendeiner Art und Weise profitiert: die Lieferanten, die Mitarbeiter und nicht zuletzt die Kunden, die sich von Familie Pfitscher nur das Beste erwarten dürfen. An erster Stelle steht hier natürlich der Südtiroler Speck, der etwa beim Seitenspeck vom halben Schwein noch genauso handwerklich hergestellt wird wie beim Bauern. Das bedeutet zunächst sorgfältige Trockensalzung mit Salz und na-

Da oltre 30 anni la famiglia Pfitscher di Postal è sinonimo di carni e salumi di primissima qualità. Avvalendosi di 30 collaboratori l'azienda familiare lavora la carne trasformandola in prelibate specialità che a richiesta vengono spedite in tutt'Europa. Con padre e figlio in prima fila che conducono l'azienda, la famiglia Pfitscher dà un forte peso alla responsabilità sociale, all'onestà e alla schiettezza nel rapporto con fornitori, collaboratori e clienti, affinché ognuno tragga il miglior vantaggio possibile dall'attività svolta con grande passione ed esperienza professionale. In primo piano, ovviamente, troviamo lo speck, per esempio quello prodotto con i quarti laterali del maiale lavorati ancora secondo l'antico metodo dei contadini altoatesini, vale a dire trattati dapprima accuratamente a secco con sale ed erbe aromatiche naturali per poi essere sottoposti ad una delicata affu-

türlichen Gewürzen, dem eine schonende Kalt-
räucherung über mit Wacholder verfeinertem
Buchenholz folgt. Schließlich muss der Speck noch
abhängen, bis zu sechs Monaten dauert die Reifung, dann ist er mürbe und eine echte Delikatesse.
Neben Speck stellt Familie Pfitscher auch diverse
Salamis, Kaminwurzen und vielerlei Wurstspezialitäten wie Blut- und Leberwurst her. Althergebrachte Rezepte, der Verzicht auf Farb- und Konservierungsstoffe, auf Allergene oder Gluten — all
das sorgt dafür, dass der Endverbraucher ein reines, unverfälschtes Stück Natur auf dem Teller hat,
getreu dem Pfitscher-Motto, dass Tradition verpflichtet.

micazione fredda su legno di faggio con frasche
di ginepro e quindi lasciati stagionare fino a sei
mesi, prima di diventare la specialità altoatesina
per antonomasia. Accanto allo speck vengono pro-
dotte squisite specialità di insaccati, dagli imman-
cabili kaminwurzen, le tipiche salsicce affumicate,
ai salamini di vario tipo, dalle salsicce di fegato
fino ai sanguinacci, sempre sulla base di tradizionali ricette ed evitando scrupolosamente l'uso di
ogni tipo di coloranti e conservanti, di allergeni o
gluteni, garantendo così al consumatore finale un
prodotto di assoluta qualità superiore all'insegna
dei sapori genuini di una volta.

G. Pfitscher
Romstraße 20
I-39014 Burgstall
☎ 00 39 04 73 / 29 23 58
www.fleischundwurst.com

G. Pfitscher
Via Roma 20
39014 Postal

Modern in die Zukunft
Moderno il futuro

Einer der größten Höfe der Gegend ist der stattliche Moar-Hof, urkundlich bereits im Jahr 1324 erwähnt. Ursprünglich gehörte er zur Kirche, bevor er von einer Bauernfamilie gekauft wurde. Der Moar-Hof ist von eigenen Weinbergen umgeben, auf denen ausschließlich Rotweinreben reifen, nämlich Vernatsch, Cabernet Sauvignon, Lagrein und Merlot. Der junge Weinmacher Florian Klotz-Pertoll widmet sich mit großer Liebe der Kelterung seiner Trauben, die dank der etwas erhöhten, der Nachmittagssonne zugewandten Lagen optimale Bedingungen für ihr Heranreifen finden. Nach der Gärung im Edelstahl reifen die Weine dann im historischen Gewölbekeller in Eichenfässern. Der Vernatsch gelingt dabei frisch und fruchtig mit einem Duft nach Kirschen und Bittermandeln. Er passt mit seinem samtigen, harmonischen Geschmack ausgezeichnet zur Südtiroler Jause mit Speck und Schüttelbrot. Der Cabernet-Merlot besticht mit dem charakteristischen Geschmack nach grüner Paprika, Pfeffer und schwarzen Johannisbeeren. Als tief dunkelroter, gehaltvoller Rotwein mit langem Abgang begleitet er dunkles Fleisch und Käse ganz hervorragend. Mit dem Lagrein stellt Florian Klotz-Pertoll einen körperreichen, kräftigen Wein

L'imponente maso Moar-Hof è uno dei più grandi della regione, menzionato in un documento già nel 1324. Appartenuto originariamente alla Chiesa, venne in seguito acquistato da una famiglia contadina. Il maso Moar è circondato dai propri vigneti sui quali maturano esclusivamente viti di uva nera, e cioè uva Schiava, Cabernet Sauvignon, Lagrein e Merlot. Il giovane vinificatore Florian Klotz-Pertoll si dedica con grande amore alla lavorazione delle sue uve, che grazie alle tenute un po' rialzate e rivolte al sole pomeridiano, trovano le condizioni ottimali per la loro maturazione. Dopo la fermentazione in serbatoi d'acciaio i vini proseguono la maturazione nella storica cantina a volte in botti di rovere. Da ciò ne risulta una Schiava fresca e fruttata con sentori di ciliege e mandorle amare. Con il suo gusto vellutato e armonico si accompagna perfettamente alla merenda sudtirolese con speck e "schüttelbrot". Il Cabernet-Merlot affascina con il suo gusto caratteristico di peperone verde, pepe e ribes neri. Come vino rosso di colore scuro intenso e dal sapore rotondo con un retrogusto persistente, si sposa in modo eccellente alla carne rossa e ai formaggi. Con il Lagrein, Florian Klotz-Pertoll produce un vino

her, im Gaumen fruchtig, im Abgang herb-samtig und mit einem Bukett von Veilchen und dunklen Waldbeeren. Neben Wein produziert der Moar-Hof auch knackige Äpfel in großer Sortenvielfalt. Alle Produkte sind am Hof und von August bis Oktober auch oberhalb der Botanischen Gärten in Obermais erhältlich.

corposo e robusto, fruttato al palato, dal retrogusto vellutato di erba e con un bouquet di violette e bacche scure. Accanto al vino il maso Moar produce anche mele freschissime dalle tante varietà. Tutti i prodotti sono acquistabili al maso e da agosto fino ad ottobre anche in un punto di vendita sopra i giardini botanici a Maia Alta.

Moar-Hof
Florian Klotz-Pertoll
Maiergasse 52
I-39014 Burgstall
☎ 00 39 3 39 / 7 86 46 76
www.moar-hof.com

Maso Moar-Hof
Florian Klotz-Pertoll
Vicolo Maier 52
39014 Postal

Vom Baum in die Flasche
Direttamente dall'albero in bottiglia

Einer der Pioniere auf dem Sektor der Apfel- und Apfelsaftproduktion ist der Weissenhof im idyllischen Örtchen Vilpian, auf 265 Metern Seehöhe gelegen. Das fruchtbare Südtiroler Etschtal ist prädestiniert für den Anbau von Obst, und der Weissenhof, der schon 1365 erstmals urkundlich erwähnt wurde, zählt seit über 700 Jahren zu den Bauernhöfen, die Lebensmittel produzieren. Seit 1915 ist der Hof im Besitz der Familie Kerschbaumer, mittlerweile arbeitet hier bereits die vierte Generation.

Zurzeit baut Familie Kerschbaumer zehn verschiedene Apfelsorten in den hofeigenen Obstgärten an, unter anderen Gala, Golden Delicious, Fuji, Granny Smith und Winesap. Mit der Herstellung von Apfelsaft begann Luis Kerschbaumer 1984, eigentlich eher zufällig und nur für den Familienbedarf. Im Laufe der Zeit entwickelte sich ein kleiner, aber feiner Produktionsbetrieb. Der naturtrübe Apfelsaft vom Weissenhof war der erste Südtirols. Nur die beste Rohware kommt dafür in Frage, nämlich ausschließlich frische Äpfel ausgesuchter Güte

Situato nel comune di Vilpiano, ad un'altitudine di 265 metri ed in mezzo alla fertile vallata dell'Adige, una terra predestinata alla frutticoltura di prima qualità, il maso Weissenhof è tra le aziende pionieristiche della pomicoltura e della produzione del succo di mela. Menzionato già in un antico documento risalente al 1365, il Weissenhof fa parte di quegli storici masi agricoli che da oltre 700 anni lavorano la terra e continuano a produrre alimenti genuini. Dal 1915 è di proprietà della famiglia Kerschbaumer, arrivata ormai alla quarta generazione nella gestione del maso.

Attualmente nei frutteti vengono coltivate dieci diverse varietà di mele tra cui la Gala, la Golden Delicious, la Fuji, la Granny Smith e la Winesap. Nel 1984 Luis Kerschbaumer iniziò, più per caso e per il fabbisogno familiare, a produrre i primi succhi di mela, un'attività sviluppatasi sempre di più nel corso degli anni fino ad offrire al mercato il primo succo di mela torbido naturale. Basandosi sul concetto che un buon succo di mela non può che derivare da mele di alta qualità, vengono im-

und keinesfalls Fallobst! Die Äpfel werden zerkleinert, schonend gepresst, pasteurisiert und ohne Zucker, Aromastoffe oder zusätzliches Wasser naturtrüb in die Flasche gefüllt. Die verschiedenen Apfelsorten-Mischungen und das ausgewogene Zucker-Säure-Verhältnis sorgen dabei für den frisch-fruchtigen Geschmack. Neben Apfelsäften gibt es am Weissenhof auch Apfel-Mixsäfte, wie zum Beispiel mit Erdbeeren, Johannisbeeren oder Mandarinen, einen alkoholfreien Glühmix und naturbelassenen Apfelessig.

piegate esclusivamente mele fresche e perfettamente sane ed intatte. Spezzettate e pressate delicatamente, danno quel gustosissimo succo torbido che viene quindi pastorizzato ed imbottigliato senza alcuna aggiunta di zucchero, di sostanze aromatiche o di acqua. Importante è anche la giusta mescolanza tra le diverse varietà di mele per ottenere un ideale equilibrio tra acidità e dolcezza naturale. Accanto ai suoi apprezzati succhi di mela, l'azienda Weissenhof produce anche una serie di raffinati succhi di mela misti a fragole, ribes o mandarini, come pure uno squisito brulé di mele e un aceto di mele a fermentazione naturale.

Weissenhof
Familie Kerschbaumer
Nalserstraße 8
I-39018 Vilpian
☎ 00 39 04 71 / 67 89 23
www.weissenhof.com

Azienda agricola Weissenhof
Famiglia Kerschbaumer
Via Nalles 8
39018 Vilpiano

Prickelnde Momente mit magischen Perlen
Momenti spumeggianti dalle magiche bollicine

Wenn man ein Glas Arunda genießt, so rinnen Perlen der höchstgelegenen Sektkellerei Europas durch die Kehle! Viel Arbeit und die langjährige Erfahrung machen die außergewöhnlichen Tropfen zu geheimnisvollen „magic bubbles", die jeden Anlass, jedes Fest und jedes Essen zu etwas Besonderem machen. Arunda-Sekt entsteht aus den Rebsorten Chardonnay, Weißburgunder und weiß gekeltertem Blauburgunder durch die zweimalige Gärung – einmal im Weinfass und dann noch ein-

Gustando un bicchiere di Arunda, le bollicine pregiate della più "altolocata" cantina metodo classico d'Europa invadono il palato! Molto lavoro e l'esperienza maturata negli anni fanno di questo eccezionale spumante un "magic bubbles" trasformando qualsiasi occasione, festa o momento conviviale in un evento speciale. Lo spumante Arunda viene prodotto da uva di vitigni Chardonnay, Pinot Bianco e Pinot Nero vinificato in bianco mediante due fermentazioni – la prima in botte

mal in der Flasche. Dann reifen sie in den wohltemperierten Kellern des Hauses nach der klassischen Methode zwei bis fünf Jahre. Nach dem Abtrennen der Hefe (Degorgieren) und der Hinzufügung von Likör (Dosage) ist der Sekt fertig und begleitet kongenial Räucherlachs, Fisch und Meeresfrüchte und weißes Fleisch, ist aber auch „solo" ein Vergnügen.

Die Arunda-Sekte sind als Brut, Extra Brut, Extra Brut millesimato, Blanc de Blancs, Cuvée Marianne, Brut Rosé und als Rosé „RR" erhältlich, der in Zusammenarbeit mit einem steirischen Winzer gleichen Namens entstand. Alle zeichnen sich durch eine reiche und anhaltende Perlage aus, zeigen Brillanz und Leuchtkraft. Sie beeindrucken durch trocken-fruchtigen Charakter und spiegeln das Südtiroler Terroir wider, wovon man sich bei einer Kellerführung mit anschließender Verkostung überzeugen kann. Die Erzeugnisse der kleinen, aber exquisiten Sektkellerei konnten bei internationalen Verkostungen und Blindproben schon viele Preise und Goldmedaillen einheimsen, sie gehören zu den zehn besten „Effervescents du monde" und natürlich zum Besten, was Südtirol auf diesem Sektor zu bieten hat.

seguita da una seconda fermentazione del vino in bottiglia, quindi lasciato maturare secondo il metodo classico, da due a cinque anni, nelle cantine dell'azienda adeguatamente temperate. Dopo un lunghissimo affinamento sui propri lieviti, la sboccatura a maturazione ultimata e il dosaggio della cosiddetta liqueur d'expédition, lo spumante è pronto e accompagna perfettamente salmone affumicato, pesce e frutti di mare nonché carni bianche. Ma anche da "solo" è un vero piacere.

Gli spumanti Arunda in vendita sono: Brut, Extra Brut, Extra Brut millesimato, Blanc de Blancs, Cuvée Marianne, Brut Rosé e Rosé "RR", realizzato in collaborazione con un viticoltore della Stiria. Tutti si contraddistinguono per il loro perlage ricco e persistente, dal colore brillante e luminoso. Colpiscono sin dal primo impatto per i profumi fruttati secchi che possono essere testati di persona in occasione di una visita guidata con successiva degustazione. Gli spumanti della piccola ma squisita azienda produttrice hanno già potuto accaparrarsi una importante quantità di premi e medaglie d'oro in degustazioni internazionali. Sono considerati tra i dieci migliori "Effervescents du monde" e naturalmente il migliore tra quelli esistenti in Alto Adige.

Arunda Sektkellerei
Familie Reiterer
Prof. Josef Schwarz Straße 18
I-39010 Mölten
☎ 00 39 04 71 / 66 80 33
www.arundavivaldi.it

Arunda Cantina Talento
Famiglia Reiterer
Via Prof. Josef Schwarz 18
39010 Meltina

Echte Südtiroler Küche und Gastlichkeit
Autentica ospitalità e gastronomia altoatesina

Kalbskopf sauer | Testina di vitello all'agro

*Rezept finden Sie auf Seite 186 |
Per la ricette vedere a pag. 186*

Mitten im malerischen Burgendorf Prissian lädt eines der gepflegtesten und reizendsten Gasthäuser des Meraner Lands zu Speis und Trank und stilvollem Wohnen: der Mohren oder auch der Unterwirt, wie er bei den Einheimischen immer noch heißt, ein Schmuckstück mit rot-weißen Fensterläden, schmiedeeisernen Gittern, Freitreppe und dem Wappen des Mohren von 1583. Seit vier Generationen ist das historische Haus im Besitz der Familie Holzner. Sie hat das alte Haus mit viel Feingefühl renoviert und genau so viel Modernität zugelassen, dass jedem Komfortanspruch Rechnung getragen wird, der altehrwürdige Geist des Hauses aber erhalten blieb.

Rechts vom Eingang befindet sich die Gaststube mit original gotischer Decke. Im gemütlichen Loungebereich zur Linken mit dem offenen Kamin kann der Gast seinen Aperitif oder Digestif in harmonischem Ambiente genießen. Im eleganten Speisesaal, in der Zirmstube, in der Bauernstube aus dem 17. Jahrhundert und auf der Terrasse lässt man sich die gehobene Küche von Alois Dirler

Nel mezzo dell'incantevole borgo di Prissiano ci attende il "Mohren", uno tra i più curati ed accoglienti alberghi del Burgraviato ed un vero gioiellino dalle imposte rosse e bianche, con scalinata esterna, le tipiche inferriate davanti alle finestre e il blascne dei "Mohren", l'onorificenza nobiliare che risale al 1583. Da quattro generazioni lo storico albergo ristorante è in possesso della famiglia Holzner che lo ha rinnovato con molta sensibilità e intuito, lasciando spazio a quel tanto di modernità indispensabile senza offuscare l'originalità e l'anima veneranda della casa.

A destra dell'entrata si trova la "gaststube" con il suo soffitto gotico originale, mentre sulla sinistra ci aspetta un'accogliente lounge con caminetto che invita a prendere un aperitivo oppure il digestivo del dopocena. Nell'elegante sala da pranzo, nella stube rivestita in legno di cirmolo, nell'antica stube rustica del Seicento oppure sulla bella terrazza assaggiamo ora la raffinata cucina di Alois Dirler. In primavera ci sono delle settimane dedicate agli asparagi e alle erbe selvatiche, in autunno

schmecken: im Frühling Spargel- und Wildkräuterwochen, im Herbst Köstliches aus der heimischen Edelkastanie, und das ganze Jahr über die traditionelle Südtiroler Küche mit vorwiegend heimischen Produkten. Besonders beliebt sind der lauwarme Kalbskopf mit roten Zwiebelringen und Rotweinessig, die zarte Kalbsleber oder die in Lagrein-Sauce geschmorten Kalbswangen. Als passende Weine dazu kann der Gast die von Raimund Holzner selbst gekelterten Tropfen aus dem eigenen Weingut wählen, den würzig-milden Vernatsch, den samtigen, kräftigen Zweigelt oder den fruchtigen, rassigen Sauvignon „Priscus".

si fa omaggio alle castagne di Tesimo, le più prelibate dell'Südtirol, mentre tutto l'anno vengono servite squisite specialità della tradizionale cucina altoatesina basata prevalentemente sull'impiego di prodotti di coltivazione e lavorazione locale di cui assaggiamo la testina di vitello tiepida con rondelle di cipolla rossa e aceto rosso, il delicato fegato di vitello e le tenerissime guancette di vitello stufate in salsa di Lagrein. Per quanto riguarda i vini da accompagnare, scegliamo quelli provenienti dalle vigne e dalla cantina dello stesso Raimund Holzner tra cui la Schiava dal lieve sapore aromatico, lo Zweigelt intenso e vellutato e il Sauvignon "Priscus" assai vigoroso e fruttato.

Hotel Gasthof zum Mohren
Familie Holzner
I-39010 Tisens/Prissian
☎ 0039 04 73 / 92 09 23
www.mohren.it

Hotel zum Mohren
Famiglia Holzner
39010 Tesimo/Prissiano

Das Passeiertal – Natur, Sport und Kultur
La Val Passiria – natura, sport e cultura

Wiesen, Wälder, ein rauschender Bach und Andreas Hofer: Das Passeiertal bietet seinen Gästen nicht nur eine fantastische Berglandschaft, sondern auch die Bekanntschaft mit Südtirols Volksheld Nr. 1, dem rauschebärtigen Viehhändler, der hier geboren wurde. Urwüchsig ist das knapp 50 Kilometer lange Tal, das sich bei St. Leonhard gabelt: Zum einen geht es hinauf auf den Jaufenpass, zum anderen bis auf das über 2 500 Meter hoch gelegene Timmelsjoch. Durch seine Nord-Süd-Lage und diese beiden Passübergänge ins Ötz- beziehungsweise Inntal und über den Brenner nach Innsbruck war das Passeiertal in früheren Zeiten ein stark frequentierter Fernhandelsweg. Heute bietet es seinen Gästen urige Natur der verschiedensten Vegetationsstufen von fast mediterranem, mildem Klima bis zu hochalpinen eisigen Gipfeln, viel Kultur und nicht zu vergessen ein breites Sportangebot: Vom Golfen über Rafting, Reiten und Klettern bis zum Paragleiten ist alles dabei.

Idilliaci prati e boschi, un torrente tormentoso e Andreas Hofer, lo storico eroe della valle a capo dell'insurrezione tirolese contro Napoleone: ecco come la Val Passiria si presenta ai propri ospiti. Una valle davvero splendida che da Merano si dirama verso nord per poco meno di 50 km e che a San Leonardo si biforca: da un lato la strada sale verso il passo del Giovo, dall'altro si inerpica fino al passo Rombo ad oltre 2 500 m di altitudine. Grazie a questi due valichi, la Val Passiria in passato era una strada di forte transito con mercanti provenienti da lontano che da qui raggiungevano la valle di Ötz o la valle dell'Inn e attraverso il Brennero la città di Innsbruck. Oggi offre ai propri ospiti una magnifica natura incontaminata con diversi livelli di vegetazione che da un mite clima submediterraneo giunge fino ai piedi dei ghiacciai. Ed è un vero paradiso per gli appassionati dello sport: dal golf al rafting, dall'equitazione alla roccia, dal mountainbiking al parapendio.

Gepflegt speisen, wo es schon Andreas Hofer schmeckte
Una trattoria rinomata fin dai tempi di Andreas Hofer

Bratl von der Passeirer Bergziege mit Speckknödeln | Arrosto di capra di montagna della Val Passiria con canederli allo speck

Rezept finden Sie auf Seite 182 |
Per la ricette vedere a pag. 182

Schon George Bernard Shaw wusste es: „Keine Liebe ist aufrichtiger als die zum Essen"! Dem kann nur beipflichten, wer sich im aus dem 17. Jahrhundert stammenden Gasthaus Lamm zu Speis und Trank niederlässt – im Sommer auch im kleinen Garten und auf der Terrasse – um sich die von Hildegard Fontana zubereiteten Leckerbissen schmecken zu lassen. Der „Mitterwirt" ist ein typisches Dorfgasthaus im Zentrum St. Martins mit zwei hinreißenden, getäfelten alten Stuben. Einheimische kehren hier nach dem Kirchgang ein, ganz genauso wie schon an einem Sonntag anno 1800, als der Sandwirt und Viehhändler Andreas Hofer sich hier mit Kollegen zum Tiroler Kartenspiel, dem Watter, traf und während diesem die Wette um zwei Ochsen abschloss, die nach einem Jahr derjenige mit der schönsten Barttracht gewinnen würde. Wer das Konterfei des Tiroler Volkshelden kennt, weiß, wer die Wette gewonnen hat!

In diesen historischen Mauern tischt Patron Arnold Fontana heute typische Tiroler Kost und Passeirer Spezialitäten auf, außer sonntagabends und montags, je nach Jahreszeiten und mit

Che non ci sia amore più sincero di quello per la buona tavola lo sapeva già George Bernard Shaw e l'ottima cucina della trattoria Lamm – agnello in tedesco – ce ne dà un'ulteriore conferma. Lo storico locale risalente al XVII secolo e chiamato dai residenti anche Mitterwirt, cioè "l'oste di mezzo", invita a trattenersi per gustare le specialità più autentiche della tradizionale cucina regionale di cui Hildegard Fontana è un'eccellente interprete. La classica osteria da paese in pieno centro di San Martino in Val Passiria ci accoglie nelle sue due splendide antiche stube rivestite in legno, d'estate anche in un piccolo giardino o sulla terrazza. Già oltre duecento anni fa era il ritrovo prediletto per la gente dell'intera valle, tra cui anche Andreas Hofer, il futuro eroe dell'insurrezione antinapoleonica, che una domenica del 1800 si trattenne per giocare a carte con gli amici scommettendo su chi tra loro l'anno successivo avrebbe avuto la barba più lunga. Chi poi abbia vinto questa stravagante scommessa e i due buoi messi in palio ben lo sa chi conosce il ritratto di Hofer non per niente chiamato anche il "general barbone".

regionalen Produkten stets frisch zubereitet: geräucherte Spezialitäten aus dem Passeiertal, Bergheunudeln mit Graukäse, hausgemachte Schüttelbrot-Gnocchi mit Bio-Blauschimmelkäse und Radicchio oder ein heimisches Ziegenkitzbratl mit Knödeln, und hinterher den besten Apfelstrudel des Tals oder den Käseteller mit regionalen Käsesorten. Die Weinkarte enthält eine passende Auswahl Südtiroler Qualitäts- und Eigenbauweine.

Selbstgemachte Marmeladen, Bergkräuter, Schnaps, Öl und Wein stehen auch zum Mitnehmen bereit.

Ed è qui, tra queste storiche mura, che il patron Arnold Fontana tutti i giorni, tranne alla domenica sera e al lunedì, ci serve i piatti più squisiti della cucina locale: innanzitutto le specialità affumicate della valle, la pasta fatta in casa del tipo fieno di montagna al formaggio "grigio", gli gnocchi di pan di segale croccante al formaggio erborinato biologico e radicchio, un gustosissimo capretto nostrano con canederli e per concludere in bellezza lo strudel di mele più buono della valle oppure un piatto assortito di eccellenti formaggi della zona. Ad accompagnare il tutto saranno ottimi vini della casa o di altre rinomate cantine altoatesine che insieme alle marmellate fatte in casa, alle tisane ed ai distillati possono essere anche asportati.

Gasthaus Lamm
Familie Fontana
Dorfstraße 36
I-39010 St. Martin in Passeier
☎ 00 39 04 73 / 64 12 40
www.gasthaus-lamm.it

Trattoria Lamm
Famiglia Fontana
Via Villaggio 36
39010 San Martino in Passiria

Das Braugasthaus im Passeiertal
L'hotel ristorante birrificio della Val Passiria

⌘ Spaghetti mit Mies- und Venusmuscheln in Bockbiersauce | Spaghetti con cozze e vongole in salsa di birra Bock

Rezept finden Sie auf Seite 183 | Per la ricette vedere a pag. 183

Dass man im Weinland Südtirol überall einen guten Tropfen eingeschenkt bekommt, ist klar, aber dass auch Bierfreunde hier auf ihre Kosten kommen, dürfte die Liebhaber des Gerstensafts freuen. Im Brauhotel Martinerhof in St. Martin im Passeiertal fühlen sich aber nicht nur Bierfreunde wohl, sondern auch Menschen, die eine ungezwungene Atmosphäre und gutes Essen schätzen. Familie Fontana und Familie Schweigl führen das 365 Tage im Jahr geöffnete, heimelige Haus mit herzlicher Gastfreundschaft. Einst ein Sägewerk, dann das erste Dorfhotel und heute das einzige

L'Alto Adige non è solamente terra di ottimi vini, ma riesce a soddisfare anche i palati più esigenti dei cultori del biondo "succo d'orzo" come qui spesso viene scherzosamente chiamata la birra. L'accogliente hotel ristorante con annesso birrificio "a vista" non è però solo un ritrovo quasi d'obbligo per gli amanti delle birre artigianali genuine, ma anche per chi apprezza la buona tavola e l'atmosfera di familiare ospitalità che le famiglie Fontana e Schweigl offrono ai loro ospiti per tutti i 365 giorni dell'anno. Costruito sulle fondamenta di un'antica segheria, il Martinerhof fu il primo

Brauerlebnis-Hotel Italiens, ist die Kombination aus Hotel, Brauerei, Dorfgasthaus und Pizzeria einzigartig. Ständig ist etwas los, fröhliche Gesellichkeit und beste Unterhaltung von früh bis spät, dazu zahlreiche Veranstaltungen mit Musik und Brauchtum und der monatliche Bauernmarkt begeistern sowohl Einheimische als auch Gäste. Beide Familien sorgen mit viel Engagement dafür, dass Urlauber ihre Zeit in Südtirol genießen können. Dazu gehören gemütlich eingerichtete Zimmer, das gute Essen und natürlich das alle zwei Tage in der Hausbrauerei frisch gebraute Bier, bei dessen Entstehung die Gäste gerne zuschauen können. Ausschließlich Wasser, Malz und Hopfen kommen zur Anwendung, dadurch bleiben Aroma- und Trübstoffe erhalten, das Bier sprudelt ungefiltert und naturbelassen direkt von den Holzeichenfässern ins Glas und wird auch zum Mitnehmen verkauft. Die Küche verwendet ebenfalls hauptsächlich heimische Produkte und bietet den Gästen herzhafte Tiroler Kost, internationale Schmankerl sowie eine umfangreiche Pizza-Karte.

albergo ristorante del paese per poi trasformarsi nel primo ristorante d'Italia con birrificio integrato e a vista. Inoltre è molto apprezzato anche per le ricorrenti manifestazioni folcloristiche e musicali e per il suo mercato contadino che qui si svolge una volta al mese. A completare l'offerta della casa c'è la pizzeria e ci sono le belle stanze d'albergo con il loro arredo molto accogliente in cui ogni villeggiante si troverà a proprio agio.

Ma torniamo alla birra alla cui produzione artigianale si può assistere una volta ogni due giorni. Come previsto dalla tradizione dei più rigorosi mastri birrai, viene fatta esclusivamente con acqua purissima, malto e luppolo per mantenere inalterate le sostanze aromatiche e la torbidezza naturale, dopodiché il biondo nettare passa direttamente dalle botti di rovere nei boccali degli ospiti oppure nelle bottiglie destinate all'asporto. Con davanti una di queste birre appena spillate, si gusteranno ancora meglio le specialità offerte dall'ottima cucina del Martinerhof in prevalenza legata alle tradizioni culinarie dell'Alto Adige con l'impiego soprattutto di ingredienti dell'agricoltura locale.

Brauhotel Martinerhof
Familie Fontana und Schweigl
Jaufenstraße 15
I-39010 St. Martin in Passeier
☎ 00 39 04 73 / 64 12 26
www.martinerhof.it

Brauhotel Martinerhof
Famiglie Fontana e Schweigl
Via Passo Giovo 15
39010 San Martino in Passiria

Tradition – eine schöne Verpflichtung
Una tradizione familiare che impegna

Was Stefan Schiefers Urgroßvater im Jahr 1925 begann, führt heute sein Urenkel Stefan mit Know-how und Freude in schönster Familientradition fort. Damals wurden Besatzfische für Gewässer gezüchtet, und das ist auch heute noch so. Hinzugekommen ist ein umfangreiches Angebot an lebenden sowie küchenfertig vorbereiteten Fischen, angefangen von Regenbogen- und Bachforellen über die begehrten marmorierten Forellen bis zu Bach- oder Seesaiblingen, Lachsforellen und teilweise Karpfen, Schleien und Äschen. Alle Fische führen in der Fischzucht Schiefer ein ausgesprochen munteres und gesundes Leben, das fängt natürlich bei der Wasserqualität an, die ist hier nämlich ausgezeichnet. Das frische, klare Wasser aus dem Gebirgsbach und von eigenen Quellen, gutes Futter und der Verzicht auf Antibiotika führen dazu, dass sich alle Fische bei bester Gesundheit in ihren Becken tummeln und natürlich und artgerecht aufwachsen. Zum Angebot der Fischzucht gehört die Lieferung von lebenden Fischen an Hotels und Restaurants, an andere Fischzuchten und Fischereivereine, und zwar nicht nur innerhalb Südtirols, sondern auch in benachbarte Re-

È un impegno piacevole, dice Stefan Schiefer, da far risalire ad una lunga tradizione familiare. Infatti, fu suo bisnonno ad iniziare con l'allevamento di pesci nel cuore della Val Passiria nel lontano 1925. Ma mentre allora si allevavano soltanto pesci destinati al ripopolamento dei laghi e dei corsi d'acqua dell'intera regione, oggi questa passione, abbinata a grande competenza professionale e all'eccellente qualità dell'acqua della valle, si esprime anche nella pescicoltura squisitamente gastronomica. La gamma delle specie allevate e preparate pronte per essere cucinate spazia dalle classiche trote di torrente a quelle iridee, marmorate e salmonate, dal salmerino alpino fino alle carpe, ai temoli e alle tinche. Tutte quelle specie dunque che qui, nelle fresche ed incontaminate acque provenienti da un vicino rio montano e da sorgenti proprie, crescono a meraviglia sentendosi immersi nel loro ambiente ideale. Per quanto riguarda i mangimi, Stefan Schiefer usa solo i migliori e rigorosamente privi di additivi antibiotici. Inoltre rifornisce con pesce vivo non solo tanti alberghi e ristoranti ed altri allevamenti e peschiere della regione, ma lo esporta anche nella vicina

gionen Österreichs und der Schweiz. Privatkunden können direkt bei der Fischzucht täglich frisch verarbeitete Fische kaufen, wozu auch Meeres- und andere Fische gehören wie Lachs, Zander, Steinbutt, Dorsch oder Garnelen. Entweder nur ausgenommen, filetiert oder auch zu feinsten Spezialitäten veredelt, zum Beispiel zu geräuchertem Saibling oder zu graved Lachsforelle, bereichern die gesunden Delikatessen der Fischzucht Schiefer jedes Menü.

Austria ed in Svizzera. Sono i benvenuti anche i clienti privati i quali possono scegliere non solo tra il pescato di giornata ma anche tra altre gustose specialità ittiche come il salmone, il lucioperca, il rombo, il merluzzo e crostacei di vario tipo. Semplicemente puliti oppure sfilettati o addirittura già trasformati in squisitezze pronte ad essere gustate, come ad esempio i salmerini affumicati e le trote salmonate alla gravlax, i pesci allevati da Stefan Schiefer fanno bella figura in ogni tipo di menu.

Fischzucht Schiefer
Familie Stefan Schiefer
Haselstaudeweg 4
I-39015 St. Leonhard in Passeier
☎ 00 39 04 73 / 64 12 31
www.fischzucht.it

Pescicoltura Schiefer
Famiglia Stefan Schiefer
Via Haselstaude 4
39015 San Leonardo in Passiria

Golfhochgenuss im Passeiertal bei Meran
Un paradiso del golf in Val Passiria alle porte di Merano

🍴 **Schlutzkrapfen** | Ravioli
tirolesi
*Rezept finden Sie auf Seite 184 |
Per la ricette vedere a pag. 184*

Am Rande des Ortes St. Martin in Passeier liegt der Golfclub Passeier.Meran. In den 1990er-Jahren gegründet, befindet sich der Golfclub seit dem Jahr 2004 mit einem modernen 18-Loch-Championship-Course auf internationalem Standard. Der Platz fügt sich harmonisch in die alpine Umgebung ein und wird von Wäldern und Wiesen begrenzt. Direkt dahinter ragen mächtige Berge in den Himmel, die zum Naturpark Texelgruppe gehören. Weil sich der Platz auf einer kleinen Anhöhe befindet, bietet er wunderbare Aussichten in beide Talrichtungen, auf malerische Bergbauernhöfe und natürlich auf die eng aneinandergereihten Gipfel. Zu den sportlichen Herausforderungen gehören die Wasserhindernisse, darunter sieben Teiche mit Seerosen, und die zahlreichen Bunker, die ein strategisches Spiel verlangen. Der Verlauf beginnt an einer Schranke, die sich automatisch alle zehn Minuten öffnet, um so einen geregelten, harmonischen Ablauf zu gewährleisten.

Ein origineller Aufzug bringt die Golfer am Ende ihres Spiels hinauf in das elegant-gemütlich eingerichtete Clubhaus mit Lounge und Restaurant. Hier kann man bei exklusiver Aussicht entspannen und sich an Südtiroler Köstlichkeiten erfreuen. Trotz

Il golf club Passiria-Merano, fondato negli anni novanta, si trova immerso in un incantevole paesaggio ai margini del paesino di San Martino in Passiria. Ampliato nel 2004 a 18 buche, il modernissimo impianto corrisponde agli standard dei championship course internazionali. Circondato da un armonioso paesaggio tipicamente alpino, il campo si estende tra boschi e prati sopra una piccola altura con una favolosa vista panoramica che spazia tra il fondovalle dell'idilliaca Val Passiria, la mezzacosta con i suoi pittoreschi masi e casali e i maestosi monti del Parco Naturale della Tessa. Tra le sfide più impegnative del percorso vanno ricordati gli ostacoli acquatici rappresentati da ben sette laghetti e i numerosi bunker che richiedono un approccio strategico al gioco. Per garantire uno svolgimento tranquillo e indisturbato del gioco il percorso inizia da una barriera di accesso che automaticamente si apre ogni dieci minuti. A fine partita i golfisti saliranno con un ascensore alquanto originale all'accogliente club house con lounge e ristorante dove si potranno gustare le squisitezze dell'eccellente cucina legata alle tradizioni culinarie della regione. Un campo da golf davvero straordinario dove tutti si trovano

seiner besonderen Lage finden Anfänger, Fortge-
schrittene und Profis ideale Bedingungen für ihre
Ansprüche. Zu den Angeboten des Clubs gehören
Schnupper-Golf, Einsteiger-Golf-Kurse sowie die In-
tensiv-Golfwoche mit Platzerlaubnis. Die Spielsai-
son dauert von März bis November ohne Ruhe-
tage.

a proprio agio, dai professionisti ai giocatori esperti
fino ai neofiti ai quali vengono offerti appositi corsi
di avvicinamento, corsi per principianti e settimane
di golf intensivo. La stagione di gioci va da marzo
a novembre – nessun giorno di riposo.

Golfclub Passeier.Meran
Kellerlahne 3
I-39015 St. Leonhard in Passeier
☎ 00 39 04 73 / 64 14 88
www.golfclubpasseier.com

Golfclub Passeier.Meran
Kellerlahne 3
39015 San Leonardo in Passiria

Harmonie in stilvollem und luxuriösem Ambiente
L'armonia di un relax di lusso

Andreus
Golf & Spa Resort
Andreus
Golf & Spa Resort

Einen perfekten Urlaubsort für aktive Genießer zu finden, ist nicht immer einfach. Es soll ja alles passen: die Lage, der Komfort, die Verpflegung, der Service. Das Andreus Golfhotel, nur 14 Kilometer von Meran entfernt, vereint alle diese Kriterien auf einzigartige Weise. Mitten im Passeiertal in herrlicher Ruhe und intakter Natur gelegen, präsentiert sich das von den erfahrenen Hoteliers Helga und Richard und ihrem Sohn Daniel familiär geführte Fünfsterne-Haus als ein Refugium voller Eleganz, Harmonie und stilvoller Ästhetik. Sowohl das äußere Erscheinungsbild als auch die Innenarchitektur des Fünfsterne-Hotels bestechen durch stilvolle Ästhetik. Die großzügige Hotelhalle mit der edlen Lounge, offenem Kamin, Pianoecke und Cigar Room heißt anspruchsvolle Urlauber willkommen. Die Zimmer und Suiten sind alle mit verschiedenen edlen Holzarten wie Rosenahorn oder Zirbe ausgestattet. Auch hier: Luxuriöse Freiräume mit natürlichen Materialien in warmen, hellen Farben tragen zu einem angenehmen Urlaubsfeeling bei. Bei so viel kuscheliger Noblesse möchte man sein Zimmer am liebsten gar nicht mehr verlassen – sollte man aber, denn die Gegend um das Hotel Andreus ist einfach zauberhaft.

Non sempre è facile trovare un luogo che riesca a soddisfare ogni nostra esigenza quando si vuole trascorrere una vacanza dedicata contemporaneamente all'attività sportiva e al relax in un ambiente lussuoso. Pretendiamo che tutto sia perfetto, dalla posizione al comfort, dal servizio fino alla buona tavola e all'offerta di attività e svaghi. Il golf hotel Andreus è sicuramente uno di quei luoghi che corrispondono in pieno a questi criteri di assoluta eccellenza. Il magnifico resort a cinque stelle situato nel cuore della pittoresca Val Passiria a soli 14 km da Merano è gestito da Helga e Richard Fink e da loro figlio Daniel, una famiglia di esperti albergatori. Sia l'esterno che gli ambienti interni colpiscono per la loro armoniosa estetica stilistica. A cominciare dalla spaziosa hall e dalla nobile lounge con caminetto, piano bar e cigar room che danno il benvenuto agli ospiti che alloggiano in bellissime stanze e suite dotate di splendidi arredi realizzati con legni pregiati come l'acero rosaceo e il pino cembro. Dappertutto prevalgono i materiali naturali di alto pregio dalle tinte calde e luminose che conferiscono agli ambienti quella nobile accoglienza intima che quasi invita a non lasciare più l'interno dell'albergo. Cosa che invece va fatta,

Zartes Lammfilet mit Selleriepüree und glasierten Kastanien | Fileto d'agnello con purè al sedano rapa con castagne glassate

Rezept finden Sie auf Seite 185 |
Per la ricette vedere a pag. 185

Hier lässt es sich wandern, klettern, Rad fahren und im Winter Ski fahren. Vor allem Golfer finden hier ihr Paradies, da der Platz durch das mediterrane Klima von März bis Mitte Dezember bespielbar ist. Der Golfclub Passeier ist einer der schönsten Südtirols und nur ein paar Schritte vom Hotel entfernt. Helga und Richard Fink sind selbst langjährige, begeisterte Golfer. Zum Golfangebot gehören Schnupper- und Verbesserungskurse oder die Intensivwoche mit Platzerlaubnis.

Tennisfans und Reiter haben es ebenso gut getroffen im Hotel Andreus. Die Tennissandplätze befinden sich direkt beim Hotel, und der neue Reitstall mit großer Koppel und Streichelzoo lässt die Herzen der Pferdefreunde von März bis Dezember höher schlagen. Das ganze Jahr über hingegen ist das Fitnesscenter mit den neuesten Cardio- und Kraftgeräten geöffnet. Das Aktiv-Fit-Programm mit Wassergymnastik, Nordic Walking, Bauchtraining, Aerobic sowie Pilates und Yoga im neuen Panorama-Meditationstempel und vieles mehr sorgt

visto che l'Andreus è circondato da un paesaggio davvero incantevole e tutto da scoprire. Si possono intraprendere delle bellissime escursioni, fare dell'alpinismo o scorrazzare in bicicletta attraverso il verde fondovalle mentre d'inverno saranno soprattutto le splendide piste della Val Passiria ad attendere gli amanti della neve. Un piccolo grande paradiso l'Andreus lo è soprattutto per gli appassionati del golf, poichè grazie al mite clima submediterraneo il campo è praticabile da marzo fino a metà dicembre. Il golf club Passiria-Merano, a due passi dall'albergo, è decisamente uno tra i più belli della regione. L'offerta del golf club, di cui gli stessi Helga e Richard Fink sono appassionati frequentatori, si rivolge anche ai golfisti meno esperti con corsi e settimane intensive di avvicinamento e di aggiornamento. Anche gli amanti del tennis e dell'equitazione qui si troveranno sicuramente a proprio agio. I campi da tennis in terra battuta si trovano direttamente accanto all'hotel e il nuovo maneggio, anch'esso adiacente all'albergo e

für gesunde Bewegung. Nach einem aktiven Tag an der frischen Luft verwöhnt die 7 000 Quadratmeter große Wellness- und Beautyoase mit ganzjährig beheiztem Indoor- und Outdoor-Pool. Weiters können die Gäste im Saunabereich mit sieben verschiedenen Saunen bei einem täglichen Saunaaufguss die Seele baumeln lassen. Vielfältige Programme und Anwendungen mit exklusiven Produkten bringen Körper und Seele in Einklang, sodass man sich quasi „runderneuert" dem abendlichen Dinner widmen kann, mit dem Bernhard Gufler und sein Team die Gäste täglich aufs Neue überraschen. Als Schüler von Meistern wie Christian Pircher und Karl Volgger gelingt dem jungen Küchenchef mit Bravour die Verschmelzung von Südtiroler und internationaler Küche auf der Basis von hauptsächlich heimischen, natürlichen Lebensmitteln. Das kann mal ein zünftiges Tiroler Buffet mit Haxen und Rippchen sein, mediterrane Fischgerichte wie Millefeuille vom Tintenfisch mit Oliven oder Edles wie Champagnerschaumsüppchen mit frischer Auster.

aperto da marzo fino a dicembre, farà battere più forte il cuore di ogni appassionato di cavalli. Vi aspetta poi il grande centro fitness con i suoi modernissimi attrezzi e cardiofrequenzimetri, mentre un nutrito programma di attività fitness aggiuntive come idroginnastica, nordic walking, aerobica, pilates e yoga si svolge nella nuova sala di meditazione con vista panoramica. Una superficie di ben 7 000 metri quadri è riservata alla favolosa oasi di wellness & beauty con piscina interna-esterna riscaldata, sette diversi tipi di sauna e un'ampia offerta di trattamenti fisiologici ed estetici durante i quali ci si può abbandonare al relax e al benessere psicofisico più totale prima di recarsi a tavola per la cena preparata ogni giorno con grande maestria dallo chef Berhard Gufler e dalla sua brigata a cui l'Andreus ha affidato i fornelli della sua più che eccellente cucina basata per lo più su genuini prodotti locali. Allievo di grandi maestri di cucina quali Christian Pircher e Karl Volgger, Bernhard Gufler si è fatto un nome per l'abilità con cui riesce a fondere le tradizioni culinarie dell'Alto Adige con la grande cucina internazionale. Favolosi, tra l'altro, i suoi buffet alla tirolese con stinchi e costicine ed i piatti di pesce mediterraneo come il millefeuille di calamari alle olive o la crema di champagne accompagnata da ostriche fresche.

Andreus Golf & Spa Resort
Familie Helga und Richard Fink
Kellerlahne 3
I-39015 St. Leonhard in Passeier
☎ 00 39 04 73 / 49 13 30
www.andreus.it

Andreus Golf & Spa Resort
Famiglia Helga e Richard Fink
Kellerlahne 3
39015 San Leonardo in Passiria

Urlaub mit Pfiff und Musik
Vacanza nella natura con tanta musica

Semmelknödel mit Pfifferlingssauce | Canederli di pane con salsa ai finferli

Rezept finden Sie auf Seite 187 |
Per la ricette vedere a pag. 187

Zwei Häuser, eine Familie, ein Motto: Egal, für welche Unterkunft man sich entscheidet, ob für das Viersternehotel Bergland oder für die Familienpension Gurschler, in den „Sonnenhotels" geht jeden Tag die Sonne auf! Alle Urlauber, Erholungssuchende, Sportbegeisterte, Musikfreunde, Kinder und Eltern oder Alleinreisende erleben in beiden Hotels eine familiäre, ungezwungene Atmosphäre. Im persönlich geführten Hotel Gurschler ist Mutter Marianne die Seele des Hauses, sie kümmert sich um das reichhaltige Frühstücksbuffet und setzt sich am Abend gerne zu ihren Gästen. 15 neue Doppelzimmer, ein Appartement und die tolle Saunalandschaft machen das kleine, aber feine Hotel zu einer idealen Familien-Unterkunft. Die Gäste des Hotel Gurschler nehmen, wenn sie möchten, das Abendessen im 300 Meter entfernten Viersterne-Hotel Bergland ein, und hier können sie auch das Hallenbad nutzen. In diesem großzügig gebauten Viersterne-Haus spielt der Komfort eine große Rolle

I due alberghi della famiglia Gurschler si trovano entrambi nelle posizioni più soleggiate di San Leonardo, il ridente paese nel cuore dell'idilliaca Val Passiria. Entrambe le strutture, sia l'hotel a quattro stelle Bergland che la pensione Gurschler ideale soprattutto per le famiglie, rappresentano una base ideale per una vacanza all'insegna della natura e del relax, ma anche delle attività sportive e di svago ideali per tutta la famiglia, dai più piccoli ai più grandi. L'atmosfera che regna in entrambe le case è caratterizzata dalla squisita ospitalità dei Gurschler, di cui mamma Marianne rappresenta l'angelo del focolare che non solo gestisce personalmente l'hotel Gurschler, ma si occupa anche del ricchissimo buffet della prima colazione ed è sempre disponibile a chiacchierare con i suoi ospiti. Le 15 stanze doppie, un appartamento e il bellissimo reparto wellness con saune fanno del suo albergo un apprezzato luogo di villeggiatura in famiglia. E per cenare i suoi ospiti potranno, se

mit zum Beispiel bis zu 75 Quadratmeter messenden Suiten. Beide Häuser bieten ihren Gästen wöchentliche Wanderungen mit dem Hausherrn Klaus, der sich freut, ihnen die schönsten Fleckchen des Passeiertals zu zeigen. Denjenigen, die „nach Höherem streben", sei die ebenfalls wöchentliche, von Bergführern begleitete Hochalpinwanderung auf die stolzesten Gipfel des Naturparks Texelgruppe empfohlen. Andere Inklusiv-Exkursionen sind unter anderem botanische, naturkundliche und Höfewanderungen, Kulturwanderungen zum höchstgelegenen Silberbergwerk Europas und zu Ötzis Fundstelle. Auch Kinder kommen im Hotel Bergland und im Hotel Gurschler auf ihre Kosten. Im Juli und August werden sie von Montag bis Freitag mit einem Abenteuer-Freizeitprogramm bei Laune gehalten. Da gibt es unter anderem Rafting,

desiderano, recarsi al Bergland che si trova ad appena 300 metri dal Gurschler dove potranno usufruire inoltre della piscina coperta. L'hotel Bergland è invece caratterizzato dalla sua spaziosità e confortevolezza, a cominciare dalle sue accoglienti suite che coprono una superficie fino a 75 metri quadri. Per far scoprire ai suoi ospiti gli angoli più belli della sua Val Passiria, Klaus Gurschler, il patron dei due alberghi, organizza ogni settimana delle escursioni da lui guidate personalmente oppure affida i suo ospiti più intraprendenti ad un'esperta guida alpina che li porterà sulle più belle cime del Parco Naturale del Gruppo Tessa che sovrasta la valle. Molto apprezzate sono anche le escursioni guidate lungo alcuni sentieri tematici come quello naturalistico-botanico o quelli che passando per gli antichi masi montani portano

Basteln, Malen, Lagerfeuer mit Geschichten-Erzählen, Geisterspiele und ein Freilichtkino. Aktive Urlauber nehmen im Passeiertal an den zahlreichen sportlichen Möglichkeiten teil wie Nordic Walking, Klettern, Tennis, Golf, Paragleiten und vielem mehr. Auch Winterfreuden werden in der Umgebung großgeschrieben. Die tief verschneite, glitzernde Landschaft ist ein Eldorado für Skifahrer und Langläufer – oder man lässt das herrliche Panorama in einer Pferdekutsche an sich vorüberziehen, ganz wie es beliebt.

Die Liebe geht im Hotel Bergland natürlich auch durch den Magen, deshalb stehen abends köstliche Fünf-Gänge-Wahlmenüs mit vielen Produkten aus dem Passeiertal auf der Karte, wozu auch der hausgemachte Bauernspeck zählt. Wöchentliche Spezialitätenabende mit italienischen oder Tiroler Köstlichkeiten und das Galadinner bringen Abwechslung in den Speiseplan. Im Hotel Bergland werden die Ferien aber noch um eine Dimension bereichert, nämlich um die Musik. Freunde der volkstümlichen Weisen haben es hier besonders gut getroffen, denn ihnen spielt regelmäßig der Sieger des Grand Prix der Volksmusik 2005 auf, Hausherr Klaus Gurschler und Chef der „Psayrer", die 2005 in Zürich den Grand Prix der Volksmusik gewonnen haben. Sogar der Papst besitzt eine CD der Psayrer! Damit nicht genug, ist Klaus Gurschler auch Filmschauspieler und verkörperte im Film „Bergblut" den Tiroler Volkshelden Andreas Hofer. Der Film spielt an historischen Schauplätzen im Passeiertal und erhielt den Publikumspreis bei den Münchner Filmfestspielen.

fino alle storiche miniere argentifere di Monteneve e al luogo in cui fu rinvenuto Oetzi, la famosa mummia del ghiacciaio. A divertirsi un mondo, sia al Bergland che al Gurschler, ci sono poi i bambini che ogni settimana dal lunedì al venerdì vengono intrattenuti da un fitto programma di giochi e di avventure. Gli appassionati delle attività sportive non avranno invece che da scegliere tra le tante possibilità offerte nelle immediate vicinanze dei due alberghi: nordic walking, roccia, tennis, golf, parapendio, equitazione, mountainbiking ecc. Da non perdere l'inverno, quando la valle innevata si trasforma in un incantevole paradiso per gli amanti della discesa, del fondo, dell'escursionismo con le ciaspole e delle romantiche gite nella neve su una carrozza trainata da cavalli.

Un altro punto di forza dell'hotel Bergland è la sua cucina che ogni sera propone ai suoi ospiti una scelta di gustosissimi menu a cinque portate con squisite specialità preparate in prevalenza con genuini prodotti del posto tra cui troviamo ovviamente anche lo speck fatto in casa. A rendere ancora più piacevole il lato culinario della vostra vacanza trascorsa al Bergland o al Gurschler, ci sono poi le tante serate dedicate alle specialità di diverse cucine regionali. Un ultimo aspetto particolare del Bergland è legato alla musica folcloristica alpina: Klaus Gurschler non è solo un affermato albergatore ma anche un musicista assai apprezzato. Il gruppo dei "Psayrer" da lui diretto è uno dei più gettonati dei paesi di lingua tedesca ed ha già vinto, tra l'altro, il Gran Premio della musica popolare alpina svoltosi a Zurigo nel 2005.

 Hotel Bergland
Familie Gurschler
Schlossweg 2
I-39015 St. Leonhard in Passeier
☎ 00 39 04 73 / 65 62 87
www.sonnenhotels.it

Hotel Gurschler
Am Kaserer Egg 3
I-39015 St. Leonhard in Passeier
☎ 00 39 04 73 / 65 62 87
www.sonnenhotels.it

Hotel Bergland
Famiglia Gurschler
Via Castello 2
39015 San Leonardo in Passiria

Hotel Gurschler
Via Kaserer Egg 3
39015 San Leonardo in Passiria

MuseumPasseier
MuseoPassiria

Lebendige Geschichte rund um Andreas Hofer
Storia vissuta intorno ad Andreas Hofer

Die fünf „Schattenfiguren" aus Aluminium vor dem Sandhof im Passeiertal sind nicht zu übersehen. Sie erzählen von den Menschen, die einst am Sandhof vorbei durch das Tal zogen. Der Sandhof ist das Geburtshaus des Tiroler Volkshelden Andreas Hofer (1767–1810), und hier befindet sich auch das MuseumPasseier, das auf anschauliche Weise einen Einblick in die Geschichte der Tiroler Aufstände von 1809 mit besonderer Berücksichtigung der Person Andreas Hofers gibt.

Auf 500 Quadratmetern erfährt der Besucher anhand von Hörstationen, Filmen, Installationen und Kinderecken so einiges über Themen wie „Der Mensch Hofer", „Europa und Tirol" oder „Napoleon Superstar". Im lebendig inszenierten geschichtlichen Parcours „Helden & Hofer" lernt man eine neue Interpretation dieser Zeit vor 200 Jahren kennen. Die Ausstellung zeigt einerseits die Ereignisse aus der Sicht von außen auf das Tirol zu Hofers

Già da lontano si scorgono le cinque sagome di figure umane in alluminio davanti allo storico maso Sandhof che sembrano voler simboleggiare la travagliata storia passata accanto alla casa natale di Andreas Hofer (1767–1810), l'eroico combattente per la libertà a capo dell'insurrezione tirolese antinapoleonica degli anni intorno al 1809. Su una superficie di 500 metri quadrati dotata di stazioni audiovisive e di spazi riservati ai bambini, il visitatore ripercorre le vicissitudini di quel movimentato periodo della storia locale nell'ambito di un contesto geopolitico molto più ampio. Il percorso è suddiviso in sezioni tematiche tra cui "L'uomo Hofer", "Europa e il Tirolo", "Napoleone superstar" o il percorso animato in maniera scenografica "Eroi & Hofer". Una rivisitazione – a volte anche critica, quindi senza alcun pathos patriottico esagerato, ma visto anche con uno sguardo dall'esterno – delle vicissitudini che duecento anni

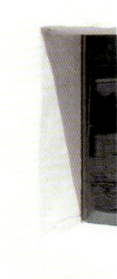

MuseumPasseier
MuseoPassiria

Andreas Hofer

Zeiten und hinterfragt andererseits das Thema „Helden" ohne den gewohnten Tiroler Patriotismus.

Im ersten Stock gibt das MuseumPasseier einen interessanten Einblick zur Volkskunde des Passeiertals. Hier soll keineswegs eine verklärende, sondern eine sachlich-lebendige Vermittlung jener „guten alten Zeit" zur Sprache kommen.

In den letzten Jahren wurde im Freilichtbereich ein vollständiger Passeirer Haufenhof gebaut, der mit liebevoll übertragenen Originalgebäuden die Besucher auf eine Reise in eine gar nicht so weit zurückliegende Zeit mitnimmt. Hier wird einmal im Monat im Rahmen der Brotbacktage in der Bauernstube nach einem originalen Passeirer-Rezept Sauerteig zubereitet und im Backofen gebacken.

fa hanno coinvolto i tirolesi radunatisi intorno alla figura di Andreas Hofer.

Il primo piano del MuseoPassiria è invece dedicato agli aspetti etnologici di questo angolo di terra, vale a dire agli antichi usi e costumi della val Passiria che ci aiutano a capire in maniera tangibile e realistica come la gente abbia vissuto a quei "bei vecchi tempi". Nell'area museale all'aperto ci attende infine la ricostruzione, fatta con grande passione e amore per i dettagli, di un antico maso contadino cosiddetto "a mucchio", tipico dei casolari di questa valle e nella cui stube una volta al mese si può assistere alla tradizionale panificazione con pasta madre delle classiche pagnotte di segale cotte nel forno a legna e che una volta sfornate sono pronte per essere assaggiate.

⌂ MuseumPasseier
Passeirerstraße 72
I-39015 St. Leonhard in Passeier
☎ 00 39 04 73 / 65 90 86
www.museum.passeier.it

MuseoPassiria
Via Passiria 72
39015 San Leonardo di Passiria

Von militärischer Sperrzone zur kulturellen Einrichtung
Un residuo bellico trasformato in sito culturale

Unvergessliche Eindrücke, spannende Geschichte(n), Wissenschaft und beeindruckende Natur – der Besuch des Bunker Mooseums ist von Mitte März bis Ende Oktober ein Erlebnis für die ganze Familie. In einem Bunker-Rohbau aus dem Jahr 1940 beherbergt das Mooseum verschiedene Ausstellungsbereiche zum Naturpark Texelgruppe, zur Siedlungsgeschichte des Hinterpasseier und zum Bunker-Erlebnis selbst. Der Rundgang beginnt im gläsernen Turm mit Ausblick auf das Dorf Moos und die atemberaubende Berglandschaft. Die ehe-

Sensazioni forti e indelebili, storia e storie raccontate con passione e un paesaggio naturale di grande bellezza – ecco perché il Bunker Mooseum di Moso in Passiria, aperto da metà marzo a fine ottobre, merita di essere visitato da tutta la famiglia. La struttura grezza del bunker militare costruito nel 1940 ospita un interessantissimo museo dedicato alle più svariate tematiche legate all'alta Val Passira tra cui il Parco Naturale del Gruppo Tessa, l'antica storia degli insediamenti locali e le vicende riguardanti il bunker stesso. Il

maligen Lagerkammern präsentieren anschaulich Methoden, Fundstücke und Ergebnisse neuester Forschung zur Siedlungsgeschichte, deren Anfänge 10 000 Jahre zurückreichen. Von der Eiszeit bis in die Zukunft geben animierte Darstellungen Aufschluss über die Entwicklung dieser Alpenregion. Erlebnisberichte und Fotos, Relikte und Erinnerungsstücke aus vergangenen Zeiten ergänzen dabei die neutralen geschichtlichen Daten. Die Besucher des Bunker Mooseums begeben sich auf diese Weise auf eine Zeitreise im Schnelldurchlauf und können sich in den engen Stellungen des Bunkers auch ein Bild vom Bunkeralltag und den Zusammenhängen der damaligen internationalen Politik machen. Nach dem Aufstieg über gut 180 Stufen einer Wendeltreppe gelangt man in den Außenbereich, wo sich den Besuchern eine Gruppe imposanter Steinböcke zeigt. Bei den Vorarbeiten zum Mooseum kamen hier eine eiszeitliche Gletschermühle und eine neolithische Feuerstelle zum Vorschein. Die Kletterrouten im Fels und an der künstlichen Wand machen das Bunker Mooseum außerdem zum ersten bekletterbaren Museum des Landes.

percorso inizia dal torrione vetrato da cui si gode una vista panoramica sul paesino di Moso e sulle belle montagne che lo circondano. Nei magazzini del bunker vengono illustrati con una serie di reperti e con immagini animate i più recenti risultati della ricerca riguardante la storia degli insediamenti umani in quest'area alpina, storia che ebbe inizio durante l'era glaciale circa dieci mila anni fa. Resoconti storici, foto, rinvenimenti archeologici e oggetti ricordo completano i dati storiografici presentati in maniera assai convincente e neutrale. Nelle anguste postazioni del bunker si ripercorrono invece i contesti della politica transnazionale della prima metà del secolo scorso. Salendo gli oltre 180 gradini della scala a chiocciola si raggiunge infine la zona esterna del museo dove una famiglia di imponenti stambecchi fa bella mostra di sé. Durante i lavori di ristrutturazione sono venuti alla luce sia un cosiddetto mulino glaciale che un focolare risalente all'età neolitica. I percorsi ferrati sulla roccia e sulla parete artificiale fanno inoltre di questa struttura il primo museo "arrampicabile" della regione.

Bunker Mooseum
Dorf 29 a
I-39013 Moos in Passeier
☎ 00 39 04 73 / 64 85 29
www.bunker-mooseum.it

Bunker Mooseum
Paese 29 a
39013 Moso in Passiria

Wirtshausherrlichkeit im Hinterpasseier
Una locanda storica dell'alta Val Passiria

Passeirer Bachforellen Müllerin Art | Trote del Passirio alla mugnaia

Rezept finden Sie auf Seite 188 | Per la ricette vedere a pag. 188

Kein Geringerer als Beda Weber, Schriftsteller, Theologe, Abgeordneter der Frankfurter Nationalversammlung und Lehrer am Meraner Gymnasium, beschrieb das Flair des Mooserwirtes im Jahre 1852 mit „Wirtshausherrlichkeit" – er war sicher ein gern gesehener Gast in diesem ältesten und bekanntesten Gasthaus im Hinterpasseier. Die erste Erwähnung fand der „hof ze mose" schon im Jahr 1288, und aus dem Jahr 1388 stammt der hintere Teil des Mooserwirt-Kastens, ein Nebengebäude, das bis heute original erhalten ist. Beim Mooserwirt tafelten unter anderen Erzherzog Johann und der Tiroler Volksheld Andreas Hofer.

Già nel 1852 Beda Weber, il noto teologo scrittore e deputato all'assemblea nazionale costituente di Francoforte, scrive in maniera eloquente sulla „beatitudine da osteria" che permea l'atmosfera del Mooserwirt, la locanda più antica e rinomata dell'alta Val Passiria. Menzionata dalle cronache già nel lontano 1288 con il nome „hof zu mose", la parte posteriore della piccola costruzione rustica adiacente alla locanda, tuttora conservata, risale invece al 1388. Tanti sono gli ospiti illustri che in passato si sono fermati al Mooserwirt tra cui l'arciduca Giovanni d'Austria e Andreas Hofer, l'eroe dell'insurrezione antinapoleonica. Ed è

Heute ist der Mooserwirt immer noch ein typisches Dorfgasthaus, in dem sich Einheimische zum Kartenspielen treffen und sich Arbeiter und Angestellte ihr Mittagsmahl schmecken lassen. In der wunderschönen holzgetäfelten Stube und im lichten Restaurant wird beste Tiroler Bauernküche aufgetischt, zum Beispiel Schepsernes (Hammel), Passer-Forelle, Zwiebelrostbraten, Gams- oder Hirschbraten und hausgemachte Kuchen. Zum Mooserwirt gehören übrigens bezaubernde Ferienwohnungen in originalen, historischen Holzblockhäusern. Bis zu zwölf Personen finden in den Hütten in einmaliger Aussichtslage Platz. Es sind zum Teil seltene Relikte aus dem Mittelalter, wie das Krustnerhaus oder das Bastelhaus, beide architektonische Juwelen, vorbildlich restauriert und renoviert und historisch originalgetreu, aber mit jedem Komfort ausgestattet.

rimasta fino ai giorni nostri una tipica osteria di paese, il classico ritrovo della gente del posto per fare due chiacchiere, una partita di carte e per mangiare e bere qualcosa. Oltre che nella bellissima stube rivestita di legno, oggi si viene serviti anche nella luminosa sala del ristorante. La cucina fortemente ispirata alle tradizioni culinarie locali offre squisite specialità come l'arrosto di castrato, di camoscio e di cervo, lo stufato di manzo alla cipolla oppure le trote del Passirio come pure una ricca scelta di torte e dolci fatti in casa. Inoltre il Mooserwirt dispone di incantevoli appartamenti di villeggiatura situati in splendida posizione panoramica e sistemati in piccole baite antiche in parte risalenti al medioevo, degli autentici gioiellini architettonici, sapientemente restaurati e dotati di ogni comfort moderno, che possono ospitare fino a dodici persone.

Gasthaus Mooserwirt
Familie Harald und Silke Haller
Moos 10
I-39013 Moos in Passeier
☎ 00 39 04 73 / 64 85 46
www.mooserwirt.it

Albergo Mooserwirt
Famiglia Harald e Silke Haller
Moso 10
39013 Moso in Passiria

Spezialitäten aus dem Passeiertal
Specialità della Val Passiria

Wie bei jedem anderen Lebensmittel ist der Kauf von Fleisch und Wurstwaren für qualitätsbewusste Kunden eine Frage des Vertrauens. Beim Metzgermeister Hofer in Moos kann der Verbraucher sicher sein, nur beste Fleisch- und Wurstwaren zu erwerben. 1963 gründeten Franz Hofer und Maria Girtler ihre Metzgerei, die heute in der zweiten Generation erfolgreich und traditionsgemäß weitergeführt wird. Die unberührte Natur und die frische, reine Bergluft im Hinterpasseier tun Mensch und Tier gleichermaßen gut. Die Metzgerei Hofer verwendet fast ausschließlich Tiere aus dem Tal:

Per ogni consumatore consapevole l'acquisto di prodotti alimentari rappresenta anche un atto di fiducia, tanto più se si tratta di carne o di salumi. Una macellaria che sicuramente ispira tale fiducia è quella della famiglia Hofer a Moso nell'alta Val Passiria. Aperta nel 1963 da Franz Hofer e Maria Girtler, oggi è gestita dal figlio Kurt che segue con successo le tradizioni tramandategli dai genitori. La natura incontaminata di questo angolo di terra giova sia al benessere degli uomini che a quello degli animali, per cui si ricorre quasi esclusivamente al bestiame allevato nella zona. I manzi, i

Rinder, Kälber, Lämmer und Ziegen wachsen in der herrlichen Umgebung artgerecht auf und werden vor Ort stressfrei geschlachtet und fachgerecht zerteilt. Auch die Verarbeitung von Speck und Wurst basiert auf erstklassiger Fleischqualität und erfolgt nach überlieferter Tradition und eigenen Rezepten unter Einbeziehung von modernsten Produktionsmethoden. Das vielfältige Sortiment umfasst neben dem weithin bekannten Passeirer Speck auch Kaminwurzen, Hirschkaminwurzen, Kochschinken, diverse Wurstwaren, Salami und Geselchtes. Der Speck steht natürlich an erster Stelle. Die dafür verwendeten Hammen werden mit Naturgewürzen gepökelt und dann über heimischem Holz nach altem Brauch geräuchert. Anschließend reifen sie in gut durchlüfteten Lagerräumen mehrere Monate lang, während derer sie ihr einzigartiges Aroma und ihren würzigen Geschmack entfalten. Übrigens muss man für diesen Genuss nicht unbedingt ins Hinterpasseier fahren, denn mit ihren Qualitätsprodukten beliefert die Metzgerei Hofer auch andere Metzgereien und Lebensmittelfachgeschäfte in Südtirol.

vitelli, gli agnelli e i capretti che qui crescono sui pascoli in piena libertà e vengono macellati in loco senza lo stress dei grandi allevamenti, danno quindi origine a carni assai pregiate dall'inconfondibile sapore di naturalità. E anche lo speck e le molte varietà di insaccati vengono prodotti con carne di primissima qualità e lavorati con grande cura secondo le tradizioni del posto. La gamma dei prodotti offerti è vasta e comprende i tipici kaminwurzen, salsicce di cervo, prosciutti, salumi e carni affumicate di vario tipo oltre ovviamente allo speck, che qui in Val Passiria è di casa. Ricavato dalle cosce suine viene dapprima salmistrato con spezie naturali per essere poi affumicato delicatamente su braci di legno scelto e di erbe aromatiche e infine viene fatto stagionare per alcuni mesi in ambienti ben arieggiati per poter sviluppare al massimo quel suo inconfondibile sapore che fa dello speck una tra le più squisite espressioni della tradizione culinaria di questa terra. Che lo speck della macelleria Hofer sia davvero qualcosa di speciale lo dimostra il fatto che lo si trova anche negli scaffali di parecchie altre macellerie e di negozi di specialità alimentari sparsi in tutto l'Alto Adige.

◻ **Metzgerei Hofer**
Kurt Hofer
Dorf 15
I-39013 Moos in Passeier
☎ 00 39 04 73 / 64 35 24
www.metzgerei-hofer.it

Macelleria Hofer
Kurt Hofer
Paese 15
39013 Moso in Passiria

Herrliche Landschaft, gesunde Luft und nette Leute
Paesaggio splendido, aria pura e gente simpatica

Ob man nun über den wildromantischen Jaufenpass anreist oder das malerische Passeiertal durchfährt: Die Anreise zum Jägerhof gehört auf jeden Fall schon zum Urlaub dazu. Beim Genießer- und Wanderhotel Jägerhof angekommen, befindet sich der Gast mitten in den Südtiroler Bergen auf der Sonnenseite der Alpen. In 1300 Metern Höhe gelegen, ist das kleine, aber feine und sehr familiär geführte Haus am Waldrand die ideale Adresse für gemütlichen, stressfreien Urlaub. Ruhe und Erholung sind hier garantiert, dafür sorgen die herrliche Lage, der liebevolle Service, die komfortablen Zimmer und nicht zuletzt die haubengekrönte Küche. Direkt vor dem Haus beginnen Erlebnistouren auf Almen und auf Gipfel, und das sommers wie winters. Das Hotel Jägerhof gehört zu den Europa- Wanderhotels und kann seinen Gästen viele, auch begleitete Touren empfehlen. In der warmen Jahreszeit eignet sich sozusagen als Einstieg der Rundwanderweg Walten, eine abwechslungsreiche Tour mit vielen interessanten Landschaftseindrücken und Ausblicken. Die zweieinhalb- bis dreistündige Wanderung ist ideal für die ganze Familie und führt durch Wiesen und Wäl-

Che si arrivi da nord scendendo lungo la strada del passo Giovo oppure da sud attraversando la pittoresca Val Passiria, il viaggio per raggiungere lo Jägerhof è già bello di per sé. L'hotel si trova a 1300 metri di altitudine in mezzo alle montagne passirie sul soleggiato versante meridonale delle Alpi. La curata conduzione familiare della casa e la sua splendida posizione al margine dei boschi fanno dello Jägerhof una base ideale per una vacanza dedicata soprattutto al relax e alla scoperta delle bellezze della natura. Alle belle camere dotate di ogni comfort ed al servizio davvero impeccabile si aggiunge una cucina di assoluta eccellenza come lo dimostrano le varie segnalazioni nelle migliori guide gastronomiche d'Italia. Che lo Jägerhof faccia parte dell'associazione europea degli hotel escursionistici si capisce da sé, vista la sua posizione, punto di partenza ideale per innumerevoli camminate, sia estive che invernali, attraverso gli splendidi boschi e pascoli dell'alta Val Passiria come quella, ad esempio, particolarmente adatta a tutta la famiglia, che per tre ore ci porta lungo il sentiero circolare intorno a Valtina od altre passeggiate, da fare in compagnia di un'esperta

⊂|| **Preiselbeer-Rahmgefrorenes mit Joghurt-Heidelbeerterrine und Hippenröllchen** | Gelato di panna e mirtilli rossi in terrina di yogurt e mirtilli neri e biscottini

Rezept finden Sie auf Seite 189 |
Per la ricette vedere a pag. 189

der. Der Jägerhof ist aber auch Ausgangspunkt für viele andere Wandertouren wie zum Beispiel die Almentour, die Wildkräuter-Wanderung oder die Wanderung Gipfel – Gebirgsseen.

Der Winter zeigt sich im Passeiertal von seiner besten und sonnigsten Seite. Regelmäßig lädt Familie Augscheller zu Trapperwanderungen auf Schneeschuhen durch die verschneite Bergwelt. Der neue Ski- und Wanderbus bringt die Urlauber bequem zum nahen Skigebiet Ratschings-Jaufen und zu mehreren Langlaufloipen. Zum Wanderservice gehört auch der Verleih der gesamten notwendigen Ausrüstung wie Top-Schneeschuhe, Rucksäcke und Stöcke. Der Jägerhof zählt zu den Top-Spezialisten für Schneeschuh-Wanderungen in den Alpen. Dank der optimalen Voraussetzungen in der win-

guida escursionistica, che ci portano più su, sulle malghe d'altura e le cime o a scoprire degli idilliaci laghetti di alta montagna. D'inverno, invece, lo Jägerhof si trasforma in un piccolo paradiso per gli appassionati dell'escursionismo sulla neve. Infatti, gli Augscheller sono tra gli pionieri dell'arco alpino specializzati nelle escursioni invernali. Oltre all'assistenza fornita dalle guide, il servizio comprende anche il noleggio di ciaspole, bastoncini, zaini e di quant'altro occorre per avventurarsi sulle nevi candide ed incontaminate lungo le pendici del Monte Giovo. Chi invece preferisce gli sci non ha che da salire sul pulmino navetta per raggiungere il vicinissimo centro sciistico Passo Racines-Giovo con le sue belle piste sia da discesa che da fondo. Ad incoronare una giornata trascorsa attivamente

terlich unberührten Gebirgslandschaft bleiben die Erinnerungen an strahlend weiße Gipfel und verschneite Wald- und Wanderwege sicher unvergesslich.

Nach aktiven Stunden an der frischen Luft lässt sich der Tag herrlich auf der Sonnenterrasse mit Panoramablick ausklingen, oder man begibt sich in die 200 Quadratmeter große Wellness-Verwöhnoase zur Entspannung und Revitalisierung, bevor man sich den exquisiten Gaumenfreuden von Hausherr Siegfried hingibt. Der Jägerhof wurde in Südtirol als einziger Betrieb im Passeiertal und einer der wenigen im Land als Vorbildbetrieb mit der Plakette „Südtirol: einheimisch genießen" ausgezeichnet. Die verwendeten Produkte stammen ausschließlich von Bauern aus der Gegend. Lassen wir uns also den gebratenen Bachsaibling, die Schlutzkrapfen mit Bergkäse oder das Knödeltris schmecken, gefolgt von Gamsschmorbraten mit Steinpilzpolenta oder Hirschrückensteak mit Haselnussspätzle und zum süßen Abschluss Vanilleeis mit Heidelbeeren oder die Topfen-Heidelbeerterrine.

in mezzo alla natura ci penserà un corroborante relax sulla grande terrazza panoramica oppure il reparto wellness dell'hotel, un'incantevole oasi del benessere che si estende su una superficie di oltre 200 mq ed offre tutto quello che si possa desiderare al termine di una giornata trascorsa in movimento. Giornata che si concluderà in bellezza intorno ad un tavolo della sala che insieme alla cucina è il regno incontrastato di Siegried Augscheller, orgoglioso di essere il patron dell'unica azienda gastronomica della Val Passiria ed una tra i pochissima di tutto l'Alto Adige ad essere stata insignita dalla Provincia autonoma dell'ambita onorificenza gastronomica "Alto Adige: godere indigeno."

Per preparare i suoi favolosi piatti legati alla tradizionale cucina regionale impiega esclusivamente prodotti stagionali e di provenienza locale. Per cui non ci rimane altro che farci servire e gustare qualcuna delle sue specialità come il salmerino di torrente in padella, le mezzelune al formaggio di malga o il tris di canaderli, seguiti magari da un brasato di camoscio con polenta ai funghi o una spalla di cervo con gnocchetti alla nocciola, in attesa di concludere con mirtilli neri serviti col gelato di vaniglia o con la ricotta nostrana in terrina di mirtilli neri.

Hotel Jägerhof
Familie Augscheller
Walten 80
I-39015 St. Leonhard in Passeier
☎ 00 39 04 73 / 65 62 50
www.jagerhof.net

Hotel Jägerhof
Famiglia Augscheller
Valtina 80
39015 San Leonardo in Passiria

Lammrücken in der Senfkruste gebraten

⬦ Restaurant Elisabeth, S. 118

Zutaten für 6 Personen

Fleisch *800 g Lammrücken mit Knochen* | *4 EL Olivenöl* | *1–2 Knoblauchze-hen, durchgepresst* | *2 Zweige Thymian* | *2 Zweige Rosmarin* | *Salz* | *Pfeffer aus der Mühle* | *1 EL Senf* | *4–6 EL Weißbrotbrösel* | *4 Basilikumblätter, gehackt* | *2 EL Petersilie, fein geschnitten* | *2 EL Parmesankäse, gerieben* | *1 EL Butter*
Speckbohnen *500 g grüne Bohnen* | *60 g Bauchspeck*

Zubereitung

Den Lammrücken von Fett und Sehnen befreien, den Rippenknochen nicht auslösen, dann bleibt das Fleisch saftiger. Mit 2 Esslöffeln Olivenöl und dem Knoblauch bestreichen. Thymianblättchen und Rosmarinnadeln von den Zweigen streichen und fein hacken.

Alles mischen und die Hälfte davon auf das Fleisch streichen, salzen und pfeffern. Eine Pfanne mit dem restlichen Olivenöl erhitzen und das Fleisch kurz von allen Seiten anbraten, kurz ruhen lassen, dann mit Senf bestreichen. Die Weißbrotbrösel mit Basilikum, Petersilie, dem restlichen Thymian und Rosma-rin, Parmesan und der weichen Butter vermischen und das Fleisch mit den Kräuterbröseln bestreuen. Den Ofen auf 160 °C vorheizen und den Lammrü-cken darin 15 Minuten überbacken.

Als Beilage eignen sich Speckbohnen, die man folgendermaßen zubereitet: 500 Gramm grüne Bohnen putzen und in kochendem Salzwasser etwa 8 bis 10 Minuten bissfest kochen. 60 Gramm Bauchspeck in sechs dünne Scheiben schneiden. Jeweils einige Bohnen mit einer Speckscheibe fest umwickeln und in einer Pfanne rundum braten, bis der Speck leicht knusprig ist.

Zum Lammrücken passt aber auch anderes Gemüse der Saison, zum Beispiel Karottenstäbchen oder Brokkoli, außerdem Serviettenknödel, Rosmarinkar-toffeln oder Kartoffelpüree.

Schiena di agnello arrosto in crosta di senape

⬦ Ristorante Elisabeth, pag. 118

Ingredienti per 6 persone

per la carne *800 g di schiena di agnello con ossa* | *4 cucchiai di olio d'oliva* | *1–2 spicchi d'aglio pressati* | *2 rametti di timo* | *2 rametti di rosmarino* | *sale* | *pepe macinato* | *1 cucchiaio di senape* | *4–6 cucchiai di pane bianco grattato* | *4 foglie di basilico tritato* | *2 cucchiai di prezzemolo tritato fine* | *2 cucchiai di parmigiano grattugiato* | *1 cucchiaio di burro*
per i fagiolini alla pancetta *500 g di fagiolini* | *60 g di pancetta*

Preparazione

Pulite la carne dal grasso e dai nervetti, non togliete le costolette, in questo modo la carne rimane più saporita. Spalmate sopra 2 cucchiai di olio e l'aglio. Staccate le foglie di timo e gli aghi di rosmarino dal ramo e tritate finemente. Mescolate il tutto, spennellate la carne con metà degli aromi, salate e pepate. Scaldate il restante olio d'oliva in una padella e rosolate appena la carne in ogni lato, lasciate riposare per un po', quindi cospargete con la senape. Mescolate il par grattato con il basilico, con il prezzemolo, con il resto di timo e rosmarino, col parmigiano e con il burro ammorbidito, ricoprite quindi la carne con la panatura di erbette. Preriscaldate il forno a 160 °C e cucinate l'agnello per 15 minuti.

Per contorno si prestano bene i fagiolini con la pancetta che si preparano nel modo seguente:

Pulite 500 grammi di fagiolini e lessateli in acqua salata bollente per 8 o 10 minuti mantenendoli al dente. Tagliate 60 grammi di pancetta in sei fettine sottili. Avvolgete saldamente un po' di fagiolini in ogni fettina di pancetta e fate quindi rosolare bene in una padella, fino a che la pancetta diventa legger-mente croccante.

Con la schiena di agnello si accompagnano bene anche altre verdure di stagione, come ad esempio dei bastoncini di carote oppure i broccoli, ma anche dei canederli in tovagliolo, patate al rosmarino o purè di patate.

Raviolone alla carbonara tartufato con spinaci alla panna e lardo

⌂ Life Resort la maiena, pag. 122

Ingredienti per 4 persone

per i ravioli *200 g di farina 00 | 5 tuorli d'uovo | 1 uovo | 1 cucchiaio di olio d'oliva*

per il ripieno *1 cucchiaio di burro | 1 cucchiaio di farina | 200 g di parmigiano grattugiato | 100 ml di latte | 4 tuorli d'uovo | 1 cucchiaio di burro tartufato oppure di olio al tartufo | 5 fogli di gelatina*

per gli spinaci *2 scalogni | 1 cucchiaio di burro | / 250 g di spinacini, puliti e pronti per la cottura | 2 cucchiai di fondo di pollame | 1 cucchiaio di panna | sale, pepe macinato*

per il fondo di funghi Champignon *10 funghi Champignon, puliti e tagliati a metà | 2 scalogni, tagliati fini | 1 cucchiaio di burro | 1–2 cucchiai di Madeira | 200 ml di fondo di pollame | 1 cucchiaio di crème fraîche*
4 fette di lardo

Preparazione

Mescolate la farina, i tuorli, l'uovo e l'olio d'oliva e lavorateli fino ad ottenere un impasto solido. Sciogliete il burro e fatevi soffriggere la farina. Aggiungete il parmigiano, latte, tuorli e burro tartufato o olio al tartufo, mescolate bene e portate ad ebollizione. Ammorbidite la gelatina in acqua fredda, strizzatela e fatela sciogliere nella salsa calda. Lasciate raffreddare.

Stendete l'impasto in fettine sottilissime con la macchina per fare la pasta, distribuite quindi il ripieno in 4 porzioni. Appoggiatevi sopra il resto della pasta e ritagliate dei cerchi di circa 12 centimetri di diametro. Fate bollire in acqua salata per 4 minuti.

Per gli spinaci, tritate finemente gli scalogni e fateli rosolare nel burro. Aggiungete gli spinaci e soffriggete per un po'. Aggiungete il fondo di pollame e la panna, insaporite con sale e pepe e mettete al caldo.

Saltate scalogni e funghi Champignon nel burro e sfumate con il Madeira. Quindi ricoprite con il fondo di pollame e riducetelo della metà. Insaporite con la crème fraîche e condite con pepe e sale. Disponete ravioli, spinaci e fondo di funghi Champignon sui piatti e guarnite ogni piatto con una fetta di lardo.

Getrüffelter Carbonara-Raviolo mit Rahmspinat und Lardo

⌂ la maiena Life Resort, S. 122

Zutaten für 4 Personen

200 g Weizenmehl Typ 00 | 5 Eigelb | 1 Ei | 1 EL Olivenöl
Füllung *1 EL Butter | 1 EL Mehl | 200 g Parmesankäse, gerieben | 100 ml Milch | 4 Eigelbe | 1 EL Trüffelbutter bzw. Trüffelöl | 5 Blatt Gelatine*
Spinat *2 Schalotten | 1 EL Butter | 250 g Babyspinat, küchenfertig geputzt | 2 EL Geflügelfond | 1 EL Sahne | Salz, Pfeffer aus der Mühle*
Champignonfond *10 Champignons, geputzt und halbiert | 2 Schalotten, fein gewürfelt | 1 EL Butter | 1–2 EL Madeira | 200 ml Geflügelfond | 1 EL Crème fraîche*
4 Scheiben Lardo

Zubereitung

Mehl, Eigelb, das Ei und das Olivenöl verrühren und zu einem glatten, festen Teig verkneten. Die Butter zerlassen, das Mehl darin anschwitzen. Den Parmesankäse, Milch, Eigelb und Trüffelbutter oder Trüffelöl dazugeben, gut vermengen und aufkochen. Die Gelatine in kaltem Wasser einweichen, ausdrücken und in der heißen Sauce auflösen. Abkühlen lassen.

Den Teig mit der Nudelmaschine in hauchdünne Scheiben ausrollen und die Fülle auf 4 Portionen verteilen. Den restlichen Teig darüber ziehen und Kreise von etwa 12 Zentimetern Durchmesser ausstechen. In Salzwasser 4 Minuten kochen.

Für den Spinat die Schalotten fein würfeln und in der Butter anschwitzen. Spinat hinzufügen und kurz dünsten. Geflügelfond und Sahne hinzufügen, mit Salz und Pfeffer würzen und warm stellen.

Die Schalotten und die Champignons in der Butter ansautieren und mit Madeira ablöschen. Danach mit Geflügelfond aufgießen und auf die Hälfte reduzieren. Mit der Crème frâiche abschmecken und mit Salz und Pfeffer würzen.

Ravioli, Spinat und Champignonfond auf Tellern anrichten und mit je einer Scheibe Lardo garnieren.

Zandercarpaccio mit Apfel-Meerrettich und Spitzwegerich

Restaurant Miil, S. 124

Zutaten für 4 Personen

500 g Zanderfilet | 1 EL Zitronensaft | 2 EL Olivenöl | 2 Äpfel (Granny Smith) | 1 EL brauner Zucker | 50 ml Weißwein | 1 EL Meerrettich aus dem Glas | 125 g Frischkäse | 1 EL Gemüsebrühe | 1 Handvoll frisch gezupfter Spitzwegerich | Salz, Pfeffer aus der Mühle

Zubereitung

Dem Zander die Haut abziehen, in dünne Scheiben schneiden und zwischen zwei Blättern Backpapier dünn klopfen. Auf einen Teller legen, mit Salz, Pfeffer, Zitronensaft und Olivenöl marinieren.

Für die Apfel-Meerrettichcrème die Äpfel schälen, vierteln, vom Kerngehäuse befreien und in Würfel schneiden. In einem Topf den Zucker karamellisieren. Die Äpfel dazugeben, umrühren, mit Weißwein ablöschen und weich kochen. Die Äpfel mit dem Meerrettich aufmixen und mit Salz und Pfeffer würzen. Frischkäse mit Gemüsebrühe glatt rühren und wiederum salzen und pfeffern. Auf das Zandercarpaccio kleine Tupfen von der Apfel-Meerrettich- und der Frischkäsecrème geben. Mit frischem Spitzwegerich garnieren.

Carpaccio di lucioperca con cren alle mele e piantaggine

Ristorante Miil, pag. 124

Ingredienti per 4 persone

500 g di filetto di lucioperca | 1 cucchiaio di succo di limone | 2 cucchiai di olio d'oliva | 2 mele (Granny Smith) | 1 cucchiaio di zucchero di canna | 500 ml di vino bianco | 1 cucchiaio di cren dal vasetto | 125 g di formaggio fresco | 1 cucchiaio di brodo vegetale | 1 manciata di piantaggine appena colta | sale, pepe macinato

Preparazione

Spellate il lucioperca, tagliatelo in fettine sottili e battetele finemente tra due fogli di carta da forno. Mettete su un piatto e marinate con sale, pepe, succo di limone e olio d'oliva.

Per la crema di mele e cren, sbucciate le mele, tagliatele in quattro, togliete il torsolo e tagliatele a tocchetti. Caramellate lo zucchero in una pentola, versate le mele, mescolate, sfumate con il vino bianco e cucinate a fuoco lento. Passate al mixer le mele con il cren e insaporite con il sale e il pepe. Mescolate bene il formaggio fresco con il brodo vegetale, salate e pepate. Mettete delle piccole palline di crema di mele e cren e di crema di formaggio fresco sul carpaccio di lucioperca. Guarnite con la piantaggine.

Bratl von der Passeirer Bergziege mit Speckknödeln

Gasthaus Lamm, S. 150

Zutaten für 8 Personen

Fleisch 2 kg Ziegenfleisch | 2–3 EL Knoblauchöl | 3–4 EL Öl zum Braten |
500 g Wurzelgemüse, bestehend aus Möhren, Sellerie, Zwiebeln und Lauch |
1 Zweig Rosmarin | 4 Salbeiblätter | 1 Zweig Gartenraute | 2 Tomaten,
geviertelt | etwa ¼ l Fleischsuppe | Salz | Pfeffer aus der Mühle
Knödel 150 g Weißbrot vom Vortag oder fertiges Knödelbrot | 1 kleine
Zwiebel | 80 g Speck | 2 EL Olivenöl | 2–3 Eier | 100 ml Milch | 3–4 EL Pe-
tersilie, fein geschnitten | Salz | Pfeffer

Zubereitung

Das Fleisch in große Stücke schneiden, mit Salz, Pfeffer und Knoblauchöl einreiben und einige Stunden ziehen lassen. In einer ofenfesten Pfanne das Öl
heiß werden lassen, die Fleischstücke hineingeben und von allen Seiten gut
anbraten. Das Wurzelgemüse putzen, waschen und grob würfeln. Wurzelgemüse, Kräuter und Tomaten zum Fleisch geben und die Pfanne in den auf
180 °C vorgeheizten Ofen schieben. Mit dem eigenen Saft und, wenn nötig,
mit der Fleischsuppe begießen. Nach etwa 1,5 Stunden (je nach Alter des
Tieres auch später) die Pfanne herausnehmen, das Fleisch aus der Sauce
nehmen und die Sauce passieren und abschmecken.
Für die Knödel das Weißbrot in kleine Würfel schneiden, die Zwiebel und den
Speck ebenfalls fein würfeln und in Olivenöl dünsten. Die Eier verquirlen und
mit der lauwarmen Milch zum Brot geben. Petersilie, Salz und Pfeffer hinzufügen und alles gut vermengen. Mit nassen Händen Knödel formen und über
heißem Dampf 15 Minuten garen.
Die Knödel mit dem Bratl in der Pfanne servieren.

Arrosto di capra di montagna della Val Passiria con canederli allo speck

Trattoria Lamm, pag. 150

Ingredienti per 8 persone

Per la carne 2 kg di carne di capra | 2–3 cucchiai di olio all'aglio |
3–4 cucchiai di olio per arrostire | 500 g di verdure per soffritto, tra cui carote,
sedano, cipolle e porro | 1 rametto di rosmarino | 4 foglie di salvia | 1 rametto
di ruta | 2 pomodori tagliati in quattro | ca. ¼ lt di brodo di carne | sale |
pepe macinato
Per i canederli 150 g di pane bianco del giorno prima o pane per canederli
pronto | 1 cipolla piccola | 80 g di speck | 2 cucchiai di olio di oliva |
2–3 uova | 100 ml di latte | 3–4 cucchiai di prezzemolo tritato fine | sale |
pepe

Preparazione

Tagliate la carne a tocchetti grandi, frizionate con sale, pepe e olio all'aglio,
lasciate quindi riposare per alcune ore. Fate scaldare l'olio in una padella
adatta al forno, versate i pezzetti di carne e fate rosolare bene da tutte le parti.
Pulite le verdure per il soffritto, lavate e tagliatele grossolanamente. Aggiungete le verdure, le erbe aromatiche e i pomodori sulla carne, mettete quindi la
padella in forno preriscaldato a 180 °C. Bagnate con il liquido proprio e, se
necessario, con il brodo di carne. Dopo circa 1 ora e mezza (a seconda dell'età
dell'animale anche di più) estraete la padella dal forno, togliete la carne dalla
salsa, passate la salsa ed insaporite.
Per i canederli tagliate il pane bianco a pezzettini piccoli, allo stesso modo
tagliate anche la cipolla e lo speck, rosolate quindi in olio d'oliva. Sbattete le
uova e versate quindi sul pane assieme al latte tiepido. Aggiungete prezzemolo, sale e pepe e mescolate bene il tutto. Formate dei canederli con le mani
bagnate e fate cuocere a vapore per 15 minuti.
Servite i canederli con l'arrosto nella padella.

Spaghetti con cozze e vongole in salsa di birra Bock

Brauhotel Martinerhof, pag. 152

Ingredienti per 2 persone

150 g di vongole | *150 g di cozze* | *120 g di spaghetti* | *3–4 cucchiai di olio di oliva* | *1 spicchio d'aglio* | *1 goccio di birra Bock* | *sale* | *pepe macinato* | *2 foglie di basilico* | *2 cucchiai di prezzemolo tritato fine*

Preparazione

Pulite bene i molluschi e buttate via quelli già aperti.

Portate ad ebollizione una pentola con dell'acqua, salate e fate cuocere gli spaghetti nell'acqua bollente per circa 5 minuti, mantenendoli al dente.

Nel frattempo scaldate l'olio in una padella, pelate l'aglio e rosolatelo nell'olio – attenzione, l'olio non deve essere troppo caldo altrimenti l'aglio si brucia. Aggiungete i molluschi e sfumate con la birra Bock. Coprite la padella con un coperchio e fate cucinare i molluschi per circa 3 minuti. Scolate gli spaghetti e versateli nella padella, quindi spadellate.

Distribuite su due piatti, cospargete con basilico e prezzemolo e spadellate ancora.

Al Martinerhof la deliziosa birra Bock di produzione propria viene anche venduta in bottiglie. Questa birra conferisce al piatto una sua nota del tutto particolare.

Spaghetti mit Mies- und Venusmuscheln in Bockbiersauce

Brauhotel Martinerhof, S. 152

Zutaten für 2 Personen

150 g Venusmuscheln | *150 g Miesmuscheln* | *120 g Spaghetti* | *3–4 EL Olivenöl* | *1 Knoblauchzehe* | *1 Schuss Bockbier* | *Salz* | *Pfeffer aus der Mühle* | *2 Blätter Basilikum* | *2 EL fein geschnittene Petersilie*

Zubereitung

Muscheln gut säubern, offene aussortieren.

Einen Topf mit Wasser zum Kochen bringen, salzen und die Spaghetti etwa 5 Minuten sprudelnd kochen, bis sie al dente sind.

In der Zwischenzeit das Öl in einer Pfanne erhitzen, den Knoblauch häuten und im Öl anschwitzen – Vorsicht, das Öl darf nicht zu heiß sein, sonst verbrennt der Knoblauch. Die Muscheln hinzufügen, mit dem Bockbier ablöschen. Die Pfanne mit einem Deckel verschließen und die Muscheln etwa 3 Minuten garen. Die Spaghetti abseihen und in die Pfanne geben. Alles gut durchmischen.

Auf zwei Teller verteilen, mit Basilikum und Petersilie bestreuen und nochmals durchschwenken.

Im Martinerhof steht das köstliche hausgebraute Bockbier in Bügelflaschen zum Verkauf, das diesem Gericht seine ganz eigene Note verleiht.

Schlutzkrapfen

Golfclub Passeier.Meran, S. 156

Zutaten für 4 Personen

100 g Weizenmehl | *150 g Roggenmehl* | *1 Ei* | *1 EL Öl* | *Salz*
Füllung *300 g frischer Spinat (ersatzweise 150 g TK-Spinat, gehackt)* | *1 kleine Zwiebel* | *1 Knoblauchzehe* | *1 EL Butter* | *100 g Quark* | *1 EL frisch geriebener Parmesan* | *1 EL Schnittlauchröllchen* | *1 Msp frisch geriebene Muskatnuss* | *Salz, Pfeffer*
ca. 80 g Butter | *6–8 EL geriebener Parmesan* | *2 EL Schnittlauchröllchen*

Zubereitung

Beide Mehlsorten mit Salz mischen. Das Ei mit 50 bis 60 Millilitern lauwarmem Wasser (oder Milch) und dem Öl verquirlen, zum Mehl geben und von innen nach außen zu einem glatten Teig verkneten. Zugedeckt eine halbe Stunde ruhen lassen.

Den frischen Spinat waschen und fein hacken. Die Zwiebel ebenfalls fein würfeln, den Knoblauch pellen und durchpressen. Die Butter erhitzen und Zwiebel und Knoblauch darin dünsten, den Spinat hinzufügen und weitere 2 bis 3 Minuten dünsten. Den Quark, den Parmesan und den Schnittlauch hinzufügen, mit Salz, Pfeffer und Muskat würzen und alles gut vermischen.

Den Teig auf einer bemehlten Arbeitsfläche dünn ausrollen (oder mit der Nudelmaschine dünn austreiben). Mit einem Glas oder Ausstecher Kreise von etwa 7 Zentimetern Durchmesser ausstechen. Die Füllung mit einem Teelöffel in die Mitte geben. Den Rand mit Wasser befeuchten und den Teig halbmondförmig zusammenfalten, dabei die Ränder mit den Fingern gut andrücken. Reichlich Salzwasser zum Kochen bringen und die Schlutzkrapfen etwa 3 bis 4 Minuten kochen lassen. Mit einer Schaumkelle herausheben, abtropfen lassen und auf vorgewärmte Teller geben.

Die Butter hellbraun zerlassen, über die Schlutzkrapfen tröpfeln und mit Parmesankäse und Schnittlauchröllchen bestreuen.

Ravioli tirolesi

Golfclub Passeier.Meran, pag. 156

Ingredienti per 4 persone

100 g di farina 00 | *150 g di farina di segale* | *1 uovo* | *1 cucchiaio di olio* | *sale*
per il ripieno *300 g di spinaci freschi (in alternativa vanno bene anche 150 g di spinaci surgelati tritati)* | *1 cipolla piccola* | *1 spicchio d'aglio* | *1 cucchiaio di burro* | *100 g di ricotta* | *1 cucchiaio di parmigiano grattugiato fresco* | *1 cucchiaio di rotolini di erba cipollina* | *1 pizzico di noce moscata grattugiata* | *sale, pepe*
80 g di burro ca. | *6–8 cucchiai di parmigiano grattugiato* | *2 cucchiai di rotolini di erba cipollina*

Preparazione

Mescolate entrambi i tipi di farina con il sale. Sbattete l'uovo con 50 o 60 millilitri di acqua tiepida (o latte) e con l'olio, versatelo sulla farina e lavorate dall'interno verso l'esterno fino a formare un impasto omogeneo. Fate riposare coperto per una mezz'ora. Lavate gli spinaci freschi e tritateli fini. Tritate allo stesso modo la cipolla, pelate l'aglio e schiacciatelo. Scaldate il burro e rosolateci cipolla e aglio, aggiungete gli spinaci e rosolate ancora per 2 o 3 minuti. Aggiungete ricotta, parmigiano ed erba cipollina, insaporite con sale, pepe e noce moscata e mescolate bene il tutto.

Stendete finemente la pasta su una superficie di lavoro infarinata (oppure tiratela finemente con la macchina per fare la pasta). Con un bicchiere oppure un coppapasta ritagliate dei cerchi di circa 7 centimetri di diametro. Disponete nel mezzo il ripieno con un cucchiaino. Inumidite il bordo con acqua e ripiegate la pasta a forma di mezzaluna facendo aderire bene i bordi con le dita. Portate ad ebollizione abbondante acqua salata e fate cuocere i ravioli per 3 o 4 minuti. Tirate fuori con una schiumarola, scolate e distribuite su piatti preriscaldati.

Fate sciogliere il burro, sgocciolatelo sopra i ravioli e cospargete con parmigiano e rotolini di erba cipollina.

Filetto d'agnello con purè al sedano rapa con castagne glassate

Andreus Golf & Spa Resort, pag. 158

Ingredienti per 4 persone

4 filetti d'agnello | *40 ml jus di carne* | *timo e rosmarino* | *noce moscata* | *sale, peppe* | *grasso per arrostire*
Purè al sedano *1rapa di sedano* | *50 g Cipolla* | *50 g Burro* | *100 ml Latte* | *100 ml Panna*
Castagne glassate *20 Castagne (Maroni), pelate e bolliti* | *20 g zucchero* | *50 g burro* | *20 ml succo di mela*

Preparazione

Per la preparazione del purè, tagliare la rapa di sedano in pezzi. Tagliare a dadi anche la cipolla e soffriggerla nel burro, insieme con il sedano. Aggiungere poi il latte e la panna e lasciarlo bollire. Quando il sedano è morbido frullarlo a purè e aromatizzarlo con sale, pepe e noce moscato.
Per la preparazione delle castagne glassate metter burro e zucchero in una pentola per caramellare e poi versare il succo di mele per spegnere la cottura. Aggiungere poi le castagne e fare rinvenire a fuoco lento.
Aromatizzare i filetti d'agnello con sale e pepe, e scottarli. Aggiungere timo e rosmarino e poi versare sopra il jus di carne.
Preparare il purè di sedano su un piatto, tagliare i filetti d'agnello in 4 cm grandi pezzi e metterli sul purè e innaffiarli con il jus di carne. Le castagne glassate mettere vicino l'agnello e guarnire tutto con erbette fresche.

Zartes Lammfilet mit Selleriepüree und glasierten Kastanien

Andreus Golf & Spa Resort, S. 158

Zutaten für 4 Personen

4 Lammfilets | *40 ml Bratenjus* | *Thymian, Rosmarin* | *Muskatnuss* | *Salz, Pfeffer* | *Fett zum Anbraten*
Selleriepüree *1 Sellerieknolle* | *50 g Zwiebel* | *50 g Butter* | *100 ml Milch* | *100 ml Sahne*
glasierte Kastanien *20 Kastanien (Maronen), geschält und gekocht* | *20 g Zucker* | *50 g Butter* | *20 ml Apfelsaft*

Zubereitung

Für das Selleriepüree die Sellerieknolle schälen und in kleine Stücke schneiden. Die Zwiebel fein würfeln und in der Butter andünsten, dann den Sellerie beigeben. Mit Milch und Sahne aufgießen und alles langsam kochen lassen. Wenn der Sellerie weich gekocht ist, mit einem Mixer zu einem feinen Püree mixen. Das Püree mit Salz, Pfeffer und Muskatnuss verfeinern.
Für die Kastanien den Zucker und die Butter in eine warme Pfanne geben und leicht karamellisieren, mit Apfelsaft ablöschen. Die Kastanien beigeben und bei leichter Hitze glasieren.
Die Lammfilets mit Salz und Pfeffer würzen, dann die Filets im heißen Fett beidseitig anbraten. Thymian und Rosmarin beigeben und mit der Bratenjus aufgießen.
Das warme Selleriepüree auf die Teller geben, die Lammfilets in 4 Zentimeter große Stücke schneiden und auf das Püree legen, mit der Bratenjus leicht beträufeln.
Die glasierten Kastanien neben das Lamm setzen und alles mit frischen Kräutern garnieren.

Kalbskopf sauer

☐ Hotel Gasthof zum Mohren, S. 146

Zutaten für 4 Personen

1 ganzer Kalbskopf von einem Milchkalb | *1 Bund Suppengrün (Möhren, Zwiebeln, Lauch, Sellerie)* | *ca. ¼ l warme Fleischbrühe* | *2 rote Zwiebeln* | *6 EL Rapsöl* | *4 EL Rotweinessig* | *Salz, Pfeffer aus der Mühle*

Zubereitung

Den geputzten Kalbskopf mehrere Stunden gut wässern, diesen dann zusammen mit dem Suppengrün und Salz in einen entsprechend großen Topf geben und je nach Größe etwa 2 bis 3 Stunden langsam köcheln lassen. Den Kalbskopf herausnehmen, etwas auskühlen lassen, dann die Sinnesorgane entfernen, das Fleisch von den Knochen lösen, die Zunge enthäuten und von jeglichem Fett und ungenießbaren Teilen befreien. Das Fleisch und die Zunge gleichmäßig auf ein befeuchtetes Suppentuch verteilen, einwickeln, gut zudrehen, mehrmals mit Küchengarn umwickeln und im Kühlschrank erstarren lassen.

Zum Anrichten den Kalbskopf aus dem Tuch auswickeln, in Scheiben schneiden und in der Fleischbrühe leicht erwärmen. Die Zwiebeln häuten, in dünne Ringe schneiden. Die Kalbskopfscheiben auf einen Teller legen, aus Öl, Essig, Salz und Pfeffer eine Vinaigrette rühren und mit den Zwiebelringen servieren.

Variante

Für Kalbskopf gebacken den Kalbskopf ebenso zubereiten. Die Kalbskopfscheiben in Mehl wälzen, durch verquirltes Ei ziehen und in Semmelbröseln panieren. In Butterschmalz herausbacken und auf Küchenpapier abtropfen lassen. Den gebackenen Kalbskopf mit Kartoffelsalat und Remouladensauce servieren.

Testina di vitello all'agro

☐ Hotel zum Mohren, pag. 146

Ingredienti per 4 persone

1 testina di vitello da latte intera | *un po' di verdure per brodo (carote, cipolle, porro, sedano)* | *¼ ca. di brodo di carne caldo* | *2 cipolle rosse* | *6 cucchiai di olio di colza* | *4 cucchiai di aceto di vino rosso* | *sale, pepe macinato*

Preparazione

Mettete a mollo la testina di vitello per diverse ore, quindi trasferite la carne in una pentola abbastanza grande e lasciate cuocere insieme alle verdure e al sale lentamente per circa due o tre ore in base alla grandezza della carne. Tirate fuori la testina di vitello, fatela raffreddare un po', rimuovete quindi gli organi sensoriali, disossate la carne, spellate la lingua e rimuovete tutto il grasso e le parti non commestibili. Distribuite la carne e la lingua in maniera uniforme su un panno inumidito, avvolgete bene, passateci più volte il filo da cucina e lasciate quindi addensare nel frigorifero.

Togliete quindi la testina di vitello dal panno, tagliatela a fette e scaldatela un po' nel brodo di carne. Pelate le cipolle e tagliatele a rondelle sottili. Disponete le fette di carne su un piatto, preparate una vinaigrette mescolando olio, aceto, sale e pepe e servite con le rondelle di cipolla.

Variante

Per la testina di vitello arrosto preparate la carne allo stesso modo. Passate le fette di carne nella farina, quindi nell'uovo sbattuto e infine impanate nel pan grattato. Rosolate nel burro chiaro e fate assorbire su carta da cucina. Servite la testina di vitello rosolata con un'insalata di patate e con salsa remoulade.

Canederli di pane con salsa ai finferli

Hotel Bergland, pag. 162

Ingredienti per 4 persone

Per i canederli *50 g di cipolla* | *1 cucchiaio di burro* | *2 uova* | *150 ml di latte* | *2 cucchiai di prezzemolo tritato fine* | *3 cucchiai di farina* | *sale, pepe macinato*

Per la salsa di finferli *200 g di finferli* | *1 cipolla* | *½ spicchio d'aglio* | *1 cucchiaio di burro* | *½ foglia di alloro* | *2 cucchiai di vino bianco* | *200 ml di panna* | *1 cucchiaino di prezzemolo tritato fine* | *sale* | *pepe macinato*

Preparazione

Pelate le cipolle e tritatele fini. Scaldate il burro in una padella e soffriggeteci la cipolla. Mescolate le uova con il latte, salate e pepate. Mettete il pane per canederli in una terrina, versateci sopra le uova con il latte, aggiungete il prezzemolo e la cipolla e mescolate il tutto. Girate la farina e mescolate tutto fino a formare un impasto omogeneo. Con le mani bagnate formate dei piccoli canederli e fate cuocere in abbondante acqua salata appena bollente per 12 o 15 minuti.

Per la salsa pulite i finferli, lavateli e fate scolare bene. A seconda della grandezza tagliateli a metà, in quattro oppure a fette. Pelate la cipolla e l'aglio, tritate la cipolla e soffriggete in burro caldo, schiacciateci lo spicchio d'aglio. Aggiungete i finferli e la foglia di alloro, sfumate con il vino bianco e rosolate. Versate la panna, fate cucinare per un po' ed insaporite quindi con prezzemolo, sale e pepe.

Semmelknödel mit Pfifferlingssauce

Hotel Bergland, S. 162

Zutaten für 4 Personen

Knödel *50 g Zwiebel* | *1 EL Butter* | *2 Eier* | *150 ml Milch* | *2 EL Petersilie, fein geschnitten* | *3 EL Mehl* | *Salz, Pfeffer aus der Mühle*

Pfifferlingssauce *200 g Pfifferlinge* | *1 Zwiebel* | *½ Knoblauchzehe* | *1 EL Butter* | *½ Lorbeerblatt* | *2 EL Weißwein* | *200 ml Sahne* | *1 TL Petersilie, fein geschnitten* | *Salz* | *Pfeffer aus der Mühle*

Zubereitung

Die Zwiebel schälen und fein würfeln. Die Butter in einer Pfanne erhitzen und die Zwiebelwürfel darin hellbraun rösten. Die Eier mit der Milch verrühren, salzen und pfeffern. Das Knödelbrot in eine Schüssel geben, die Eiermilch darübergießen, Petersilie und Zwiebelwürfel dazugeben und alles vermengen. Das Mehl untermischen und alles vermengen, bis ein glatter Teig entsteht. Mit nassen Händen kleine Knödel formen und in reichlich Salzwasser schwach wallend 12 bis 15 Minuten kochen lassen.

Für die Sauce die Pfifferlinge putzen, kurz waschen und gut abtropfen lassen. Je nach Größe halbieren, vierteln oder in Scheiben schneiden. Zwiebel und Knoblauch schälen, die Zwiebel fein würfeln und in der heißen Butter dünsten, die Knoblauchzehe dazupressen. Die Pfifferlinge und das Lorbeerblatt hinzufügen, mit dem Weißwein ablöschen und dünsten. Die Sahne angießen, etwas einkochen lassen und mit Petersilie, Salz und Pfeffer abschmecken.

Passeirer Bachforellen Müllerin Art

Gasthaus Mooserwirt, S. 170

Zutaten für 4 Personen

4 fangfrische, ausgenommene Forellen à 200 g | *Saft einer Zitrone* |
1 TL Salz | *1–2 Knoblauchzehen* | *1 Zwiebel* | *4 EL Petersilie, fein geschnitten* |
4–5 EL Sonnenblumenöl | *4 EL Butter, zerlassen* | *4 Zitronenhälften*
Beilagen *300 g Kartoffeln* | *300 g Rosenkohl* | *1 kleiner Blumenkohl* |
2 Möhren | *2 Zucchini* | *40 g Butter* | *Salz*

Zubereitung

Die Forellen waschen, trocknen, mit dem Zitronensaft innen und außen
beträufeln und dann salzen. Den Knoblauch und die Zwiebel pellen und fein
hacken. Knoblauch, Zwiebel und Petersilie mit einem Esslöffel Öl mischen und
die Fische damit füllen. In einer großen Bratpfanne das restliche Öl erhitzen
und die Forellen darin insgesamt etwa 15 Minuten auf beiden Seiten goldbraun braten.
Inzwischen die Kartoffeln waschen und schälen. Den Rosenkohl putzen, den
Blumenkohl in Röschen teilen, die Möhren schälen und in 0,5 Zentimeter dicke
Scheiben schneiden, die Zucchini putzen und ebenfalls in Scheiben schneiden.
Kartoffeln, Rosenkohl, Blumenkohl, Möhren und Zucchini getrennt in Salzwasser kochen, die Zucchinischeiben kurz garen. Das Gemüse in Butter schwenken
und zusammen mit den Forellen auf vorgewärmten Tellern schön anrichten.
Die Forellen mit zerlassener Butter beträufeln und mit je einem Zitronenstern
garnieren.

Die Forelle nimmt seit mehreren Jahrhunderten eine besondere Rolle in der
Küche des Mooserwirts ein. Bereits der legendäre Mooserwirt Michael Hofer
(1696–1765) züchtete die Fische in seinen eigenen Gebirgsseen im Hinterpasseier, verwertete sie in seinem Gasthaus und versorgte das gesamte Passeiertal und die Stadt Meran mit den köstlichen Delikatessen. Noch heute gibt es
im Keller des Mooserwirts den historischen Fischtrog und an der Außenfassade
die alte Tafel mit der Aufschrift: „Nicht vergessen, frische Forellen zu essen!"
– Das ist Genuss mit Geschichte.

Trote del Passirio alla mugnaia

Albergo Mooserwirt, pag. 170

Ingredienti per 4 persone

4 trote fresche e pulite di 200 g l'una | *succo di un limone* | *1 cucchiaino di
sale* | *1–2 spicchi d'aglio* | *1 cipolla* | *4 cucchiai di prezzemolo tritato fine* |
4–5 cucchiai di olio di semi di girasole | *4 cucchiai di burro fuso* | *4 fette di
limone*
per i contorni *300 g di patate* | *300 g di cavoletti di Bruxelles* | *1 cavolfiore
piccolo* | *2 carote* | *2 zucchine* | *40 g di burro* | *sale*

Preparazione

Lavate le trote, asciugatele e cospargetele con il succo di limone sia dentro che
fuori, quindi salate. Pelate aglio e cipolla e tritateli fini. Mescolate l'aglio, la
cipolla e il prezzemolo con un cucchiaio di olio e riempite il pesce con questa
saletta. Scaldate il resto dell'olio in una padella grande e rosolateci bene le
trote da entrambi i lati per 15 minuti in totale.
Nel frattempo lavate e pelate le patate. Pulite i cavoletti di Bruxelles, dividete
il cavolfiore a rosette, pelate le carote e tagliatele a fette dello spessore di
0,5 centimetri, pulite le zucchine e tagliate anche queste a fette. Fate bollire in
acqua salata separatamente le patate, i cavoletti di Bruxelles, le rosette di
cavolfiore, le carote e le zucchine, cucinate per breve tempo le zucchine a fette.
Spadellate le verdure nel burro e disponete in bella mostra su piatti preriscaldati assieme alle trote. Cospargete le trote con burro fuso e guarnite con una
fetta di limone.

La trota gioca da secoli un ruolo particolare nella cucina del Mooserwirt. Già
il leggendario Michael Hofer (1696–1765) allevava i pesci nei suoi laghetti di
montagna dell'alta Val Passiria, li utilizzava nella sua locanda e riforniva
l'intera Val Passiria e la città di Merano con queste prelibate delicatezze.
Ancora oggi nella cantina del Mooserwirt è presente lo storico trogolo dei
pesci e sulla facciata esterna fa ancora bella mostra di sé l'insegna con la
scritta: "Non dimenticate di mangiare trote fresche!" – quando si dice il gusto
unito alla storia!

Gelato di panna e mirtilli rossi in terrina di yogurt e mirtilli neri e biscottini

Hotel Jägerhof, pag. 174

Ingredienti per 4 persone

per la gelato di panna *350 g di mirtilli rossi* | *220 g di zucchero* | *5 tuorli d'uovo* | *350 ml di panna*
per la terrina *1 ½ foglio di gelatina* | *80 ml di yogurt* | *50 g di mirtilli neri* | *50 g di zucchero a velo* | *succo di ½ limone* | *100 ml di panna*
per i biscottini (per 10–15 persone) *50 g di burro* | *50 g di zucchero a velo* | *50 g di farina* |
1 albume | *burro e farina per la teglia da forno*

Preparazione

Portate ad ebollizione i mirtilli rossi con lo zucchero e passateli al mixer. Mescolate i tuorli d'uovo fino ad ottenere una schiumetta, versateci la purea di mirtilli rossi ancora calda e mescolate il tutto a freddo. Montate la panna e mescolate. Versate il composto in piccole formine e congelate per almeno 3 ore.
Per la terrina ammorbidite la gelatina in acqua fredda. Passate finemente i mirtilli neri e scaldate leggermente, scioglieteci quindi la gelatina. In una ciotola mescolate lo zucchero a velo con il succo di limone, aggiungete quindi la polpa di mirtilli con la gelatina sciolta sempre continuando a mescolare. Montate la panna e mescolate con lo yogurt. Mescolate quindi il tutto e versatelo in piccole formine. Fate raffreddare in frigorifero per almeno 2 ore. Al posto della polpa di mirtilli neri si può anche utilizzare una purea di frutti di bosco o di frutta.
Per i biscottini fate sciogliere il burro e mescolatelo con lo zucchero a velo. Aggiungete mescolando la farina e l'albume. Fate riposare coperto per 20 minuti. Con l'aiuto di una matrice spalmate finemente il composto su una teglia unta con burro e farina. Fate cuocere in forno a 200° per circa 3 o 5 minuti, quindi ancora caldo dare la forma voluta.

Preiselbeer-Rahmgefrorenes mit Joghurt-Heidelbeer-terrine und Hippenröllchen

Hotel Jägerhof, S. 174

Zutaten für 4 Personen

Rahmgefrorenes *350 g Preiselbeeren* | *220 g Zucker* | *5 Eigelb* | *350 ml Sahne*
Terrine *1 ½ Blatt Gelatine* | *80 ml Joghurt* | *50 g Heidelbeeren* | *50 g Staubzucker* | *Saft ½ Zitrone* | *100 ml Sahne*
Hippenröllchen (für 10–15 Personen) *50 g Butter* | *50 g Staubzucker* | *50 g Mehl* | *1 Eiweiß* | *Butter und Mehl für das Backblech*

Zubereitung

Die Preiselbeeren mit dem Zucker aufkochen und mit dem Stabmixer aufmixen. Die Eigelbe schaumig rühren, das noch heiße Preiselbeerpüree zur Eigelbmasse geben und alles kalt rühren. Die Sahne steif schlagen und unterheben. Die Masse in Portionsförmchen füllen und mindestens 3 Stunden tiefkühlen.
Für die Terrine die Gelatine in kaltem Wasser einweichen. Die Heidelbeeren fein pürieren und leicht erwärmen, die Gelatine darin auflösen. In einer Schüssel den Staubzucker mit dem Zitronensaft verrühren, das Heidelbeermark mit der aufgelösten Gelatine einrühren. Die Sahne steif schlagen und mit dem Joghurt vermischen. Alles miteinander verrühren und in Portionsförmchen füllen. Im Kühlschrank mindestens 2 Stunden kalt stellen. Anstelle von Heidelbeermark kann man auch andere Beeren- oder Fruchtpürees verwenden.
Für die Hippenröllchen die Butter zerlassen und mit dem Staubzucker verrühren. Das Mehl und das Eiweiß unterrühren. Die Masse 20 Minuten zugedeckt ruhen lassen. Mittels einer Schablone die Masse dünn auf ein gebuttertes und mit Mehl bestäubtes Backbleck streichen. Im vorgeheizten Ofen bei 200 °C etwa 3 bis 5 Minuten backen und noch warm in die gewünschte Form bringen.

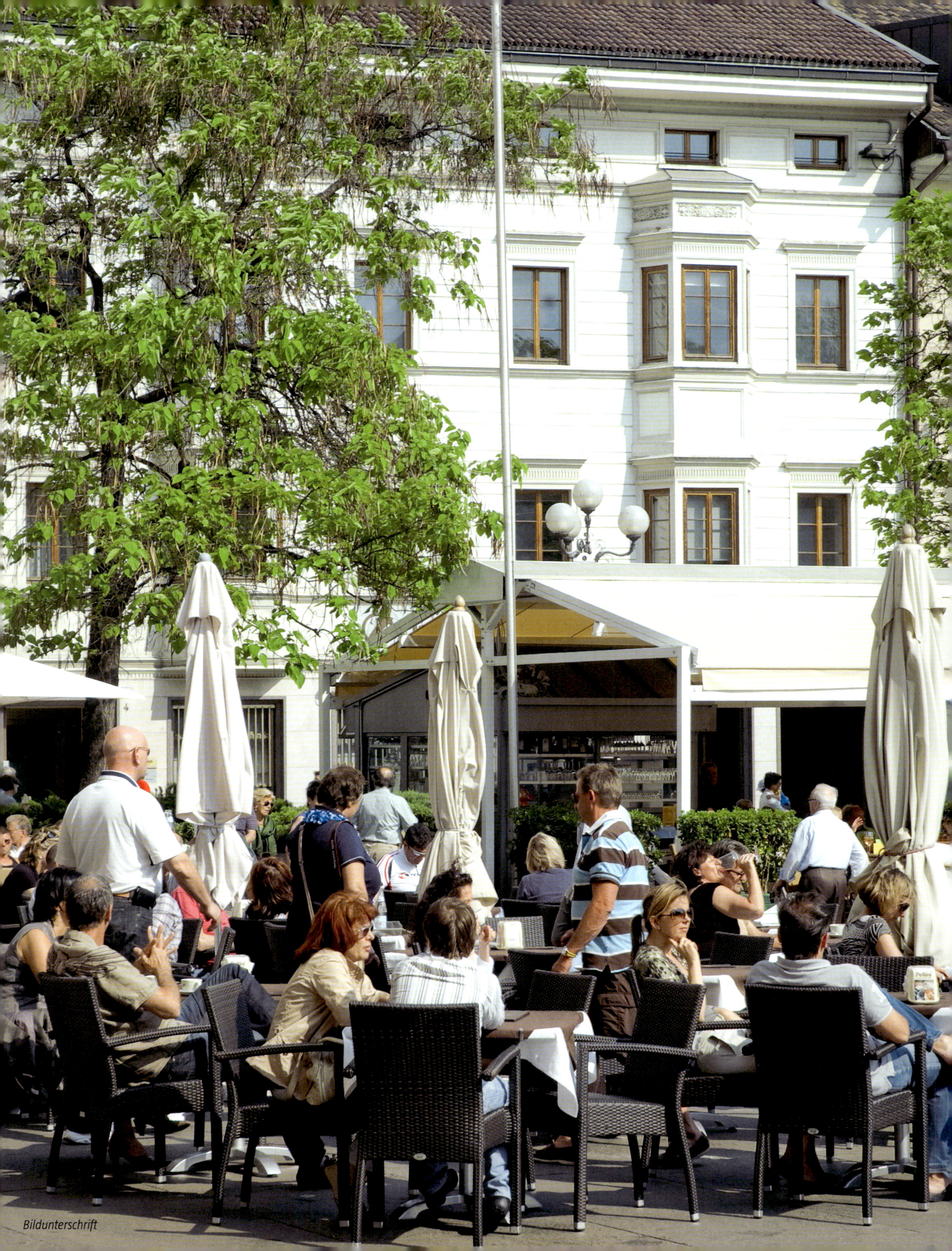

Bildunterschrift

Bozen – Kultur in der Landeshauptstadt
Bolzano – capoluogo di cultura

Bozen, Südtirols Landeshauptstadt, erfreute schon Johann Wolfgang von Goethe mit seiner heiteren Atmosphäre. Er beschrieb auf seiner Italienischen Reise die „Kaufmannsgesichter" am Obstmarkt. Bozen verknüpft heute auf unnachahmliche Art alpenländische Tradition und italienische Lebensart. Vom Mittelpunkt Waltherplatz mit dem Bozner Dom zweigen breite Fußgängerzonen mit Geschäften und verwinkelte Gässchen ab und treffen sich unter dem malerischen Laubengang. Sehenswert sind auch die romantischen Plätze wie der Kornplatz oder der quirlige Obstmarkt. Rund um das barocke Merkantilgebäude gruppieren sich imposante Häuser mit reizvollen Fassaden. Einkaufen in Bozen macht Spaß, hier findet man Trachten und Couture, Traditionelles und Alternatives, Tiroler Speck und Parma-Schinken. Einer der berühmtesten „Südtiroler" hat in Bozen seine Heimat gefunden und erfreut sich in seiner Kühlzelle größter Beliebtheit: „Ötzi", der Mann aus dem Eis, Anziehungspunkt im Archäologie-Museum.

Con la sua atmosfera poliedrica, Bolzano dilettò già il grande Goethe che nel suo *Viaggio in Italia* descrisse i "visi dei mercanti" di Piazza delle Erbe. Oggi Bolzano unisce in maniera inimitabile tradizione alpina e stile di vita italiano. Dal suo centro, vale a dire Piazza Walther con dirimpetto il duomo gotico, si diramano le strade e viuzze della zona pedonale che confluiscono nella pittoresca Via dei Portici con le attigue vivacissime Piazza delle Erbe e Piazza del Grano. Tutt'intorno al barocco Palazzo Mercantile si stringono le imponenti case patrizie dalle facciate suggestive. Fare lo shopping a Bolzano è divertente perché c'e davvero di tutto e di più, dal costume tradizionale al capo d'alta moda, dall'antichità al modernariato, dallo speck tirolese al prosciutto di Parma. Uno tra i più noti "altoatesini" ha fatto di Bolzano la sua nuova dimora e nella sua cella refrigerata incontra il particolare gradimento dei visitatori: si tratta di "Ötzi", l'uomo venuto dal ghiaccio e grande attrazione del Museo archeologico.

Trendiger Treffpunkt und exquisite Küche mitten in Bozen
Ritrovo trendy e cucina squisita nel cuore di Bolzano

Rinderfilet mit gefüllten Kartoffeln und Spinat-Feldsalat-Espuma | Filetto di manzo con patate ripiene e spuma di spinaci e valeriana

Rezept finden Sie auf Seite 250 |
Per la ricette vedere a pag. 250

100 Jahre jung wurde im Jahr 2010 das Parkhotel Laurin der Familie Staffler im Zentrum der Landeshauptstadt: ein Grand Hotel wie aus dem Bilderbuch mit dem Charme der Jahrhundertwende, mit weitläufigen, eleganten Räumlichkeiten, einem erstklassigen Restaurant, edel ausgestatteten Zimmern und Suiten und einem hinreißenden Park mit Sommerlounge. Hier ist immer etwas los und für jeden etwas dabei. Kunst und Kultur mit Film- und Musikabenden stehen dabei im Vordergrund. Das gastliche Haus, geführt von Direktor Roland Margesin, öffnet seine Türen an 365 Tagen im Jahr! *Der* Treffpunkt in Bozen ist die allseits beliebte Laurin-Bar. Unter den denkmalgeschützten Jugendstil-Fresken, die die Geschichte des sagenhaften Königs Laurin erzählen, lässt es sich bei einem Cappuccino oder einem Glas Prosecco wunderbar plaudern oder Freunde treffen. Trotz des ehrwürdigen Alters ist das noble Hotel jung geblieben und sorgt mit einer frischen Brise Weltoffenheit dafür, dass hier stets Austausch und Begegnung stattfinden. Dazu gehört natürlich auch die exquisite Küche unter Chef Manuel Astuto, der gekonnt die Aromen des Mittelmeers mit dem Geschmack der Südtiroler Berge kombiniert. Neu

Nel 2010 il Parkhotel Laurin della famiglia Staffler nel centro del capoluogo di provincia ha festeggiato il suo centenario: un Grand Hotel che sembra uscito da un album fotografico con lo charme della svolta del secolo dotato di ampi spazi eleganti, un ristorante di prima classe, stanze e suite nobilmente arredate ed un affascinante parco con lounge estivo. Qui gli eventi non mancano mai e ce n'è per tutti gusti. Arte e cultura con serate musicali e cinematografiche sono sempre in primo piano. L'intera accogliente struttura ricettiva, gestita dal direttore Roland Margesin, rimane aperta 365 giorni all'anno. Punto d'incontro preferito di ogni bolzanino è il Laurin-Bar. Tra gli affreschi in stile liberty posti sotto la tutela dei beni culturali, che raccontano la storia del leggendario re Laurino, l'atmosfera è ideale per fare due chiacchiere davanti ad un cappuccino o ad un bicchiere di prosecco. Nonostante la sua veneranda età, il nobile hotel è rimasto giovane e con la sua fresca ventata di cosmopolitismo favorisce scambi e incontri. In tutto ciò è inclusa naturalmente anche la squisita cucina sotto la guida dello Chef Manuel Astuto, che sa combinare abilmente gli aromi mediterranei con il gusto della montagna altoatesina.

sind kreative Gerichte, die sich einerseits auf Bozner Originalrezepte aus dem Jahr 1850 beziehen, diese andererseits aber – sozusagen als „Cover Version" – innovativ und modern interpretieren: ein Genuss, ganz besonders im Sommer im schattigen Parkrestaurant. Genießen sollte man auch die seit 15 Jahren jeden Freitag stattfindenden Jazzkonzerte in der legendären Bar oder den Aperitivo lungo von „six to nine" am Donnerstag mit prickelnden Cocktails und delikaten Häppchen.

Nuovi sono quei piatti creativi che si rifanno a ricette originarie bolzanine del 1850 e vengono reinterpretati in maniera innovativa in una sorta di "cover version" per così dire: un piacere che diventa del tutto particolare se assaporato d'estate all'ombra del ristorante del parco. Non bisognerebbe perdere anche i venerdì all'insegna del jazz, un appuntamento fisso da ormai 15 anni, nel leggendario bar oppure un aperitivo lungo dalle "six to nine" al giovedì con spumeggianti cocktails e delicati stuzzichini.

Parkhotel Laurin
Familie Staffler
Laurinstraße 4
I-39100 Bozen
☎ 00 39 04 71 / 31 10 00
www.laurin.it

Parkhotel Laurin
Famiglia Staffler
Via Laurin 4
39100 Bolzano

Das tägliche Brot – hoher Anspruch und Verantwortung
Il pane quotidiano – grande esigenza e responsabilità

Das Frühstücksbrötchen am Morgen, ein Korn-spitz zwischendurch, das Sandwich zum schnel-len Lunch, ein Kipferl zum Nachmittags-Kaffee und zur Marende ein herzhaftes Vinschger Paarl – alles „alltägliche" Kleinigkeiten, die wir oftmals achtlos zu uns nehmen. Die Franziskaner Bäckerei in Bozen hat es sich zur Aufgabe gemacht, das tägliche Brot in allerhöchster Qualität und in sorgfältiger Arbeit herzustellen, nicht nur um ihre Kunden zufrieden-zustellen, sondern auch um ihrer Verantwortung als Lieferant für gesunde, natürliche Backwaren gerecht zu werden. Die Bäckerei in der Bozner Fran-ziskanergasse – nicht weit vom pittoresken Obst-markt entfernt – wurde schon 1776 erstmals ur-kundlich erwähnt. Somit zählt die gleichnamige Bäckerei zu den ältesten der Stadt. Den damaligen Namen erhielt die Backstube durch die angren-zende Franziskanerkirche samt Kloster, obwohl es niemals eine direkte Verbindung zwischen den Franziskanerpatern und der Bäckerei gab.
1974 übernahm Heinrich Pfitscher den zuvor still-gelegten Betrieb und eröffnete hier am 1. August die Franziskaner Bäckerei, damals schon und heute noch immer an seiner Seite seine Frau Hedwig, die gute Seele des Betriebs. Nach harten, entbeh-rungsreichen Jahren zeigte sich, dass Heinrich den richtigen „Riecher" hatte, denn schon im Herbst

Il panino della colazione al mattino, un cornetto a metà mattinata, il sandwich per un pranzo ve-loce, un kipferl per il caffè del pomeriggio e per merenda una gustosa coppietta di pane della Val Venosta – tutte piccolezze „quotidiane" che spesso assumiamo senza nemmeno rendercene conto. Il panificio Franziskaner si è imposto il compito di produrre il pane quotidiano ai più alti livelli di qua-lità e tramite un lavoro accurato, non solo per sod-disfare i propri clienti ma anche per giustificare la propria responsabilità in veste di grossista di pro-dotti da forno sani e naturali. Il panificio in via Francescani a Bolzano – non lontano dalla pitto-resca Piazza delle Erbe – venne citato per la prima volta in un documento nel 1776. In questo modo il panificio omonimo entra a fare parte di quelli più antichi della città. A quel tempo al forno venne attribuito quel nome in virtù dell'attigua chiesa francescana con convento annesso, sebbene tra i padri francescani e il panificio non ci sia mai stato un collegamento diretto. Nel 1974 Heinrich Pfit-scher prese in gestione l'azienda da tempo abban-donata e la riaprì con al suo fianco, già allora come ancora adesso, sua moglie Hedwig, l'angelo dell'azienda. Dopo anni difficili e pieni di sacrifici, Heinrich si dimostrò avere il fiuto giusto poiché già nell'autunno del 1982 la prima filiale in via Museo

1982 konnte die erste Filiale in der Museumsstraße ihre Türen öffnen. Bis heute sind es in Bozen insgesamt acht Filialen der Franziskaner Bäckerei, die nun in der zweiten Generation von den Kindern Jürgen und Judith – der Sohn in der Backstube, die Tochter im Verkauf – weitergeführt werden. 1988 übernahm Heinrich die Bäckerei Bacher in der Bindergasse, da die alte Backstube in der Franziskanergasse zu eng wurde. Hier kam die hauseigene Konditorei dazu, außerdem wird ein Frühstück angeboten.

Viele Jahre lang wurde in diesen zwei Backstuben das Brot gebacken, und auch sie erwiesen sich im

poté aprire i battenti. Fino ad oggi a Bolzano sono in tutto otto le filiali del panificio Franziskaner, che sono attualmente gestite dalla seconda generazione rappresentata dai figli Jürgen e Judith – il figlio addetto al forno e la figlia alla vendita. Nel 1988 Heinrich rileva il panificio Bacher in via Bottai poiché il vecchio forno in via Francescani era diventato troppo stretto. Qui venne aggiunta la pasticceria di produzione propria, con inoltre un servizio di prima colazione. Per molti anni venne prodotto il pane in questi due forni, ma nel corso del tempo anch'essi si rivelarono troppo piccoli e il lavoro divenne troppo faticoso e scomodo. Si do-

Laufe der Zeit als zu klein, die Arbeit wurde zu mühsam und umständlich. Ein ausreichend großer Platz musste geschaffen werden, um Backstube und Konditorei unter einem Dach unterzubringen. 2006 wurde Familie Pfitscher auf die nahe gelegene, gerade in der Planungsphase befindliche Gewerbezone Kardaun aufmerksam und ließ sich im Jahr 2009 mit einer der schönsten handwerklichen Backstuben des Landes hier in einem Gebäude nieder, das ihren Wünschen und Anforderungen entsprach. Täglich werden rund 85 verschiedene Brote und Brötchen frisch gebacken, darunter Spezialitäten wie Vinschgauer, Loabn und Vorschlag, beliebte italienische Backwaren wie Ölbrot, Pane Toscano und Mantovane sowie ein breites Sortiment an Vollkorn-, Spezialbroten und -brötchen. Aus der Konditorei kommen so verführerische Köstlichkeiten wie Blätter- und Plunderteiggebäck, Apfelstrudel, Blechkuchen, Obstschnitten, diverse Torten, Kekse, Salzgebäck und vieles mehr. Saisonal angebotene Leckereien wie Advents- und Weihnachtsgebäck, Bozner Zelten, Christstollen und Bozner Fochaz bereichern im Spätherbst das Angebot.

Für welches Brot oder Gebäck man sich auch entscheidet: Qualität ist das erste Gebot der Franziskaner Bäckerei, Verantwortung für die Gesundheit ihrer Kunden ist die oberste Leitlinie ihres Wirtschaftens.

veva creare uno spazio abbastanza grande per poter far stare sotto lo stesso tetto forno e pasticceria. Nel 2006 la famiglia Pfitscher mise gli occhi sull'adiacente zona artigianale di Cardano che era proprio in fase di progettazione e nel 2009 si stabilì qui, con uno dei forni artigianali più belli della zona, in un edificio che rispondeva ai loro desideri e alle loro esigenze. Ogni giorno vengono sfornati freschi circa 85 diversi tipi di pane e panini, tra cui specialità come il pane della Val Venosta, la pagnotta di Siusi e quella di farine miste, gli amati prodotti da forno italiani come il pane all'olio, pane toscano e le mantovane, così come un vasto assortimento di pane e panini speciali e di grano duro. Dalla pasticceria escono delle specialità allettanti come dolci di pasta sfoglia e di pasta lievitata, strudel alle mele, dolci da teglia, diverse torte, biscotti, prodotti salati e molto altro. In autunno inoltrato ad arricchire l'offerta ci sono delle leccornie che variano in base alla stagione come i dolci dell'Avvento e di Natale, gli "zelten" e la focaccia bolzanina. Che la scelta cada su pane o prodotti dolciari, al panificio Franziskaner la qualità viene sempre al primo posto e la responsabilità nei confronti della salute dei propri clienti è la linea guida del metodo lavorativo.

Franziskaner Bäckerei
Heinrich Pfitscher
Franziskanergasse 3
I-39100 Bozen
☎ 00 39 04 71 / 97 64 43
www.franziskanerbaeckerei.it

Panificio Franziskaner
Heinrich Pfitscher
Via Francescani 3
39100 Bolzano

Originalität und Qualität von den besten Bozner Lagen
Originalità e qualità dalle tenute migliori di Bolzano

Die Kellerei Bozen ist die jüngste Kellerei Südtirols. Im Jahr 2001 schlossen sich zwei historische Kellereien zusammen, nämlich die 1908 gegründete Kellerei Gries und die 1930 gegründete Kellerei St. Magdalena. 310 Hektar beste Bozner Weinberge zwischen 200 und 700 Höhenmetern sind in der Kellerei Bozen vereint. Hier wachsen die Rebsorten Blauburgunder, Lagrein, Merlot und Cabernet. Auf den sonnendurchfluteten Hanglagen gedeiht einer der traditionsreichsten Südtiroler Weine, der St. Magdalener, während der ebenfalls autochthone Lagrein die heißen, tiefgründigen Tallagen bevorzugt. Die fruchtig-frischen Weißweine wie Weißburgunder, Chardonnay, Ruländer, Sauvignon, Müller Thurgau, Silvaner und Gewürztraminer entwickeln sich am besten in den höheren Lagen ab 500 Metern. Bereits im Weinberg werden die Trauben einer sorgfältigen Auslese unterzogen. In der Kellerei Bozen werden sie dann mit Geschick, Intuition und Erfahrung zu harmonischen Tropfen gekeltert, ganz nach dem Motto: Gute Weine zu machen ist ein Handwerk, große Weine zu machen eine Kunst. Von Önologen überwacht und mithilfe modernster Kellertechnik reifen sie

La cantina Bolzano è la cantina più giovane dell'Alto Adige. Nel 2001 si sono unite due cantine storiche, e cioè la Cantina Gries fondata nel 1908 e la Cantina Santa Maddalena fondata nel 1930. Nella Cantina Bolzano sono dunque accorpati 310 ettari de migliori vigneti di Bolzano tra i 200 e i 700 metri di altitudine. Qui crescono le qualità di uva Pinot Nero, Lagrein, Merlot e Cabernet. Sui pendii soleggiati matura uno dei vini più ricchi di tradizione dell'Alto Adige, il Santa Maddalena, mentre l'altrettanto autoctono Lagrein preferisce gli appezzamenti a valle caldi e profondi. I vini bianchi freschi e fruttati come il Pinot Bianco, Chardonnay, Pinot Grigio, Sauvignon, Müller Thurgau, Silvaner e Gewürztraminer si sviluppano al meglio nelle tenute più alte, a partire dai 500 metri. Già nel vitigno le uve vengono sottoposte ad un'accurata selezione. Nella Cantina Bolzano vengono quindi ammostate con abilità, intuizione ed esperienza fino a diventare delle gocce armoniche secondo il motto: produrre del buon vino è un mestiere, produrre un vino grande è un arte. Controllati da enologi e con l'aiuto delle più moderne tecniche di vinificazione, essi hanno bisogno

mit viel Zeit, die sie zu ihrer Vollendung brauchen. Typizität und Charakter sind die besonderen Eigenschaften der Weine der Kellerei Bozen. Ob die autochthonen Spezialitäten, große Rotweine oder die frischen Weißweine – etliche Gewächse erzielen alljährlich bei nationalen und internationalen Verkostungen Preise und Auszeichnungen, zum Beispiel der Sauvignon Mock, der klassische Magdalener Huck am Bach, der Blauburgunder Sandlahner oder der Lagrein Riserva Taber.

di molto tempo per maturare e per raggiungere la loro pienezza. Tipicità e carattere sono le qualità principali dei vini della Cantina Bolzano. Sia che si tratti di specialità autoctone, grandi vini rossi oppure freschi vini bianchi, parecchi prodotti ottengono ogni anno premi e riconoscimenti in occasione di degustazioni nazionali ed internazionali, come per esempio il Sauvignon "Mock", il classico Maddalena "Huck am Bach", il Pinot Nero "Sandlahner" o il Lagrein Riserva "Taber".

▢ **Kellerei Bozen**
Grieser Platz 2
I-39100 Bozen
☎ 00 39 04 71 / 27 09 09
www.kellereibozen.com

Cantina Bolzano
Piazza Gries 2
39100 Bolzano

Mit Fleiß, Herz und Wissen zu Weinen voller Finesse
Diligenza, passione e competenza per vini pieni di eleganza

Im Stadtteil Haslach in Bozen ist ein Hof zu entdecken, ein Weingut mit sonnigen Rebhängen, das sich ausmacht wie ein grüner Fleck im Häusermeer. Vom Weingut Thurnhof, das sich „ab dem turen", also unweit eines Festungsturms der stolzen Burg Weinegg befand, war schon vor über 800 Jahren in einer Urkunde zu lesen. Lange Zeit war der Hof auch Besitz eines bayerischen Klosters, dessen Mönche dieses sonnige Plätzchen in Has-

Nel quartiere di Aslago a Bolzano, c'è un maso tutto da scoprire, un'azienda vinicola con vitigni su pendii soleggiati che si estende come una macchia verde tra il mare di case. Dell'azienda vinicola Thurnhof, che si trovava "alle porte", cioè non lontano da una torre dell'imponente Castel Weinegg, abbiamo una testimonianza scritta risalente a più di 800 anni fa. Per molto tempo il maso è appartenuto ad un convento bavarese, i cui monaci ave-

lach als idealen Standort für Reben erkannten. Die Lage am Südhang des Virgl garantiert hohe Temperaturen und viel Sonneneinstrahlung im Sommer und Herbst. Klima und Bodenbeschaffenheit, dazu die sorgfältige Pflege und der Ausbau im Keller ermöglichen die hohe Qualität der Weine.

Der Weinbauer Andreas Berger und seine Familie legen großen Wert auf sorgfältige Pflege der Rebstöcke, damit beste Trauben heranreifen können. Niedrige Hektarerträge und ein ruhiges, ausgeglichenes Wachstum der Reben sind dafür Voraussetzung. Bei der Kelterung und dem Ausbau der Weine ist der Winzer bestrebt, schonend und mit Respekt den Lagencharakter, das sogenannte „Terroir", herauszuarbeiten und unverwechselbare Weine in die Flaschen zu bringen. Unverwechselbar heißt für Andreas Berger, dass seine Weine voller Frische, Mineralität und Struktur sind und auch nach Jahren noch Freude bereiten. Das Sortiment des Thurnhofs ist klein, aber fein und reicht vom Goldmuskateller über Sauvignon, St. Magdalener, Lagrein und Cabernet Sauvignon bis zum Dessertwein Passaurum aus Goldmuskateller- und Sauvignontrauben – alles einzigartige Weine mit Persönlichkeit und Sortencharakter.

vano riconosciuto questo posticino soleggiato ad Aslago come luogo ideale per l'uva. La posizione sul versante meridionale del monte Virgolo garantisce alte temperature e molto irradiamento solare in estate e in autunno. Il clima, la composizione del terreno a cui vanno aggiunte una cura premurosa e la lavorazione in cantina permettono un'alta qualità dei vini. Il viticoltore Andreas Berger e la sua famiglia danno molta importanza alla cura attenta delle viti, in modo che ne possano maturare le uve migliori. I presupposti sono una bassa resa per ettaro ed una crescita tranquilla ed equilibrata delle viti. Durante la pigiatura e l'ammostatura del vino il viticoltore si sforza di tirar fuori in maniera delicata e con rispetto il carattere locale, il cosiddetto "terroir" per far arrivare alla bottiglia solo vini inconfondibili. Inconfondibile per Andreas Berger significa che i suoi vini sono pieni di freschezza, mineralità e struttura e sanno deliziare anche dopo anni. L'assortimento del Thurnhof è piccolo ma selezionato e va dal Moscato Giallo al Sauvignon, Santa Maddalena, Lagrein e Cabernet Sauvignon fino ad arrivare al vino da dessert "Passaurum" derivato da uve di Moscato Giallo e di Sauvignon – tutti vini unici con personalità e carattere peculiare.

Weingut Thurnhof
Andreas Berger
Kuepachweg 7
I-39100 Bozen
☎ 00 39 04 71 / 28 54 46
www.thurnhof.com

Azienda vinicola Thurnhof
Andreas Berger
Via Castel Flavon 7
39100 Bolzano

Bauernhof spüren im Zeichen des Roten Hahns
L'agriturismo in Alto Adige all'insegna del Gallo Rosso

Der „Rote Hahn" ist die Qualitätsmarke des Südtiroler Bauernbundes. Er ist das Gütesiegel für die schönsten Angebote der Südtiroler Bauernhöfe, das Zeichen für Authentizität und Echtheit. Auf drei Säulen stützt sich die Dachmarke des Roten Hahns: Urlaub auf dem Bauernhof, Bäuerliche Schankbetriebe und Qualitätsprodukte vom Bauern. Damit sind verbindliche Qualitätsstandards für die Höfe festgelegt, die vor allem den Urlaubern zugutekommen — wo der Rote Hahn am Hauseingang „kräht", weiß der Gast, dass ihn hier persönliche Atmosphäre und echte Gastfreundschaft erwarten — das ist Südtirol in seiner pursten Form!

Urlaub auf dem Bauernhof in Südtirol ist so vielfältig wie das Land selbst. Aktiv oder als Zuschauer lernt man die tägliche Arbeit am Hof kennen: Heu- oder Apfelernte, Weinlese, Stallarbeit, Brotbacken oder Knödelrollen, ob in weiten Tallagen oder hoch oben am sonnigen Berghang. Die Betriebe sind bis heute klein geblieben und bieten ein harmonisches Nebeneinander von bäuerlicher Kultur und alpiner Natur. Dank der sehr kleinen Strukturen — die Anzahl der Ferienwohnungen pro Betrieb ist auf vier begrenzt — dürfen sich die Gäste auf ein unverfälschtes Bauernhof-Erlebnis freuen. So un-

Il "gallo rosso" è il marchio di qualità della federazione degli agricoltori altoatesini che rappresenta una garanzia di autenticità e genuinità per quello che i masi contadini di questa terra sanno offrire. Sostanzialmente questa offerta si articola in tre settori: la vacanza in agriturismo, le osterie contadine e i prodotti tipici di alta qualità dei masi agricoli. I criteri di qualità richiesti per poter esporre al proprio maso il gallo rosso sono molto severi per cui la sola presenza di questa insegna equivale ad un cordiale benvenuto associato ad una sincera garanzia di qualità per i servizi e i prodotti offerti. L'agriturismo sui masi contadini dell'Alto Adige ha una lunga tradizione dagli aspetti poliedrici come del resto lo sono anche la natura, i paesaggi e la gente di questa terra. Che si tratti di un casolare contadino in altura o di una fattoria agricola sul fondovalle, trascorrere una vacanza al maso è sempre un'esperienza emozionante, soprattutto perché si partecipa, attivamente o da semplice spettatore, alle faccende che da sempre scandiscono il ritmo di vita dei contadini, dalla fienagione, il raccolto delle mele, la vendemmia, il lavoro in stalla e la cottura del pane fino alla preparazione giornaliera dei canederli. Grazie alla solida armonia tra la natura alpina e

terschiedlich wie Südtirols Landschaft, so vielfältig sind auch seine Bauernhöfe. Insgesamt 1450 Höfe mit Gästezimmern und Ferienwohnungen öffnen ihre Türen für Gäste, die hier einen ganz persönlichen Urlaub verbringen wollen – und das zu jeder Saison und für jede Vorliebe, zum Beispiel für Familien, für Pferdefreunde, für Bergfexe, aber auch für kunsthistorisch Interessierte und für Weinliebhaber.

Die berühmten *Bäuerlichen Schankbetriebe* haben eine lange Tradition. Hier sitzt man in der alten, holzgetäfelten Stube der Bauersfamilie im Herrgottswinkel, an den Wänden Hochzeitsfotos, Bilder der Großeltern und nicht zu vergessen der große Bauernofen, weißgekalkt oder grüngekachelt mit

la cultura agreste, i masi altoatesini sono sempre rimasti piccole entità dell'economia locale, strutture ad estensione modesta, per cui anche gli appartamenti agrituristici che un maso può offrire sono limitati ad un massimo di quattro. In tutto sono 1450 i masi altoatesini che dispongono di stanze o di appartamenti per ospitare chi è alla ricerca di una vacanza un po' diversa dal solito. Ed ognuno di questi masi si distingue per una propria peculiarità: ci sono masi particolarmente adatti alle famiglie, quelli attrezzati per gli appassionati dell'equitazione e altri ancora ideali per gli alpinisti, per gli amanti del buon vino o per chi si interessa particolarmente alla storia e cultura locali. Le tradizionali osterie contadine dell'Alto Adige,

der Ofenbank drüber. Die Bäuerin kocht die überlieferten Rezepte ihrer Mutter und Großmutter, der Hausherr holt Speck und Wein aus dem Keller und gesellt sich gerne zu einem Plausch an den Tisch. Die mit dem „Roten Hahn" ausgezeichneten Buschenschänken liegen im Weinbaugebiet und schenken den selbst gekelterten Wein eigener Trauben aus. Hofschänken sind Bergbauernhöfe und befinden sich außerhalb der Weinbaugebiete. Sie haben sich auf ein hofeigenes Fleischangebot spezialisiert und werden im „Bäuerlichen Feinschmecker" vorgestellt. Dieser beliebte „Führer in die leckersten Ecken Südtirols" ist beim Südtiroler Bauernbund kostenlos erhältlich.

Die *Qualitätsprodukte vom Bauern* garantieren gesunde Vielfalt an Naturprodukten. Dazu gehören Fruchtsäfte und -aufstriche, Sirupe, Käse und Milchprodukte, Freilandeier, Trockenobst, Kräuter, Essige und Destillate. Alle diese Produkte beziehungsweise ihre Rohware wachsen auf 48 ausgesuchten Bauernhöfen im Einklang mit der Natur, werden liebevoll gepflegt, schonend verarbeitet und schmecken besonders gut. Eine unabhängige Fachkommission prüft in einer Blindverkostung alle Lebensmittel und entscheidet über die Verleihung dieses Gütesiegels. Die Produkte sind nicht nur am Hof, sondern auch in ausgewählten Fachgeschäften Südtirols erhältlich.

rinomate per le loro accoglienti stube rivestite in legno con l'immancabile grande stufa a legna imbiancata o ricoperta di mattonelle verdi, si dividono tra *Buschenschank e Hofschank*. I primi sono le storiche "frasche" dei masi vinicoli che oltre alle specialità della cucina regionale offrono anche i propri vini fatti in casa, mentre gli altri, trovandosi fuori dalle zone vitivinicole, si sono specializzati sulla preparazione delle carni provenienti dal bestiame direttamente allevato sul proprio maso. Infine ci sono i masi che offrono in vendita diretta tutto quello che di buono e genuino la famiglia del contadino, allevando e coltivando, riesce a produrre con le proprie mani. Una vasta gamma di prodotti squisitamente naturali tra cui succhi, marmellate e sciroppi di frutta, formaggi e altri prodotti caseari, uova di galline ruspanti, frutta fresca o essiccata, erbe aromatiche e tisane miste, aceti e distillati dei tipi più svariati. Attualmente sono 48 i masi agricoli altoatesini che vendono i loro prodotti direttamente al consumatore e sfoggiano l'insegna del "gallo rosso" a garanzia della bontà e genuinità del prodotto offerto. Una commissione di specialisti indipendenti decide, con degustazioni "alla cieca", se assegnare o meno questo ambito marchio di qualità. Questi prodotti si potranno poi acquistare non soltanto direttamente al maso, ma anche nei migliori negozi specializzati nel settore gastronomico locale.

Roter Hahn
Südtiroler Bauernbund
Kanonikus-Michael-Gamper-Straße 5
I-39100 Bozen
☎ 00 39 04 71 / 99 93 25
www.roterhahn.it

Gallo Rosso
Unione Agricoltori e Coltivatori
Diretti dell'Alto Adige
Via C. M. Gamper 5
39100 Bolzano

Treffpunkt, Vinothek und Weinkellerei in Bozen Dorf
Punto d'incontro, vinoteca e cantina nel cuore verde di Bolzano

Auf der Suche nach einem guten Tropfen wird man bei Familie Malojer am Gummerhof sicher fündig. Urkundlich erwähnt wurde er schon im Jahr 1480, und Ende des 19. Jahrhunderts gelangten die Erzeugnisse des Gummerhofes sogar bis an den Wiener Kaiserhof. Nach einer von Grund auf erfolgten Renovierung, bei der auch modernste Kellertechnik Einzug in den traditionsreichen Hof hielt, kann Familie Malojer heute in der fünften Generation dank jahrzehntelanger Erfahrung und großer Leidenschaft ihren Kunden Weine höchster Qualität anbieten.

Die ganze Familie ist in den Betrieb involviert: Vater Alfred ist als Weinbauer und Kellermeister hauptsächlich für die Weinberge zuständig, Sohn Urban – ebenfalls Kellermeister – kümmert sich um Ausbau und Vinifizierung im Keller, Ehefrau Helene bewirtet die Vinothek-Besucher und zaubert so manches Tellergericht auf den Tisch und Mutter Elisabeth steht bei den Verkostungen mit Rat und Tat zur Seite. Sorgfältige Auslese, saubere Verarbeitung und liebevolle Pflege während der Reifung lassen die Weine des Gummerhofs hervorragend gelingen. Drei Linien werden gekeltert: Tradition, Classic und Riserva. Letztere reift im Barriquefass zu vollendeter Harmonie. Der Südtiroler Qualitätssekt Pianoforte nach der klassischen Me-

Se si è alla ricerca del buon vino, al Maso Gummer, dalla famiglia Malojer, si è di sicuro nel posto giusto. Documentato già nel 1480, i prodotti del Gummerhof giunsero alla fine del XIX secolo addirittura alla corte di Vienna. Dopo un rinnovamento radicale, durante il quale le più moderne tecniche vinicole hanno fatto il proprio ingresso nella cantina ricca di tradizione, la famiglia Malojer, oggi alla quinta generazione, è in grado di offrire ai propri ospiti, vini della più alta qualità, grazie ad un'esperienza centenaria ed una grande passione. Tutta la famiglia partecipa nell'azienda: il papà Alfred è addetto principalmente ai vitigni in qualità di coltivatore e capo cantiniere, il figlio Urban – anche lui capo cantiniere – si occupa della produzione e del processo di vinificazione in cantina, la moglie Helene serve i visitatori della vinoteca, preparando dei tali manicaretti, mentre la mamma Elisabeth dà una mano durante le degustazioni. Selezione accurata, lavoro pulito e cura premurosa durante la maturazione rendono eccellente la riuscita dei vini del Gummerhof.

Sono tre le linee che vengono imbottigliate: Tradizione, Classica e Riserva. L'ultima matura in barrique fino a raggiungere una piena armonia. A completare l'offerta il prosecco sudtirolese di qualità "Pianoforte" secondo il metodo classico.

thode vervollständigt das Angebot. Die Vinothek bietet, hauptsächlich im Sommer, ein einzigartiges Ambiente: ungezwungenes Beisammensitzen, Tellergerichte, dazu Verkostungen, Events. Die Fußball-Weltmeisterschaften auf Großbildschirm bei „Malojers" im Freien sind schon Kult und wurden zu den drei schönsten Alpen-Destinationen gewählt.

Soprattutto d'estate, la vinoteca offre un ambiente unico: posti a sedere raggruppati e informali, pietanze, degustazioni, eventi. I campionati mondiali di calcio sullo schermo gigante dai "Majoler" all'aperto sono già un cult e sono stati scelti tra le tre destinazioni alpine più belle.

Wein- und Sektkellerei
Gummerhof
Familie Malojer
Weggensteinstraße 36
I-39100 Bozen
☎ 00 39 04 71 / 97 28 85
www.malojer.it

Cantina di vini e spumanti
Gummerhof
Famiglia Malojer
Via Weggenstein 36
39100 Bolzano

Das Holzfass – Heimat des Weins für viele Jahre
La botte di legno, culla del vino

Damit Wein sein ganzes Potenzial entfalten kann, braucht es Fässer: Gärfässer, Lagerfässer, Bottiche, Barriques und Tonneaux in verschiedenen Größen – in den Weinländern Europas unabdingbar. Die Firma Mittelberger stellt seit ihrer Gründung durch Vater August im Jahr 1960 Holzfässer nach überlieferter Tradition und in bester

Le botti: presupposto essenziale per consentire al vino di sviluppare tutto il suo potenziale. Tini e vasche di fermentazione, botti di stoccaggio, barriques e tonneaux in diverse dimensioni sono l'elemento indispensabile per le aziende vinicole di tutt'Europa. L'azienda Mittelberger, fondata dal padre August nel 1960, è da allora produttrice di

handwerklicher Manier her. Heute wird der Familienbetrieb von den Söhnen Markus, Konrad und Peter geführt.

Der Erwerb eines Fasses ist der Beginn einer langfristigen Zusammenarbeit, denn ein solches Fass ist maßgeblich beteiligt an der Reifung des Weines und schließlich an seinem Geschmack. Persönliche Beratung, Planung und Assistenz stehen für Familie Mittelberger an erster Stelle. Das Angebot umfasst verschiedenste Fässer aus Eichenholz, aus Kastanien- oder Akazienholz, mit oder ohne Edelstahlausführung. Zum Firmenservice gehören ein enger Kontakt mit den Holzlieferanten, die Gewissheit der Holzherkunft und die Auswahl der einzelnen Stämme in geeigneten Wäldern mit nachhaltiger Bewirtschaftung. Das Holz wird auf den firmeneigenen Lagerplatz gebracht, gespalten, eingeschnitten und gestapelt, bevor die Fassdauben zwei bis vier Jahre unter Einwirkung von Sonne, Luft und Wasser reifen – eine wichtige Voraussetzung für die spätere Qualität der Fässer. Besondere Anfertigungen wie zum Beispiel Badewannen in Zirmholz, geschätzt wegen seiner hochwertigen, gesundheitsfördernden Eigenschaften, Bottiche und Ziergebinde bereichern das Angebot ebenso wie Spezialfässer aus unterschiedlichen Holzarten für Balsamessig und Destillate wie Grappa, Cognac oder Whiskey.

botti, forte delle tradizioni tramandate e della migliore manualità artigianale. Oggi l'azienda a conduzione familiare è gestita dai figli Markus, Konrad e Peter. L'acquisto di una botte diventa per i clienti l'inizio di una collaborazione duratura, poiché simili botti incidono in modo determinante sulla maturazione del vino e infine sul suo gusto. Consulenza personale, progettazione e assistenza rappresentano i punti cardini per la famiglia Mittelberger che realizza le botti in legni diversi, tra cui rovere, castagno e acacia, con o senza elementi di acciaio inox. Il contatto diretto con i fornitori di legname, la certezza della provenienza, la selezione dei singoli tronchi in boschi a gestione sostenibile sono oramai requisiti fondamentali e indispensabili. Il legname, dopo la consegna al magazzino aziendale, viene frazionato, ritagliato e accatastato, lasciando quindi stagionare le doghe da due a quattro anni esposte a sole, aria e acqua – presupposto imprescindibile per la futura qualità delle botti. Completano l'offerta manufatti particolari quali, ad esempio, vasche da bagno in cirmolo, molto apprezzate per le proprietà salubri e benefiche, barili e altri contenitori a soggetto decorativo, nonché botticine speciali in vario tipo di legno per l'aceto balsamico e distillati, quali grappa, cognac o whisky.

Mittelberger & Co.
Familie Mittelberger
Sigmundskron 33
I-39100 Bozen
☎ 00 39 04 71 / 63 33 74
www.mittelberger.bz.it

Mittelberger & Co.
Famiglia Mittelberger
Via Castel Firmiano 33
39100 Bolzano

Schlemmen und schlummern in der Bozner Sommerfrische
Mangiar bene e riposare nella frescura estiva sopra Bolzano

 | **Saure Suppe (Kuttelsuppe)** | Zuppa di trippa in agro

Rezept finden Sie auf Seite 251 |
Per la ricette vedere a pag. 251

Wenn man sich seinen Urlaub oder ein paar entspannende Tage nach Gusto zusammensetzen möchte und von Aussicht, Ambiente, Küche, Keller und Wellness immer das Beste verlangt, so gibt es eine besondere Adresse in Südtirol: den Gasthof Kohlern, in 1170 Metern Höhe oberhalb Bozens gelegen. Hier ist fast die gesamte Südtiroler Bergwelt zum Greifen nah. Was vielleicht nicht viele wissen: Auf den Kohlerer Berg wurde 1908 die erste Schwebebahn der Welt gebaut! Von der Bergsta-

Se si vuole conciliare la propria vacanza o un paio di giorni di riposo con la buona tavola, cercando il meglio in termini di panorama, ambiente, cucina, cantina e wellness, allora la meta giusta in Alto Adige è l'albergo ristorante Colle, situato nell'omonima località a 1170 m di altitudine sopra Bolzano. In questo luogo quasi tutte le catene montuose dell'Alto Adige sono così vicine che sembra di toccarle. Cosa che forse non tutti sanno: a Colle venne costruita nel 1908 la prima funivia del

tion sind es nur ein paar Minuten zu Fuß – auf Wunsch wird man auch mit dem Auto abgeholt, die Alternative wäre die neun Kilometer lange Bergstraße. Im Hotel-Gasthof Kohlern findet man sich in einem wunderschönen Haus und einladenden Berg-Gasthof wieder, nostalgisches Flair durchweht die stilvollen Räume. Draußen sitzt es sich im Sommer neben der Kapelle unter Linden ganz wunderbar, und drinnen hat der Gast die Qual der Wahl zwischen der prachtvollen, verglasten Veranda oder der holzgetäfelten Zirbenstube. Ein herzliches Willkommen und dann möchte man am liebsten die ganze Speisekarte rauf und runter essen und des Hausherrn Josefs dazugehörigen Weintipps nur zu gerne zusprechen. Dazu der Ausblick, der besonders am Abend, wenn unten in Bozen die Lichter angehen, die Sinne betört. Wellness mit Infinity-Außenpool, Saunas, Massagen und Beautyprogramm ist im Gasthof Kohlern ebenfalls selbstverständlich, und in den behaglich eingerichteten Zimmern mit Marmorbädern stören weder Fernseher noch Telefon die wohltuende Stille.

mondo! La funivia dista solo un paio di minuti a piedi – su richiesta c'è anche un'auto che vi viene a prendere, oppure in alternativa ci sono i nove chilometri di strada di montagna. All'hotel Colle ci si ritrova in una casa bellissima e in un'invitante locanda di montagna, dove negli eleganti locali aleggia ancora un'atmosfera nostalgica. Fuori è davvero meraviglioso sedersi d'estate vicino alla cappella sotto i tigli, mentre all'interno l'ospite ha l'imbarazzo della scelta tra la stupenda veranda a vetrate o la stube in legno di cirmolo. Un cordiale benvenuto e poi non si vorrà far altro che assaggiare tutto quello che c'è sul menu da cima a fondo e farsi consigliare volentieri dal padrone di casa Josef sui vini da abbinare. A coronare tutto ciò una vista che seduce i sensi, in particolare alla sera quando si accendono le luci giù a Bolzano. All'hotel Colle non manca poi il reparto wellness con la piscina esterna con bordo "infinity", saune, massaggi e programma di bellezza. Nelle camere comodamente arredate e dotate di bagno in marmo non vi saranno né televisione né telefono a disturbare la quiete benefica.

🏠 **Gasthof Kohlern**
Familie Josef Schrott
Kohlern 11
I-39100 Bozen
☎ 00 39 04 71 / 32 99 78
www.kohlern.com

Albergo Ristorante Colle
Famiglia Josef Schrott
Colle 11
39100 Bolzano

Weinhof mit jahrhundertealter Geschichte
Tenuta vinicola con una storia centenaria

Den schönen Hof aus dem 16. Jahrhundert bewirtschaftet Familie Egger-Spögler seit 1893. Sichtbares Zeichen dafür sind die mächtigen, über 100 Jahre alten Lagrein-Rebstöcke, der Hauptsorte des Larcherhofes. Der Lagrein ist neben dem Vernatsch die zweite autochthone Rebsorte Südtirols und läuft hier beim Larcherhof zur Hochform auf. Die Lagrein-Traube liebt die warme und luftige Lage am Fuß des Ritten, die sandigen, leichten Porphyrböden und das milde, fast mediterrane Klima mit heißen Sonnentagen und kühlen Nächten zur Reifezeit.

Drei verschiedene Weine keltert Familie Spögler aus dieser Rebe: den roséfarbenen frischen Lagrein Kretzer, den Lagrein aus traditionellen Spitzbögen sowie modernen Erziehungsformen und den samtigen Lagrein-Rivelaun, der durch die bewusst niedrige Erntemenge und den Ausbau im Barriquefass auch als Mediationswein seine Freunde findet. Der Merlot Spund passt dank seines fruchtigen, weichen Geschmacks bestens zu Lamm, Wild und Käse. Etwas Besonderes ist der Justinus, eine Cuvée aus Merlot und Lagrein, sortenrein einzeln im Barriquefass ausgebaut. Der klassische St. Magdalener gehört ebenfalls zu den Hauptsorten des Larcherhofes. Der über 70-jährige Rebenbestand verleiht ihm seine besondere Vielfalt: Das Reb-

Dal 1893 la famiglia Egger-Spögler gestisce questo bel maso del 16° secolo. Segni visibili di ciò sono le possenti viti di Lagrein vecchie più di 100 anni, che sono la varietà più importante del Larcherhof. Il Lagrein è assieme alla Schiava la seconda qualità d'uva autoctona dell'Alto Adige e qui al Larcherhof raggiunge la sua forma migliore. Per la maturazione, l'uva Lagrein ama le tenute calde e soleggiate ai piedi del Renon, i terreni sabbiosi e leggermente porfirici e il clima mite quasi mediterraneo con giorni caldi e soleggiati e notti fresche. Da queste viti la si ricavano tre vini diversi: il fresco Lagrein Kretzer dal colore rosé, il Lagrein da tradizionali pergole a sesto e moderne forme

sortiment setzt sich aus Klein-, Edel-, Mittel-, Tschaggele- und Grauvernatsch zusammen. Rubinrot leuchtet er im Glas, das angenehm fruchtigblumige Aroma und sein frischer Geschmack machen ihn zu einem idealen Begleiter zu fast allen Speisen – sogar zu Fisch, ebenso wie der reinsortig ausgebaute Grauvernatsch. Wer sich von der Qualität der Larcherhof-Weine überzeugen will, kann sich gerne zu einer Verkostung anmelden.

di coltivazione ed il vellutato Lagrein-Rivelaun, che grazie ad una consapevole resa ridotta e alla maturazione in barrique si presta molto bene come vino da mediazione. Grazie al suo gusto fruttato e delicato, il Merlot Spund è fatto apposta per accompagnare il vitello, la selvaggina ed i formaggi. Qualcosa di particolare è il "Justinus", un cuvée di Merlot e Lagrein, fatti maturare separatamente in botti barrique. Anche il classico Santa Maddalena fa parte dei vini più importanti del Larcherhof. L'assortimento di vitigni si compone di Schiava piccola, nobile, media, Schiava Tschaggele e Schiava grigia. Nel bicchiere riluce con il suo rosso granato, il piacevole aroma fiorito e fruttato e il suo gusto fresco lo rendono un vino ideale per accompagnare quasi tutte le pietanze – addirittura il pesce, così come la Schiava grigia fatta maturare singolarmente. Per chi volesse mettere alla prova la qualità dei vini del Larcherhof, può ben volentieri prender parte ad una degustazione.

Weingut Larcherhof
Familie Spögler
Rentsch 82
I-39100 Bozen
☎ 00 39 04 71 / 36 50 34

Tenuta vinicola Larcherhof
Famiglia Spögler
Via Rencio 82
39100 Bolzano

zum 95. Geburtstag 2004

Josef Mayr - Unterganzner

Exklusiver Wein und feinstes Olivenöl für Feinschmecker
Eccellenti vini e olio d'oliva da buongustai

Am Unterganzner Hof widmet man sich schon seit alters her dem Anbau von Reben, die hier aufgrund der optimalen geografischen und klimatischen Bedingungen ganz ausgezeichnet gedeihen. Josephus und Barbara Mayr setzen ganz bewusst gegen den Trend auf die traditionellen „Pergeln", allerdings auf eine modifizierte Art mit hohen Stockanzahlen und niedrigen Stockerträgen, die die Qualität sichern. Auch auf ein „mageres Wachstum" der Trauben wird geachtet, das bedeutet, die Reben werden nicht mineralisch gedüngt. Die heutigen Keller sind zwar mit Beton, Stahl und modernen Techniken ausgestattet, dennoch spielt das Holzfass für die hochwertigsten Weine nach wie vor eine wichtige Rolle. Als Mitglied der Winzervereinigung „Tirolensis Ars Vini" fühlt sich Josephus Mayr einem Qualitätsverspre-

Da sempre al maso Unterganzner ci si dedica alla coltivazione della vite che qui prospera grazie alle favorevoli condizioni geoclimatiche. Andando controcorrente, Josephus e Barbara Mayr coltivano ancora le tradizionali pergole, ma con filari infittiti e a resa ridotta per garantire una migliore qualità delle uve. Un peso particolare viene anche dato alla "crescita magra" dell'uva rinunciando alla concimazione mineralica del terreno. Nella cantina prevalgono le strutture moderne, i serbatoi in acciaio e in cemento, tuttavia ancora oggi le botti in legno giocano un ruolo essenziale nella produzione dei vini più pregiati. Da membro dell'associazione vitivinicola "Tirolensis Ars Vini" i Josephus Mayr si impegna a garantire la più elevata qualità del prodotto, dalla vite fino alla bottiglia. A confermare l'eccellenza dei loro vini è

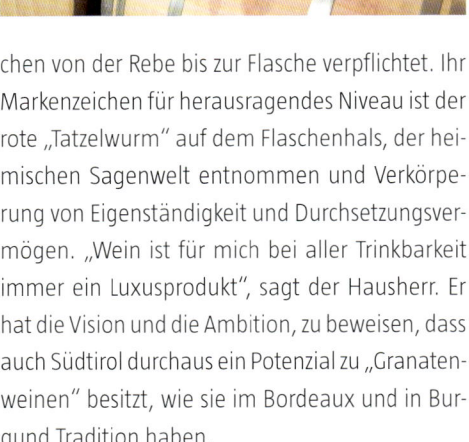

chen von der Rebe bis zur Flasche verpflichtet. Ihr Markenzeichen für herausragendes Niveau ist der rote „Tatzelwurm" auf dem Flaschenhals, der heimischen Sagenwelt entnommen und Verkörperung von Eigenständigkeit und Durchsetzungsvermögen. „Wein ist für mich bei aller Trinkbarkeit immer ein Luxusprodukt", sagt der Hausherr. Er hat die Vision und die Ambition, zu beweisen, dass auch Südtirol durchaus ein Potenzial zu „Granatenweinen" besitzt, wie sie im Bordeaux und in Burgund Tradition haben.

Der wichtigste Wein am Unterganznerhof ist der Lagrein, autochthone Rebsorte Südtirols, genauso wie der Vernatsch St. Magdalener, „König der Südtiroler Vernatsch-Weine". Der Magdalener ist „der Sockel unseres Betriebs", sagt Josephus Mayr. Sein Lagrein und Lagrein Riserva wurden schon fünfmal mit drei Gläsern, der höchsten Wertung im Gambero Rosso, prämiert. Eine andere Spezialität ist der „Lamarein" aus kleinbeerigen Lagreintrauben, in der ersten Oktoberhälfte geerntet und bis Weihnachten in kleinen Kisten unter Dach getrocknet. Anschließend vergärt er bei kontrollierter Temperatur und reift in neuen Barriquefässern und Tonneau mindestens 18 Monate. Das Ergebnis ist

il rosso "Tatzelwurm" sul collo delle bottiglie, un animale fiabesco del mondo delle saghe locali e simbolo di indipendenza e grinta. "Nonostante la sua bevibilità disinvolta, per me il vino è e rimane un prodotto di lusso" dice il patron le cui ambizioni dimostrano come anche in l'Alto Adige sia possibile ottenere dei vini "granata" del tipo Bordeaux e Borgogna. Il vino più importante dell'Unterganzner è il Lagrein, un tipico vitigno autoctono come lo Schiava da cui si ricava il Santa Maddalena considerato il "re dei vini dell'Alto Adige" e un "fiore all'occhiello della nostra azienda" come afferma Josephus Mayr. I suoi Lagrein e Lagrein Riserva sono già stati premiati cinque volte dal Gambero Rosso con tre bicchieri che rappresentano il massimo del riconoscimento possibile. Un'altra specialità è il "Lamarein" prodotto dalle uve Lagrein ad acini piccoli vendemmiate nella prima metà di ottobre e fatte essiccare fino a Natale in piccole cassette sistemate nel sottotetto. Termina poi la fermentazione a temperatura controllata e matura in nuove barrique almeno per 18 mesi. Il risultato finale è un vino assai corposo di colore quasi nero violaceo, ricco di tannino ma allo stesso tempo morbido e con aromi di frutti di bosco essiccati e

ein schwerer Rotwein mit fast schwarzvioletter Farbe, tanninreich, aber weich und mit Aromen von getrockneten Waldfrüchten und dunkler Schokolade. Die Reben der „Composition Reif" aus Cabernet, Lagrein und Petit Verdot wachsen direkt am Flussufer des Eisack, der Merlot am neu erworbenen Pignaterhof in Kampenn. Ein Teil der Cabernettrauben bleibt bis Anfang November an den Rebstöcken hängen, bevor sie im Edelstahltank vergären und in neuen Barriques für 18 Monate reifen und dann zu der aromatischen Cuvée mit Lagrein assembliert werden.

Doch nicht nur Wein wird am Unterganzner Hof erzeugt. Wie der Chronik zu entnehmen ist, gediehen schon im 19. Jahrhundert in einer hauseigenen Orangerie Zitronen und Orangen, die auch erfolgreich vermarktet wurden. Ganz neu ist die Oliven-Produktion am Unterganzner Hof. Als erste Abfüller in der Region konnten Barbara und Josephus Mayr im Jahr 2010 über 100 Liter Olivenöl „extra vergine" abfüllen, die aus 25 verschiedenen kälteresistenten Sorten von Sizilien bis zum Gardasee schonend gewonnen werden. Dieses erste Südtiroler Olivenöl schimmert grün-gelblich in der Flasche, duftet nach frisch geschnittenem Gras, grünen Äpfeln und Artischocken und ist ein hervorragender Begleiter für Salate und Rohkost.

di cioccolato fondente. Le uve Cabernet, Lagrein e Petit Verdot del "Composition Reif" crescono sulle rive dell'Isarco, mentre il Merlot proviene dalle plaghe del maso Pignater a Campegne acquisito di recente. Una parte delle uve Cabernet rimangono sui tralci fino ai primi di novembre prima di fermentare in serbatoi d'acciaio e maturare poi nelle barrique di rovere per 18 mesi e quindi dar vita all'aromatico cuvée nobilitato dal Lagrein. Al maso Unterganzner non si produce però soltanto vino. Come risulta dalle cronache, già nell'Ottocento in una limonaia del maso crescevano arance e limoni che poi venivano venduti a grande richiesta. Una novità, invece, è rappresentata dalla coltivazione dell'ulivo. Qui all'Unterganzner, per la prima volta in Alto Adige, nel 2010 Barbara e Josephus Mayer riuscirono ad imbottigliare oltre 100 litri di extra vergine estratto dai frutti di 25 diverse varietà di ulivi resistenti al gelo e provenienti da varie parti d'Italia, dalla Sicilia fino al lago di Garda. Questo primo olio d'oliva altoatesino si presenta con un delicato colore verde giallognolo, profuma di erba appena falciata, di mela verde e di carciofo ed è un eccellente condimento per insalate e per ogni altra pietanza a base di verdure crude.

Erbhof Mayr-Unterganzner
Josephus und Barbara Mayr
Kampillerweg 15
I-39053 Kardaun
☎ 00 39 04 71 / 36 55 82

Maso Mayr-Unterganzner
Josephus e Barbara Mayr
Via Campiglio 15
39053 Cardano

Spezialitäten aus Meisterhand
Specialità da una mano maestra

Im Sarntal zeigt sich Südtirol von seiner ursprünglichen, noch weitgehend vom Tourismus verschonten Seite. Keine großen Hotelanlagen, sondern behäbige Bauernhöfe, umgeben von Wiesen und Wäldern, prägen das Bild. Zu diesen Höfen zählt auch der Stofnerhof oberhalb des Hauptorts Sarnthein. Hier stellt Familie Stauder ihre Delikatessen her, allen voran natürlich den Sarner Speck. Nur ausgewählte, magere, vollfleischige Schweineschlegel werden dafür verwendet. Nach dem sorgfältigen Einsalzen und Würzen mit der hauseigenen Gewürzmischung per Hand lagern die Schinken zwei Wochen lang und werden dabei mehrmals umgeschichtet, um eine gleichmäßige Pökelung zu erzielen. Danach erfolgt das etwa eine Woche dauernde Räuchern über harzarmem Buchenholz, während dem immer wieder längere Pausen eingelegt werden, um die Schinken der

Nella Val Sarentino l'Alto Adige si presenta ancora nella sua veste più primitiva e in gran parte ancora non sfiorata dal turismo. Nessuna imponente struttura alberghiera bensì confortevoli masi contadini circondati da prati e boschi a caratterizzare il panorama. Di questi masi fa parte anche lo Stofnerhof sopra il paese di Sarentino. Qui la famiglia Stauder produce le sue prelibatezze, prima fra tutte lo speck di Sarentino ovviamente. Vengono utilizzati solo cosciotti di maiale scelti, magri e corposi. Dopo un'accurata salatura e frizionatura a mano con un misto di spezie preparato artigianalmente, i prosciutti vengono fatti stagionare per due settimane, durante le quali essi vengono rivoltati più volte in modo da ottenere una salmistratura uniforme. Segue quindi l'affumicatura su legno di faggio povero di resina che dura in maniera continuata per circa una settimana, e che

reinen Sarner Bergluft auszusetzen. Zur geschmacklichen Vollendung reifen sie anschließend 22 Wochen bei einer Temperatur von zwölf Grad Celsius. Die strikte Einhaltung überprüfbarer Produktionsvorschriften garantiert die hochwertige Qualität und den unverwechselbaren Geschmack. Neben dieser Delikatesse stellt Familie Stauder auch gekochten Schinken, Coppa (Schweinenacken), Kaminwurzen, Bauchspeck und Bresaola (Rindfleisch) her — alles ausgesuchte, schmackhafte Spezialitäten. Übrigens freut man sich über einen Besuch im Speckkeller zu einer Verkostung samt einem Gläschen Wein! Und wer sich länger in dieser Bergidylle aufhalten möchte, der mietet sich einfach in einem der komplett eingerichteten Appartements im geschichtsträchtigen Turm aus dem 13. Jahrhundert oder im neuen Bauernhaus ein.

viene intervallata da pause più o meno lunghe in modo da esporre i prosciutti alla pura aria di montagna di Sarentino. Infine, per raggiungere il completamento in termini di gusto, essi maturano 22 settimane ad una temperatura di 12°. Il rigoroso rispetto di norme di produzione verificabili garantisce l'alta qualità e il gusto inconfondibile. Accanto a questa prelibatezza la famiglia Stauder produce anche prosciutto cotto, coppa, kaminwurzen, pancetta e bresaola — tutte specialità gustose e pregiate.

Inoltre non potrete farvi mancare il piacere di una visita alla cantina dello speck per una degustazione accompagnata da un bicchiere di vino. E per chi volesse trattenersi più a lungo in questo paesaggio alpino bucolico, può prendere in affitto un appartamento nella storica torre risalente al XIII secolo o nel nuovo maso.

Sarner Speck

Familie Stauder
Stofnerhof 40
I-39058 Sarnthein
☎ 00 39 04 71 / 62 24 22
www.stofnerhof.it

Speck Sarentino

Famiglia Stauder
Maso Stofnerhof 40
39058 Sarentino

Bildunterschrift

Der Ritten – Sommerfrische mit Aussicht
Renon – villeggiatura a panoramica

Bozens Hausberg war schon seit Anfang des 17. Jahrhunderts Zufluchtsort der Bürger, wenn der Sommer im Talkessel allzu drückend und heiß wurde.

Wer es sich leisten konnte, errichtete sich hier sein stattliches Sommerfrischehaus und ließ es sich von namhaften Tiroler Barockmalern ausmalen. Aber auch zur Zeit des Jugendstils entstanden hier zahlreiche prunkvolle Villen, von denen heute einige als Hotel fungieren. Eine hypermoderne Seilbahn schwebt in wenigen Minuten von Bozen hinauf. Der Ritten, das ist eine Landschaft von einzigartiger Schönheit – so weit man blickt, sanft gewellte grüne Obstwiesen, durchsetzt von Lärchengruppen, Kastanienhainen, Lindenalleen entlang der alten Rittner Wege, hier und da ein Kirchlein auf einer Hügelkuppe, ein Weiler mit Gehöften, auf den Weiden grasende Kühe und Pferde. Das ganze Panorama krönt die herrliche Dolomitenkulisse von Schlern, Rosengarten und Latemar. Die berühmtesten Naturdenkmäler des Ritten sind die Erdpyramiden, bizarre Türme aus festem Moränenschutt, gekrönt von einem einzigen großen Stein.

Il delizioso altipiano ubicato sopra Bolzano già nel Seicento offriva refrigerio ai cittadini del capoluogo, quando in estate il caldo nel fondovalle si faceva opprimente. Qui le famiglie benestanti costruirono le loro residenze di villeggiatura estiva facendole decorare in stile barocco da rinomati artisti tirolesi. E ancora nel periodo liberty si continuava a costruire numerose ville sontuose, alcune di queste oggi adibite ad albergo. Una funivia ultramoderna sale da Bolzano in pochi minuti. Il Renon, un paesaggio di bellezza unica: frutteti verdeggianti distesi su morbide colline, interrotti da gruppi di larici, castagneti, filari di tigli lungo le storiche strade del Renon, qua e là una chiesetta sulla cima di un poggio, un piccolo paese con casali, sui prati mucche e cavalli al pascolo e un panorama coronato dai maestosi massicci dolomitici dello Sciliar, del Cantinaccio e del Latemar. Uno spettacolo naturale di grande suggestione viene offerto anche dalle famose piramidi di terra del Renon, slanciate torri moreniche dalle forme bizzarre e compresse dall'alto da un'unica grande pietra.

Das Weingespann
Una triade di vinicoltori

Drei Freunde, die eines vereint, nämlich Liebe und Leidenschaft für Wein, haben sich zusammengetan, um mit der Präsentation ihrer Weine gemeinsam aufzutreten. Dabei produziert jeder für sich und in ganz unterschiedlichen Anbaugebieten mit verschiedenen Klimazonen und Rebsor-

Tre amici si sono messi assieme per presentare uniti i prodotti della passione che li accomuna, la grande passione per il vino, anche se ognuno di loro si distingue dagli altri per quanto riguarda la diversità dei terreni coltivati distanti tra di loro, del microclima e dei vitigni prediletti.

ten eigenständige Weine von eigenständigem Charakter.

Der Ansitz Waldgries im Herzen von St. Magdalena stammt aus dem 12. Jahrhundert. Die Reben dieser Lage genießen auf warmen Böden ein einzigartig mildes Mikroklima und intensive Sonneneinstrahlung. In den jahrhundertealten Gewölben tief unter der Erde baut Christian Plattner die Weine aus: Sauvignon blanc, Klassischer Magdalena, Lagrein in drei verschiedenen Ausbauformen, Cabernet Sauvignon und Rosenmuskateller.

Der Köfererhof gehört zu den typischen Eisacktaler Weinhöfen mit langer Tradition. Wie überall im Eisacktal sind es vor allem die Weißweinreben, die hier exzellente Bedingungen finden: Kerner, Sylvaner, Ruländer (Grauburgunder), Müller Thurgau, Gewürztraminer und Riesling gedeihen rund um den Hof in 650 Metern Höhe auf mineralischen Böden. Günther Kerschbaumer keltert hier fruchtintensive, rassige Weißweine mit Struktur und Eleganz.

Zu Füßen des Schlernmassivs ist Markus Prackwieser am Gumphof zu Hause, dessen steile Rebflächen 350 bis 550 Meter hinaufklettern. Hier entsteht durch das tagsüber herrschende warme Klima von St. Magdalena und die nächtliche Kühle des Eisacktals ein einzigartiges Mikroklima. Auf den tiefgründigen, sandigen Lehmböden fühlen sich Weißburgunder, Sauvignon, Gewürztraminer, Vernatsch und Blauburgunder wohl.

La tenuta Waldgries risale al XII secolo e si trova nel cuore della zona del Santa Maddalena, si estende su terreni intensamente assolati e gode di un microclima straordinariamente mite, ideale per il Santa Maddalena classico, tre diverse varietà di Lagrein, il Sauvignon Blanc, il Cabernet Sauvignon e il Moscato Rosa che dopo una sapiente lavorazione maturano sotto le volte delle antiche cantine sotterranee di Christian Plattner.

La tenuta Köfererhof, situata a 650 metri di altitudine nella conca di Bressanone su terreni decisamente mineralici, è un tipico maso legato alla tradizione vitivinicola della Val d'Isarco che trova la sua migliore espressione in vini bianchi di grande eleganza e dal carattere forte come il Kerner, il Sylvaner, il Pinot Grigio, il Müller Thurgau, il Gewürztraminer ed il Riesling prodotti e imbottigliati da Günther Kerschbaumer.

Ai piedi del maestoso massiccio dolomitico dello Sciliar si trova invece il maso vinicolo Gumphof con i suoi ripidi vigneti che si inerpicano tra i 350 ed i 650 metri di altitudine e vengono lavorati manualmente con grande cura e abilità da Markus Prackwieser. Grazie al clima estremamente mite e caldo di giorno e l'aria molto più fresca di notte, nell'area di Santa Maddalena si è in presenza di una particolarissima situazione microclimatica che insieme ai profondi strati argillo-arenosi del terreno favoriscono la perfetta crescita sia dei vitigni bianchi come il Pinot Bianco, il Sauvignon e il Gewürztraminer che quelli rossi come lo Schiava e il Pinot Nero.

Weingut Ansitz Waldgries
Christian Plattner
St. Justina 2
I-39100 Bozen
☎ 00 39 04 71 / 32 36 03
www.waldgries.it

Köfererhof
Günther Kerschbaumer
Pustertalerstraße 3
I-39040 Vahrn
📱 00 39 3 47 / 4 77 80 09
www.koefererhof.it

Gumphof
Markus Prackwieser
Prösler Ried 8
I-39050 Völs am Schlern
📱 00 39 3 35 / 1 29 39 15
www.gumphof.it

Tenuta vinicola Waldgries
Christian Plattner
Santa Giustina 2
39100 Bolzano

Tenuta vinicola Köfererhof
Günther Kerschbaumer
Via Pusteria 3
39040 Novacella/Varna

Tenuta vinicola Gumphof
Markus Prackwieser
Novale di Presule 8
39050 Fiè allo Sciliar

Qualitätsweine im Einklang mit der Natur
Vini di alta qualità in armonia con la natura

Rainer Loacker war nicht nur in Südtirol der erste Winzer, der sich mit Bio-Weinbau befasste, auch auf der gesamten Appenin-Halbinsel gehörte er zu den Bio-Pionieren. Loacker erwarb 1978 den erstmals 1334 urkundlich erwähnten Schwarhof am Ritten inmitten des Weinbaugebiets St. Magdalena. Der Blick von hier oben über die Weinberge hinweg auf Bozen ist zu jeder Jahreszeit herrlich, doch besonders im Herbst, wenn sich die Blätter rotgelb färben, ergibt die Aussicht ein hinreißendes Panorama. Geführte Weindegustationen im atemberaubenden Pavillon mit bester Sicht auf die Landeshauptstadt erfreuen die Gemüter.

Rainer Loacker führte das Weingut von Anfang an mit biologischen Methoden, heute werden auch biodynamische Prinzipien befolgt und die Reben mit homöopathischen Präparaten behandelt. Auf sieben Hektar Rebgärten werden Weine wie Sauvignon Blanc, Chardonnay, Gewürztraminer, St. Magdalener, Blauburgunder und Merlot produ-

Rainer Loacker non fu soltanto il primo vinaiolo dell'Alto Adige a sposare la causa della viticoltura biologica, ma è anche un rinomato pioniere della cultura del biologico a livello nazionale. Nel 1978 Loacker diventa proprietario dell'antico maso vinicolo Schwarhof le cui origini risalgono al 1334 e che è situato nel cuore della zona pedemontana del Renon dove crescono le nobili uve del Santa Maddalena. Da qui si gode di una vista panoramica a dir poco mozzafiato, specie in autunno quando il fogliame delle vigne si colora di giallo rosaceo. Dallo splendido padiglione adibito alle degustazioni dei vini della casa lo sguardo spazia sopra la sottostante città di Bolzano ed i suoi dintorni idilliaci. Come già accennato, Rainer Loacker ha seguito fin dall'inizio metodi biologici nella conduzione della sua azienda, oggi sostenuti anche da principi biodinamici che tra l'altro prevedono un trattamento dei vitigni con preparati rigorosamente fito-omeopatici.

ziert. Seit Kurzem haben die beiden Söhne Hayo, Geschäftsführer und verantwortlicher Önologe, und Franz-Josef, der für den weltweiten Vertrieb verantwortlich ist, die Leitung des Unternehmens übernommen.

Noch zwei weitere Weingüter in der Toskana gehören zum italienischen Familien-Imperium: seit 1996 das Weingut Corte Pavone in Montalcino und seit 1999 das Weingut Valdifalco in der Maremma. Auf insgesamt knapp 50 Hektar Weinbergen produzieren die Loacker-Tenute pro Jahr rund 300 000 Flaschen Wein, der in jedem Jahr von renommierten Zeitschriften und auf den wichtigsten Messen prämiert wird.

Sui sette ettari della tenuta crescono quindi, in perfetta armonia con la natura, le uve che si trasformeranno in pregiatissimi Sauvignon Blanc, Chardonnay, Gewürztraminer, Santa Maddalena, Pinot Nero e Merlot. Recentemente la gestione della tenuta è passata nelle mani dei due figli di cui Hayo è l'amministratore e l'enologo responsabile, mentre Franz-Josef dirige le vendite destinate ormai a molti paesi del mondo. Sempre dell'azienda dei Loacker fanno parte due tenute vinicole toscane: nel 1996 venne acquistata quella di Corte Pavone di Montalcino alla quale nel 1999 si è aggiunta la tenuta di Valdifalco in Maremma. Complessivamente le tre tenute Loacker si estendono su una cinquantina di ettari che ogni anno producono circa 300 000 bottiglie di vino d'eccellenza e pluripremiato dalle riviste e mostre enologiche.

Weingut Loacker Schwarhof
St. Justina 3
I-39100 Bozen
☎ 00 39 04 71 / 36 51 25
www.loacker.net

Tenuta vinicola Loacker Schwarhof
Santa Giustina 3
39100 Bolzano

Zu Gast bei der bekanntesten Wirtin Südtirols
Ospiti dell'ostessa più conosciuta dell'Alto Adige

Malis Schlutzkrapfen |
Ravioloni alla Mali

Rezept finden Sie auf Seite 252 |
Per la ricette vedere a pag. 252

Sie rollte ihre unvergleichlichen „Schlutzer" schon live im Musikantenstadl und bei der Herbstshow des ZDF, und ganz Südtirol ist sich einig: Bessere gibt es nicht als die von der „Mali"! Wie grüne Murmeln kullern sie in brauner Butter und mit Parmesankäse bestreut im Teller, hauchdünner Nudelteig macht die von Mali jeden Tag frisch zubereiteten, mit Spinat gefüllten Schlutzkrapfen so besonders. Besonders ist auch der eigene, aromatische Speck, für den die Schweine nur bei Vollmond und unter „starken" Tierkreiszeichen wie Widder, Stier, Löwe und Steinbock geschlachtet werden. Zu Speck, Kaminwurzen, Knödeln und Schlutzern gesellen sich die anderen hausgemachten Spezialitäten wie Krautsalat, Rippelen oder Gerstsuppe und natürlich Sauerkraut mit Hauswürsten und Geselchtem, besonders beliebt zur Törggelezeit im Herbst. Zum Nachtisch sollte man sich Malis Apfelküchel oder Strauben, das sind dünne, in Fett gebackene und mit Puderzucker bestreute Teigkringel, nicht entgehen lassen. Wenn es warm ist, sitzt man draußen auf Bänken mit einem atemberaubenden Blick auf die Dolomitenzacken von Schlern und Rosengarten,

Già svariate volte l'abbiamo vista preparare i suoi leggendari "Schlutzer" ripieni con spinaci in diretta negli show folcloristici della ZDF e di altri rinomati canali televisivi, e tutti, qui in Alto Adige, siamo d'accordo che i suoi sono i migliori in assoluto. Parliamo di Amalie o della "Mali", come ormai tutti la chiamano, la padrona di casa del maso Baumann e cuoca d'eccellenza delle specialità legate alla tradizione della cucina altoatesina. Ma non sono soltanto i suoi fagottini agli spinaci fatti con pasta sottilissima e sempre freschi di giornata ad attirare i buongustai al maso Baumann, ma tutta una serie di squisite specialità fatte in casa a cominciare da uno splendido speck ottenuto da maiali macellati sempre i giorni di luna piena sotto i "vigorosi" segni zodiacali dell'ariete, del toro, del leone e del capricorno. Poi ci sono i kaminwurzen, i canederli, la minestra d'orzo, le costicine e i crauti in agro con salsicce e carni affumicate, per non parlare dei dolci tra cui eccellono le gustosissime frittelle di mela e le "strauben", sottilissimi anelli di pasta fatti friggere nello strutto e serviti ricoperti di zucchero a velo. D'estate si potrà stare all'aperto a godersi il panorama dolomitico con sullo sfondo

in der kalten Jahreszeit schmeckt die traditionelle Bauernkost in zwei urgemütlichen holzgetäfelten Stuben. Mali ist als Wirtin mit Leib und Seele allgegenwärtig, in der Küche ebenso wie bei ihren Gästen, mit denen sie nur zu gerne plaudert. Zu allen kulinarischen Köstlichkeiten holt Sohn Georg den selbst gekelterten Weißen oder Roten aus dem Keller. Wer das alles länger genießen möchte: Die eigene Pension gleich nebenan bietet schöne Zimmer und Ferienwohnungen.

lo Sciliar e il Catinaccio, mentre durante le stagioni meno calde ci si potrà sedere a tavola nelle accoglienti stube per farsi consigliare della onnipresente Mali e da suo figlio Georg competente soprattutto per quel che riguarda la cantina con ottimi vini sia bianchi che rossi, anch'essi ovviamente di produzione propria. Chi poi volesse prolungare il suo soggiorno al maso Baumann, lo potrà fare in una delle belle stanze o negli appartamenti dell'adiacente pensione.

Buschenschank Baumann
Familie Amalie Höller
Oberlaitach 6
I-39054 Signat
☎ 00 39 04 71 / 36 52 06
☎ Pension 00 39 04 71 / 36 56 63

Trattoria Maso Baumann
Famiglia Amalie Höller
Oberlaitach 6
39054 Signato

Bodenständige und raffinierte Haubenküche
Cucina raffinata e premiata legata alla terra

In Lagrein geschmorte Ochsenwangen auf Polenta mit frischen Steinpilzen | Stufato di guanciale di bue in Lagrein su polenta con funghi porcini freschi

Rezept finden Sie auf Seite 253|
Per la ricette vedere a pag. 253

Eine Idylle wie aus dem Bilderbuch empfängt die Urlauber und Gäste beim Signater Hof am Südhang des Ritten! Die entzückende Gegend ist wie gemacht für ausgedehnte Wanderungen. Absolut ruhig ist es hier oben und zu jeder Jahreszeit lohnenswert. Gemütlich und einladend geht es zu bei Familie Lobiser, den Gastgebern dieses Schmuckstücks gleich gegenüber der kleinen Kirche. Im rußgeschwärzten Kellergewölbe, das heute als Speisekammer dient, befinden sich noch Bauelemente aus dem 15. und 16. Jahrhundert, als neben dem Haus auch eine Schmiede ihren Sitz hatte. Im „Studentenkammerle" neben der Gaststube wohnte im letzten Jahrhundert der Pfarrer. Die Perle des Hauses ist sicherlich die getäfelte Stube aus dem 18. Jahrhundert im ersten Stock, in der man noch die gute alte Zeit spüren kann. Hier und in der Gaststube mundet die feine Haubenküche von Günther Lobiser ganz vorzüglich. Nach mehreren Stationen auch in Sterne-Restaurants hat er sich ganz dem „Slow-Food"-Gedanken verschrieben, das bedeutet, dass alle verwendeten Produkte aus der Gegend stammen: Eier, Gemüse, Kräuter, Fleisch – alles je nach Jahreszeit von bester Qualität und immer frisch. Daraus zaubert Günther

Nell'idilliaco paesaggio sul pendio meridionale dell'altipiano del Renon, a pochi passi del capoluogo altoatesino, ci attende il Signaterhof, apprezzata meta di sosta, tra l'altro, di molti escursionisti alla scoperta delle bellezze naturali dei dintorni di Bolzano. L'assoluta quiete che regna in questo luogo pittoresco sito di fronte ad una chiesetta, la squista ospitalità della famiglia Lobiser, l'accogliente atmosfera degli ambienti e la cucina a dir poco eccellente fanno di questo antico maso, le cui fondamenta risalgono al XV e XVI secolo e che a quel tempo ospitava anche una fucina da fabbro, un vero gioiello della gastronomia locale. Fino al secolo scorso nella cosiddetta "cameretta degli studenti" adiacente alla sala della locanda abitava ancora il parroco del paesino. Ma la vera perla della casa, dove è particolarmente piacevole gustare le raffinatezze culinarie che questo maso offre, è certamente la bellissima grande stube al primo piano i cui rivestimenti lignei risalgono al Settecento. Günther Lobiser, patron della casa e chef pluripremiato formatosi in varie cucine stellate, è un fervido fautore della filosofia "slow food" e di conseguenza si avvale rigorosamente dei prodotti freschi della zona e secondo la stagione, dalle

Lobiser dann seine zwar bodenständigen, aber immer etwas raffinierten Gerichte, egal ob es sich um ein Candlelight-Dinner für zwei oder um zünftiges Törggelen handelt. Wichtig ist ihm, dass alle Zutaten ihren Eigengeschmack bewahren. Täglich stehen frisch gebackene Kuchen wie Pfirsichdatschi, Mohn- oder Buchweizentorte schon zum Frühstück bereit, und die Menükarte lässt mit typischen, verfeinerten Gerichten der Südtiroler Hausmannskost keine Wünsche offen.

carni alle verdure, dalle uova e dai latticini fino alle spezie. Il risultato è una tavola di grande raffinatezza e dai sapori legati fortemente alle tradizioni della terra, una cucina tutta da gustare sia che si tratti di una cena intima a lume di candela oppure di una scorpacciata di Törggelen in compagnia di amici. La freschezza e la genuinità a cui è votata l'arte culinaria di Günther Lobiser caratterizza anche gli squisitissimi dolci sfornati ogni mattina e già pronti per la prima colazione, tra di essi i favolosi fagottini alla pesca e le torte di grano saraceno e ai semi di papavero. Per non parlare delle tante altre prelibatezze tipiche della più tradizionale e raffinata arte culinaria altoatesina.

Gasthof Signaterhof
Familie Lobiser
Signat 166
I-39050 Signat
☎ 00 39 04 71 / 36 53 53
www.signaterhof.it

Albergo Ristorante Signaterhof
Famiglia Lobiser
Signato 166
39050 Signato

Das Dorfgasthaus für alle mit feiner Küche
Una trattoria di paese con cucina raffinata

Pikante Fischsuppe mit Muscheln und Garnelen | Zuppa di pesce piccante con molluschi e gamberetti

Rezept finden Sie auf Seite 254 | Per la ricette vedere a pag. 254

Im Pirbamer fühlen sich die Einheimischen genauso wohl wie Urlauber, die unterwegs am Kastanienweg sind und bei Speis und Trank die herrliche Aussicht genießen möchten: Rosengarten, Latemar und die anderen Dolomitenzacken grüßen aus der Ferne und sind doch zum Greifen nah. Überhaupt ist die ganze Gegend um den Pirbamer einfach zu jeder Jahreszeit zauberhaft, angefangen von der Apfellandschaft über die nahebei gelege-

Dal Pirbamer tutti si sentono a proprio agio, i residenti come i villeggianti e gli escursionisti che percorrono il sentiero delle castagne e qui si fermano non solo per godersi la meravigliosa vista panoramica sui maestosi massicci dolomitici del Latemar e del Catinaccio ma anche per rifocillarsi gustando qualche specialità della rinomata cucina del Pirbamer. Ci troviamo in un angolo dell'Alto Adige tra i più suggestivi, sulle pendici dell'altipia-

nen Rittner Erdpyramiden bis zum einstigen Römerweg, auf dem schon die Ritter vorbeizogen. Bei so viel schöner Aussicht soll man aber die Kunstwerke auf den Tellern nicht vernachlässigen, denn die Küche ist ein weiteres Aushängeschild des Restaurants Pirbamer, in dem Familie Unterhofer schon in der dritten Generation für das Wohl ihrer Gäste sorgt. Walter Lobis ist ein erfahrener Meister, der zusammen mit seiner Frau von den bodenständigen, traditionellen Gerichten seiner Heimat bis zum Feinschmecker-Gourmetmenü zu jedem Anlass je nach Jahreszeit nur das Beste auftischt. Auch Geburtstagsessen, Hochzeitsfeiern, Taufen, Firmungen – seiner Fantasie lässt er bei diesen Gelegenheiten freien Lauf und kombiniert diese mit sicherem Gespür für die Harmonie aller Zutaten. In den gemütlichen Räumlichkeiten schmecken die verschiedenen Leckereien – darunter auch ofenfrische Pizzas – einfach himmlisch. Fischsuppe mit Knoblauchbruschetta, Schüttelbrot-Tagliatelle in Speck und Pfifferlingen geschwenkt, einheimisches Bullenfilet in Trüffelsauce mit Kohlrabi und Rosenkohlblättern und im Herbst die zart schmelzenden Kastanienvariationen lassen das Wasser im Mund zusammenlaufen.

no del Renon con i suoi rigogliosi frutteti, i favolosi panorami alpini, le straordinarie formazioni geologiche delle piramidi di terra e l'antica via romana una volta percorsa da imperatori e cavalieri di ventura. Ma torniamo nell'accogliente ambiente del Pirbamer che la famiglia Unterhofer gestisce da ormai tre generazioni con un impegno costante per tenere alta la fama della sua buona tavola grazie anche a Walter Lobis, chef di grande esperienza che assieme a sua moglie sa preparare delle vere squisitezze che spaziano dalle gustose pizze appena sfornate ed i sostanziosi piatti della tipica cucina locale fino ai menu da gourmet apprezzati soprattutto in occasione delle grandi feste familiari come matrimoni, compleanni, battesimi e cresime che vengono festeggiati spesso al Pirbamer. Una cucina che riesce in maniera eccellente ad abbinare le tradizioni culinarie dell'Alto Adige ai sapori più raffinati della cucina italiana ed internazionale. A confermarcelo sono tra l'altro una gustosissima zuppa di pesce con bruschetta all'aglio, le tagliatelle fatte di pan di segale e saltate in padella con speck e finferli, il delizioso filetto di toro in salsa di tartufo con cavoli rapa e cavoletti di Bruxelles nonché, d'autunno, le squisitissime variazioni di castagne dolci.

Restaurant Pirbamer

Familie Unterhofer

Dorf 22

I-39050 Unterinn

☎ 00 39 04 71 / 35 90 14

Ristorante Pirbamer

Famiglia Unterhofer

Via Paese 22

39050 Auna di Sotto

Urlaubsfreuden in historischem Hotel
Una splendida vacanza in uno splendido albergo storico

Rittner Kloatzen-Krapfen mit Apfeleis | Krapfen di pere secche "kloatzen" del Renon con gelato alla mela

Rezept finden Sie auf Seite 255 |
Per la ricette vedere a pag. 255

Nur ein paar Minuten schwebt die funkelnagelneue Kabinenbahn von Bozen hinauf, und eine andere Welt tut sich auf, die an Schönheit kaum zu überbieten ist. Hier angekommen, braucht es wieder nur ein paar Schritte, und wir befinden uns in einem Haus, in dem die Zeit vor 100 Jahren stillgestanden zu sein scheint. Das Parkhotel Holzner ist ein bezauberndes Jugendstil-Juwel. Erbaut 1908, sind bis heute Bausubstanz und Einrichtung nahezu unverändert geblieben. Alles ist noch im Original erhalten, die schöne grüne Wandvertäfelung, die kostbaren Lampen und Kronleuchter, die Gemälde, die Thonet-Stühle, die Stoffe und viele Details wie Glaskaraffen, Silber und Geschirr. Quasi als Lohn für so viel Stil, gepaart mit modernem Komfort eines Viersterne-Hauses, erhielt das Parkhotel Holzner im Jahr 2008 die Auszeichnung Historischer Gastbetrieb. Ob im altehrwürdigen Haupthaus oder in den neuen Appartements mit eigenem Garten: Es sind Enklaven der Ruhe und des Genusses in einer nostalgischen Atmosphäre. Kinder sind besonders willkommen und werden nach Strich und Faden mit allen erdenklichen Attraktionen bei Laune gehalten. Die Eltern entspannen in der weitläufigen Parkanlage mit Freischwimmbad. Wer die herrliche Landschaft des Ritten ganz gemächlich erleben möchte, besteigt die Rittner Bahn gleich gegenüber dem Hotel. Auch kulinarisch gesehen haben es die Gäste des

Ci si impiegano soltanto pochi minuti a giungere dal centro di Bolzano fino a quassù, con la nuovissima funivia del Renon, per farci trovare improvisamente in mezzo ad un paesaggio naturale da vera favola. E pochi passi più in là ci troviamo di fronte ad un albergo dove il tempo sembra essersi fermato un secolo fa. Il Parkhotel Holzner, costruito nel 1908, si presenta come un prezioso gioiello dell'architettura liberty in cui la maggior parte delle strutture e dell'arredo è rimasta miracolosamente conservata, dall'originale rivestimento parietale ligneo di color verde ai pregiati lampadari d'epoca, dai dipinti d'antiquariato e dalle storiche sedie Thonet fino alle caraffe di vetro, l'argenteria e le stoviglie. Quasi a premiare tale riuscitissima convivenza tra uno stile d'altri tempi e il comfort moderno di un esercizio a quattro stelle, nel 2008 il Parkhotel Holzner è stato ufficialmente insignito del titolo onorifico di "albergo storico". Sia nell'edificio principale che nei nuovi appartamenti aggiunti con i loro giardinetti privati si respira l'aria di una piacevole atmosfera nostalgica in cui si trovano a loro agio anche i bambini, ospiti più che benvenuti e intrattenuti con attrazioni di ogni genere mentre i genitori si rilassano nell'ampio parco intorno alla piscina o vanno alla scoperta delle bellezze paesaggistiche dell'altipiano servendosi magari della romantica ferrovia a scartamento ridotto di cui una fermata si trova proprio di fronte

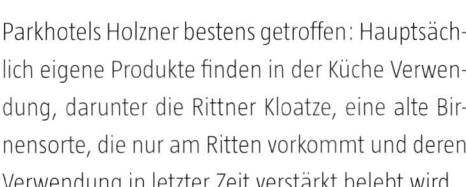

Parkhotels Holzner bestens getroffen: Hauptsächlich eigene Produkte finden in der Küche Verwendung, darunter die Rittner Kloatze, eine alte Birnensorte, die nur am Ritten vorkommt und deren Verwendung in letzter Zeit verstärkt belebt wird.

all'albergo. Anche da un punto di vista culinario il Parkhotel Holzner rappresenta un'ottima scelta visto che la cucina impiega in prevalenza prodotti propri e tipici della zona come ad esempio le "kloatze" del Renon, un'antica varietà di pere riscoperta di recente.

Parkhotel Holzner
Familie Holzner
Dorfstraße 18
I-39059 Oberbozen/Ritten
☎ 00 39 04 71 / 34 52 31
www.parkhotel-holzner.com

Parkhotel Holzner
Famiglia Holzner
Via del Paese 18
39059 Soprabolzano/Renon

Traumhafte Bauernhof–Idylle mit Lamas und Araberpferden
Un maso altoatesino con lama sudamericani e cavalli arabi

Kloatzen-Schlutzkrapfen |
Ravioloni di pere secche
"kloatzen"

Rezept finden Sie auf Seite 256 |
Per la ricette vedere a pag. 256

Rossellini fühlt sich sichtlich wohl in dieser Idylle am Rittner Hochplateau. Etwas hochnäsig schaut er schon drein, der schönste Lama-Hengst weit und breit. Er und seine Artgenossen haben es am Kaserhof richtig gut getroffen. Familie Mair betreibt hier nämlich die größte Lama- und Alpaka-Zucht Italiens und die drittgrößte Europas. Auf Anmeldung können Besucher Trekking-Touren auf dem Rittner Themenweg oder zu den Erdpyramiden unternehmen und dabei viel über diese sensiblen und schönen Tiere lernen. Sensibel und schön, dazu elegant und temperamentvoll, das sind auch die Vollblut-Araberpferde, die den Kaser-

"Rossellini" sembra davvero sentirsi a proprio agio in questo angolo idilliaco dell'altipiano di Renon, e nonostante la sua aria un poco altezzosa è senza dubbio il maschio più bello tra i lama allevati sul maso Kaserhof. Quello della famiglia Mair è il più grande allevamento italiano di lama e alpaca e il terzo a livello europeo. Prenotando si può partecipare ai trekking tour con questi simpatici animali lungo il sentiero tematico dell'altipiano o intorno alla straordinaria formazione geologica delle piramidi di terra, avendo così anche l'occasione di conoscere meglio questi splendidi e sensibili quadrupedi d'oltreoceano. Altrettanto belli e affascinanti

hof ebenfalls ihre Heimat nennen. Vollkommen frei wachsen sie auf dem höchstgelegenen Gestüt Europas auf, genauso wie die Freilandrinder. Die Kühe, Kälber – und der Stier – fressen nur Heu und Gras und landen dann als schmackhafte Fiorentina oder als zartes Steak auf den Tellern der Gäste des Kaserhofs, im Sommer auf der Sonnenterrasse mit Blick auf die Dolomiten, in der kalten Jahreszeit in der wunderhübschen Stube aus dem Jahr 1862. Am Kaserhof kann man sich über hausgemachte, traditionelle Südtiroler Kost mit Gemüse aus dem eigenen Garten freuen. Die vier Ferienwohnungen laden auch zu längerem Verweilen, denn langweilig wird es einem am Kaserhof bestimmt nicht! Familie Mair hat sich hier ihren Traum verwirklicht und ihr Hobby zum Beruf gemacht. Für Kinder ist der Kaserhof das reine Paradies: Katzen, Hühner, Enten, Kaninchen und ein Hund machen neben den größeren Tieren die Ferien für die ganze Familie zu echtem Urlaub auf dem Bauernhof.

sono i purosangue di razza araba, anch'essi di casa al maso Kaserhof che in questo caso diventa la scuderia di cavalli arabi alla maggiore altitudine di tutta l'Europa. Cavalli che pascolano in piena libertà accanto alle mucche, ai vitelli e al toro, sempre allevati dalla famiglia Mair, e che alla fine della loro vita spensierata ci regalano quelle delicate bistecche e squisite fiorentine che in estate ci vengono servite sul soleggiato terrazzo del maso con la sua favolosa vista sulle Dolomiti, mentre d'inverno saremo accolti da una bellissima stube i cui rivestimenti di legno risalgono al 1862. Nella tradizionale cucina sudtirolese prevalgono i prodotti del maso e le verdure fresche che crescono negli orti intorno al maso. Per chi volesse fermarsi un po' di più e trascorrere una vacanza indimenticabile in mezzo a tantissimi animali a cui si aggiungono gatti, galline, anitre, conigli e l'irrinunciabile cane da guardia, potrà alloggiare in uno dei quattro accoglienti appartamenti agrituristici che la famiglia Mair mette a disposizione dei suoi ospiti grandi e piccoli.

 Kaserhof
Familie Mair
Geirerweg 26
I-39058 Oberbozen/Ritten
☎ 00 39 04 71 / 34 50 46
www.kaserhof.it

Maso Kaserhof
Famiglia Mair
Via Geirer 26
39058 Soprabolzano/Renon

Ruhe und Erholung in paradiesischer Umgebung
Riposo e relax in mezzo a un piccolo paradiso

Speckknödel mit Rittner Steinpilzen | Canederli allo speck con funghi porcini del Renon

Rezept finden Sie auf Seite 257 | Per la ricette vedere a pag. 257

Einfach mal tun und lassen, was man gerade will – so soll ein Urlaub sein, der vor – allem einem Ziel dient: Ruhe zu finden in einer wunderschönen, intakten Natur, in einem Paradies weitab vom Alltagslärm. Wer dies schätzt und schützt, ist im Naturidylle Geyrerhof® Resort genau richtig. Aus einem Bauernhof des 17. Jahrhunderts ist ein kleines, traditionsreiches, komfortables Hotel entstanden, das zwar gut versteckt liegt, aber leicht zu finden ist. Die Aussicht gehört zu den beeindruckendsten ganz Südtirols, weit geht der Blick über Wiesen und Wälder bis hin zu den mächtigen Dolomiten. Naturliebhaber und Genießer finden in dieser Oase der Ruhe ihr Paradies und werden persönlich von Familie Ramoser in jeder Hinsicht bestens betreut. Sie bereitet ihren Gästen hier entschleunigte Tage

Lasciarsi andare al relax più assoluto e far quello di cui si ha voglia – sono questi i presupposti di una vera vacanza trascorsa in mezzo alla natura, in un'oasi di pace lontano dalla chiassosa vita di tutti i giorni. Chi la pensa così non ha che da prenotare un soggiorno all'hotel Naturidylle Geyrerhof® a Soprabolzano sull'altipiano del Renon. Da un antico maso contadino del Seicento è nato un piccolo hotel di grande tradizione e dotato di ogni comfort, situato in una posizione un po' appartata ma comunque facile da trovare. La vista panoramica che spazia sopra i boschi e prati fino a fermarsi all'orizzonte frastagliato da maestose cime dolomitiche è senz'altro una tra le più grandiose dell'Alto Adige. A gestire questa splendida casa è la famiglia Ramoser che è riuscita a creare

in liebevoll eingerichteten Zimmern und Suiten, in heimeligen Stuben und gemütlichen Gasträumen. Man braucht nur vor die Tür zu treten und kann so richtig durchatmen. In 1329 Metern Höhe kehrt innerer Frieden ein, der neue Energien schafft. Neue Energien schafft natürlich auch die gute Küche des Geyrerhofs, in der Vater Christof Ramoser schon seit über 40 Jahren das Zepter schwingt und seine Gäste mit Bio-Produkten von der eigenen Landwirtschaft verwöhnt. Hier kommt nur Natur auf die Teller, mal tirolerisch-bodenständig, mal international interpretiert. Dazu gehören Schweine- und Rindfleisch vom Hof, Wild aus eigenem Wald, Kräuter aus dem Garten vor der Tür, die vom Küchenteam dann zu abwechslungsreichen Menüs verarbeitet werden. Selbstgemachte Marmelade, Sirup, Brot vom Steinofen und vieles mehr kann man sich nach Hause mitnehmen und den Urlaub damit ein wenig verlängern.

quell'atmosfera di cordiale familiarità che si respira in tutti gli ambienti della casa, dalle stanze e le suite arredate con grande cura e amore fino alle stube piene di accogliente fascino. Appena usciti all'aperto si respira invece l'aria pura di montagna che qui, a 1329 metri di altitudine, ci riempie di quella pace interiore necessaria a rilassarci e a caricarci di nuove energie.

A regnare ormai da oltre 40 anni dietro ai fornelli, deliziando gli ospiti del Geyrerhof con prodotti biologici del proprio maso agricolo, è lo stesso papà Christof Ramoser. Qui è ancora la natura a dettare l'inconfondibile carattere alle pietanze in prevalenza legate alla tradizionale cucina locale e spesso affiancate da gustose specialità di quella internazionale. Le carni suine e di manzo provengono dal proprio allevamento, la cacciagione dai boschi del podere e le erbe dall'orto davanti casa, così come pure le marmellate, gli sciroppi e il pane cotto nel forno di pietra sono fatti in casa.

Hotel Naturidylle Geyrerhof®
Familie Ramoser
Geirerweg 13
I-39054 Oberbozen/Ritten
☎ 00 39 04 71 / 34 53 70
www.naturidylle.com

Hotel Naturidylle Geyrerhof®
Famiglia Ramoser
Via Geirer 13
39054 Soprabolzano/Renon

Urlaub für die ganze Familie in traditionsreichem Hotel
Vacanza in famiglia in un albergo di grande tradizione

Fastenknödel mit Steinpilz-Pfifferlingsgröstel und Speckkrautsalat |
Canederli magri con rosticciata di funghi porcini e finferli e insalata di cavolo e pancetta

Rezept finden Sie auf Seite 258 |
Per la ricette vedere a pag. 258

Klobenstein ist ein reizendes Örtchen mitten auf dem Hochplateau des Bozner Hausbergs Ritten. Mittendrin und trotzdem ruhig bietet das familiär geführte Hotel Bemelmans Post eine ganze Urlaubswelt unter einem Dach. Das stattliche Gebäude entstand teilweise um die Jahrhundertwende und vermittelt in seinen gediegenen Räumlichkeiten das Gefühl der „guten alten Zeit". In den liebevoll eingerichteten Räumen mit eleganten Möbeln, der dunklen Holztäfelung und stilvollen Details umgibt den Gast eine heimelige Atmosphäre, in der man die Alltagssorgen abstreifen und sich vollkommen entspannen kann. Dies wusste sogar schon Sigmund Freud, der im Sommer 1911 hier sein Werk „Totem und Tabu" verfasste und im September darauf seine Silberhochzeit in der Veranda des Hotels, der heutigen Sigmund-Freud-Stube, feierte. An der damals schon herrschenden Behaglichkeit hat sich im Hotel Bemelmans Post nichts geändert, hinzugekommen sind natürlich Zimmer und Suiten mit jedem erdenkli-

Collalbo è un ridente paesino nel cuore dell'altipiano del Renon alle porte di Bolzano, e al centro di questo paesino, in posizione un po' isolata e assolutamente tranquilla, si trova lo splendido albergo Bemelmans Post, un piccolo mondo interamente dedicato ai piaceri della vacanza. Gli ambienti eleganti ed accoglienti della struttura, in gran parte risalente al periodo a cavallo dei due secoli scorsi, ricordano i "bei vecchi tempi" sia per il loro arredo con mobili d'epoca e rivestimenti parietali in legno scuro che per lo stile che caratterizza i piccoli dettagli. Qui al Bemelmans ci si ritrova immersi in quel genere di atmosfera molto particolare in cui è facile rilassarsi completamente lasciandosi alle spalle i pensieri e le preoccupazioni della vita quotidiana. Uno tra i primi a riconoscerlo fu il grande Sigmund Freud che qui tra le mura dell'Hotel Bemelmans Post non solo scrisse il suo "Totem e tabù" nel settembre del 1911, ma che l'anno successivo vi ritornò per festeggiare le sue nozze d'argento nella storica

chen Komfort eines Viersterne-Hauses, eine Parkanlage mit Pool, Gartenpavillon und Kinderspielplatz und eine wundervolle Wellness- und Beautyoase mit Hallenbad und Saunalandschaft, in der es an nichts fehlt. An nichts fehlt es den Gästen auch, wenn es um die Kulinarik geht, die Theo Senn, der Seniorchef, persönlich betreut. Speck und Geräuchertes stammen aus der eigenen Metzgerei, erntefrische Vitaminspender aus dem Gemüse- und Kräutergarten im Park. Aus der renommierten Feinschmeckerküche werden die Urlauber mit exzellenten, hausgemachten Speisen verwöhnt, begleitet von ausgesuchten passenden Südtiroler Weinen.

veranda dell'albergo che oggi ospita la bella stube a lui intitolata. Rimasto inalterato nella sua atmosfera di grande accoglienza, l'albergo ora dispone ovviamente di ogni moderno comfort che esige una casa a quattro stelle compresi un vasto parco con piscina e un bel padiglione da giardino, un parco giochi per i ragazzi ed un magnifico reparto wellness e beauty con saune e piscina coperta. In un simile paradiso non può ovviamente mancare una cucina di assoluta eccellenza che qui è capeggiata personalmente da Theo Senn, il patron senior della casa. Lo speck e le specialità affumicate provengono dalla propria macelleria mentre le verdure e le erbe aromatiche crescono nel grande orto adiacente al parco. Una cucina che con i suoi raffinati piatti sa soddisfare anche il palato dei buongustai più esigenti.

Hotel Bemelmans Post
Familie Senn
I-39054 Klobenstein/Ritten
☎ 00 39 04 71 / 35 61 27
www.bemelmans.com

Hotel Bemelmans Post
Famiglia Senn
39054 Collalbo/Renon

Romantischer Ansitz mit modernem Wohnkomfort
Residenza romantica con comfort moderno

Hirschnüsschen in Lagreinsauce mit Pfifferlingen und Kartoffel-Lauchpüree | Nocette di cervo in salsa di Lagrein con finferli e purea di patate e porro

Rezept finden Sie auf Seite 260 |
Per la ricette vedere a pag. 260

Rundherum nichts als Natur, die schönste Aussicht und vollkommene Ruhe – und mittendrin der ehemalige 800 Jahre alte Patrizier-Ansitz mit Kapelle, edel und schlicht, ein Ort voll stiller Schönheit mitten auf dem Rittner Hochplateau.
In luftigen 1322 Metern Höhe werden die Gäste im Hotel Ansitz Kematen von Familie Untermarzoner schon seit 20 Jahren mit Freude verwöhnt. Altes und Neues ergänzen sich im Ansitz Kematen ganz vortrefflich, nämlich traumhafte Stunden in romantischer Atmosphäre in den alten, mit originalen Tiroler Möbeln ausgestatteten Räumen des Ansitzes und moderne Wohnqualität im oberhalb des Restaurants gelegenen Landhaus. Ein idyllischer Schwimmteich gehört ebenfalls zum Angebot des Hauses.

Immersa in una natura rigogliosa e circondata da un panorama altrettanto splendido, l'antica residenza patrizia con l'adiacente chiesetta è uno tra i luoghi più suggestivi dell'altipiano del Renon. Da ormai vent'anni la casa signorile, vecchia quasi 800 anni e situata a 1322 metri di altitudine, offre la sua ospitalità ai villeggianti che amano trascorrere le loro vacanze all'insegna della natura e della quiete. L'arredo con mobili tirolesi originali abbinato al più moderno comfort del complesso residenziale posto poco sopra il ristorante caratterizzano l'atmosfera romantica ed estremamente accogliente del Kematen gestito con grande passione e competenza professionale dalla famiglia Untermarzoner. A completare l'idillio è un piccolo laghetto privato balneabile. La cucina poi, regno

Es versteht sich von selbst, dass auch die kulinarischen Ansprüche dieses gediegenen Hotels hoch sind. Die Küche ist das Reich von Elisabeth Untermarzoner, die zusammen mit ihrem Team ganztägig warme Gerichte anbietet, die auf der wunderschönen Sonnenterrasse vorzüglich munden. Abends werden natürlich besondere Köstlichkeiten aus der heimischen und italienischen Küche serviert, begleitet von feinen Tropfen aus der 300 Etiketten umfassenden Weinkarte. Die eigene Konditorei lässt die Herzen der Süßmäuler höher schlagen.

Freunde des Bogenschießens kommen im Hotel Ansitz Kematen ebenfalls auf ihre Kosten: Hier findet sich Südtirols einziger ganzjährig geöffneter Bogenschieß-Parcours mit Materialverleih. Ein tipptopp ausgestatteter Seminarraum sorgt für durchorganisierte Meetings inklusive Verpflegung. An diesem schönen Ort lassen sich auch wunderbar Familienfeste feiern.

incontrastato di Elisabeth Untermarzoner, è a dir poco eccellente ed offre tutto il giorno piatti caldi serviti sulla bellissima terrazza soleggiata oppure nell'accogliente stube gotica dell'XI secolo, mentre alla sera verranno servite squisitezze della cucina sia locale che italiana. Favolosa anche la lista dei vini con le sue oltre 300 etichette. Dolci delizie provengono inceve dalla pasticceria di casa, anch'essa gestita direttamente dagli Untermarzoner. Il Kematen è rinomato anche presso gli appassionati del tiro con l'arco visto che intorno al podere si sviluppa l'unico percorso di tiro con l'arco dell'Alto Adige aperto tutto l'anno e dotato di servizio di noleggio materiali. Infine una saletta splendidamente attrezzata è riservata allo svolgimento di seminari e workshop di vario tipo per i quali verrà fornito anche il necessario vitto. E va da sé che un incantevole luogo come l'albergo residenza Kematen sia anche particolarmente apprezzato per celebrare matrimoni ed altre grandi feste familiari.

Hotel Ansitz Kematen
Familie Untermarzoner
Kematerstraße 29
I-39054 Klobenstein/Ritten
☎ 00 39 04 71 / 35 63 56
www.kematen.it

Hotel Kematen
Famiglia Untermarzoner
Via Caminata 29
39054 Collalbo/Renon

Lohnenswertes Ausflugsziel für die ganze Familie
Apprezzata meta di escursioni per tutta la famiglia

Salat mit Garnelen |
Insalata con gamberetti

Rezept finden Sie auf Seite 261 |
Per la ricette vedere a pag. 261

Vor der einzigartigen Bergkulisse der Dolomiten bietet der Ritten viel für Jung und Alt. Zahlreiche markierte Wanderwege laden zu entspannten Stunden auf der Sonnenseite der Alpen, im Winter ist das Skiparadies auf dem Rittner Horn nicht weit, das sich mit seinen sanften Hängen ideal für die ganze Familie zeigt.

Das Restaurant Himmelreich liegt hier inmitten von Wäldern und Wiesen, auf denen Pferde und Kühe friedlich grasen. Das fantastische Panorama der Dolomitengipfel befindet sich direkt gegenüber fast zum Greifen nah. Vor dem Haus können die Kleinen auf dem großen Spielplatz herumtoben und die Ziegen, Katzen und Kaninchen streicheln. Auf der Terrasse und in der Gaststube wird leckere Südtiroler Küche aufgetischt wie Schlutzkrapfen mit Anisbutter, Kalbskopf sauer oder Rehmedaillons mit Steinpilzsauce. Figurbewusste greifen zum Salatteller mit gegrillten Riesengarnelen und Mandelkartoffel, zu Goldbrasse oder Schwertfisch vom Grill. Im Herbst stehen Eierbandnudeln

Con la sua posizione proprio di fronte alla straordinaria cornice montana delle Dolomiti, il Renon ha davvero molto da offrire ai suoi ospiti, a cominciare dai numerosi itinerari escursionistici che invitano a trascorrere indimenticabili ore di relax, mentre in inverno il paradiso sciistico del Corno Renon è a poca distanza e con i suoi dolci pendii è ideale per tutta la famiglia. Il ristorante Himmelreich si trova proprio qui, nel mezzo di boschi e prati dove cavalli e mucche pascolano beati. Il fantastico panorama delle cime dolomitiche si trova proprio di fronte, così vicino che sembra quasi di poterlo toccare. I bambini potranno scatenarsi nel grande parco giochi di fronte alla casa ed accarezzare le capre, i gatti e i conigli. Sulla terrazza e nella stube viene servita la deliziosa cucina sudtirolese con portate come gli schlutzer con burro all'anice, testina di vitello in agro oppure medaglioni di capriolo in salsa di funghi porcini. Chi ci tiene alla linea opterà per un piatto di insalata con scampi alla griglia e patate alle mandorle oppure

mit frischen Pfifferlingen auf der Speisekarte. Die leckeren Waldpilze gibt es auch mit Polenta und Gorgonzola. Auch Naschkatzen kommen auf ihre Kosten mit verschiedenen Eisspezialitäten und hausgemachten Kuchen. Das Restaurant Himmelreich eignet sich besonders gut für Familienfeiern, Geburtstags- oder Firmenessen und ist der richtige Ort, um mit Freunden nach einer zünftigen Wanderung durch die herbstlichen Wälder eine gemütliche Törggelepartie mit Speck, Schlachtplatte und gebratenen Kastanien zu genießen.

per un'orata o pesce spada alla griglia. In autunno il menu prevede anche le tagliatelle all'uovo con finferli freschi, quest'ultimi gustosissimi anche se accompagnati da polenta e gorgonzola. Anche i golosoni non avranno che da scegliere tra le varie specialità di gelato ed i dolci fatti in casa. Il ristorante Himmelreich si presta molto bene per feste familiari, pranzi di compleanno o pranzi aziendali ed è il luogo giusto per concedersi un tradizionale "Törggelen" con speck, la classica macellata autunnale e le caldarroste.

Restaurant Himmelreich
Familie Francescutto
Tannstraße 7
I-39054 Klobenstein/Ritten
☎ 00 39 04 71 / 35 65 42

Ristorante Himmelreich
Famiglia Francescutto
Via Tann 7
39054 Collalbo/Renon

Gute Bauernküche am Ritten in herrlicher Umgebung
Buona cucina contadina in uno scenario straordinario

Rote-Bete-Teigtaschen mit Gorgonzolafüllung |
Fagottini di bietola rossa con ripieno di gorgonzola

Rezept finden Sie auf Seite 262 |
Per la ricette vedere a pag. 262

Der Pfos-Hof wäre eigentlich eine Adresse, die man für sich behalten sollte. Aber leider bleiben Geheimtipps ja meistens nicht lange geheim, und so wundert es nicht, dass dieses Kleinod immer gut besucht ist. Wer hier oben aufgewachsen ist wie Jakob Gamper, muss ein glücklicher Mensch sein. Und netterweise teilt er – jedenfalls zeitweise – dieses Glück mit seinen Gästen, die sich für ein paar Stunden in der bäuerlichen Idylle mit Traumsicht vom Schlern bis zum Ortler wie im Garten Eden fühlen können.

Hier bewirtschaftet Familie Gamper den Hof mit Landwirtschaft und Mutterkuh-Haltung. Das

Il Pfos-Hof sarebbe effettivamente un indirizzo da tenere per sé. Ma purtroppo i suggerimenti da non divulgare non rimangono a lungo segreti e quindi non stupisce che questo gioiellino sia molto frequentato. Chi è cresciuto quassù, come Jakob Gamper, deve essere un uomo davvero felice. Ed egli gentilmente – anche se in maniera sporadica – condivide questa gioia con i suoi ospiti, che qui nell'idillio agreste con una veduta incantevole sullo Sciliar fino all'Ortles possono sentirsi come nel giardino dell'Eden. Il maso è condotto dalla famiglia Gamper che si occupa dell'agricoltura e dell'allevamento di vacche nutrici. La carne di

Fleisch dieser Rinder besitzt eine feine Marmorierung und zergeht butterweich auf der Zunge. Auch Speck, Marmelade und Säfte sind hausgemacht, Obst, Gemüse und Kräuter erntet Familie Gamper vor der Tür. Das kulinarische Wohl seiner Gäste liegt dem Hausherrn nämlich besonders am Herzen. Die Köstlichkeiten aus seiner Bauernküche sind einfach und gut und besitzen immer das gewisse Etwas, wie zum Beispiel die Schüttelbrot-Tagliatelle mit Fohlenragout, die Ravioli aus Kloatzenmehl (getrocknete Birnen), mit Fonduta-Käse gefüllt und mit Wildragout serviert, oder die Rote-Bete-Teigtaschen mit Gorgonzolafüllung, Balsamico-Sprudelbutter und Parmesan. Alles schmeckt auf der großen Sonnenterrasse mit dem unvergleichlichen Blick oder in der urgemütlichen holzgetäfelten Stube aus dem 18. Jahrhundert. Die Liegewiese mit Spielplatz und Streichelzoo trägt ebenfalls zum Wohlbefinden bei. Die neuen Ferienwohnungen erleichtern die Entscheidung sehr, in dieser Idylle etwas länger zu verweilen.

questi manzi possiede una delicata marmorizzatura e si scioglie burrosa sulla lingua. Anche lo speck, le marmellate ed i succhi sono fatti in casa e la verdura, la frutta e le erbe aromatiche vengono raccolte nel proprio orto. Le prelibatezze di questa cucina contadina sono semplici e buone e possiedono sempre un certo nonsoché come ad esempio le tagliatelle di pan di segale con ragù di puledro, i ravioli di farina di pere secche ripieni di formaggio e serviti con ragù di selvaggina oppure i fagottini di bietola rossa con ripieno di gorgonzola e serviti con burro fuso al balsamico e parmigiano. Il tutto si può gustare sulla grande terrazza soleggiata con una veduta incomparabile o nell'accogliente stube in legno risalente al XVIII secolo. Anche il prato con parco giochi e animali da accarezzare contribuiscono ad un completo benessere. I nuovi appartamenti di vacanza renderanno molto più facile la decisione di intrattenersi in questo idillio un po' più a lungo.

Gasthof Pfos-Hof
Familie Monika und Jakob Gamper
Oberlengmoos 5
I-39054 Lengmoos/Ritten
☎ 00 39 04 71 / 35 67 23
www.pfoshof.com

Locanda maso Pfos-Hof
Famiglia Monika e Jakob Gamper
Longomoso di sopra 5
39054 Longomoso/Renon

Urlauben in der herzerfrischenden Naturidylle des Rittens
Vacanze nel cuore dell'idilliaco Renon

⁽˒⁾ Schwarzbeerschmarren |
Frittata dolce ai mirtilli neri

Rezept finden Sie auf Seite 263 |
Per la ricette vedere a pag. 263

Täglich aufs Neue: eine Einladung zum Schauen und Staunen. Wohltuende Sonnenstunden schon im Frühling, das satte Grün der Almen, die Beschaulichkeit der Wälder, das beeindruckende Bergpanorama ringsum und die unzähligen Wandermöglichkeiten können die Gäste des Hotels Zum Zirm in besonderer Weise genießen. Dazu verwöhnt Familie Lang mit ihrer gediegenen Küche, dem erlesenen Weinangebot und ihrer Gastfreundschaft. Die Lage nur wenige Kilometer von Klobenstein und direkt an der Talstation der Kabinenbahn zum Rittner Horn ist einmalig. Ruhig ist es hier, eingebettet in Wiesen und Wälder liegt das Berghotel weitab von Hektik und Straßenlärm. Der Name des Hauses hat auch eine Bedeutung. Das Holz der Zirbelkiefer, im Südtiroler Dialekt „Zirm", spürt man im ganzen Haus.

Un rito che si ripete giorno dopo giorno: guardarsi intorno e rimanere stupiti e meravigliati dalla bellezza che qui la natura offre ai nostri occhi: verdeggianti pascoli assolati, splendidi boschi ombreggiati a perdita d'occhio e tutt'intorno un panorama alpino a dir poco mozzafiato. È quello che vi aspetta all'hotel Zum Zirm, un albergo alpino pieno di fascino e soprattutto apprezzato dagli appassionati dell'escursionismo montano essendo l'hotel una base di partenza ideale per innumerevoli itinerari attraverso la natura straordinariamente bella di questo angolo di terra. L'hotel Zum Zirm si trova a pochi chilometri da Collalbo, direttamente accanto alla stazione a valle della funivia che porta al Corno di Renon, lontano dal chiasso e dal trabusto del turismo di massa. Il nome "Zirm" in dialetto altoatesino significa "cirmolo", l'albero

Die Wanderwege beginnen quasi direkt vor der Haustür. Die moderne Kabinenbahn, nur ein paar Schritte entfernt, fährt innerhalb von Minuten auf die Schwarzseespitze in 2 027 Höhenmetern. Von hier aus geht es zu den schönsten Wanderzielen ganz Südtirols mit atemberaubender Panorama-Aussicht. Im Winter stehen romantische Stunden auf dem Programm. Wenn hier Einheimische über ihre Kindheit erzählen, kommen sie geradezu ins Schwärmen. Hier rodelten sie die Hänge hinunter, lernten Langlaufen, Skifahren und folgten ihren Vätern beim Schneeschuhwandern durch verschneite Wälder. Auch für den Winterurlaub liegt das Berghotel Zum Zirm in bevorzugter Lage, denn das Rittner Horn sorgt ebenfalls in der kalten Jahreszeit für sonnige Skiferien. Geselligen Après-Ski gibt es dann im hauseigenen „Ziglu" direkt beim Hotel.

che qui prospera e la cui fragranza si diffonde attraverso tutta la casa.

Gli itinerari escursionistici partono proprio davanti alla porta dell'albergo. Con la moderna cabinovia che si trova a due passi si raggiunge in pochi minuti un'altitudine di 2 027 metri e da qui si snodano gli innumerevoli sentieri con viste panoramiche tra le più belle dell'Alto Adige. D'inverno invece, questo luogo si trasforma in un incantevole paradiso della neve che offre infinite possibilità di praticare gli sport invernali: splendide piste da discesa lungo i pendii del Corno di Renon, emozionanti piste da slittino, suggestivi tracciati da fondo e romantici itinerari attraverso boschi e pascoli fatti su misura per gli amanti dell'escursionismo sulle ciaspole. Al termine di ogni giornata trascorsa splendidamente sulla neve ci si ritrova poi, per il meritato doposci, all'accogliente "ziglù" direttamente accanto allo Zirm.

Hotel Zum Zirm
Familie Erika und Lorenz Lang
Tannstraße 19
I-39054 Klobenstein/Ritten
☎ 00 39 04 71 / 35 64 86
www.zumzirm.com

Hotel Zum Zirm
Famiglia Erika e Lorenz Lang
Via Tann 19
39054 Collalbo/Renon

Rinderfilet mit gefüllten Kartoffeln und Spinat-Feldsalat-Espuma

⌂ Parkhotel Laurin, S. 192

Zutaten für 4 Personen

4 Rinderfilets à 180 g | *3–4 EL Olivenöl*

Spinat-Feldsalat-Espuma *1 Schalotte, fein gehackt* | *½ Knoblauchzehe, fein gehackt* | *40 g Butter* | *125 g blanchierter Spinat* | *125 g blanchierter Feldsalat* | *1 Msp Muskatnuss* | *100 ml Sahne* | *30 g Butter, zerlassen* | *evtl. 50 ml Hühner- oder Gemüsebrühe* | *Salz, Pfeffer*

gefüllte Kartoffeln *4 mittlere, mehlige Kartoffeln* | *200 ml lauwarme Milch* | *1 Msp Muskatnuss* | *100 g kalte Butter*

8 mittelgroße La Ratte-Kartoffeln | *200 g sautierte Steinpilze* | *Salz, Pfeffer*

Zubereitung

Für die Espuma Schalotte und Knoblauchzehe in der Butter anbraten. Spinat und Feldsalat hinzufügen und kurz weiterschmoren lassen. Mit Salz, Pfeffer und Muskatnuss abschmecken. Sahne und Butter dazugeben und alles gut verrühren. Abkühlen lassen und in einen Siphon für Espuma abfüllen. Falls die Espuma zu dickflüssig ist, etwas Hühner- oder Gemüsebrühe dazugeben.

Für das Püree die Kartoffeln schälen und in Salzwasser kochen, durch eine Kartoffelpresse drücken und mit Butter, Salz, Pfeffer, Muskatnuss abschmecken. Die Milch unterrühren. In eine Spritztüte füllen.

Für die La-Ratte-Kartoffeln jeweils die beiden Enden abschneiden und mit einem Melonen-Aushöhler ein halbes Kügelchen aus einer der beiden Seiten herausschälen, an der zuvor das Ende entfernt wurde. Kartoffeln und Kügelchen in kochendem Wasser 8 Minuten sieden.

Die Rinderfilets salzen und pfeffern und auf allen Seiten in dem Olivenöl anschmoren. Im vorgeheizten Ofen bei 120 °C etwa 15 Minuten garen lassen. Zum Anrichten in die Aushöhlungen zweier Kartoffeln die Espuma einfüllen, in die anderen beiden das Kartoffelpüree. Die Rinderfilets in der Mitte der Teller arrangieren. Das Kartoffelpüree in acht kleinen Röschen rund um das Filet spritzen. Abwechselnd eine La-Ratte-Kartoffel mit der gefüllten Seite nach oben und ein Kügelchen auf die Spitzen der Röschen legen. Die Steinpilze ebenfalls auf den Tellern platzieren.

Filetto di manzo con patate ripiene e spuma di spinaci e valeriana

⌂ Parkhotel Laurin, pag. 192

Ingredienti per 4 persone

4 filetti di manzo di 180 g l'uno | *3–4 cucchiai di olio d'oliva*

per la spuma di spinaci e valeriana *1 scalogno tritato fine* | *½ spicchio d'aglio tritato fine* | *40 g di burro* | *125 di spinaci sbollentati* | *125 g di valeriana sbollentata* | *1 pizzico di noce moscata* | *100 ml di panna* | *30 g di burro fuso* | *evtl. 50 ml di brodo vegetale o di gallina* | *sale, pepe*

per la purea di patate *4 patate farinose medie* | *200 ml di latte tiepido* | *1 pizzico di noce moscata* | *100 g di burro freddo*

8 patate medie qualità Ratte | *200 g di funghi porcini saltati* | *sale, pepe*

Preparazione

Per la spuma fate soffriggere scalogno ed aglio nel burro. Aggiungete gli spinaci e la valeriana e cuocete a fuoco lento per un po'. Insaporite con sale, pepe e noce moscata. Aggiungete la panna e il burro e mescolate bene il tutto. Lasciate raffreddare e versate il composto in un sifone per spuma. Se la spuma è troppo densa, allungatela con un po' di brodo vegetale o di gallina.

Per la purea pelate le patate e lessatele in acqua salata, pressatele con lo schiacciapatate e speziate con burro, sale, pepe e noce moscata. Mescolate il latte. Riempite in una sacca da pasticcere.

Tagliate entrambe le estremità delle patate, con un coltello spelucchino scavate via una mezza pallina da uno dei due lati, al quale prima avrete tolto l'estremità. Fate bollire patate e palline in acqua bollente per 8 minuti.

Salate e pepate i filetti di manzo e fate brasare nell'olio d'oliva da tutte le parti. Cuocete in forno preriscaldato a 120 °C per circa 15 minuti.

Per servire riempite la cavità di due patate con la spuma, nelle altre due metteteci la purea di patate. Disponete i filetti di manzo al centro del piatto. Spruzzate la purea di patate a forma di otto piccole rosette attorno al filetto. Disponete alternando una patata con il lato ripieno rivolto verso l'alto e una pallina sulla punta della rosetta. Servite anche i funghi sul piatto.

Zuppa di trippa in agro

⌂ Albergo Ristorante Colle, pag. 210

Ingredienti per 4 persone

20 g di burro | *100 g di farina* | *1,5 l di brodo di manzo freddo (ad es. di punta di vitello)* | *2 foglie di alloro* | *400 g di trippa cotta* | *2–3 cucchiai di aceto di vino rosso di buona qualità* | *2–3 cucchiai di prezzemolo* | *sale, pepe macinato*

Preparazione

Fate sciogliere il burro, versateci la farina e mescolate continuamente per 3 o 4 minuti a fiamma vivace con un mestolo di legno fino ad ottenere una leggera rosolatura. Versate il brodo di carne fino a ricoprire il tutto e portate ad ebollizione, sempre continuando a mescolare con il frustino. Aggiungete le foglie di alloro e fate cucinare per 15 minuti a fuoco medio. Nel frattempo lavate la trippa sotto acqua fredda corrente. Tagliate in tocchettini della larghezza di 3 o 4 centimetri quindi tagliate di traverso in modo da ottenere delle striscioline sottili di 1 o 2 millimetri. Versate la zuppa in una pentola filtrandola con un passino a maglie strette, versateci la trippa e fate cucinare piano per altri 5 minuti. Insaporite generosamente con sale, pepe e aceto e distribuite le porzioni in piatti fondi. Cospargete con foglioline di prezzemolo fresco e servite.

Ad accompagnare questo piatto si presta bene lo Schüttelbrot o "pane scosso" sudtirolese e come vino un Santa Maddalena del maneggio del viticoltore Thomas Unterhofer di Campegno.

Variante

Per la zuppa di trippa, così come la mangiano i bolzanini, tagliate il cosiddetto *gläserling*, una parte particolare dello stomaco del manzo, a striscioline sottili e fate soffriggere in olio assieme ad una cipolla tagliata a dadini. Quindi spolverateci sopra la farina, continuate a rosolare e versateci sopra il brodo di carne. Aggiungete le spezie e un pezzo di crosta di parmigiano e lasciate cuocere il tutto per 30 minuti. Togliete la crosta di parmigiano ed insaporite con succo di limone e vino bianco. Grattugiateci sopra il parmigiano.

Saure Suppe (Kuttelsuppe)

⌂ Gasthof Kohlern, S. 210

Zutaten für 4 Personen

20 g Butter | *100 g Mehl* | *1,5 l kalte Rinderbrühe (z. B. vom Tafelspitz)* | *2 Lorbeerblätter* | *400 g gekochte Kutteln* | *2–3 EL guter Rotweinessig* | *2–3 EL Petersilie* | *Salz, Pfeffer aus der Mühle*

Zubereitung

Die Butter zerlassen, das Mehl zugeben und bei starker Hitze unter ständigem Rühren mit einem Holzlöffel 3 bis 4 Minuten hellbraun rösten. Mit der Rinderbrühe auffüllen und unter weiterem ständigem Rühren mit dem Schneebesen aufkochen. Die Lorbeerblätter hinzufügen und alles bei mittlerer Hitze 15 Minuten kochen lassen. In der Zwischenzeit die Kutteln unter fließendem kaltem Wasser waschen. In 3 bis 4 Zentimeter breite Stücke und dann quer in 1 bis 2 Millimeter dünne Streifen schneiden. Die Suppe durch ein feines Sieb in einen Topf gießen. Die Kutteln zugeben und weitere 5 Minuten leise köcheln lassen. Mit Salz, Pfeffer und Essig herzhaft abschmecken und portionsweise in tiefen Tellern anrichten. Mit abgezupften Petersilienblättchen bestreuen und servieren.

Als Beilage eignet sich sehr gut Südtiroler Schüttelbrot und als Wein der St. Magdalena vom Reiterhof des Winzers Thomas Unterhofer in Kampenn.

Variante

Für die Kuttelsuppe, wie sie die Bozner essen, den Gläserling, einen besonderen Teil des Rindermagens, in Streifen schneiden und mit einer gewürfelten Zwiebel in Öl anrösten. Dann Mehl daraufstauben, weiterrösten und mit Fleischsuppe aufgießen. Gewürze und ein Stück Parmesanrinde hinzufügen und alles 30 Minuten köcheln lassen. Die Parmesanrinde entfernen, mit Zitronensaft und Weißwein abschmecken und mit Parmesan bestreuen.

Malis Schlutzkrapfen

Buschenschank Baumann, S. 228

Zutaten für 4 Personen

Teig *150 g Weizenmehl* | *100 g Roggenmehl* | *1 zimmerwarmes Ei* |
50–60 ml warme Milch | *1 EL Öl* | *1 EL weiche Butter* | *Salz*
Füllung *150 g frischer Blattspinat* | *50 g Zwiebel* | *1 Knoblauchzehe* |
1 EL Butter | *1 EL geriebener Parmesankäse* | *100 g Topfen (Quark)* |
1 Msp geriebene Muskatnuss | *Salz* | *Pfeffer*
Flüssige braune Butter | *geriebener Parmesankäse* | *Schnittlauchröllchen*

Zubereitung

Die beiden Mehlsorten vermischen und mit verschlagenem Ei, warmer Milch,
Öl, Butter und Salz zu einem glatten Teig verkneten. 30 Minuten zugedeckt
ruhen lassen.

Den Spinat in wenig kochendem Wasser kurz blanchieren, dann ausdrücken
und fein hacken. Die Zwiebel ebenfalls fein würfeln, den Knoblauch durchpressen. Zwiebel und Knoblauch in der Butter glasig andünsten, den Spinat hinzufügen, umrühren und kurz mitdünsten, dann auskühlen lassen. Den Parmesankäse und den Topfen hinzufügen und alles mit Salz, Pfeffer und Muskatnuss
würzen.

Den Teig auf einer bemehlten Arbeitsfläche möglichst dünn ausrollen und mit
einem runden Ausstecher Kreise von etwa 7 Zentimetern ausstechen. Mit
einem kleinen Löffel die Füllung in die Mitte geben, die Ränder mit Wasser
befeuchten und den Teig halbmond- oder kugelförmig darüberschlagen. Mit
den Fingern die Ränder gut andrücken. Die Schlutzkrapfen in Salzwasser circa
3 bis 4 Minuten kochen, herausnehmen und auf Tellern anrichten.

Mit brauner Butter übergießen und mit Parmesan und Schnittlauch bestreuen.

💡 Malis „Geheimnis" besteht in dem sehr dünn ausgerollten Nudelteig,
durch den die grüne Spinatfüllung durchscheint. Zu den Schlutzkrapfen
passt wunderbar ein Krautsalat mit Kümmel und knusprig ausgebratenen
Speckwürfeln – und natürlich ein Glas vom weißen oder roten Eigenbauwein.

Ravioloni alla Mali

Trattoria Maso Baumann, pag. 228

Ingredienti per 4 persone

per l'impasto *150 g di farina 00* | *100 g di farina di segale* | *1 uovo a tempe-
ratura ambiente* | *50–60 ml di latte caldo* | *1 cucchiaio di olio* | *1 cucchiaio di
burro ammorbidito* | *sale*
per il ripieno *150 g di spinaci in foglia freschi* | *50 g di cipolla* | *1 spicchio
d'aglio* | *1 cucchiaio di burro* | *1 cucchiaio di parmigiano grattugiato* |
100 g di ricotta | *1 pizzico di noce moscata grattugiata* | *sale* | *pepe*
Burro sciolto liquido | *parmigiano grattugiato* | *Rotolini di erba cipollina*

Preparazione

Mescolate entrambi i tipi di farina e lavorateli assieme all'uovo sbattuto, al
latte caldo, all'olio, al burro e al sale fino a formare un impasto omogeneo. Lasciate riposare coperto per 30 minuti.

Sbollentate gli spinaci in poca acqua bollente, strizzateli e tritateli fini. Tritate
fine anche la cipolla, schiacciate l'aglio. Imbiondite cipolla e aglio nel burro,
aggiungete gli spinaci, mescolate e soffriggete il tutto per un po', quindi fate
raffreddare. Aggiungete il parmigiano e la ricotta e condite il tutto con sale,
pepe e noce moscata.

Su una superficie di lavoro infarinata stendete l'impasto il più finemente
possibile e con un coppapasta ritagliate dei cerchi di circa 7 centimetri. Con
un cucchiaino mettete il ripieno nel mezzo, inumidite i bordi con l'acqua e
mettete sopra la pasta a forma di mezzaluna o di pallina. Fate aderire bene
i bordi con le dita. Fate cuocere i ravioloni in acqua salata per circa 3 o
4 minuti, scolateli e disponete sui piatti.

Versateci sopra il burro fuso e cospargete con parmigiano ed erba cipollina.

💡 Il segreto di Mali sta nell'impasto tirato molto fine, dal quale è possibile
intravedere il ripieno verde degli spinaci. Ai ravioloni si accompagna a
meraviglia un'insalata di cavolo con cumino e croccanti dadini di speck
rosolato – e naturalmente un bicchiere di vino bianco o rosso di produzione propria, che è lo stesso padrone di casa Sepp a pigiare.

Stufato di guanciale di bue in Lagrein su polenta con funghi porcini freschi

Albergo Ristorante Signaterhof, pag. 230

Ingredienti per 4 persone

4 guanciali di bue | *5–6 cipolle* | *olio per rosolare* | *40 g di concentrato di pomodoro* | *½ l di Lagrein* | *1 l di brodo di carne* | *2 foglie d'alloro* | *2 foglie di salvia* | *1 rametto di rosmarino* | *sale* | *pepe*
per i funghi *200 g di funghi porcini piccoli* | *1 spicchio d'aglio* | *1 cucchiaio di olio d'oliva* | *1 cucchiaino di prezzemolo, tagliato fine*
per la polenta *150 g di farina per polenta* | *50 g di burro* | *50 g di parmigiano grattugiato*

Preparazione

Salate e pepate i guanciali di bue e rosolateli bene nell'olio. Pelate le cipolle, tagliatele grossolanamente, versatele sulla carne e fate rosolare anche queste. Versate il concentrato di pomodoro e mescolate. Lasciate andare il tutto per un po', sfumate con il Lagrein, versate il brodo e cuocete in umido per circa un'ora e mezza.
Pulite i funghi, tagliateli in quattro e fateli rosolare in olio d'oliva caldo, schiacciateci l'aglio e fate rosolare per breve tempo.
Per la polenta portate ad ebollizione mezzo litro d'acqua, salate, versate la polenta mescolando e fate cucinare per circa 20 minuti a fiamma bassa mescolando spesso. Insaporite con il burro e il parmigiano.
Togliete i guanciali di bue dalla salsa, mettete da parte le erbe aromatiche e passate la salsa al mixer. Tagliate la carne a fette. Mettete in ogni piatto un po' di polenta, adagiatevi sopra le fette di carne e metteteci al di sopra i funghi, cospargete con il prezzemolo quindi servite.

Per bagnare il tutto viene naturale accompagnarci un Lagrein, una sorta di vitigno autoctono dell'Alto Adige, che matura particolarmente bene nella conca di Bolzano. Con il suo colore melograno scuro, corposo e forte con tannini ben fusi si presta bene come accompagnamento di stufati di carni rosse e di selvaggina, ma anche assieme a formaggi stagionati speziati.

In Lagrein geschmorte Ochsenwangen auf Polenta mit frischen Steinpilzen

Gasthof Signaterhof, S. 230

Zutaten für 4 Personen

4 Ochsenwangen | *5–6 Zwiebeln* | *Öl zum Anbraten* | *40 g Tomatenmark* | *½ L Lagrein* | *1 L Fleischbrühe* | *2 Lorbeerblätter* | *2 Salbeiblätter* | *1 Rosmarinzweig* | *Salz* | *Pfeffer*
Pilze *200 g kleine Steinpilze* | *1 Knoblauchzehe* | *1 EL Olivenöl* | *1 TL Petersilie, fein geschnitten*
Polenta *150 g Polentagrieß* | *50 g Butter* | *50 g Parmesankäse, gerieben*

Zubereitung

Die Ochsenwangen salzen und pfeffern und in Öl auf beiden Seiten braun anbraten. Die Zwiebeln pellen, grob würfeln, zum Fleisch geben und ebenfalls braun braten. Das Tomatenmark einrühren und kurz angehen lassen. Mit dem Lagrein ablöschen, mit der Brühe aufgießen und etwa 1,5 Stunden schmoren.
Die Steinpilze putzen, vierteln und in heißem Olivenöl anbraten, den Knoblauch dazupressen und kurz mitbraten.
Für die Polenta einen halben Liter Wasser zum Kochen bringen, salzen, die Polenta einrühren und auf kleiner Hitze etwa 20 Minuten unter häufigem Rühren garen. Mit Butter und Parmesankäse abschmecken.
Die Ochsenwangen aus der Sauce nehmen, die Kräuter entfernen, die Sauce aufmixen. Das Fleisch in Scheiben schneiden. Jeweils etwas Polenta auf die Teller geben, die Fleischscheiben daraufsetzen und zuoberst die Steinpilze platzieren, mit Petersilie bestreuen und servieren.

Als Wein empfiehlt sich natürlich ebenfalls ein Lagrein, eine autochthone Südtiroler Rebsorte, die besonders gut im Bozner Talkessel gedeiht. Von dunkel-granatroter Farbe, voluminös und kräftig, mit gut eingebundenen Tanninen passt er besonders zu Schmorgerichten mit dunklem Fleisch und zu Wildbret, aber auch zu würzigem Hartkäse.

Pikante Fischsuppe mit Muscheln und Garnelen

Restaurant Pirbamer, S. 232

Zutaten für 4 Personen

400 g Fisch, gemischt (z. B. Rotbarben, Wolfsbarsch, Drachenkopf) | 8 Garnelen mit Schale | 300 ml Weißwein | ½ Lauchstange | 1 kleine Zwiebel, geschält | 1 Stück Staudensellerie | 1 TL Pfefferkörner | 1 Lorbeerblatt | 3–4 EL Olivenöl | 2 Tomaten | 2 Knoblauchzehen, geschält | 500 g Muscheln, gemischt (z. B. Miesmuscheln, Venusmuscheln, Pfahlmuscheln) | Peperoncini (scharfe Pfefferschoten) nach Geschmack | 1 EL Petersilie, gehackt | 5 Basilikumblätter, gehackt | 4 Basilikumblätter zum Garnieren | Salz

Zubereitung

Die Fische filetieren, die Garnelen aus den Schalen brechen und entdarmen. Die Fischkarkassen 30 Minuten unter fließendem Wasser wässern. Fischkarkassen und Garnelenschalen in einen Topf geben, mit 250 Millilitern Weißwein und 1,5 Litern Wasser bedecken. Lauchstange, Zwiebel und Sellerie grob würfeln und mit Salz, Pfefferkörnern und Lorbeer hinzufügen und bei schwacher Hitze 20 Minuten köcheln lassen. Durch ein Sieb gießen. 750 Milliliter Fischfond abmessen und beiseite stellen.

Olivenöl erhitzen, die Tomaten würfeln, den Knoblauch durchpressen. Tomaten und Knoblauch kurz anrösten. Die Muscheln dazugeben, mit dem restlichen Weißwein ablöschen und zugedeckt 4 Minuten garen, bis sich alle Muscheln geöffnet haben. Geschlossene Muscheln wegwerfen. Zwei Drittel der Muscheln aus den Schalen lösen. Den Fischfond angießen und aufkochen. Die Fischfilets in größere Stücke schneiden. Fischfilets und Garnelen in die Suppe geben und 4 Minuten köcheln lassen. Mit Salz, Pfeffer und Peperoncino würzen. Petersilie und Basilikum hinzufügen und umrühren.

Die heiße Suppe auf vier Teller verteilen und mit den Basilikumblättern garnieren.

Zuppa di pesce piccante con molluschi e gamberetti

Ristorante Pirbamer, pag. 232

Ingredienti per 4 persone

400 g di pesce misto (per es. triglie, branzini, scorfani) | 8 gamberetti con il guscio | 300 ml di vino bianco | ½ gambo di porro | 1 cipolla piccola pelata | 1 pezzo di gambo di sedano | 1 cucchiaino di grani di pepe | 1 foglia di alloro | 3–4 cucchiai di olio d'oliva | 2 pomodori | 2 spicchi d'aglio pelati | 500 g di molluschi (per es. cozze, vongole) | peperoncino a piacere | 1 cucchiaio di prezzemolo tritato | 5 foglie di basilico tritate | 4 foglie di basilico come guarnizione | sale

Preparazione

Sfilettate il pesce, sgusciate i gamberetti e togliete il nero dellc stomaco. Bagnate le carcasse del pesce sotto acqua corrente per 30 minuti. Mettete in una pentola le carcasse del pesce e i gusci dei gamberetti, ricoprite con 250 millilitri di vino bianco e 1,5 litri d'acqua. Tagliate a dadini il gambo di porro, la cipolla e il sedano, aggiungete insieme al sale, ai grani di pepe e all'alloro e lasciate cuocere a fuoco lento per 20 minuti. Scolate con un passino. Misurate 750 millilitri di brodo di pesce e mettetelo da parte. Scaldate l'olio d'oliva, tagliate a dadini i pomodori e schiacciate l'aglio. Soffriggete per un po' il pomodoro e l'aglio. Aggiungete i molluschi e sfumate con il resto di vino bianco. Fate cuocere con un coperchio per 4 minuti fino a che tutti i molluschi si sono aperti. Buttate via i molluschi chiusi. Sgusciate Due terzi dei molluschi. Versate il brodo di pesce e fate bollire. Tagliate i filetti di pesce in pezzi più grossi. Versate nella zuppa i filetti di pesce e i gamberetti e lasciate cuocere per 4 minuti. Speziate con sale, pepe e peperoncino. Aggiungete prezzemolo e basilico e mescolate.

Distribuite la zuppa calda su quattro piatti e guarnite con le foglie di basilico.

Krapfen di pere secche "kloatzen" del Renon con gelato alla mela

Parkhotel Holzner, pag. 234

Ingredienti per 4 persone

per il gelato di mele *200 g di purea di mela, possibilmente fatta in casa* | *60 g di zucchero* | *30 ml di succo d'arancia* | *15 ml di succo di limone* | *40 ml di sciroppo di glucosio*
per l'impasto *125 g di farina 00* | *125 g di farina di segale* | *125 ml di latte tiepido* | *3 cucchiai di panna* | *30 g di burro fuso* | *1 cl di grappa di vinaccia* | *1 bustina di zucchero vanigliato* | *1 cucchiaio di zucchero* | *1 uovo piccolo* | *1 pizzico di sale*
per il ripieno *100 g di pere secche "kloatzen" del Renon* | *1 cucchiaio di zucchero* | *succo di ½ limone* | *1 bastoncino di cannella* | *eventualmente un po' di marmellata di prugne* | *grasso in abbondanza per friggere*

Preparazione

Per il gelato versate tutti gli ingredienti nella macchina per fare il gelato assieme a 100 millilitri di acqua e mescolate. Conservate freddo fino al momento di servire.

Per l'impasto mescolate entrambi i tipi di farina con il latte, la panna e il burro, aggiungete la grappa di vinaccia e l'uovo ed insaporite con il sale, lo zucchero vanigliato e lo zucchero. Impastate bene il tutto e lasciate riposare in frigo fino ad un impiego successivo.

Cucinate lentamente le pere secche assieme allo zucchero, al succo di limone e al bastoncino di cannella. Passate il composto e a piacimento e a seconda della consistenza aggiungete un po' di marmellata di prugne.

Stendete finemente la pasta su una superficie infarinata. Disponete sopra dei mucchietti piccoli di ripieno di pere ad una distanza di circa 8 centimetri l'uno dall'altro, coprite quindi con l'altra metà di impasto anch'esso finemente steso. Premete bene con le dita la pasta tra i ripieni. Ritagliate dei piccoli quadrati con un coltello affilato oppure con una rotella dentellata e friggete nel grasso caldo.

Disponete il gelato alle mele e i krapfen di pere sui piatti e servite.

Rittner Kloatzen-Krapfen mit Apfeleis

Parkhotel Holzner, S. 234

Zutaten für 4 Personen

Apfeleis *200 g Apfelpüree, möglichst selbst gemacht* | *60 g Zucker* | *30 ml Orangensaft* | *15 ml Zitronensaft* | *40 ml Glukosesirup*
Teig *125 g Weizenmehl* | *125 g Roggenmehl* | *125 ml lauwarme Milch* | *3 EL Sahne* | *30 g Butter, zerlassen* | *1 cl Treberschnaps* | *1 Päckchen Vanillezucker* | *1 EL Zucker* | *1 kleines Ei* | *1 Prise Salz*
Füllung *100 g Rittner Kloatzen (getrocknete Birnen)* | *1 EL Zucker* | *Saft ½ Zitrone* | *1 Zimtstange* | *eventuell etwas Pflaumenmarmelade* | *reichlich Fett zum Ausbacken*

Zubereitung

Für das Eis alle Zutaten mit 100 Millilitern Wasser in die Eismaschine geben und vermengen. Bis zum Servieren kalt stellen.

Für den Teig beide Mehlsorten mit der Milch, der Sahne und der Butter vermengen, den Treberschnaps und das Ei hinzufügen und mit Salz, Vanillezucker und Zucker würzen. Alles zu einem glatten Teig kneten und diesen bis zur weiteren Verwendung im Kühlschrank ruhen lassen.

Die getrockneten Birnen mit dem Zucker, dem Zitronensaft und der Zimtstange weich kochen. Die Masse passieren und je nach Geschmack und Konsistenz etwas Pflaumenmarmelade hinzufügen.

Den Teig auf einer bemehlten Fläche dünn ausrollen. Kleine Häufchen Kloatzenfüllung im Abstand von etwa 8 Zentimetern daraufgeben und mit der anderen, ebenfalls dünn ausgerollten Teighälfte bedecken. Den Teig zwischen den Füllungen mit dem Finger etwas festdrücken. Mit einem scharfen Messer oder Teigrad kleine Quadrate ausschneiden und in heißem Fett ausbacken. Apfeleis und Kloatzenkrapfen auf Tellern anrichten und servieren.

Kloatzen-Schlutzkrapfen

☐ Kaserhof, S. 236

Zutaten für 8–10 Personen

Teig *500 g Weizenmehl* | *2 Eier* | *Salz* | *1 EL Öl*
Füllung *1 kg Kloatzen (getrocknete Birnen)* | *250 g Zucker* | *1 Päckchen Vanillezucker* | *150–200 g Butter* | *1–2 EL Zucker* | *1 EL Zimt*

Zubereitung

Aus Mehl, Eiern, Salz und dem Öl einen geschmeidigen Teig kneten, zugedeckt eine Stunde rasten lassen.

Für die Füllung die Kloatzen mit Zucker und Vanillezucker in einen Topf geben, etwa einen halben Liter Wasser angießen und aufkochen. 15 bis 20 Minuten kochen lassen, dabei nicht umrühren. Nach der Kochzeit im Mixer pürieren.

Den Teig auf einer bemehlten Arbeitsfläche dünn ausrollen und die Kloatzen-füllung auf der Hälfte der Teigplatte im Abstand von ungefähr 5 Zentimetern mit einem Löffel verteilen. Die andere Teigplatte darüberklappen und die Teigstückchen ausradeln.

In kochendes, gesalzenes Wasser geben und 2 bis 3 Minuten kochen lassen. Mit einer Schaumkelle herausnehmen und abtropfen lassen. Die Butter hellbraun aufschäumen, die Kloatzen-Schlutzkrapfen auf Tellern verteilen, mit der Butter übergießen, mit Zucker und dann mit Zimt bestreuen.

💡 Rittner Kloatzen sind getrocknete Birnen einer ganz speziellen Sorte, die nur am Ritten wächst und in letzter Zeit wieder verstärkt zum Leben erweckt wird. Die Birnen selbst sind eher klein und eignen sich weniger für den Rohverzehr. Dafür schmecken sie umso besser, wenn man sie dörrt und dann als „Kloatzen" für allerlei Füllungen verwendet. Auch der berühmte Südtiroler Zelten, ein Früchtebrot mit Roggenteig, besteht zu einem großen Teil aus Kloatzen.

Ravioloni di pere secche "kloatzen"

☐ Maso Kaserhof, pag. 236

Ingredienti per 8–10 persone

per l'impasto *500 g di farina 00* | *2 uova* | *sale* | *1 cucchiaio di olio*
per il ripieno *1 kg di pere secche "kloatzen"* | *250 g di zucchero* | *1 bustina di zucchero vanigliato* | *150-200 g di burro* | *1–2 cucchiai di zucchero* | *1 cucchi-aio di cannella*

Preparazione

Impastate bene la farina, le uova, il sale e l'olio. Fate riposare coperto per circa un'ora.

Per il ripieno mettete in una pentola le pere con lo zucchero e lo zucchero vanigliato, versateci mezzo litro di acqua e portate ad ebollizione. Fate cuocere 15 o 20 minuti senza mescolare. Dopo la cottura passate tutto al mixer.

Su una superficie di lavoro infarinata stendete finemente l'impasto e con un cucchiaio distribuite il ripieno di pere su una metà della sfoglia ad una di-stanza di circa 5 centimetri. Fate aderire sopra l'altra metà della sfoglia e con una rotellina dentata tagliate i pezzettini di pasta.

Versate in acqua salata bollente e fate cuocere 2 o 3 minuti. Togliete con una schiumarola e scolate. Fate sciogliere il burro fino a formare una schiumetta, distribuite i ravioloni alle pere "kloatzen" sui piatti, cospargete con il burro, spolverate quindi con zucchero e cannella.

💡 Le pere "kloatzen" del Renon sono delle pere secche di una varietà particolare, che crescono solo sul Renon e che di recente sono state riportate a nuova vigorosa vita. Le pere in sé sono piccoline e non si prestano molto per il consumo a crudo. Il loro gusto viene esaltato se si essiccano e si impiegano per vari tipi di ripieno. Anche il famoso dolce natalizio sudtirolese, "zelten", un pane fruttato fatto di pasta di segale, è composto in gran parte di pere "kloatzen".

Canederli allo speck con funghi porcini del Renon

Hotel Naturidylle Geyrerhof®, pag. 238

Ingredienti per 4 persone

per i canederli *250 g di pane bianco raffermo* | *1 cipolla piccola* | *40 g di burro o burro concentrato* | *¼ l di latte* | *2 uova* | *40 g di speck a dadini* | *4 cucchiai di prezzemolo tritato fine* | *1 cucchiaio circa di farina* | *sale*
per i funghi *150–250 g di funghi freschi* | *1 cipolla piccola* | *3–4 cucchiai di olio di oliva pressato a freddo* | *sale* | *pepe macinato*
3–4 cucchiai di rotolini di erba cipollina

Preparazione

Per i canederli allo speck tagliate il pane raffermo a piccoli dadini e mettetelo in una terrina. Pelate la cipolla, tritatela fine e soffriggete nel burro o nel burro concentrato. Sbattete il latte con le uova e versatelo sopra il composto con il pane. Aggiungete lo speck a dadini, il prezzemolo e il sale, mescolate bene e fate riposare l'impasto per i canederli per una mezz'ora. Mescolateci quindi la farina e da questo composto formate delle palline della grandezza del palmo di una mano. Fate cuocere in acqua bollente per circa 20 minuti. Pulite i funghi, lavateli sotto acqua fredda corrente e tagliateli in striscioline della stessa grandezza. Pelate la cipolla e tagliatela fine. Scaldate bene una padella e soffriggete i funghi con olio e cipolla. Pepate e salate prima di servire, cospargete quindi con i rotolini di erba cipollina.

I funghi porcini vengono chiamati anche i "funghi dei signori" ed appartengono in assoluto ai funghi da pasto più buoni. La denominazione "funghi dei signori" è da far risalire al fatto che, nel medioevo, tutti i funghi porcini dovevano essere consegnati ai proprietari terrieri, e cioè ai principi e alle sfere più alte del clero. Nella sua opera "Historia mundi naturalis" Plinio descrive alcuni funghi e in particolare loda i funghi porcini come delle grandi ghiottonerie.

Speckknödel mit Rittner Steinpilzen

Hotel Naturidylle Geyrerhof®, S. 238

Zutaten für 4 Personen

Knödel *250 g altbackenes Weißbrot* | *1 kleine Zwiebel* | *40 g Butter oder Butterschmalz* | *¼ l Milch* | *2 Eier* | *40 g Speckwürfel* | *4 EL Petersilie, fein geschnitten* | *etwa 1 EL Mehl* | *Salz*
Pilze *150–250 g frische Pilze* | *1 kleine Zwiebel* | *3–4 EL kaltgepresstes Olivenöl* | *Salz* | *Pfeffer aus der Mühle*
3–4 EL Schnittlauchröllchen

Zubereitung

Für die Speckknödel das altbackene Brot in kleine Würfel schneiden und in eine Schüssel geben. Die Zwiebel häuten, fein würfeln und in heißer Butter oder Butterschmalz anrösten. Die Milch mit den Eiern verquirlen und über die Brotmasse gießen. Speckwürfel, Petersilie und Salz hinzufügen, gut untermischen und den Knödelteig eine halbe Stunde rasten lassen. Dann das Mehl unterheben und aus der Masse handtellergroße Kugeln formen. In siedendem Wasser circa 20 Minuten köcheln lassen.
Die Pilze säubern, unter kaltem Wasser abbrausen und in gleichmäßige Streifen schneiden. Die Zwiebel häuten und fein würfeln. Eine Bratpfanne sehr heiß werden lassen und die Pilze mit Öl und Zwiebelwürfeln anrösten. Pfeffern und vor dem Servieren salzen und mit Schnittlauchröllchen bestreuen.

Steinpilze werden auch Herrenpilze genannt und gehören zu den feinsten Speisepilzen überhaupt. Die Bezeichnung "Herrenpilz" kommt daher, dass man im Mittelalter alle Steinpilze den Grundbesitzern, also den Fürsten und der hohen Geistlichkeit abliefern musste. Plinius beschrieb in seinem Werk "Historia mundi naturalis" einige Pilze und lobte besonders den Steinpilz als großen Leckerbissen.

Fastenknödel mit Steinpilz-Pfifferlingsgröstel und Speckkrautsalat

Hotel Bemelmans Post, S. 240

Zutaten für 4 Personen

Knödel *6 altbackene Brötchen* | *200 ml Milch* | *1 Zwiebel* | *2 EL Petersilie, fein geschnitten* | *2 EL Butter* | *evtl. etwas Mehl* | *4 Eier* | *1 TL Salz*
Steinpilz-Pfifferlingsgröstel *300 g Steinpilze* | *300 g Pfifferlinge* | *1 kleine Zwiebel* | *1–2 Knoblauchzehen* | *2 EL Butter* | *2 EL Petersilie, fein geschnitten*
Speckkrautsalat *600 g Weißkraut* | *1–2 TL Salz* | *200 g Südtiroler Bauchspeck* | *100 ml Weiß- oder Rotweinessig* | *1 Prise Kümmel* | *1 Prise Salz*

Zubereitung

Die Brötchen in feine Würfel schneiden, die Milch erwärmen und über die Brotwürfel gießen. Die Zwiebel fein würfeln und mit der Petersilie in der Butter andünsten. Die Eier verquirlen und zum Knödelbrot geben. Falls der Teig zu matschig ist, etwas Mehl hinzufügen. Den Teig 20 Minuten ruhen lassen, dann Knödel formen und in heißem Salzwasser 20 Minuten ziehen lassen.
Für das Gröstel die Pilze putzen. Zwiebel und Knoblauch fein würfeln oder durchpressen. Zwiebel und Knoblauch in der Butter goldgelb braten, die Pilze hinzufügen und 10 bis 12 Minuten unter Schwenken dünsten. Vor dem Servieren mit Petersilie bestreuen.
Für den Speckkrautsalat den Weißkohl dünn hobeln, salzen und 20 Minuten ziehen lassen, das macht den Salat leichter verdaulich. Den Speck würfeln und in einer Pfanne knusprig rösten. Mit Essig ablöschen, eine Minute köcheln lassen, mit Salz und Kümmel abschmecken und über den Krautsalat gießen. Lauwarm mit den Fastenknödeln und dem Steinpilz-Pfifferlingsgröstel servieren.

Canederli magri con rosticciata di funghi porcini e finferli e insalata di cavolo e pancetta

Hotel Bemelmans Post, pag. 240

Ingredienti per 4 persone

per i canederli *6 panini raffermi* | *200 ml di latte* | *1 cipolla* | *2 cucchiai di prezzemolo tritato fine* | *2 cucchiai di burro* | *eventualmente un po' di farina* | *4 uova* | *1 cucchiaino di sale*
per la rosticciata di funghi porcini e finferli *300 g di funghi porcini* | *300 g di finferli* | *1 cipolla piccola* | *1–2 spicchi d'aglio* | *2 cucchiai di burro* | *2 cucchiai di prezzemolo tritato fine*
per l'insalata di cavolo e pancetta *600 g di cavolo bianco* | *1–2 cucchiaini di sale* | *200 g di pancetta sudtirolese* | *100 ml di aceto di vino rosso o bianco* | *1 pizzico di cumino* | *1 pizzico di sale*

Preparazione

Tagliate i panini a tocchettini piccoli, scaldate il latte e versatelo sul pane. Tritate finemente la cipolla e soffriggetela nel burro assieme al prezzemolo. Sbattere le uova e aggiungerle al pane per i canederli. Se l'impasto risulta troppo molle, allora aggiungete un po' di farina. Fate riposare l'impasto per 20 minuti, formate quindi dei canederli e fate cuocere in acqua calda salata per 20 minuti.
Per la rosticciata pulite i funghi, tritate l'aglio e la cipolla fini oppure schiacciateli. Rosolate nel burro la cipolla e l'aglio, aggiungete i funghi e rosolate per 10 o 12 minuti spadellando. Prima di servire cospargete con il prezzemolo.
Per l'insalata di pancetta e cavolo affettate finemente il cavolo, salate e lasciate insaporire per 20 minuti, ciò rende l'insalata più facilmente digeribile. Tagliate a dadini lo speck e fatelo rosolare per un minuto in una padella aggiungendovi un pizzico di sale e un po' di cumino. Sfumate con l'aceto e versate sull'insalata di cavolo. Servite tiepido con i canederli e la rosticciata di funghi porcini e finferli.

Hirschnüsschen in Lagreinsauce mit Pfifferlingen und Kartoffel-Lauchpüree

🏠 Hotel Ansitz Kematen, S. 242

Zutaten für 4 Personen

600 g Hirschnüsschen | *250 ml Lagrein* | *2–3 EL Olivenöl* | *4 Lorbeerblätter* |
5 Wacholderbeeren | *1 gehäutete Knoblauchzehe* | *500 ml Wildfond* | *Salz,
Pfeffer aus der Mühle*
Wildfond *1 kg Wildknochen* | *1 Möhre* | *1 Zwiebel* | *1 Selleriestange* |
3 Knoblauchzehen | *3 Lorbeerblätter* | *3 Thymianzweige* | *2 Rosmarinzweige* |
1 EL Tomatenmark | *Salz, Pfeffer*
Pfifferlinge *300 g Pfifferlinge* | *1 EL Knoblauchöl* | *2 EL Petersilie, fein geschnitten*
Knoblauchöl *30 g geschälten Knoblauch* | *250 ml Sonnenblumenöl* |
etwas Olivenöl | *Salz, Pfeffer*
Kartoffel-Lauchpüree *200 g Kartoffeln* | *200 g Lauch* | *500 ml Sahne* | *Salz,
Pfeffer aus der Mühle*

Zubereitung

Alle Zutaten für den Wildfond in Öl anbraten, mit 1 Liter Wasser ablöschen und
auf 0,5 Liter einkochen. Den Lagrein in einen Topf gießen und auf zwei
Esslöffel einkochen lassen.
Die Hirschnüsschen salzen und pfeffern und mit den Lorbeerblättern, den
Wacholderbeeren und dem Knoblauch in Olivenöl etwa 5 Minuten von allen
Seiten gut anbraten. Bei 80 °C im vorgeheizten Ofen warm stellen. Den Wildfond auf die Hälfte reduzieren und mit der Lagrein-Reduktion abschmecken.
Für das Knoblauchöl alle Bestandteile zusammenmixen. Die Pilze putzen,
wenn nötig kurz abbrausen und große Exemplare halbieren. In einer Pfanne
mit dem Knoblauchöl unter Rühren braten, mit Salz und Pfeffer würzen und
mit der Petersilie bestreuen.
Für das Püree die Kartoffeln schälen, waschen und würfeln. Den Lauch putzen,
waschen und in Ringe schneiden. Beides etwa 30 Minuten kochen, dann abseihen und mit der Sahne aufgießen. Gut umrühren, auf die Hälfte einkochen
lassen, mit Salz und Pfeffer abschmecken und im Mixer pürieren. Die Hirschnüsschen in Scheiben schneiden und auf vorgewärmte Teller legen, daneben
das Püree platzieren und mit der Sauce garnieren. Dazu Pfifferlinge servieren.

Nocette di cervo in salsa di Lagrein con finferli e purea di patate e porro

🏠 Hotel Kematen, pag. 242

Ingredienti per 4 persone

600 g di nocette di cervo | *¼ l di Lagrein* | *2–3 cucchiai di olio d'oliva* |
4 foglie di alloro | *5 bacche di ginepro* | *1 spicchio d'aglio sbucciato* |
½ l di fondo di selvaggina | *sale* | *pepe macinato*
per il fondo di selvaggina *1 kg di ossa di selvaggina* | *1 carota* | *1 cipolla* |
1 gambo di sedano | *3 spicchi d'aglio* | *3 foglie di alloro* | *3 rametti di timo* |
2 rametti di rosmarino | *1 cucchiaio di concentrato di pomodoro* | *sale* | *pepe*
per i finferli *300 g di finferli* | *1 cucchiaio di olio all'aglio* | *2 cucchiai di
prezzemolo tritato fine*
per l'olio all'aglio *30 g di aglio sbucciato* | *250 ml di olio di semi di girasole* |
un po' di olio d'oliva | *sale* | *pepe*
per la purea di patate e porro *200 g di patate* | *200 g di porro* |
½ l di panna | *sale* | *pepe macinato*

Preparazione

Rosolate nell'olio tutti gli ingredienti per il fondo di selvaggina, bagnate con
1 litro d'acqua e addensate fino a 0,5 litri. Versate il Lagrein in una pentola e
fate cuocere fino a ridurlo a due cucchiai. Salate e pepate le nocette di cervo e
fate rosolare bene in olio d'oliva da entrambi i lati per 5 minuti assieme alle
foglie di alloro, le bacche di ginepro e l'aglio. Mettete al caldo in forno preriscaldato a 80 °C. Riducete il fondo di selvaggina della metà ed insaporite quindi
con il ridotto di Lagrein. Per l'olio all'aglio tritate tutti gli ingredienti indicati con
il mixer. Pulite i finferli, se necessario lavateli sotto acqua corrente e tagliate a
metà quelli più grossi. Rosolate in una padella con l'olio all'aglio mescolando
continuamente, insaporite con sale e pepe e cospargete con il prezzemolo.
Per la purea pelate le patate, lavatele e tagliatele a pezzettini. Pulite il porro e
tagliatelo a rondelle. Fate cuocere entrambi per una mezz'ora, quindi scolate e
versateci la panna. Mescolate bene, fate cuocere fino a ridurre della metà,
insaporite con sale e pepe e passate con il mixer. Tagliate a fette le nocette di
cervo e disponetele su piatti preriscaldati, mettete a fianco la purea e guarnite
con la salsa. Servite assieme ai funghi.

Insalata con gamberetti

Ristorante Himmelreich, pag. 244

Ingredienti per 1 persona

100 g di insalata di stagione | *3–4 cucchiai di olio d'oliva extra vergine* | *2–3 cucchiai di aceto balsamico della migliore qualità* | *4 gamberetti con guscio (surgelati)* | *eventualmente 1 spicchio d'aglio* | *sale, pepe macinato*

Preparazione

Mondate l'insalata, lavatela, asciugatela e tagliatela a pezzetti. Disponete su un piatto. Mescolate bene l'olio con l'aceto, il sale ed il pepe e cospargete sopra l'insalata. Sgusciate i gamberetti, tagliateli sul dorso con un coltello affilato e rimuovete il nero dell'intestino. Grigliateli per circa 2 minuti per parte, aggiungendo l'aglio a piacimento. Disponete quindi i gamberetti sull'insalata.

Come base si presta bene l'insalata verde; insalatina verde, radicchio, indivia, insalata riccia, lollo rosso oppure valeriana. A piacimento si possono aggiungere anche pomodori, o a seconda della stagione ad esempio anche asparagi o olive, fagiolini o cavolfiore.

Salat mit Garnelen

Restaurant Himmelreich, S. 244

Zutaten für 1 Person

100 g Salate der Saison | *3–4 EL Olivenöl extra vergine* | *2–3 EL Balsamessig bester Qualität* | *4 ungeschälte Garnelen (TK)* | *evtl. 1 Knoblauchzehe* | *Salz, Pfeffer aus der Mühle*

Zubereitung

Die Salate putzen, waschen, trocknen und in mundgerechte Stücke schneiden. Auf einem Teller anrichten. Das Öl mit dem Essig, Salz und Pfeffer gut verrühren und darüberträufeln. Die Garnelen aus der Schale brechen, am Rücken mit einem scharfen Messer aufschneiden und den schwarzen Darm entfernen. Auf einem heißen Grill und nach Geschmack mit Knoblauch von jeder Seite etwa 2 Minuten grillen, salzen und dann auf dem Salat anrichten.

Als Basis eignen sich grüne Salate; Eisbergsalat, Radicchio, Endivie, Friséesalat, Lollo rosso oder Feldsalat. Wer mag, kann Tomaten oder, je nach Saison, zum Beispiel auch Spargel oder Oliven, grüne Bohnen oder Blumenkohl untermischen.

Rote-Bete-Teigtaschen mit Gorgonzolafüllung

Gasthof Pfos-Hof, S. 246

Zutaten für 4 Personen

350 g Mehl | *120 g Hartweizenmehl* | *250 g gekochte Rote Bete, passiert* |
1 großes Ei | *250 g Gorgonzola (Blauschimmelkäse)* | *2 Auberginen* |
3–4 EL Parmesankäse, gerieben | *3–4 EL Butter, zerlassen* | *Balsamico-Konzentrat (Fertigprodukt)* | *2 EL Schnittlauchröllchen* | *Salz*

Zubereitung

Mehl, Hartweizenmehl, Rote Bete, Ei und Salz auf einer Arbeitsplatte zu einem geschmeidigen Teig kneten. Den Teig zugedeckt eine Stunde ruhen lassen. Dann den Teig mit einer Nudelmaschine dünn ausrollen und etwa 10 Zentimeter große Blätter ausschneiden.

Den Gorgonzola in kleine Stückchen schneiden und auf die Blätter geben. Die Teigblätter halbmondförmig zusammenklappen und die Ränder fest zusammendrücken, damit die Füllung beim Kochen nicht austritt.

Die Auberginen in dünne Scheiben schneiden und anbraten. Nach Geschmack mit Salz und Pfeffer würzen.

Die Teigtaschen in kochendem Salzwasser etwa 3 bis 4 Minuten kochen lassen. Mit einer Schaumkelle herausnehmen, abtropfen lassen und auf den gebratenen Auberginenscheiben verteilen. Mit geriebenem Parmesankäse bestreuen und mit zerlassener Butter und Balsamico-Konzentrat beträufeln. Mit Schnittlauchröllchen oder frittierten Auberginenscheiben garnieren.

Rote Bete gibt es auch im Vakuum-Beutel; sie muss dann nur noch geschält werden.
Als Weinbegleitung empfiehlt der Küchenchef Gewürztraminer oder Kerner.

Fagottini di bietola rossa con ripieno di gorgonzola

Locanda maso Pfos-Hof, pag. 246

Ingredienti per 4 persone

350 g di farina | *120 g di farina di grano duro* | *250 g di bietola rossa lessata e passata* | *1 uovo grande* | *250 g di gorgonzola* | *2 melanzane* | *3–4 cucchiai di parmigiano grattugiato* | *3–4 cucchiai di burro fuso* | *concentrato al balsamico (prodotto già pronto)* | *2 cucchiai di rotolini di erba cipollina* | *sale*

Preparazione

Su una superficie di lavoro impastate la farina, la bietola rossa, l'uovo e il sale fino a formare un amalgama omogeneo. Lasciate riposare l'impasto per un'ora coperto. Quindi passate finemente l'impasto nella macchina per fare la pasta e ritagliate delle sfoglie di circa 10 centimetri di grandezza.

Tagliate il gorgonzola a pezzettini piccoli e mettetelo sulle sfoglie. Ripiegate la pasta a forma di mezzaluna e fate aderire bene i bordi in modo che il ripieno non fuoriesca al momento della cottura. Tagliate le melanzane a fette pottili, aggiungete sale e pepe e saltatele in padella.

Fate cucinare i fagottini in acqua salata bollente per 3 o 4 minuti. Toglieteli con una schiumarola e scolateli. Posateli quindi sulle fette di melanzana saltate disposte sui piatti. Cospargete con parmigiano grattugiato e condite con burro fuso e concentrato al balsamico. Guarnite con i rotolini di erba cipollina oppure con delle fette di melanzana fritte.

La bietola rossa la si trova anche in sacchetti sottovuoto; si deve solo pelare.
Come bevanda da accompagnare lo chef consiglia un Gewürztraminer o un Kerner.

Frittata dolce ai mirtilli neri

⌂ Hotel Zum Zirm, pag. 248

Ingredienti per 4 persone

140 g di farina | *100 ml di latte* | *100 ml di panna* | *4 tuorli d'uovo* |
½ bustina di zucchero vanigliato | *40 g di mandorle pelate e grattugiate* |
1 cucchiaio di liquore ai mirtilli neri | *4 albumi* | *1 pizzico di sale* | *40 g di*
zucchero | *2–3 cucchiai di olio* | *200 g di mirtilli neri* | *2–3 cucchiai di*
zucchero a velo | *2–3 cucchiai di burro*

Preparazione

Lavorate la farina, il latte, la panna, i tuorli, lo zucchero vanigliato, le mandorle e il liquore di mirtilli neri fino ad ottenere un impasto omogeneo.
Sbattete gli albumi con il sale, montate a neve assieme allo zucchero e
mescolate bene il tutto. Scaldate l'olio in una padella grande, versateci il
composto per la frittata e cospargete con i mirtilli neri. Fate dorare la parte
inferiore, quindi giratela dall'altro lato e fate cuocere bene anche dall'altra
parte. Infine mettete la padella in forno preriscaldato a 180 °C e fate cuocere
la frittata per circa 5 minuti. Quindi con due forchette rompete la frittata
a pezzettini. Cospargete con un po' di zucchero a velo e aggiungete il burro in
modo che lo zucchero si caramelli. Disponete su piatti caldi, cospargete con
zucchero a velo e servite.

💡 Con la frittata dolce di mirtilli neri ci va bene il composto di mele, pere o
mele cotogne. A scelta si può sostituire la panna con il latte e al posto dei
mirtilli neri si possono utilizzare anche delle mele a fette oppure ciliegie.

Schwarzbeerschmarren

⌂ Hotel Zum Zirm, S. 248

Zutaten für 4 Personen

140 g Mehl | *100 ml Milch* | *100 ml Sahne* | *4 Eigelb* | *½ Päckchen Vanille-*
zucker | *40 g Mandeln, geschält und gerieben* | *1 EL Schwarzbeerlikör* |
4 Eiweiß | *1 Prise Salz* | *40 g Zucker* | *2–3 EL Öl* | *200 g Schwarzbeeren*
(Heidelbeeren) | *2–3 EL Staubzucker zum Bestreuen* | *2–3 EL Butter zum*
Schwenken

Zubereitung

Mehl, Milch, Sahne, Eigelb, Vanillezucker, Mandeln und Schwarzbeerlikör zu
einem glatten Teig verrühren. Eiweiß mit Salz aufschlagen, mit Zucker steif
schlagen und unter die Masse heben. In einer großen Pfanne das Öl erhitzen,
den Schmarrenteig hineingießen und mit den Schwarzbeeren bestreuen. Die
Unterseite goldgelb backen, dann umdrehen und die andere Seite ebenfalls
goldgelb backen. Anschließend die Pfanne in den auf 180 °C vorgeheizten
Ofen geben und den Schmarren etwa 5 Minuten backen. Danach den Schmarren mit zwei Gabeln in Stücke reißen. Mit etwas Staubzucker bestreuen und
die Butter hinzufügen, sodass der Zucker karamellisiert. Auf heißen Tellern
anrichten, mit Staubzucker bestreuen und servieren.

💡 Zum Schwarzbeerschmarren passt Apfel-, Birnen- oder Quittenkompott.
Die Sahne kann wahlweise durch Milch ersetzt werden, anstelle der
Schwarzbeeren eignen sich auch Apfelscheiben oder Kirschen.

Radlerparadies Überetsch und Unterland
Oltradige e Bassa Atesina – paradiso per ciclisti

Südwestlich von Bozen beginnt „über der Etsch", die fast südländisch anmutende Landschaft mit Weinbergen, so weit das Auge blickt. Gleich zu Anfang erhebt sich das trutzige Schloss Sigmundskron, Symbol der Südtiroler Autonomiebestrebung. Heute beherbergt es eines der Bergmuseen des Bersteigers Reinhold Messner. Auch die Ruine Hocheppan birgt etwas Interessantes, denn hier können wir die älteste grafische Darstellung von Knödeln bewundern. Zwischen Eppan und dem Kalterer See zu Füßen des Mendelpasses und des Gantkofels tummeln sich zahlreiche beeindruckende Schlösser, Burgen und Ansitze, oft im typischen Überetscher Renaissancestil errichtet mit Freitreppen, Butzenscheiben, Türmchen und Erkern. Der Kalterer See ist der wärmste Badesee der Alpen und zum größten Teil unverbaut. Die ganze Gegend ist ein Radlerparadies und ein Eldorado für Weinliebhaber. Neben Eppan und Kaltern ist Tramin, die Heimat des aromatischen Gewürztraminers, quasi ein Muss für Freunde des Rebensaftes.

A sud-ovest di Bolzano, quindi "oltre l'Adige", si estende un paesaggio dall'aspetto quasi mediterraneo, letteralmente immerso tra i vigneti. Subito all'inizio si erge imperioso Castel Firmiano che oggi ospita uno dei musei di Reinhold Messner dedicati alla montagna. Interessante dal punto di vista storico-culinario si presentano le rovine di Castel d'Appiano dove si può ammirare la raffigurazione pittorica più antica dei canederli. In quest'area ai piedi del Passo della Mendola e del Monte Macaion si trovano poi altri innumerevoli castelli, rocche e residenze nobiliari, spesso nel tipico stile rinascimentale della Bassa Atesina con scalinate esterne, antichi vetri a tondi, torri ed erker. Ancora oggi il lago di Caldaro, il lago balneabile più caldo dell'arco alpino, è circondato da una natura pressoché incontaminata. L'Oltradige e l'intera Bassa Atesina sono paradisi per i ciclisti e ancor di più per gli appassionati del buon vino che oltre ad Appiano e Caldaro non dovranno perdersi una visita a Termeno, la patria del Gewürztraminer.

Hier beginnt Südtirols Süden
Qui inizia il sud dell'Alto Adige

Bresaola mit gegrillten Spargelspitzen | Bresaola con punte di asparagi alla griglia

Rezept finden Sie auf Seite 328 |
Per la ricette vedere a pag. 328

Der Name ist Programm, denn hier logiert man inmitten der hauseigenen Obst- und Weingärten, befindet sich aber trotzdem zentral im reizenden Weindorf Terlan. Familie Huber hat ihr Haus mit viel Liebe eingerichtet. Ihre herzliche Gastfreundschaft und die familiäre, ungezwungene Atmosphäre tragen dazu bei, unbeschwerte Urlaubstage oder -wochen in vollkommener Ruhe zu verbringen, und das nur fünf Minuten vom Zentrum Terlans entfernt. Im Garten speisen die Gäste unter einer gewaltigen Libanonzeder, im Sommer eine wahre Wohltat. Nicht weniger angenehm präsentieren sich die Räumlichkeiten im Innern, besonders die über 130 Jahre alten Stuben, die noch im Original erhalten sind. Die bekannt gute Küche des Hauses steht auch Nicht-Hausgästen offen. Hier schwelgen im Frühjahr Spargelfans im Terlaner „Margarete"-Spargel, den die Küche sowohl zu Klassikern als auch zu kreativen Schmankerln verarbeitet. Vom reichhaltigen Frühstück über kleine Gerichte mittags bis zum Feinschmecker-Dinner bleiben keine Wünsche offen. Wöchentliche Grillpartys im Garten gehören auch zum Angebot. Damit dieses gute Essen gar nicht erst ansetzt, spielen Golfer eine Runde im Golfclub Lana – das Hotel Weingarten gehört zu den Gründerhotels,

Il nome "Weingarten", vigna, è già tutto un programma poiché l'hotel si trova immerso tra i propri vigneti e frutteti nonostante si trovi a soli cinque minuti a piedi dal centro di Terlano. La famiglia Huber ha arredato la casa con grande amore e la sua cordiale ospitalità e l'atmosfera familiare contribuiscono a regalarvi giorni o settimane di vacanze spensierate nella quiete più assoluta. Nel giardino gli ospiti assaporano i pasti sotto un possente cedro del Libano che d'estate assicura un piacevole refrigerio. Non meno accoglienti si presentano gli ambienti interni, specialmente le stube vecchie più di 130 anni e conservate ancora nella loro veste originale. La rinomata cucina della casa è aperta anche a chi non alloggia in albergo. Qui, in primavera gli appassionati degli asparagi possono gustare la squisita varietà "Margarete" coltivata a Terlano e trasformata in cucina in vere prelibatezze sia della cucina classica che di quella creativa. Dopo una ricca prima colazione al mattino e magari un piatto leggero a mezzogiorno, alla sera vi attende una cena con prelibatezze che soddisfano anche i palati più esigenti. Una volta la settimana è prevista una grigliata in giardino. E per smaltire tutte queste leccornie, i golfisti tra gli ospiti hanno a loro disposizione il

und Hausgäste erhalten 20 Prozent Greenfee-Ermäßigung und garantierte Abschlagszeiten. Im Hotel Weingarten kann man an geführten Almenwanderungen teilnehmen, eine Weinkellerei mit Verkostung besuchen, den Fahrradverleih nutzen und Tischtennis im Park spielen, oder man dreht ein paar Runden im beheizten Freibad und genießt herrliche Entspannung in der idyllischen Gartenanlage.

vicino Golfclub Lana di cui il Weingarten è uno dei soci fondatori il che comporta uno sconto greenfee del 20 % e turni di battuta garantiti. Vengono inoltre organizzate delle escursioni guidate alle malghe e visite alle cantine vinicole con degustazione, si possono noleggiare delle biciclette o fare una partita a ping-pong nel parco come pure divertirsi nell'acqua riscaldata della piscina immersa nell'idilliaco giardino.

Hotel Restaurant Weingarten
I-39018 Terlan
☎ 00 39 04 71 / 25 71 74
☎ 00 39 04 71 / 25 78 88
www.hotel-weingarten.com

Hotel Ristorante Weingarten
39018 Terlano

Beste Fleisch- und Wurstwaren in dritter Generation
Carni e salumi all'insegna di una tradizione familiare

Terlan ist ein reizender kleiner Ort zwischen Bozen und Meran, sein Wahrzeichen ist der schlanke, mit bunten Dachschindeln gedeckte Turm der gotischen Kirche aus dem 14. Jahrhundert sowie die oberhalb gelegene Burgruine Maultasch. Von hier aus lassen sich erholsame Wanderungen, reizvolle Ausflüge und leichte Radwanderungen in die malerische Umgebung erleben. Im Frühjahr duften die Apfelblüten, im Sommer lässt es sich in den kühlen Mischwäldern wunderbar spazieren gehen und bunte Weinreben erfreuen das Auge im Herbst. Apropos Weinreben: Terlan ist berühmt für seinen Weißburgunder, der durch reiche Fruchtkomponenten besticht, aufgrund der Porphyrböden mineralisch duftet und äußerst elegant und fein schmeckt. Ebenfalls eines der Aushängeschilder des Ortes ist der erstklassige Spargel Margarete, den man am besten mit Roh- oder Kochschinken genießt. Wer dafür eine gute Adresse sucht, ist bei der Metzgerei Mair gleich gegenüber der Kirche am richtigen Ort, denn als ansässiger Fleischermeister fühlt sich Egon Mair geradezu verpflichtet, einen ebenso erstklassigen Schinken zu produzieren. Darüber hinaus veredeln Egon Mair und seine Mitarbeiter einheimische

Il panorama di Terlano, il più importante centro fruttivinicolo della Val d'Adige lungo la Strada del Vino tra Bolzano e Merano, è caratterizzato dall'alto campanile con la sua cangiante copertura a scandole colorate che si erge accanto alla parrocchiale gotica risalente al XIV secolo e dalle sovrastanti rovine dell'antico castello Maultasch detto anche Neuhaus o Casanova. L'incantevole paesaggio che circonda il paese è ricco di bellissimi itinerari escursionistici adatti sia a delle rilassanti camminate che a biciclettate non troppo impegnative che in primavera ci fanno scoprire i frutteti in piena fioritura mentre d'estate ci accolgono gli ombreggiati boschi della mezzacosta e in autunno saranno poi gli estesi vigneti con l'uva in maturazione ad invitarci a delle rilassanti passeggiate. A proposito dei vigneti di Terlano: grazie al suo suolo porfidico ricco di minerali, Terlano produce uno tra i più eccellenti e rinomati Pinot Bianchi della regione apprezzato soprattutto per la sua elegante e delicata fruttuosità. Un'altra specialità gastronomica sono i rinomati asparagi Margarete squisitissimi da gustare accompagnati da prosciutto sia crudo che cotto di cui la macelleria Mair è la primaria produttrice e fornitrice del luogo.

Fleischsorten zu Kochschinken, zu traditionellem Osterschinken, würzigem Bauernschinken, magerem Rindersaft- und Truthahnschinken und einem wunderbar zarten Fohlenschinken. Besonders empfehlenswert sind auch die Wildspezialitäten. Fein geräucherte Rohwurstprodukte, unter anderem Kaminwurzen und die naturgereifte Spaghettiwurst bereichern den Speiseplan, und die Wahl zwischen 70 bis 80 schmackhaften Sorten Roh- und Kochwürsten fällt sicher nicht leicht. Speck-Spezialitäten von Bauch und Schlegel gibt es natürlich auch. Wenn mal gerade keine Zeit zum Kochen übrig bleibt: Mit fertigen Speisen wie

Sentendosi fortemente legato a tale tradizione culinaria, Egon Mair è un vero specialista nella lavorazione del prosciutto, da quello speziato secondo un'antica ricetta contadina fino al tradizionale prosciutto cotto della Pasqua, dal succulento prosciutto di manzo o di tacchino fino a quello delicatissimo di puledro. Ma non solo, nel negozio posto all'ombra del campanile in pieno centro del paese vengono offerte anche molte altre specialità di carne e di salumi a cominciare dalla cacciagione sempre fresca, dalle 70 alle 80 varietà di insaccati e da un ottimo speck sia di coscia che di pancia. Grande è anche la scelta di cose buone già pronte

Speck-, Käse-, Leber- und Spinatknödeln, Vitello tonnato (Kalbfleisch mit Thunfischsauce) oder einer appetitlich angerichteten Aufschnittplatte mit den Spezialitäten der Metzgerei Mair kann man sich und seinen Gästen eine Freude bereiten. Italienische Feinkost gehört ebenfalls zum Angebot der Metzgerei. Das Käsesortiment reicht vom einheimischen Almkäse bis hin zum edlen Parmesan und feinen Pecorino. Sohn Hannes hilft schon fleißig und mit Leidenschaft in allen Bereichen der Metzgerei mit, er befindet sich noch in der Ausbildung, wird die Familientradition aber in schönster Weise fortsetzen.

per essere servite in tavola: canederli allo speck, al fegato, al formaggio e agli spinaci, uno squisito vitello tonnato e appetitosi piatti di affettati misti, per fare qualche esempio. Infine i clienti della macelleria Mair potranno scegliere anche tra le più svariate specialità gastronomiche italiane ed una ricca gamma di ottimi formaggi, dalle varietà locali del malga fino ai gustosi formaggi grana e pecorini italiani. Attualmente Hannes, il figlio di Egon, collabora all'azienda familiare ancora da apprendista macellaio in piena formazione professionale, ma è più che certo che un giorno sarà lui a continuare con passione e competenza la tradizione tramandatagli dal padre.

Metzgerei Mair
Familie Egon Mair
Hauptstraße 9
I-39018 Terlan
☎ 00 39 04 71 / 25 71 14

Macelleria Mair
Famiglia Egon Mair
Via Nazionale 9
39018 Terlano

Der Schlüssel zum Glück in malerischer Landschaft
Un'isola felice in uno splendido paesaggio

Himbeermousse mit Ananas-Panna-cotta |
Mousse di lamponi con panna cotta all'ananas

Rezept finden Sie auf Seite 329 |
Per la ricette vedere a pag. 329

Das kleine, entzückende Weindörfchen Girlan rückte im Frühjahr 2010 in den Blickpunkt der Weltgeschichte, zumindest in den der deutschen Fußballfans. Im Sportzentrum Eppan – gut erreichbar, aber abgelegen – schlugen Jogi Löw und seine Fußballmannschaft nämlich ihr Trainingslager auf. Logis bezog die gesamte DFB-Auswahl im Fünfsterne-Hotel Weinegg, einem Urlaubsparadies, in dem es den Gästen an nichts fehlt. Eingebettet in Weinberge, so weit das Auge reicht, ist das Hotel Weinegg ideal für Urlauber, die neben Erholung auch viel Lebens- und Liebenswertes entdecken wollen. Im tirolerisch-eleganten Stil eingerichtet, wird es in Ausstattung und Komfort, in Service und Küche höchsten Ansprüchen mehr als gerecht. Weitläufige, gemütliche holzgetäfelte Stuben, kuschelige Sitzecken und einladende Salons gehen ineinander über – auf der luftigen Terrasse oder im Palmengarten lässt es sich entspannt genießen. Apropos Genuss: Liebe geht durch den Magen, und die Küchen-Crew des Hotels sorgt dafür, dass die Liebe nie Hunger leiden muss. Den frischen heimischen und internationalen Schmankerln kann man nicht widerstehen. Der Wein dazu kommt aus der unmittelbaren Umgebung oder aus der über 600 Positionen umfassenden haus-

Nella primavera del 2010 il paesino vinicolo di Cornaiano conobbe un breve attimo di gloria, almeno nel mondo del grande calcio, quando la nazionale tedesca lo scelse, grazie anche allo splendido centro sportivo che si trova alle sue porte, per il suo ritiro in vista del campionato mondiale. E per alloggiare l'intera squadra scelse proprio l'hotel a cinque stelle Weinegg, un autentico paradiso di vacanza che ha tutti i crismi dell'isola felice. Circondato a perdita d'occhio da vigneti, il Weinegg è un luogo ideale per chi oltre alla pace e al relax cerca le grandi emozioni di una vacanza da favola. Arredato con grande eleganza in tipico stile tirolese, questo splendido wellness hotel non lascia proprio nulla a desiderare non solo per quanto riguarda l'eccellenza del suo comfort, del servizio e della cucina, ma anche per l'atmosfera calda e ospitale dei suoi ambienti, dalle accoglienti stube rivestite di legno agli invitanti saloni e salottini, dall'ampia terrazza inondata di luce all'esotico giardino delle palme.

A proposito di buona tavola: ben sapendo che l'amore va preso per la gola, lo staff della cucina fa di tutto affinché tale detto venga confermato. I manicaretti freschissimi, tipici e internazionali sono davvero irresistibili, così come lo sono anche

eigenen Vinothek. Ein weiteres Highlight ist die atemberaubende Wellviva-Wellness und Wellviva-Beauty-Oase mit allen nur erdenklichen Wohlfühl- und Schönheitsangeboten. Am beheizten, 25 Meter langen Freibad kommen Karibikgefühle auf, denn hier versinken die Füße in puderzuckerweißem Strand – bei dem fast immer schönen Wetter in Südtirol eine wahre Wonne.

i pregiati vini di cui l'enoteca della casa dispone di oltre 600 diverse specialità. Un ulteriore highlight è lo straordinario centro benessere con reparto wellness e oasi beauty Wellviva. Bellissima anche la piscina riscaldata all'aperto, lunga 25 metri e circondata da una spiaggia di candida sabbia, un posto delizioso dove sentirsi un po' ai Caraibi sotto il sole dell'Alto Adige.

Wellnesshotel Weinegg
Familie Moser
Lammweg 22
I-39057 Girlan
☎ 00 39 04 71 / 66 25 11
www.weinegg.com

Wellnesshotel Weinegg
Famiglia Moser
Via Lamm 22
39057 Cornaiano

Traditionsreiche Tropfen aus dem Weinparadies
Gocce ricche di tradizione dal paradiso del vino

Girlan ist ein bezauberndes Örtchen an der Südtiroler Weinstraße, herrlich gelegen und von der Sonne verwöhnt. Kein Wunder, dass sich hier einige der besten Kellereien des Landes angesiedelt haben. Zu diesen traditionsreichen Betrieben zählt ohne Zweifel die Weinkellerei Alois Warasin, die

Cornaiano è un paesetto delizioso sulla Strada del Vino altoatesina, situato in posizione privilegiata e baciato dal sole. Non c'è da meravigliarsi quindi che qui abbiano sede alcune delle migliori cantine vinicole della zona. Senza dubbio rientra in queste aziende ricche di tradizione anche la can-

bereits in der vierten Generation Weine von hoher Qualität keltert. Heute ist es Günther Warasin, top-ausgebildeter Weinfachmann, der mit seinem Vater Otto seine Lagen bewirtschaftet und dort die Grundvoraussetzungen schafft, damit im Keller die edlen Gewächse zu ihrem vollen Potenzial ausgebaut werden können. Vier Hektar rund um ihr Haus nennt die Familie ihr Eigen, sie sind mit Weißburgunder, Sauvignon, Vernatsch und Blauburgunder bepflanzt. Bis in die 70er- und 80er-Jahre des letzten Jahrhunderts wurde hauptsächlich Privatkundschaft in Bozen mit großen Glasballons beliefert, was heute zwar auch noch vereinzelt geschieht, das Haupt-Augenmerk der Weinproduzenten hat sich mittlerweile aber auf die Herstellung von Qualitätsweinen gerichtet. Die Bedingungen sind dafür hervorragend: Das Klima wird vom Mittelmeer beeinflusst, die Böden besitzen eine gute Tiefgründigkeit und Wasserversorgung, allerdings sind die unterschiedlichen Lagen ausschlaggebender. Die akkurate Pflege der Weinberge und ihre sorgsame Behandlung im Keller spiegeln sich im Endprodukt wider. Günther und Otto Warasin achten sowohl im Weinberg als auch bei der Vinifizierung besonders genau auf die Anforderungen und Notwendigkeit jeder einzelnen Rebsorte, sodass ihre Weine nach entsprechender Reifung optimalen Genuss bringen.

tina vinicola Alois Warasin, produttrice di vini di alta qualità ormai da quattro generazioni. Oggi è Günther Warasin, specialista di vini con un altissimo livello di specializzazione, assieme a suo padre Otto a gestire le sue tenute e a creare lì i presupposti per far sì che i nobili prodotti possano sviluppare al meglio il proprio potenziale in cantina. Alla famiglia appartengono quattro ettari attorno alla casa coltivati a uve della varietà Pinot Bianco, Sauvignon, Schiava e Pinot Nero. Fino agli anni '70 e '80 del secolo scorso, si riforniva principalmente una clientela privata a Bolzano con grandi damigiane in vetro, cosa che peraltro succede ancor oggi in maniera sporadica, in quanto nel frattempo l'attenzione principale dei produttori di vino si è rivolta alla produzione di vini di qualità. I presupposti verso tal fine sono tra i migliori: il clima viene influenzato dal Mediterraneo, i terreni possiedono una buona profondità e un buon approvvigionamento idrico e anche la posizione delle varie tenute è di grande importanza. La cura meticolosa della vigna ed il trattamento accurato in cantina si riflettono nel prodotto finale. Günther e Otto Warasin prestano molta attenzione sia nel vigneto che durante la vinificazione proprio alle necessità e ai bisogni di ogni singola qualità di uva in modo che i loro vini trasmettano un gusto ottimale dopo una adeguata maturazione.

Weinkellerei Alois Warasin
Schreckbichl 1
I-39057 Girlan
☎ 00 39 04 71 / 66 24 62

Cantina vinicola Alois Warasin
Colterenzio 1
39057 Cornaiano

Sonnige Aussichten und behagliche Wohnlichkeit
Vedute soleggiate e confortevole accoglienza

Mit mediterranem Gemüse gefüllte Teigtaschen mit Taggiasche-Oliven und Fetakäse-Raspeln |
Fagottini ripieni di verdure mediterranee con olive taggiasche e scaglie di feta

Rezept finden Sie auf Seite 332 |
Per la ricette vedere a pag. 332

Weinberge, so weit das Auge reicht: Der Girlanerhof ist die schönste Adresse für unbeschwerte Ferien vom Alltag, ein gastliches Haus mit familiärer Atmosphäre, das sich auch als idealer Ausgangspunkt für etliche Freizeitaktivitäten eignet. Entweder zu Fuß oder mit dem kostenlosen Leihfahrrad lässt sich die herrliche Überetscher Landschaft erobern. Das Hotel selbst punktet mit stilvoller Eleganz und einer sagenhaften Aussicht, ein Genuss vom Frühjahr bis in den Spätherbst, wenn die Blätter der Reben golden und rot leuchten. Ein Gefühl von Wärme und Behaglichkeit begleitet die Gäste auf Schritt und Tritt. Ebenso hell und freundlich heißen die Zimmer und Suiten ihre Bewohner willkommen. Entspannung und Erholung heißt es auch im Relax- und Beautybereich bei Massagen und Schönheitspflege, in der Sauna und im Dampfbad. Das Hallenbad mit Wintergarten lädt zu ein

Vigneti a perdita d'occhio: il Girlanerhof è la meta più azzeccata in fatto di vacanze non disturbate dalla quotidianità, una struttura ospitale dall'atmosfera familiare, che si presta inoltre come punto di partenza ideale per diverse attività di svago. Potrete andare alla scoperta del meraviglioso territorio dell'Oltradige a piedi o con le bici messe a disposizione gratuitamente. L'albergo stesso può vantarsi di un'eleganza piena di stile e di una veduta favolosa, un piacere da primavera fino ad autunno inoltrato quando le foglie delle viti rilucono rosse e dorate. Ovunque l'ospite è accompagnato da una sensazione di calore e comfort che si può ritrovare anche nelle camere e suite luminose e accoglienti. Distensione e riposo dominano anche nel reparto beauty e relax con massaggi e trattamenti di bellezza, così come nella sauna e nel bagno turco. Molto invitante è anche

paar Runden, oder man sonnt sich in der großen Liegewiese unter Palmen. Während die Eltern hier relaxen, spielen die Kinder auf der Spielwiese mit Rutschbahn, Sandkasten und Tischtennis.

Das reichhaltige Frühstücksbuffet sorgt für einen schwungvollen Tagesbeginn. Abends stimmt man sich vielleicht mit einem Aperitif auf die kommenden Gaumenfreuden ein, wenn frisch zubereitete Speisen der Südtiroler, mediterranen und internationalen Küche serviert werden, im Sommer auch auf der sonnenverwöhnten Terrasse. Nach dem Dinner lockt die Hausbar, wo man bei einem Espresso oder einem Digestif und interessanten Gesprächen den Tag ausklingen lässt.

la piscina coperta con giardino d'inverno, oppure ci si può distendere al sole sul grande prato sotto le palme. Mentre i genitori si rilassano qui, i bambini possono giocare sul prato attrezzato con scivolo, sabbiera e tavolo da ping-pong.

Il nutrito buffet della prima colazione garantisce un inizio di giornata con slancio. Alla sera ci si potrà rallegrare con un aperitivo in attesa dei piaceri culinari a seguire, quando sulla tavola verranno serviti piatti freschi di cucina del repertorio gastronomico altoatesino, mediterraneo e internazionale, che d'estate si potranno gustare anche sulla terrazza baciata dal sole. Dopo cena il bar dell'albergo è il posto ideale per concludere la giornata con un espresso o un digestivo scambiando due chiacchiere.

Hotel Girlanerhof
Margit Dellago
Marklhofweg 7
I-39057 Girlan/Eppan
☎ 00 39 04 71 / 66 24 42
www.girlanerhof.it

Hotel Girlanerhof
Margit Dellago
Via Belvedere 7
39057 Cornaiano/Appiano

Gelebtes Kulturgut mit Tradition und Zukunft
Un patrimonio culturale vissuto fra tradizione e futuro

Seit ihren Anfängen vor über 100 Jahren ist das Leitmotiv der Kellerei St. Michael-Eppan, besten Wein zu produzieren. Mit 350 Mitgliedern, 380 Hektar Anbaufläche und 2,5 Millionen Flaschen jährlich garantiert der Name St. Michael-Eppan international erstklassige Qualität, und das für jedermann und nicht nur für eine elitäre Schicht von Weintrinkern, betont Kellermeister Hans Terzer. Er ist einer der bekanntesten Vorreiter in Sachen Südtiroler Weißwein. Als führender Weinexperte gilt seine Passion in erster Linie den Weißweinen. Ob Weißburgunder, Sauvignon, Pinot grigio, Chardonnay oder Gewürztraminer – sie gehören zur absoluten Weißweinspitze Italiens. Bei den Rotweinen gilt neben Vernatsch und Blauburgunder auch Cabernet, Merlot und Lagrein besonderes Augenmerk. Die Kellerei St. Michael-

Fin dai suoi inizi oltre un secolo fa, la missione della Cantina San Michele Appiano è quella di produrre vini di grande eccellenza. Con i suoi 350 soci, 380 ettari di vigneti e 2,5 milioni di bottiglie all'anno, il nome San Michele Appiano è garanzia di una qualità superiore "accessibile a tutti e non solo ad una cerchia elitaria di intenditori" come ci tiene a sottolineare Hans Terzer, l'enologo dell'azienda che è tra i pionieri per quanto riguarda i vini bianchi altoatesini di prima qualità. Dal Pinot Bianco al Sauvignon, dal Pinot Grigio allo Chardonnay e al Gewürztraminer – tutti vanno a formare la punta di diamante dei bianchi italiani. Sul fronte dei rossi sono invece il Cabernet, il Merlot e il Lagrein accanto alla Schiava e al Pinot Nero a meritare un'attenzione particolare. L'azienda dispone di vigneti tra i più apprezzati dell'Alto Adige

Eppan verfügt über einige der besten Weinberge Südtirols. Dank des günstigen Zusammenspiels von Klima, Topographie und Böden und der naturnahen, schonenden Bearbeitung wachsen hier in jeweiligen Einzellagen die richtigen Rebsorten am richtigen Ort. Die große Kunst von Hans Terzer und seinen Mitarbeitern ist es, auf die Besonderheiten der Lagen und auf die unterschiedlichen Rebsorten auch bei der Verarbeitung im Keller einzugehen und jede einzelne wie ein wertvolles Kleinod zu veredeln, im Edelstahlfass, im Holzfass oder im Barrique. Drei Linien produziert die Kellerei St. Michael-Eppan: die Klassische, die Selektions-Linie und die Linie Sanct Valentin. In dieser Spitzenlage wurden 1986 die ersten St.-Valentin-Weine geboren. Heute sind sie Synonym für die Top-Weine der Kellerei St. Michael Eppan.

nei quali, grazie alla combinazione favorevole tra condizioni climatiche, geotopografiche e sapiente trattamento, le singole varietà crescono sui terreni a loro più consoni. L'arte di Hans Terzer e dei suoi collaboratori consiste nel saper valorizzare al massimo il terroir dei diversi vitigni anche durante la loro lavorazione in cantina trattandoli come dei gioielli preziosi da nobilitare in serbatoi d'acciaio, in botti di legno o in barrique. Tre sono le linee del marchio San Michele Appiano: Cassica, Selezione e Sanct Valentin, quest'ultima nata nel 1986 e basata sui vitigni di punta che oggi sono sinonimo dei vini di maggior pregio dell'azienda.

⌂ **Kellerei St. Michael-Eppan**
Umfahrungsstraße 17–19
I-39057 Eppan/Berg
☎ 00 39 04 71 / 66 44 66
www.stmichael.it

Cantina San Michele Appiano
Via Circonvallazione 17–19
39057 Appiano/Monte

Aus der Natur auf den Tisch
Dalla propria terra alla tavola

🍴 **Überetscher Weißburgunder-Suppe | Zuppa di Pinot Bianco d'Oltradige**

Rezept finden Sie auf Seite 333 |
Per la ricette vedere a pag. 333

Ein herrlicher Urlaubsort für die ganze Familie ist der Gasthof Steinegger, ein Erbhof seit 1669. Schon der Ur-Urgroßvater der heutigen Gastgeber-Familie war Bauer mit Leib und Seele. Die Goldmedaille der Handelskammer für 172 Jahre Gastwirtschaft bezeugt die lange Tradition in diesem Erwerbszweig. Obst, Gemüse und Kräuter wachsen im Bauerngarten, ebenso die Früchte für die Eigenbauweine und die hausgemachten Säfte. Die Aussicht ist natürlich prächtig, der Blick geht über das grüne Tal bis zu den Dolomiten am Horizont. Kulinarisch ist der Gasthof Steinegger ebenfalls nur

Luogo di villeggiatura ideale per tutta la famiglia, l'Hotel Gasthof Steinegger è una casa ricca di tradizione, un maso ereditario che risale al 1669 e dove già il trisavolo degli attuali proprietari faceva il contadino e l'oste con grande passione. Lo dimostra la medaglia d'oro della Camera di Commercio per i 172 anni di attività gastronomica. La frutta fresca, le verdure e le erbe aromatiche usate in cucina crescono nei propri orti, così come gli eccellenti vini sono prodotti con l'uva dei propri vigneti e i vari succhi di frutta vengono fatti in casa. Splendida anche la vista panoramica che spazia

zu empfehlen. Schwiegersohn Michael Falkensteiner ist der kreative Kopf in der Küche mit Lehrjahren in den Sterneküchen Spaniens und Londons. Die Gäste vom Steinegger schätzen die vielen hausgemachten Schmankerln, wie etwa Ravioli mit Kalbszunge und Steinpilzen gefüllt, das Selchfleisch mit selbstgemachtem Marillensenf, die Rotkappen mit Speckknödeln und die hausgemachten Kuchen.

Wem nach ausgiebigem Tafeln der Sinn nach Bewegung steht: Das Auto kann man getrost vergessen und sich direkt vom Hotel aus auf die Socken machen. Familie Eisenstecken gibt Tipps und Wanderratschläge, leiht Karten und Wanderbücher, auch für Rad- und Bergradfahrer. Ein Shuttlebus bringt die Gäste wohin sie wollen. Einmal pro Woche kann man auch an einer geführten Wandertour teilnehmen. Für Kinder ist der Steinegger das wahre Paradies: Auf dem Spielplatz direkt hinter dem Haus im Wald mit Trampolin können sie nach Herzenslust spielen und ihre Eltern sich derweil in der Wiese am herrlich gelegenen Schwimmbad entspannen.

sopra la verde valle fino alle cime dolomitiche che si stagliano all'orizzonte. Particolarmente rinomata è la cucina tra i cui fornelli regna la mente creativa di Michael Falkensteiner, il genero del patron, che ha alle spalle anni di gavetta nei migliori ristoranti della Spagna e di Londra. Tante sono le sue squisite specialità, tra cui, per farne qualche esempio, i ravioli farciti con lingua di vitello e porcini, la carne affumicata con senape all'albicocca fatta in casa, i funghi leccini con canederli allo speck o le gustosissime torte fatte in casa. Lo Steinegger è inoltre un diretto punto di partenza ideale per favolose passeggiate ed escursioni seguendo i consigli della famiglia Eisenstecken, sempre pronta a prestare cartine e guide, anche per che si muove in bicicletta o in mountainbike. Uno shuttle bus porterà gli ospiti ovunque lo desiderino ed una volta alla settimana si potrà prendere parte ad escursioni guidate. E i bambini che qui allo Steinegger si troveranno come in paradiso, potranno scatenarsi a piacere nel parco giochi con trampolini nel bosco retrostante, mentre i genitori si riposano sul prato relax accanto alla bellissima piscina.

Hotel Gasthof Steinegger
Familie Michael Eisenstecken
I-39057 Eppan/Berg
☎ 00 39 04 71 / 66 22 48
www.steinegger.it

Hotel Gasthof Steinegger
Famiglia Michael Eisenstecken
39057 Appiano/Monte

Schlaraffenland in der grünen Wiese
Un luogo d'incanto in mezzo al verde

Mitten in der herrlichen Überetscher Landschaft, zwischen Burgen, Ansitzen, Wein- und Obstgärten liegt der gemütliche Landgasthof Bad Turmbach, Elternhaus von Christoph Wörndle. Bis 1970 war hier noch ein Bauernbadl in Betrieb, das schon vor 200 Jahren für Erquickung sorgte. Heute sorgt Christoph für erstklassige kulinarische Erquickung: Seine weithin gerühmten Kreationen schmecken im Sommer in der romantischen Wiese mit Apfel-

Immerso nel favoloso paesaggio dell'Oltradige tra rigogliosi vigneti e frutteti ci attende il Landgasthof Bad Turmbach, lo storico albergo ristorante che per oltre 200 anni, fino al 1970, fu anche bagno termale. Oggi invece Christoph Wörndle, patron ed eccellente chef della casa, ci offre ben altri piaceri, di tipo culinario, servendo squisite specialità molto apprezzate dai buongustai di tutta la regione. Chi si mette a tavola nel bel giar-

bäumen und Kräutergarten ganz hervorragend. Wenn das Wetter mal nicht mitspielt, bietet sich die gemütliche Schankstube oder das elegant eingerichtete Restaurant zum Schlemmen an.
Wer sich unter den feinen Speisen nicht entscheiden kann, ist mit dem Degustationsmenü bestens bedient: Garnelenspießchen auf Fenchel-Apfelsalat, Nudelkissen mit Pilzfüllung und Petersilienschaum, Entrecôte auf Steinpilz-Knödelgröstl und zum Dessert Crème brûlée mit Himbeersorbet. Die quellfrischen Turmbachforellen werden nach Wunsch zubereitet – frischer geht es nicht! Zum Nachmittagskaffee schmecken die hausgemach-

dino sul prato con meli e un orto di erbe aromatiche, nell'accogliente stube o nell'elegante sala del ristorante, non avrà che l'imbarazzo della scelta oppure potrà decidersi per il menu di degustazione composto, ad esempio, da spiedini di gamberetti con insalata di mele e finocchio, da fagottini ai funghi con spuma di prezzemolo, da un entrecôte su rosticciata di canederli e porcini e, per concludere in bellezza, da una crema catalana con sorbetto di lampone. Specialità della casa assai apprezzata sono anche le trote fresche di torrente e cucinate a vostro piacimento. Favolose anche le torte fatte in casa, dallo strudel di mele alla torta

ten Kuchen wie Apfelstrudel, Buchweizentorte oder die Zirmer Torte ganz ohne Mehl einfach himmlisch.

Was wäre aber das beste Essen ohne Wein? Familie Wörndle besitzt eigene Weinberge. Hier, in etwa 600 Metern Höhe, gedeihen besonders die Weißen vorzüglich. Es gibt Weißburgunder, Müller Thurgau, Sauvignon und Gewürztraminer. Den passenden Wein dazu empfiehlt Christophs Frau Waltraud, die auch den Service leitet. Und last but not least: Gemütliche Zimmer, teilweise mit Balkon, und ein Schwimmbad mit Liegewiese machen das Landhausglück komplett.

saracena con mirtilli rossi e la gustosissima torta Zirmer preparata senza aggiunta di farina. Da non dimenticare i vini, visto che la famiglia Wörndle dispone di propri vigneti che qui, a circa 600 metri di altitudine, producono soprattutto un eccellente bianco come il Pinot Bianco, il Müller Thurgau, il Sauvignon e il Gewürztraminer. Sarà Waltraud, moglie del patron e responsabile del servizio, a consigliarvi quello giusto. A completare la struttura Turmbach c'è infine l'albergo con le sue accoglienti stanze, in parte con balcone, e una bella piscina con ampio prato di relax.

Landgasthof Bad Turmbach
Christoph Wörndle
Turmbachweg 4
I-39057 Eppan/Berg
☎ 00 39 04 71 / 66 23 39
www.turmbach.com

Landgasthof Bad Turmbach
Christoph Wörndle
Via Turmbach 4
39057 Appiano/Monte

Entspannung und Genuss mit Wohlfühlgarantie
Riposo e piacere con garanzia di benessere

„Aurora" ist die römische Göttin der Morgenröte, und nicht schöner könnte man aufwachen als in der Morgenröte der lieblichen Überetscher Landschaft, in der Pension Aurora. Wohlfühlen sollen sich die Gäste von Anfang an, von morgens bis abends, und zwar das ganze Jahr über, dies ist das Anliegen der sympathischen Gastgeberfamilie Rohregger. Gastfreundschaft hat hier Tradition. Die familiäre Atmosphäre lässt das tägliche Einerlei vergessen, dazu gehört natürlich auch die herrliche Lage mit einer grandiosen Aussicht. So wünscht man sich sein Urlaubsdomizil: leger und gemütlich, in einem Ambiente voller Herzlichkeit und persönlicher Zuwendung. Die komfortablen Zimmer, teils mit Balkon, sind perfekt ausgestattet. Die große überdachte Terrasse gibt den Blick auf die mediterran anmutende Gegend frei, am Pool kann man den Alltag daheim mal zu den Akten legen und sich ganz im Hier und Jetzt räkeln. Aber auch für Aktive ist der Standort ideal. Sport und Unterhaltung gleich vor der Tür sind selbstverständlich: eine Wanderung durch die Weinberge, die sich bis zum Horizont erstrecken, ein Spaziergang um den Kalterer See, ein Sprung ins kühle

"Aurora" è la dea romana del sorgere del sole, ed infatti è bellissimo risvegliarsi all'alba nella Pensione Aurora nell'adorabile paesaggio dell'Oltradige. Quello che sta più a cuore alla simpatica famiglia ospitante, i Rohregger, è il benessere dei clienti fin dall'inizio, dalla mattina alla sera, e per tutto l'anno. L'ospitalità è qui una tradizione. L'atmosfera familiare fa dimenticare il tran tran quotidiano, a ciò contribuisce anche la posizione stupenda con una vista grandiosa. È così che si vorrebbe che fosse l'ambiente dove trascorrere le proprie vacanze: informale ed accogliente, in un ambiente pieno di cordialità e di dedizione personale. Le camere confortevoli, in parte con balcone, sono dotate di tutto punto. La grande terrazza coperta fa spaziare lo sguardo sul suggestivo paesaggio submediterraneo mentre in piscina è facile archiviare la vita di tutti i giorni e immergersi completamente nell'attimo vissuto. Tuttavia anche per gli amanti della vita attiva questo luogo è ideale. Sport e divertimento a portata di mano sono all'ordine del giorno: un'escursione tra i vigneti che si estendono fino all'orizzonte, una passeggiata attorno al lago di Caldaro, un tuffo

Nass der Montiggler Seen nur drei Kilometer entfernt, ein Tennismatch, eine Runde mit dem Rad oder ein Tagesausflug in die Landeshauptstadt Bozen, in die Kurstadt Meran oder ins Dolomitengebiet.

Feinschmecker lassen sich von der guten Küche des Hauses überraschen, zu der eine gute Flasche vom naturreinen Weißen oder Roten aus eigener Produktion nicht fehlen sollte.

nelle fresche acque del lago di Monticolo a soli tre chilometri di distanza, una partita a tennis, un giro in bici o un'escursione in giornata al capoluogo Bolzano, alla città di cura Merano o nella regione dolomitica.

I buongustai potranno lasciarsi stupire dalla cucina della casa a cui non potrà mancare una buona bottiglia di bianco o rosso genuino e di produzione propria.

Pension Aurora
Familie Rohregger
Kalterer Straße 21
I-39057 Eppan/Berg
☎ 00 39 04 71 / 66 22 56
www.pension-aurora.it

Pensione Aurora
Famiglia Rohregger
Via Caldaro 21
39057 Appiano/Monte

Ein aufstrebender Betrieb zwischen Tradition und Moderne
Un'azienda emergente tra tradizione e avanguardia

In den über 100 Jahren seit ihrer Gründung 1907 hat sich in der Kellerei St. Pauls viel getan – geblieben ist ihr Leitsatz, nur hochwertige Reben anzupflanzen und daraus nur allerbesten Wein und Sekt herzustellen.

Dank der damals absolut innovativen Bauweise, die Kellerei auf vier Etagen zu bauen, kann heute der gesamte Kelterungsprozess per Gravitation von oben nach unten über einen Höhenunterschied von 22 Metern über die vier Geschosse verlaufen. Das Sortiment teilt sich in 50 Prozent Weißweine und 50 Prozent Rotweine. Beide Sorten vergären und reifen im Stahltank oder im großen Holzfass, besondere Linien auch im Barrique. Auf sehr schonende Weise finden die Trauben so zum Ausbau und zu ihrer Vollendung im geeigneten Fass, wodurch auch die Eigenart des Terroirs zum Ausdruck kommt. Drei Linien bietet die Kellerei St. Pauls: die Classic-Linie mit allen typischen DOC-Weinen, die Exclusiv-Linie mit exklusiven Weinen aus erstklassigen Lagen und die Top-Linie Passion mit Spitzenweinen aus mikroklimatischen Einzellagen und sehr alten Rebstöcken.

Der Sekt Praeclarus wird nach der klassischen Methode produziert. Entweder als Brut, als Rosé oder

Molto è stato fatto nella Cantina San Paolo nel corso degli oltre cento anni dalla sua fondazione nel 1907, ma il leitmotiv dell'azienda è rimasto quello di allora: piantare solo i vitigni migliori per produrre il miglior vino e spumante possibile.

Grazie al concetto costruttivo, allora di avanguardia assoluta, secondo il quale la cantina è stata disposta su quattro piani sovrapposti, oggi l'intero ciclo della vinificazione si svolge per gravità, per così dire, passando dall'alto verso il basso lungo

als Riserva eignet er sich zum Aperitif oder als Begleiter zu Vorspeisen und Fischgerichten. Interessierte Weinfreunde können sich übrigens zu Weinseminaren mit Weinbergbegehung und Verkostung anmelden. Die gemütliche, moderne Vinothek ist der ideale Ort, um die Weine der Kellerei St. Pauls zu probieren und zu kaufen. Bei einem Gläschen kommt man auch mit den Einheimischen ins Gespräch, für die die Vinothek ein beliebter Treffpunkt ist.

un dislivello di 22 metri. L'assortimento si compone per il 50 % da vini bianchi e per il 50 % da vini rossi. Sia gli uni che gli altri fermentano e maturano in serbatoi d'acciaio oppure in botti di legno, alcuni vini particolari anche in barrique. La lavorazione e l'affinamento avvengono con la massima cura e delicatezza per esaltare il forte carattere di terroir di questi vini. Sono tre le linee realizzate dalla San Paolo: la linea "Classic" con tutti i vini DOC tipici dell'Alto Adige, la linea "Exclusiv" con vini provenienti dalle migliori plaghe, e infine la linea "Passion" che rappresenta la punta di diamante con vini da singole plaghe esposte a particolari condizioni microclimatiche o da vitigni antichi. Lo spumante Praeclarus, prodotto secondo il metodo classico nelle versioni brut, rosé e riserva, si presta molto bene come aperitivo o come accompagnamento ad antipasti e piatti di pesce. Gli appassionati del vino potranno infine partecipare, su prenotazione, a dei seminari enologici con visita ai vigneti e degustazione. L'accogliente enoteca, ritrovo molto apprezzato anche dai residenti della zona, è il luogo ideale per convincersi dell'eccellente qualità dei vini della Cantina San Paolo.

🏠 **Kellerei St. Pauls**
Schloss Warthweg 21
I-39050 St. Pauls/Eppan
☎ 00 39 04 71 / 66 21 83
www.kellereistpauls.com

Cantina San Paolo
Via Castel Guardia 21
39050 San Paolo/Appiano

Die Südtiroler Weinstraße
La strada del Vino lungo l'Adige

Die Südtiroler Weinstraße ist die älteste Italiens und lässt sich in drei große Gebiete einteilen: das mittlere Etschtal oder das Terlaner Becken zwischen Meran und Bozen, das Überetsch zu Füßen des Mendelgebirges und das Unterland in Südtirols Süden. Die berühmte Straße führt durch ein Meer von Rebhängen an der Etsch entlang, vorbei an malerischen Dörfern, an prachtvollen Ansitzen und stattlichen Schlössern, durch eine üppige Landschaft mit mediterran anmutender Flora. Nicht nur die berühmten Weinorte wie Kaltern und Tramin säumen ihren Weg, sondern auch die Gemeinden Nals, Andrian, Terlan, St. Michael-Eppan, St. Pauls, Kurtatsch, Margreid, Kurtinig, Salurn, Neumarkt, Auer, Montan und Pfatten. In über 1000 Metern Höhe wächst über Kurtatsch der höchst gelegene Müller Thurgau Europas. Die älteste datierte Hausrebe aus dem Jahr 1601 trägt in Margreid immer noch Früchte! Die Weinstraße wartet mit spritzigen Weißweinen auf, mit samtigen Rotweinen und dem berühmtesten aller edlen Tropfen, dem aromatischen Gewürztraminer.

La Strada del Vino dell'Alto Adige è la più antica d'Italia e si articola in tre grandi settori: la parte centrale della Val d'Adige ossia la conca di Terlano tra Merano e Bolzano, l'Oltradige ai piedi dei monti intorno alla Mendola, e la Bassa Atesina nel sud della provincia. L'itinerario ci conduce attraverso un mare di vigneti lungo l'Adige passando accanto a villaggi pittoreschi, magnifici castelli e residenze signorili immersi in un dolce paesaggio caratterizzato da una rigogliosa flora submediterranea. Costeggia il percorso la lunga fila delle località altoatesine votate alla vitivinicoltura tra cui Nalles, Andriano, Terlano, San Michele, Appiano, San Paolo, Cortaccia, Magrè, Cortina, Salorno, Egna, Ora, Montagna, Vadena e Termeno. A oltre 1000 metri sopra Cortaccia cresce il Müller Thurgau, la coltivazione più alta d'Europa. A Magrè invece la vite più antica che risale al 1601 e che fino ad oggi continua a dare i suoi frutti. È l'Alto Adige dei vini d'eccellenza, sia bianchi che rossi, con non poche punte di diamante tra cui l'inconfondibile Gewürztraminer.

Naturreine Weine voller Kraft und Eleganz
Vini genuini pieni di vigore ed eleganza

Die über 15 Jahre währende tiefgreifende Aufbauarbeit trägt nun ihre Früchte:
Traumhaft an den Ufern des Kalterer Sees gelegen, gehört das Weingut Manincor zu den Topadressen der Südtiroler Weinproduzenten. Ausdrucksstarke Terroirweine zu produzieren ist das Credo des Teams um Michael Graf Goëss-Enzenberg.
Zu einer architektonischen Meisterleistung geriet dabei der unterirdisch verborgene Weinkeller, der auf insgesamt 3 000 Quadratmetern Fläche und drei Stockwerken Platz für Pressen, Gär- und Reifefässer, Abfüllanlage und Lagerhallen bietet. Die

Il grande lavoro preparatorio, durato oltre 15 anni, comincia a dare ora i suoi frutti: la Tenuta Vinicola Manincor nella sua magnifica posizione sulle sponde del lago di Caldaro è ormai annoverata tra i marchi d'eccellenza della vitivinicoltura altoatesina. Creare autentici vini di terroir è il leitmotiv aziendale del conte Michael Goëss-Enzenberg e del team che lo circonda.
Come una vera opera d'arte architettonica si presenta la cantina interamente costruita nel sottosuolo e sulla cui superficie di 3 000 metri quadrati suddivisi su tre livelli trovano il loro spazio le presse,

Arbeit im Keller beschränkt sich darauf, das Traubengut mit einem Minimum an Eingriffen so schonend wie möglich zu verarbeiten. Das Zusammenspiel aller Faktoren führt schließlich zu Weinen voll natürlicher Eleganz.

Mit dem Jahrgang 2009 ist Manincor nach den EU-Biorichtlinien sowie nach Demeter biodynamisch zertifiziert. Drei Linien werden produziert, nämlich Hand, Herz und Krone. Die Basis bilden die Weine im Zeichen der Hand – klassisch und solide, etwa der Moscato Giallo (Goldmuskateller) oder der Kalterersee Keil. Das Herzstück und wichtigste Linie sind Weine voller Kraft und Eleganz wie der Sauvignon Blanc, die Cuvée Sophie oder der Blauburgunder Mason, übrigens einer der Lieblingsweine von Thomas Gottschalk. Die Krönung bilden die Top-Weine für Raritäten-Liebhaber, zum Beispiel der Sauvignon Blanc Lieben Aich, die Cuvée Castel Campan oder der Dessertwein Le Petit, alles Weine von vollendeter Harmonie, kompromissloser Qualität und jeder ein Erlebnis für sich.

i tini, le botti, l'impianto di imbottigliamento e i magazzini di stoccaggio. Il lavoro in cantina si limita a nobilitare l'uvaggio con un minimo di interventi ed un trattamento di massima delicatezza per ottenere alla fine dei vini eccellenti di grande eleganza naturale.

Con l'annata 2009 la Manincor ha anche ottenuto la certificazione di conformità alle direttive europee degli alimenti biologici e ai criteri biodinamici della Demeter. Tre sono le linee dei vini prodotti: Mano, Cuore e Corona. A formare la linea di base della Mano sono vini classici e solidi come ad esempio il Moscato Giallo e il Kalterersee Keil, mentre il Cuore, la linea al centro della produzione e anche la più importante, comprende vini di grande vigore ed eleganza come il Sauvignon Blanc, il Cuvée Sophie o il Pinot Nero Mason. Al vertice della produzione, invece, la linea Corona dedicata agli appassionati dei vini rari di altissimo pregio quali il Sauvignon Blanc Lieben Aich, il Cuvée Castel Campan o il vino da dessert Le Petit, tutti vini di assoluta armoniosità e di qualità suprema ed ognuno di loro un'esperienza indimenticabile.

Weingut Manincor
Michael Graf Goëss-Enzenberg
St. Josef am See 4
I-39052 Kaltern
☎ 00 39 04 71 / 96 02 30
www.manincor.com

Tenuta vinicola Manincor
Michael Conte Goëss-Enzenberg
S. Giuseppe al Lago 4
39052 Caldaro

Feinste Küche im Renaissance-Schloss mit Seeblick
Cucina raffinata nel castello rinascimentale con vista sul lago

Süße Symphonie von Crème brûlée mit Zitronengras, Gewürztraminer-Espuma und Kürbiseis | Dolce sinfonia di crème brûlée con citronella, spuma di Gewürztraminer e gelato alla zucca

*Rezept finden Sie auf Seite 330 |
Per la ricette vedere a pag. 330*

1650 von den Habsburgern als Jagd- und Lustschloss erbaut, zieht das entzückende Gebäude heute Gourmets von nah und fern an. Weit geht der Blick von der baumbestandenen Terrasse über die herrlichen Unterlandler Rebhänge bis zum Kalterer See. Die gewölbten Mauern im ersten Stock beherbergen drei elegante, teils holzgetäfelte Speiseräume und Stuben, die sich auch perfekt für Hochzeiten, Bankette und Familienfeiern eignen. Hier wirkt ein sympathisches Pärchen, beides absolute Könner auf ihrem Gebiet, Stefan Unterkircher und Claudia Pitscheider. Stefans Kochstil ist abwechslungsreich, denn kulinarisches Raffinement ist auf Dauer ohne immer wieder neue Einfälle nicht zu realisieren. Bodenständige Tradition, mit Kreativität gepaart, ist ihm wichtig, und in seiner Küche verwendet er auch Produkte aus fairem Handel. Claudia widmet sich mit großer Leidenschaft der Patisserie – sie ist Konditorin mit Meisterabschluss und Landesbestnote. Als Team sind sie unschlagbar. Gebratenes Kartoffel-Trüffel-Tatar

Edificato nel 1650 dagli Asburgo come castello di caccia e di svago, oggi il pittoresco Castel Ringberg attira i buongustai vicini e lontani. L'occhio spazia sopra il terrazzo alberato ed i rigogliosi vigneti della Bassa Atesina fino alle sponde del lago di Caldaro. Il primo piano ospita tre eleganti ambienti a volta e stube rivestite di legno, adibiti a sale da pranzo che si prestano benissimo anche per celebrare matrimoni, banchetti e feste di ogni genere. I buoni spiriti della casa si chiamano Stefan Unterkircher e Claudia Pitscheider, una simpatica coppia di esperti del mestiere. Mentre lui sta dietro i fornelli a preparare squisitezze di rara bontà all'insegna della tradizione locale abbinata a creatività e ad ingredienti genuini con particolare riguardo per i prodotti del commercio equo e solidale, Claudia, pasticcera diplomatasi con il massimo dei voti, si dedica con grande passione al lato dolce della buona tavola. Un team davvero imbattibile che tra l'altro ci offre una tartare di patate e tartufi con prosciutto di agnello nostrano di

mit Lammschinken vom einheimischen Brillenschaf und Weirouge-Extrakt, geschmorte Ochsenwange mit Brotklee und Schüttelbrot-Schupfnudeln, Valrhona-Schokotörtchen mit Kürbiseis oder Lasagne vom Vinschger Alpkäse mit Apfelchips und Sauerrahmeis – das klingt nach kulinarischer Aristokratie, wie es sich für ein Schloss gehört. Einige der hausgemachten Köstlichkeiten kann man auch mitnehmen, zum Beispiel edle Pralinen, Chutneys und Mostarde.

Das kreative Duo bietet mit ihrer Firma S.U.E.C. zudem Event Consulting, Catering und Partyservice, Kochkurse, Food-Design und vieles mehr an.

razza occhialuta ed estratto di mele Weirouge, guancette di bue stufate alla trigonella con pasta di pan di segale, tortine al cioccolato Valrhona con gelato di zucca o lasagne al formaggio di malga venostano con bocconcini di mela e gelato alla panna acida – pietanze dal nome davvero un po' aristocratico, come si addice giustamente ad un castello. Alcuni dei prodotti fatti in casa come le praline, il chutney e le mostarde si possono anche acquistare per asporto. Inoltre, la coppia è anche titolare della S.U.E.C., un'azienda che si occupa di event consulting, catering, corsi di cucina, food design ed altri aspetti dell'arte culinaria.

Restaurant Castel Ringberg
Stefan Unterkircher und
Claudia Pitscheider
St. Josef am See 1
I-39052 Kaltern
☎ 00 39 04 71 / 96 00 10
www.castel-ringberg.com
www.suec.it

Ristorante Castel Ringberg
Stefan Unterkircher e
Claudia Pitscheider
S. Giuseppe al Lago 1
39052 Caldaro

Zu Gast bei Freunden
Ospiti in casa di amici

Gebratener Zander auf Kartoffel-Rosmarinravioli und Kresseschaum | Lucioperca su ravioli di rosmarino e patate e schiuma di crescione

Rezept finden Sie auf Seite 334 |
Per la ricette vedere a pag. 334

Echte Genusswelten erwarten die Gäste des nur ein paar Schritte vom Kalterer See entfernt liegenden Wellnesshotels Seeleiten. Umgeben von Weingärten und grünen Wiesen und in einem großzügig angelegten Park lassen sich hier die schönsten Tage des Jahres komfortabel verbringen. In den kuscheligen Zimmern und luxuriösen Suiten mit Seeblick fühlt man sich rundum geborgen. Überall sind Entspannung und Erholung angesagt: in den gemütlich-eleganten Aufenthaltsräumen, an der Bar oder in den heimeligen Überetscher Stuben. Im Sommer speist es sich im Garten wie am Mittelmeer zwischen Oleander, Granatapfel-, Zitronen- und Olivenbäumchen. Herr am Herd ist Küchenchef Oliver Thialer, der mit seinem Team für das exquisite kulinarische Wohl sorgt. Das fängt mit dem großen Frühstücksbuffet an, lädt mittags zum Vital-Lunch mit kalten und warmen Speisen und bittet abends zum fünfgängigen Wahlmenü. Hausherr Franz Moser hält als ausgebildeter Sommelier in der hauseigenen Vinothek die feinsten Tropfen bereit, und bei den wöchentlichen Weinverkostungen im Steinkeller findet so mancher vinophile Feinschmecker sicher seinen Lieblingswein.

Un autentico mondo del benessere vi attende nel Wellness-Hotel Seeleiten a pochi passi dall'idilliaco lago di Caldaro e circondato da verdi prati e vigneti. Nelle accoglienti stanze e nelle confortevoli suite con vista sul lago potrete trascorre dei giorni di vacanza davvero indimenticabili, una vacanza soprattutto all'insegna del relax e del più assoluto benessere reso ancora più piacevole dagli eleganti ambienti e dall'atmosfera raccolta delle tradizionali stube dell'Oltradige. D'estate vi metterete a tavola tra gli oleandri, i melograni e gli ulivi dello splendido giardino in stile mediterraneo e gusterete le squisitezze culinarie che lo chef Oliver Thialer e la sua brigata sanno preparare con grande arte e passione. Si inizia alla mattina con un favoloso buffet per continuare a mezzogiorno con un lunch composto da piatti caldi e freddi ed approdare infine alla sera su un menu a scelta di cinque portate. Il regno di Franz Moser, patron del Seeleiten e sommelier diplomato, è invece la fornitissima enoteca della casa con la sua bella cantina di pietra nella quale una volta alla settimana sarete invitati a partecipare ad interessanti e piacevoli degustazioni enologiche.

Per trovare un armonioso equilibrio tra corpo,

Harmonie für Körper, Seele und Geist verspricht die 2 500 Quadratmeter große Wellnessoase und der Beautybereich Cleopatra, wo wirklich kein Wunsch unerfüllt bleibt. Das Highlight des Hotels ist der Privatstrand am Kalterer See, dem wärmsten Badesee der Alpen, mit Seehaus, großer Liegewiese, Tret- und Ruderbooten und der Möglichkeit zum Angeln. Kinder fühlen sich im Familienhotel Seeleiten besonders wohl, hier sind sie die Stars und erleben täglich neue, spannende und spaßige Überraschungen.

anima e mente vi aspetta la vasta area riservata al wellness e al beauty, una stupenda oasi di pace che si estende su oltre 2 500 metri quadri, per non parlare della favolosa spiaggetta privata sulla sponda del lago di Caldaro, il lago balneare più temperato dell'arco alpino, attrezzata di capanno, prato relax, pedalò e barche a remi e di un piccolo pontile per i pescatori. Particolarmente a loro agio si troveranno anche i bambini che al Seeleiten troveranno ogni giorno cose nuove e divertenti da scoprire.

Hotel Seeleiten
Familie Moser
I-39052 Kaltern
☎ 00 39 04 71 / 96 02 00
www.seeleiten.it

Hotel Seeleiten
Famiglia Moser
39052 Caldaro

Gute Küche und familiäres Ambiente am Kalterer See
Buona cucina e ambiente familiare sul lago di Caldaro

Eingebettet in ein Meer von Weinbergen, nur ein paar Schritte zum Ufer des Kalterer Sees, idyllischer kann ein Urlaub in Südtirol kaum sein als in der Pension Klughammer! Familiär und gemütlich, dabei komfortabel und persönlich betreut durch die Gastgeberin und ihr Team, ist man hier bestens aufgehoben. Von der Liegewiese mit Privatstrand aus kann man den Windsurfern zuschauen oder in das saubere Wasser des Sees eintauchen. Hausgäste werden bei Frau Pernstich nach Strich und Faden verwöhnt, dazu gehört auch die bekannt gute Küche von Chefkoch Franz. Im Restaurant, das auch Einheimische und andere Urlauber gerne besuchen, ist die Auswahl an Südtiroler und italienischen Gerichten groß. Ob ein Salat für den kleinen Hunger, Nudelgerichte oder Spezialitäten aus der Fleischküche, hier findet jeder etwas. Auf der Zunge zergehen die hausgemachten Käsenocken auf Speckkrautsalat oder die ebenfalls hausgemachten Spinatnocken auf Käsesauce. Zum umfangreichen Wurst- und Schinkensortiment zählt auch der Südtiroler Markenspeck aus eigener Herstellung. Nachmittags werden Eisbecher und hausgemachte Torten wie frischer Apfelstrudel oder Erdbeerroulade serviert. Wöchentliche gesellige

Circondata da un mare di vitigni, a soli pochi passi dalle rive del lago di Caldaro, difficilmente può esserci vacanza in Alto Adige più idillica di una trascorsa alla pensione Klughammer! La padrona di casa e il suo team accolgono l'ospite in prima persona nel migliore dei modi, in maniera familiare e calorosa e facendolo sentire al tempo stesso a proprio agio. Dal prato con spiaggia privata potrete guardare la gente che fa windsurf oppure immergervi nelle acque pulite del lago. Gli ospiti vengono coccolati dalla signora Pernstich in tutto e per tutto, il che include anche la buona cucina ri-

Abende mit Livemusik oder Grillabende im Juli und August lassen Sommerstimmung aufkommen. Aus eigenen Trauben vom Weingarten gleich nebenan keltert Familie Pernstich den berühmten Kalterersee und einen exzellenten Goldmuskateller. Beide Eigenbauweine begleiten nicht nur die Speisen des Restaurants, sondern können auch mit nach Hause genommen werden, damit die Urlaubserinnerungen vom Kalterer See noch lange anhalten.

nomata dello chef Franz. Il ristorante, frequentato anche dalla gente del posto e da altri vacanzieri, offre un'ampia scelta di piatti altoatesini e italiani. Qui ognuno soddisfa il proprio palato, sia che si tratti di un'insalata per colmare quel leggere languorino, sia piatti di pasta o specialità di carne. Gli gnocchi di formaggio fatti in casa su insalata di cappuccio e speck si sciolgono in bocca così come anche gli gnocchi di spinaci fatti in casa su crema al formaggio.

Fa parte dell'ampio assortimento di insaccati e prosciutti anche lo speck dell'Alto Adige di produzione propria. Di pomeriggio vengono servite coppe di gelato e torte fatte in casa come lo strudel di mele fresco o il rollino alle fragole. Le serate in compagnia a cadenza settimanale o le grigliate serali di luglio ed agosto calano l'ospite nell'atmosfera estiva. Dalle proprie uve del vitigno accanto la famiglia Pernstich imbottiglia il famoso vino "Lago di Caldaro" e un eccellente Moscato Giallo. Entrambi i vini di produzione propria accompagnano non solo i piatti del ristorante, ma si possono anche portare a casa, in modo da conservare più a lungo i ricordi di una vacanza sul lago di Caldaro.

Gasthof Klughammer
Astrid Pernstich
Klughammer 5
I-39052 Kaltern
☎ 00 39 04 71 / 96 01 59
www.pensionklughammer.com

Locanda Klughammer
Astrid Pernstich
Campi al lago 5
39052 Caldaro

Mit Respekt vor der Natur zu außergewöhnlichen Weinen
Vini straordinari rispettando la natura

Seit drei Generationen betreibt Familie Unterhofer Weinbau – die einmalige Lage ihres Hauses, umgeben von einem Rebenmeer, ist dafür geradezu prädestiniert. Auf insgesamt drei Hektar gedeihen die Reben, die Helga und Thomas Unterhofer zu ausgezeichneten Tropfen keltern. Die Hanglage in 500 Metern Höhe erfordert einerseits einen hohen Aufwand an Handarbeit, bietet andererseits aber perfekte Bedingungen für die ausgezeichnete Qualität der Erzeugnisse. Die steilen Weinberge profitieren von der starken Sonneneinstrahlung und von der guten Durchlüftung im Herbst. Helga und Thomas Unterhofer bewirtschaften ihre Weinberge so naturnah wie möglich. Wichtig ist auch die Artenvielfalt der Gräser, die dem Wein ebenfalls gut tut. Die Natur bestimmt schließlich auch die Ertragsmenge, die von Jahr zu Jahr unterschiedlich sein kann, genauso wie jeder Jahrgang anders ausfällt. Was schließlich in der Flasche golden oder rubinrot schimmert, ist das Ergebnis harter Arbeit im Weinberg und sorgfältiger Pflege im Keller. Familie Unterhofer keltert Chardonnay, Sauvignon, die Cuvée Reitl Weiss aus Chardonnay und Sauvignon, Kerner, Vernatsch Campenn, St. Magdalener und den Meròn aus der

La famiglia Unterhofer si occupa di viticoltura da tre generazioni. La posizione unica della loro casa, circondata da un mare di vitigni, è proprio predestinata a tale attività. Su una superficie totale di tre ettari maturano le uve che Helga e Thomas trasformano in gocce eccellenti. Se da una parte il vitigno situato in pendenza richiede un elevato impiego di lavoro, dall'altra offre le condizioni perfette per un'eccellente qualità del prodotto. I versanti ripidi dei vigneti godono di un forte irraggiamento solare e di una buona aerazione in autunno. Helga e Thomas lavorano i propri vigneti nel modo più naturale possibile. Importante è anche la molteplicità di specie di erbe, che fa altrettanto bene al vino. La natura decide anche la quantità di raccolto che può essere differente di anno in anno, così come ogni annata può avere una riuscita diversa. Quello che infine riluce dorato o color rosso rubino nella bottiglia, è il risultato di un duro lavoro nel vigneto e di una cura attenta in cantina. La famiglia Unterhofer imbottiglia Chardonnay, Sauvignon, il cuvée Reitl bianco da uve Chardonnay e Sauvignon, Kerner, Schiava "Campenn", Santa Maddalena e il Meròn dalle uve "Bronner", una qualità resistente ai funghi che non

Traubensorte Bronner, einer Piwi-Sorte, die fast keines Pflanzenschutzes bedarf. Vergärung und Ausbau erfolgen im Stahltank, die Reifung je nach Sorte ebenfalls im Stahl, im großen Holzfass oder im Barrique.

So verschieden alle Unterhofer-Weine auch sind, eines haben sie gemeinsam: Jeder besitzt seine ganz persönliche Note und eigenständigen Charakter. Innovativ ist der Edelschraubverschluss, eine optimale Lösung zur Wein-Lagerung.

ha quasi bisogno di alcun trattamento. La fermentazione e conservazione avvengono in serbatoi d'acciaio, per la maturazione si utilizzano botti in acciaio, legno o barrique a seconda della qualità. Pur essendo così differenti tra loro, i vini Unterhofer qualcosa in comune ce l'hanno: ognuno possiede una nota del tutto personale ed un carattere autonomo. Innovativa è la chiusura con tappo a vite Stelvin-Lux, una soluzione ottimale per lo stoccaggio del vino.

Weingut Unterhofer

Helga und Thomas Unterhofer
Oberplanitzing 5
I-39052 Kaltern
☎ 00 39 04 71 / 66 91 33
www.weingut-unterhofer.com

Azienda vitivinicola Unterhofer
Helga e Thomas Unterhofer
Pianizza di Sopra 5
39052 Caldaro

Beim Wein zu Hause
Dove il vino è di casa

Die Region Kalterersee ist ein Gebiet von jahrtausendealter Weinbaukultur. Hier kam man wegen der klein strukturierten Lagen schon relativ früh auf den Gedanken, sich zu einer Genossenschaft zusammenzuschließen, und so wurde die Kellerei Kaltern im Jahr 1906 gegründet. 450 Mitglieder bewirtschaften insgesamt 300 Hektar Weinberge, damit gehört die Kellerei Kaltern nicht nur zu den wichtigsten Qualitätsbetrieben Italiens, sondern auch zu den Top 20 der italienischen Weingenossenschaften.

Ihre Qualitätsphilosophie umfasst alle Produktionsschritte von der Arbeit im Weingut über die Vinifizierung bis zum Ausbau. Dabei führen Bodenverhältnisse und Klima, Erziehungsform der Reben und geringer Ertrag durch systematische Ausdünnung zu Spitzenprodukten, die jedes Jahr etliche Auszeichnungen durch internationale Weinführer und -kenner einheimsen.

Das Sortiment der Kellerei Kaltern umfasst als Basis die klassischen Rebsortenweine, gefolgt von den Weinguts-Selektionen. Das Top-Segment besteht aus den Weinhöfen Castel Giovanelli und Pfarrhof. Neu sind die Demeter-zertifizierten Weine der Linie Solos, die von einer Gruppe Winzer innerhalb der Kellerei Kaltern auf biologisch-dynamische

L'area intorno al lago di Caldaro può vantare una cultura enoica millenaria. A causa delle ridotte dimensioni delle singole tenute, già nel 1906 nacque qui l'idea di riunirsi in cantina sociale che oggi conta 450 associati i cui vitigni si sviluppano su una superficie di 300 ettari, cosa che fa della Cantina di Caldaro non solo una tra le più importanti aziende dell'Alto Adige, ma la annovera anche tra i top 20 delle cantine sociali di tutta Italia.

La filosofia aziendale votata alla qualità permea tutte le fasi della produzione dalla cura dei vitigni fino alla vinificazione e l'affinamento. Sono soprattutto la natura dei terreni, il clima e la coltivazione a resa ridotta grazie ad un sistematico diradamento a garantire la produzione di vini d'eccellenza che ogni anno ottengono numerosi riconoscimenti da parte di guide enologiche ed intenditori a livello internazionale.

Fanno da base all'assortimento i classici vini di vitigno seguiti dai vini da selezione delle singole tenute, tra cui quelle di Castel Giovanelli e del Maso della Pieve che rappresentano la punta di diamante tra i vini più pregiati della Cantina di Caldaro. Nuova, invece, è la linea Solos che propone vigorosi vini ecologici certificati Demeter, prodotti con le uve coltivate con il sistema biodinami-

Kellerei Kaltern
Kellereistraße 12
I-39052 Kaltern
☎ 00 39 04 71 / 96 31 49
www.kellereikaltern.com

winecenter
Bahnhofstraße 7
I-39052 Kaltern
☎ 00 39 04 71 / 96 60 67
www.winecenter.it

Cantina di Caldaro
Via Cantine 12
39052 Caldaro

winecenter
Via Stazione 7
39052 Caldaro

Weise hergestellt werden. Die Trauben hierfür stammen aus Hanglagen oberhalb des Kalterersees, vergären spontan und entwickeln sich zu aromaintensiven, ausdrucksstarken Weinen.

Das architektonisch interessante winecenter direkt an der Südtiroler Weinstraße bietet Weinfreunden an sieben Tagen der Woche Gelegenheit, die Weine der Kellerei Kaltern zu verkosten und zu erwerben.

co da un gruppo di viticoltori associatisi all'interno del consorzio.

Affacciato direttamente sulla Strada del Vino, il winecenter, caratterizzato dalla sua inconfondibile architettura, offre agli appassionati la possibilità di conoscere, degustare ed acquistare, durante tutti i sette giorni della settimana, le varie specialità provenienti dalle botti della Cantina di Caldaro.

Authentische Weine mit Persönlichkeit
Vini autentici di spiccata individualità

Mittlerweile in der neunten Generation ist Familie Sölva der jahrhundertealten Tradition des Weinbaus verpflichtet. Aus dieser Tradition erklären sich auch die Namen der beiden Weinlinien DeSilva und Amistar.

Der Familienname DeSilva steht für die Selektion der besten Traubenqualitäten und Pflege des Bodens der alten, tief wurzelnden Rebanlagen. Boden und Klima machen den unverwechselbaren Charakter der Weine aus. Der Familienname Amistar ist identisch mit der Philosophie einer kompromisslosen Pflege in Weinberg und Kellertechnik. Die Voraussetzung für optimale Harmonie zwischen Wachstum und Ertrag sind vollreifes Lesegut, ein Anteil Spätlese und die Auswahl spezieller Rebsorten, was schließlich zu außergewöhnlichen Weinen der Superklasse führt. Mit dem Namen Amistar soll auch die Erinnerung an die spanischen

Da ormai nove generazioni la tradizione vinicola dei Sölva viene tramandata di padre in figlio ed è a tale secolare tradizione familiare che è legata la denominazione delle due linee di vini DeSilva e Amistar.

Il nome DeSilva sta per la selezione delle migliori qualità di uva e per la particolare cura riservata al terreno degli antichi vigneti. Ed infatti, sono il terreno e il clima a forgiare il carattere inconfondibile di questi vini. Il nome di famiglia Amistar è invece sinonimo di una filosofia votata ad una cura senza compromessi sia dei vitigni che della vinificazione in cantina. Il presupposto per un'armonia ottimale tra crescita e raccolto è una vendemmia a piena maturazione con una parte riservata alla vendemmia tardiva nonché una sapiente scelta di determinati vitigni, un'armonia che alla fine si trasforma in vini straordinariamente pregiati. Il nome Ami-

Vorfahren geweckt werden, zugleich schwingt ein wenig Extravaganz mit. Auch die Südtiroler autochthonen Rebsorten Vernatsch und Lagrein aus klassischen Lagen werden im Weingut Sölva zu authentischen, erstklassigen Weinen affiniert.

DeSilva und Amistar stehen aber nicht nur für herausragende Weine, sondern auch für ebensolche Grappas. Ausgewähltes Traubengut und Obstmaischen werden in der kleinen Brennerei zweimal gebrannt und ergeben einzigartige Brände. Eine ganz besondere Kostbarkeit ist der elegante Brandy Italiano, der vier Jahre im kleinen Holzfass von Amistar Rosso seiner Vollendung entgegenreift. Im Gewölbe der heiter-mediterranen Vinothek oder im gemütlichen Garten machen der Genuss der Weine, der Destillate nebst ausgewählter Feinkost aus Italien den Besuch zu einem Erlebnis.

star non solo ricorda quello di un antenato spagnolo dei Sölva, ma evoca anche una certa stravaganza propria di questi vini eccellenti. Altrettanto eccellenti sono anche i vini provenienti dai vitigni autoctoni come la Schiava e il Lagrein. Le linee De-Silva e Amistar non comprendono però solo vini di prima qualità, ma anche nobilissime grappe e distillati di frutta prodotti a ciclo doppio nella piccola distilleria di casa con vinacce e mosti accuratamente selezionati. Tra di loro una specialità assai particolare: un elegante brandy italiano che in attesa di deliziare il nostro palato giace per quattro lunghi anni in una piccola botte di Amistar Rosso. Da non perdere una visita all'enoteca della casa con la sua leggiadra atmosfera mediterranea e nell'accogliente giardino nel quale, oltre ai vini ed ai distillati della casa, si potranno anche gustare delle vere prelibatezze culinarie.

Weingut
Peter Sölva & Söhne
Goldgasse 33
I-39052 Kaltern
☎ 00 39 04 71 / 96 46 50
www.soelva.com

Azienda vinicola
Peter Sölva & Figli
Via dell'Oro 33
39052 Caldaro

Tafelfreuden in altem Gewölbe
I piaceri della buona tavola sotto antiche volte

Topfenknödel mit marinierten Erdbeeren | Canederli di ricotta con fragole marinate

Rezept finden Sie auf Seite 336 |
Per la ricette vedere a pag. 336

Lang ist die Liste der exklusiven Hotels und Restaurants, in denen Renate und Jerry Gius mit Lust und Liebe die Erfahrungen sammeln konnten, die sie heute zu idealen Gastgebern im Restaurant Spuntloch machen. Grand Hotels in der Schweiz gehören genauso dazu wie das beliebte Restaurant und der Partyservice Feinkost Käfer in München. Ebenso lang ist auch die Liste ihrer hochkarätigen Gäste, die sich wie das Who is Who des Hochadels und des internationalen Jetsets liest, darunter illustre Namen wie der König von Spanien und Prinz Charles mit Lady Diana. Thomas Gottschalk, Placido Domingo, Paul McCartney, Elton John, Sean Connery und Boris Becker – sie alle und viele mehr konnten sich von Jerrys und Renates Gastfreundschaft und Kochkünsten überzeugen. Heute kommen Einheimische und Urlauber in Kaltern in diesen Genuss, und das ganzjährig außer von Mitte Januar bis Mitte Februar. Der urige Gewölbekeller aus dem 16. Jahrhundert gehörte zum Ansitz der Familie Rottenburger. Seit 1731 wurden hier edle Tropfen gelagert, und ab 1995 galt der Weinkeller als beliebter Treffpunkt und Buschenschank. Diese Zeit ist vorbei, denn seit dem Jahr 2001 bieten Renate und Jerry in den geschichtsträchtigen Mauern das Beste aus Küche und Keller.

Lungo è l'elenco degli alberghi e ristoranti esclusivi in cui è maturata quella grande esperienza professionale e la passione per la gastronomia che oggi fanno di Renate e Jerry Gius i patron ideali di un così splendido locale come lo è il ristorante Spuntloch. Le loro tappe di formazione vanno dai Grand Hotel della Svizzera fino al rinomatissimo Feinkost Käfer di Monaco di Baviera e la lista dei personaggi illustri che hanno gustato i piatti da loro preparati comprende la crème dell'alta aristocrazia e del jet set internazionale, dai regali di Spagna fino al principe Charles con Lady Diana, Paul McCartney, Placido Domingo e Elton John fino a Sean Connery e Boris Becker.
Oggi sono i residenti e i villeggianti, e non solo quelli della zona, ad essere viziati dalla loro arte culinaria durante tutto l'anno, ad eccezione del periodo di chiusura da metà gennaio a metà febbraio. L'antica cantina a volte che ospita il ristorante risale al XVI secolo e fa parte della residenza nobiliare dei Rottenburger. Dal 1731 adibita allo stoccaggio delle botti riservati ai vini più pregiati dell'Oltradige e dal 1995 in poi apprezzato ritrovo da osteria di campagna, la cantina venne trasformata da Renate e Jerry nel 2001 nell'attuale ristorante dall'atmosfera estremamente accogliente

Die freundliche Atmosphäre in dem stimmungsvoll beleuchteten Lokal und die elegant eingedeckten Tische machen Appetit auf die kulinarischen Köstlichkeiten. Das Gastgeberpaar weiß, was Feinschmecker wünschen, nämlich je nach Saison frische Südtiroler und internationale Küche. Vorspeisen, Knödel und der Nudelteig sind hausgemacht, das Fleisch für die saftigen T-Bones stammt vom toskanischen Chianina-Rind. Dazu feinste Weine aus Südtirol und Italien – ein gelungener Abend ist garantiert!

ed ospitale e con i tavoli apparecchiati in modo così elegante da far aumentare ulteriormente l'appetito in vista delle prelibatezze che attendono di essere servite. Specialità che non solo si limitano alla tradizionale cucina regionale con gustose varietà di primi, canederli e pasta fatti in casa, ma che comprendono anche grandi piatti della cucina italiana come ad esempio le squisitissime bistecche di manzo di razza chianina fatte appositamente arrivare dalla Toscana.

Grill-Restaurant Spuntloch
Goldgasse 35
I-39052 Kaltern
☎ 00 39 04 71 / 96 10 62
www.spuntloch.it

Ristorante-Grill Spuntloch
Via dell'Oro 35
39052 Caldaro

Garantierte Qualität seit Generationen
Da generazioni qualità garantita

Die Firma Überetscher Speck, geführt von der Familie Gasser, gehört zu jenen zahlreichen Südtiroler Familienbetrieben, die sich seit Jahrzehnten der Produktion qualitätsvoller Fleisch- und Wurstwaren widmen. Die über Generationen weitergegebene Fleischerkunst, hochwertige Rohware und sorgfältige Verarbeitung bilden die Grundlage für erstklassige und natürliche Produkte und sind Garanten für allerhöchste Qualität. Die Sorgfalt von der Verarbeitung bis hin zur Verpackung garantiert einen unvergleichlichen Geschmack ihrer Produkte. Das Geschäft in der Bahnhofstraße in Kaltern bietet ein reichhaltiges Sortiment, dazu gibt das freundliche, fachkundige Personal gerne Auskunft über das Angebot im Bereich Frischfleisch bis hin zu den hauseigenen Spezialitäten wie Wurstwaren, Kochschinken und Räucherwaren. Besonders hervorzuheben ist der Südtiroler Speck g.g.A., mittlerweile ist diese Delikatesse zum Botschafter Südtirols in der ganzen Welt geworden. Das besondere Klima der Alpensüdseite, das tra-

La ditta Überetscher Speck, gestita dalla famiglia Gasser, fa parte di quelle numerose aziende familiari altoatesine, votate da decenni alla produzione di carni ed insaccati di grande qualità. La lavorazione della carne tramandata di generazione in generazione, la pregiata materia prima e il trattamento accurato costituiscono le basi per prodotti naturali e di prima classe e sono garanti della più alta qualità. La cura nella lavorazione fino al confezionamento garantisce un gusto inconfondibile dei prodotti. Il negozio in via della Stazione a Caldaro offre un vasto assortimento, inoltre il personale cortese ed esperto è pronto a dare informazioni riguardo alla carne fresca fino alle specialità fatte in casa come gli insaccati, prosciutto cotto e prodotti affumicati.

Spicca in particolare lo speck sudtirolese IGP, una prelibatezza che ormai è diventata sinonimo di Alto Adige nel mondo intero. Il clima particolare del versante meridionale delle Alpi, il procedimento di produzione tradizionale e il lungo pe-

ditionelle Herstellungsverfahren und die lange Reifezeit in der frischen Bergluft lassen diese Spezialität zur Krönung jeder Jause oder Marende werden. Wer etwas Typisches aus Südtirol seinen Lieben daheim mitbringen möchte, bereitet mit einem Stück Überetscher Speck sicherlich große Freude. Der Südtiroler Speck schmeckt besonders gut zu Schüttelbrot und einem Glas Wein, lässt sich aber auch hervorragend verarbeiten und gibt damit jedem Gericht seine besondere, unverkennbare Note. Wie man sieht, lohnt sich ein Besuch bei der Metzgerei Gasser allemal.

riodo di maturazione nella fresca aria di montagna rendono questa specialità il coronamento di ogni spuntino o merenda. Chi voglia portare a casa qualcosa di tipicamente tirolese, con un pezzo di speck d'Oltradige farà di certo la gioia dei suoi cari. Lo speck altoatesino si accompagna particolarmente bene con lo "Schüttelbrot" o "pane scosso" e con un bicchiere di vino, ma si presta anche a meraviglia ad essere lavorato con altre pietanze conferendo la sua nota particolare ed inconfondibile. Va da sé che una visita alla macelleria Gasser vale davvero la pena.

Überetscher Speck
Markus, Stefan und Klaus Gasser
Rittsteinweg 1
I-39057 Eppan/Berg
☎ 00 39 04 71 / 66 24 97
www.gasser.to

Metzgerei Gasser
Bahnhofstraße 38
I-39052 Kaltern
☎ 00 39 04 71 / 96 34 80

Speck d'Oltradige
Markus, Stefan e Klaus Gasser
Via Rittstein 1
39057 Appiano/Monte

Macelleria Gasser
Via della Stazione 38
39052 Caldaro

Ein Weingut zwischen Geschichte und Moderne
Una tenuta vinicola tra storia e modernità

Südtirol ist das nördlichste Weinbaugebiet Italiens und das älteste im deutschen Sprachraum. Archäologische Funde von Traubenkernen belegen, dass hier schon vor 3000 Jahren Weinbau betrieben wurde. Besonders die sonnenverwöhnte Region um den Kalterer See lässt die Reben perfekt gedeihen. Zu den besten Weingütern dieser Gegend gehört das wunderschöne Castel Sallegg in Kaltern, dessen Geschichte weit zurückreicht und seit 1851 durch die Familie geprägt ist.

Bis vor einiger Zeit noch als Geheimtipp gehandelt, wird das Weingut Castel Sallegg heute mit zahlreichen Auszeichnungen dekoriert. Heute garantiert Graf Georg Kuenburg persönlich mit seinem Namen für die Top-Qualität seiner Weine nach dem Motto „Adel verpflichtet". Zusammen mit dem jungen Önologen Matthias Hauser, der für das stetige Wachstum der Qualität verantwortlich zeichnet, produziert Graf Kuenburg fruchtig-frische Weißweine und elegante, samtige Rotweine. Die zum Teil bis zu 50 Jahre alten Reben wachsen auf rund 30 Hektar bester Lagen am Kalterer See auf Schotterstein, rötlich gemahlenem Grödner Sandstein

Il Sudtirolo è il territorio vinicolo più a nord d'Italia e il più antico dell'area germanica. Ritrovamenti archeologici di semi d'uva dimostrano che qui la viticoltura veniva praticata già 3000 anni fa. In particolare la regione baciata dal sole intorno al lago di Caldaro fa maturare perfettamente le viti. Tra le migliori tenute vinicole di questa regione va annoverato il meraviglioso Castel Sallegg a Caldaro, la cui storia ha origini antiche e dal 1851 è caratterizzata da una tradizione familiare. Considerato fino a un po' di anni fa come una meta da tenere per sé, oggi la tenuta Castel Sallegg è decorata da numerosi riconoscimenti. Oggi a garantire l'alta qualità dei suoi vini è il conte Georg in persona con il suo nome e secondo il motto "noblesse oblige". Insieme all'enologo Matthias Hauser, responsabile per la continua crescita della qualità, il conte Kuenburg produce vini bianchi dal fresco gusto fruttato e vini rossi eleganti e vellutati. Le viti, che in parte raggiungono fino a 50 anni d'età, crescono su circa 30 ettari delle tenute migliori intorno al lago di Caldaro su pietrisco ghiaioso, arenaria gardenese dal colore rossiccio e caldi

und warmen, luftdurchlässigen Böden. Unterschiedliche Höhenlagen und Bodenbeschaffenheiten bilden mit dem speziellen Mikroklima optimale Voraussetzungen für den Weinbau.

Der traditionelle Anbau ist ökologisch verträglich und mengenmäßig kontrolliert. Auch eine sorgfältige Selektion und intensive Pflege schon am Weinstock, gepaart mit qualitätsbewusstem Ausbau und schonender Vinifizierung, lässt Weine mit Eleganz entstehen, die den hohen Qualitätsansprüchen des Hauses entsprechen. Die Weine reifen im historischen, imposanten Keller des Schlosses drei Stockwerke und bis zu elf Meter unter der Erde bei idealen und konstanten Bedingungen das ganze Jahr über. Tradition und Technologie vereinen sich hier in einem harmonischen Miteinander

terreni areati. Le differenze delle tenute in termini di altitudine e composizione del terreno costituiscono assieme al microclima i presupposti ottimali per la viticoltura. La coltivazione tradizionale è ecologicamente sostenibile e controllata dal punto di vista della resa. Anche un'accurata selezione ed una cura intensiva già nel vitigno unite ad un affinamento secondo criteri qualitativi ed una delicata vinificazione sono all'origine di vini eleganti che corrispondono agli elevati standard qualitativi dell'azienda. I vini maturano nella storica ed imponente cantina del castello disposta su tre piani e profonda fino a undici metri sotto terra, in condizioni ideali e costanti per tutto l'anno. La tradizione e la tecnologia si uniscono qui in un sodalizio armonico di preparazione e stoccaggio dei vini.

von Weinbereitung und Lagerung. Je nach Rebsorte reifen und lagern die Weine in Stahltanks mit Temperaturregelung oder in Holzfässern aus slawonischer Eiche: Weißburgunder, Chardonnay, Pinot grigio, Sauvignon blanc, Moscato giallo, Lagrein rosé, Pinot nero, Cabernet und Merlot. Ein besonderes Anliegen sind dem Grafen die autochthonen Sorten im südlichen Südtirol: Gewürztraminer, Rosenmuskateller, Vernatsch und Lagrein sind laut Georg Kuenburg Botschafter des kleinen, aber bedeutenden Weinbaugebiets, die nicht in Vergessenheit geraten sollen. Tatsächlich steht die Wiege des raren Rosenmuskatellers in den Weinbergen des Castel Sallegg, der von Kritikern als „one of the most sexiest red dessert wines of the world" gelobt wird. Die Rebstöcke brachte einst Fürst Heinrich von Campofranco von seinen sizilianischen Gütern mit und setzte damit das Fundament für den Erfolg dieses seltenen Weinschatzes. Ihn und die anderen hochwertigen Produkte können interessierte Besucher im ehemaligen Gästehaus des Schlosses verkosten. In dem modernen, einladenden Raum, der aber immer noch das Flair früherer Zeiten ausstrahlt, finden Veranstaltungen und Degustationen statt, um die edlen Tropfen von Castel Sallegg kennenzulernen: Weine mit diskretem Charme, aristokratischer Eleganz und von außergewöhnlicher Feinheit.

A seconda del tipo di uve i vini maturano e vengono conservati in botti d'acciaio con regolatore di temperatura oppure in botti di rovere di Slavonia: Pinot Bianco, Chardonnay, Pinot Grigio, Sauvignon Blanc, Moscato Giallo, Lagrein Rosé, Pinot Nero, Cabernet e Merlot. Al conte stanno particolarmente a cuore le tipologie autoctone dell'Alto Adige meridionale: Gewürztraminer, Moscato Rosa, Schiava e Lagrein sono secondo Georg Kuenburg ambasciatori del piccolo ma significativo territorio vinicolo che non devono essere trascurati. In effetti, la culla del raro Moscato Rosa è nelle vigne di Castel Sallegg, elogiato dai critici come "uno dei vini rossi da dessert più seducenti del mondo". Fu il principe Enrico di Campofranco a portare a suo tempo le viti dai suoi possedimenti siciliani, ponendo così le fondamenta per il successo di questo singolare gioiellino enologico. I visitatori interessati potranno degustarlo assieme agli altri prodotti pregiati in quella che una volta era la foresteria del castello. Nel locale moderno ed invitante che tuttavia emana ancora quell'aura di altri tempi, hanno luogo eventi e degustazioni, per poter conoscere le nobili gocce di Castel Sallegg: vini dallo charme discreto, dall'eleganza aristocratica e dalla finezza straordinaria.

Castel Sallegg
Graf Georg Kuenburg
Unterwinkl 15
I-39052 Kaltern
☎ 00 39 04 71 / 96 31 32
www.castelsallegg.it

Sitz und Verwaltung
Kuenburg Graf Eberhard & Co. KG
Mustergasse 3
I-39100 Bozen
☎ 00 39 04 71 / 97 41 40

Castel Sallegg
Conte Georg Kuenburg
Vicolo di Sotto 15
39052 Caldaro

Sede e Amministrazione
Kuenburg Conte Eberhard
& Co. Sas.
Via della Mostra 3
39100 Bolzano

Wein und Sekt in bester Winzertradition seit 1919
Vino e spumante della migliore tradizione vinicola dal 1919

Die Kellerei Kettmeir zählt zu den renommiertesten Betrieben der Südtiroler Weinwirtschaft. Das Gebäude im typischen Überetscher Stil stammt aus dem Jahr 1903, im Jahr 1919 baute ihr Gründer Josef Kettmeir das stattliche Kellereigebäude aus, wo heute dank modernster Technologie, aber immer noch eng der Tradition verpflichtet, hochwertige Weine entstehen. Nach wie vor bestimmt der Weinberg die Qualität der Weine, die enge Zusammenarbeit und der direkte Kontakt mit den Weinbauern ist dabei von grundlegender Bedeutung. Nur so entstehen reintönige, sortentypische und stark herkunftsgeprägte Weine, die vor allem durch ihre terroirtypische Frische, Frucht und Eleganz bestechen.

Das Herzstück bilden die klassischen Weine aus alteingesessenen und internationalen Rebsorten wie Weißburgunder, Chardonnay, Müller Thurgau, Sauvignon Blanc und Gewürztraminer, aber auch Lagrein Rosé, Blauburgunder und Lagrein sind exzellente Botschafter dieses einzigartigen Weinanbaugebiets an Etsch und Eisack. Die Selektionslinie ist der Ausdruck der höchsten Qualität von Kettmeir. Durch besonders geringe Hektar-Erträge in ausgewählten Kleinlagen entstehen elegante

La Cantina Kettmeir è tra le aziende vinicole più rinomate dell'Alto Adige. Nel 1919 l'edificio originario del 1903 e costruito nel tipico stile architettonico dell'Oltradige è stato trasformato dal fondatore Josef Kettmeir in un'imponente cantina vinicola dalla quale oggi escono pregiati vini prodotti con tecnologie moderne senza mai abbandonare la tradizione. Come sempre è soprattutto il vigneto a determinare la qualità dei vini nonché la stretta collaborazione con i coltivatori ed è soltanto così che si possano ottenere vini dal gusto pulito, caratteristico delle diverse varietà di vitigno e del loro terroir, vini apprezzati in particolar modo per la loro freschezza, fruttuosità ed eleganza.

Tra i vini classici della Kettmeir che formano per così dire il cuore dell'attività aziendale, spiccano quelli provenienti dai vitigni più pregiati di quest'area intorno all'Adige e all'Isarco, siano essi di origine autoctona o varietà a carattere internazionale, tra cui il Pinot Bianco, lo Chardonnay, il Müller Thurgau, il Sauvignon Blanc e il Gewürztraminer, ma anche il Lagrein Rosé, il Pinot Nero ed il Lagrein. La linea "Selezione" mira a porre in risalto le proprietà qualitative di singole annate e di piccole plaghe a resa ridotta ma molto pregiate che danno poi vita a vini dalla struttura pronunciata e morbida indicati ad essere gustati in occasioni particolari.

Weine mit Tiefgründigkeit, Struktur und Geschmeidigkeit für ganz besondere Anlässe.

Seit Jahrzehnten widmet sich Kettmeir mit viel Liebe zum Detail der Produktion von Qualitätsschaumweinen, und zwar unabhängig von der angewendeten Methode. Wurde anfangs nur ein Weißburgunder im Tank versektet, so haben sich im Laufe der Jahre zwei besonders hochwertige Flaschengärsekte (Athesis Brut und Athesis Rosé) dazugesellt, die sich allesamt durch ein exzellentes Preis-Leistungs-Verhältnis auszeichnen.

Da decenni la Kettmeir si dedica anche con grande impegno e passione alla produzione di spumanti di alta qualità seguendo vari metodi di lavorazione. Se all'inizio fu soltanto il Pinot Bianco ad essere trasformato in spumante nei serbatoi a pressione, nel corso degli anni si sono aggiunti anche dei preziosissimi spumanti fermentati in bottiglia – Athesis Brut e Athesis Rosé – che rappresentano il top tra gli spumanti Kettmeir e che come tutti gli altri si presentano con un eccellente rapporto tra qualità e prezzo.

Weinkellerei Kettmeir
Kellereistraße 4
I-39052 Kaltern
☎ 00 39 04 71 / 96 31 35
www.kettmeir.com

Cantina vinicola Kettmeir
Via Cantine 4
39052 Caldaro

Die Sinnlichkeit der Düfte
La sensualità dei profumi

Fährt man die einzigartige Südtiroler Weinstraße Richtung Süden, so fällt schon von Weitem die beeindruckende Skulptur der neu eröffneten Kellerei Tramin auf, ein wie von grünen Reben umranktes, lichtdurchflutetes Gebäude, das sich kontrastreich und originell in die umgebende Landschaft einfügt. 1889 vom Traminer Pfarrer Christian Schrott gegründet, zählt die Kellerei mittlerweile zu den qualitativ führenden und höchstprämierten Betrieben Italiens und wird von der nationalen und internationalen Fachpresse hoch gelobt. Die Weinberge am Fuß des bis zu 2 000 Meter hoch aufragenden Mendelgebirges profitieren von der günstigen Lage, von Klima und Böden, von heißen Tagen und kühlen Nächten. Mit 270 Mitgliedern und 230 Hektar Rebfläche wurde eine Proportion zwischen Weinbauern und Fläche erzielt, die mit der kleiner Privatweingüter vergleichbar ist.

„Sowohl im Weinberg als auch im Keller ist ein Höchstmaß an Präzision angesagt, damit jede Flasche die für Weinsorte und -typ ausschlaggebenden Aromen entwickeln kann", sagt Kellermeister Willi Stürz, der im Jahr 2004 als bester Kellermeis-

Se si percorre la straordinaria Strada del Vino altoatesina in direzione sud, colpisce già da lontano l'impressionante scultura della Cantina Termeno di nuova inaugurazione, un edificio luminoso circondato da verdi vitigni, che si inserisce nel paesaggio circostante in maniera originale e decisamente contraddittoria. Fondata nel 1889 dal parroco di Termeno Christian Schrott, col passare del tempo la cantina è diventata una delle aziende d'Italia leader in termini di qualità e premiata con i più alti riconoscimenti, lodata peraltro dalla stampa nazionale ed internazionale di settore.

I vitigni che crescono ai piedi del massiccio della Mendola che svetta fino a 2 000 metri di altezza godono di una posizione favorevole, del clima e del terreno, di giorni caldi e notti fresche. Con i suoi 270 soci e 230 ettari di superficie viticola, si è giunti ad una proporzione tra viticoltori e superficie che si può paragonare a quella delle piccole aziende vinicole private.

"Nel vigneto così come in cantina è richiesta la massima precisione, in modo che ogni bottiglia possa sviluppare quegli aromi determinanti la qua-

ter Italiens ausgezeichnet wurde. Ganze 20 Mal haben die Weine der Kellerei Tramin die prestigeträchtigen drei Gläser des Gambero Rosso erhalten. Bei der Klassischen Linie und der Selektions-Linie kann man zwischen reinsortigen Weinen und Cuvées wählen. Das Aushängeschild der Kellerei Tramin ist der aromareiche Gewürztraminer Nussbaumer, eine wahre Sinfonie von Düften. Andere exklusive Tropfen sind zum Beispiel die Cuvée Stoan, der Pinot Grigio Unterebner und der Lagrein Urban.

lità e il tipo di vino", dice il mastro cantiniere Willi Stürz, che nel 2004 è stato insignito del titolo di migliore mastro cantiniere d'Italia. I vini della cantina Termeno hanno ricevuto i prestigiosi tre bicchieri del Gambero Rosso per ben 20 volte. Nella Linea Classica e Linea Selezione si può scegliere tra vini di tipologia pura e Cuvées. Il cavallo di battaglia della Cantina Termeno è l'aromatico Gewürztraminer Nussbaumer, una vera e propria sinfonia di profumi. Altre gocce esclusive sono per esempio il Cuvée Stoan il Pinot Grigio Unterebner e il Lagrein Urban.

Kellerei Tramin
Weinstraße 144
I-39040 Tramin
☎ 00 39 04 71 / 09 66 33
www.cantinatramin.it

Cantina Termeno
Strada del Vino 144
39040 Termeno

Genießer–Urlaub im sonnigen Süden Südtirols
Vacanze da buongustai nel soleggiato Alto Adige meridionale

Das Hotel Amadeus, erst kürzlich renoviert, liegt inmitten des malerischen Weindorfs Auer mit seinen mittelalterlichen Bauten, romantischen Ecken und Plätzen, nur drei Kilometer von der Autobahnausfahrt entfernt. Die Lage an der Südtiroler Weinstraße ist idealer Ausgangspunkt für

L'hotel Amadeus, da poco rinnovato, è situato nel mezzo del pittoresco paese vinicolo di Ora con le sue costruzioni medievali, angoletti e posticini romantici, a soli tre km dall'uscita dell'autostrada. La sua posizione sulla Strada del Vino è un punto di partenza ideale per gite di ogni

Ausflüge aller Art wie zum Beispiel in die sagen-umwobene Dolomitenwelt, zum Kalterer See, in die Landeshauptstadt Bozen, in die Kurstadt Meran oder nach Trient. Sportlich Aktive können in den Dolomiten Skifahren oder Langlaufen, Golfer finden einen der schönsten Plätze im 15 Kilometer entfernten Petersberg. Radeln, Tennis, Wandern – alles ist möglich.

Familie Gallmetzer sorgt zudem dafür, dass Urlauber einmal dem Alltag entfliehen können und einfach nichts tun müssen, nur entspannen, Ruhe und Kraft tanken. Es sind besonders die komfortabel eingerichteten Räumlichkeiten und die liebevollen Details wie die mit Stilmöbeln ausgestatteten Zimmer oder die Vitrinen mit antiken Fundstücken in allen Stockwerken, einem Hobby des Hausherrn, die den Aufenthalt so angenehm machen. Die Terrasse, auf der man im Sommer laue Abende verbringt, das Freischwimmbad, umgeben von Obstbäumen, Palmen, Zypressen und Oliven, die herrliche südliche Landschaft – im Hotel Amadeus ist man zu jeder Jahreszeit gut aufgehoben. Auch kulinarisch wird man verwöhnt: Vom Muntermacher-Frühstück bis zum Viergang-Menü mit Südtiroler sowie italienischen Gerichten, Salatauswahl und edlen Weinen aus der Region sind Gourmet-Freuden garantiert.

tipo come per esempio quelle che portano al leggendario mondo dolomitico, al lago di Caldaro, nel capoluogo Bolzano, nelle città di cura Merano oppure a Trento. Gli amanti dello sport potranno darsi allo sci da discesa o da fondo nelle Dolomiti mentre i golfisti troveranno uno dei campi più belli a Petersberg che dista solo 15 km. Bicicletta, tennis, escursioni – tutto è possibile.

Inoltre la famiglia Gallmetzer si impegna a che l'ospite possa per una volta tanto sfuggire alla quotidianità e starsene così senza far niente, solo a rilassarsi e fare il pieno di tranquillità ed energia. A rendere il soggiorno così piacevole sono in particolare gli spazi arredati con tutto il comfort e gli amabili dettagli come le camere con i mobili in stile oppure le vetrine in ogni piano contenenti antichi oggetti raccolti dal padrone di casa. La terrazza dove trascorrere tiepide serate d'estate, la piscina all'aperto circondata da alberi da frutto, palme, cipressi e ulivi, lo straordinario panorama meridionale – all'hotel Amadeus è un piacere soggiornare in ogni periodo dell'anno. Anche dal punto di vista culinario l'ospite viene coccolato: dalla stimolante colazione fino al menu a quattro portate con piatto altoatesini e italiani, buffet di insalate e vini pregiati della regione a fare la felicità del palato dei buongustai.

Hotel Amadeus
Familie Gottlieb Gallmetzer
Bildstöcklweg 23
I-39040 Auer
☎ 00 39 04 71 / 81 00 53
www.hotel-amadeus.it

Hotel Amadeus
Famiglia Gottlieɔ Gallmetzer
Via del Capitello 23
39040 Ora

Charakter und Individualität in jeder Flasche
Carattere ed individualità in ogni bottiglia

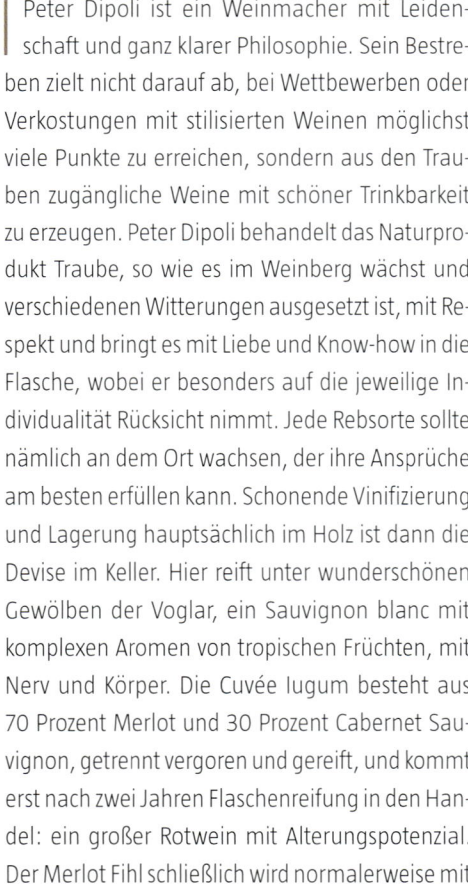

Peter Dipoli ist ein Weinmacher mit Leidenschaft und ganz klarer Philosophie. Sein Bestreben zielt nicht darauf ab, bei Wettbewerben oder Verkostungen mit stilisierten Weinen möglichst viele Punkte zu erreichen, sondern aus den Trauben zugängliche Weine mit schöner Trinkbarkeit zu erzeugen. Peter Dipoli behandelt das Naturprodukt Traube, so wie es im Weinberg wächst und verschiedenen Witterungen ausgesetzt ist, mit Respekt und bringt es mit Liebe und Know-how in die Flasche, wobei er besonders auf die jeweilige Individualität Rücksicht nimmt. Jede Rebsorte sollte nämlich an dem Ort wachsen, der ihre Ansprüche am besten erfüllen kann. Schonende Vinifizierung und Lagerung hauptsächlich im Holz ist dann die Devise im Keller. Hier reift unter wunderschönen Gewölben der Voglar, ein Sauvignon blanc mit komplexen Aromen von tropischen Früchten, mit Nerv und Körper. Die Cuvée Iugum besteht aus 70 Prozent Merlot und 30 Prozent Cabernet Sauvignon, getrennt vergoren und gereift, und kommt erst nach zwei Jahren Flaschenreifung in den Handel: ein großer Rotwein mit Alterungspotenzial. Der Merlot Fihl schließlich wird normalerweise mit

Peter Dipoli è un viticoltore per passione e con una filosofia ben chiara. La sua aspirazione non è quella di ottenere molti punti con vini stilizzati durante i concorsi o degustazioni, bensì quella di produrre dalle uve dei vini accessibili con una buona bevibilità. Peter Dipoli tratta con rispetto l'uva come prodotto naturale, così come cresce nel vigneto, esposta alle intemperie, e la fa arrivare in bottiglia con amore e competenza, tenendo particolarmente in considerazione le rispettive individualità. Infatti ogni qualità d'uva dovrebbe crescere nel luogo che riesce a sviluppare al meglio le sue potenzialità. Il segreto in cantina è poi un delicato processo di vinificazione e il raffinamento principalmente in botti di legno. Qui, sotto le splendide volte, matura il Voglar, un Sauvignon Blanc corposo e deciso con un aroma complesso di frutta tropicale. Il cuvée Iugum si compone per il 70 % di Merlot e per il 30 % di Cabernet Sauvignon, fermentati e maturati separatamente. Esso viene messo in commercio solo dopo due anni di raffinamento in bottiglia: un grande vino rosso con un potenziale di invecchiamento. Infine il Merlot Fihl viene di solito tagliato con una parte di Iugum e

einem Teil Iugum verschnitten und ist nur in gro-ßen Jahrgängen ohne Iugum-Zusatz erhältlich. Peter Dipoli betreibt keinen Detailhandel – seine Weine sind in ausgesuchten Vinotheken zu finden. Auf Voranmeldung führt er Besucher aber gerne durch die Keller des Weinguts und erläutert mit begeisterndem Kenntnisreichtum seine Schätze: Weine, die bewusst keiner gängigen Mode entsprechen, sondern den Charakter des Weinbergs und somit das Terroir widerspiegeln.

solo in annate particolarmente favorevoli si trova in commercio senza l'aggiunta dello Iugum. Peter Dipoli non vende al dettaglio – i suoi vini si trovano in vinoteche scelte. Su prenotazione egli è comunque lieto di accompagnare i visitatori nella cantina della tenuta e spiegare con entusiasmo e padronanza i suoi tesori: vini che consapevolmente non seguono la moda del momento, ma che riflettono il carattere del vigneto e di conseguenza del terroir.

Weingut Dipoli
Peter Dipoli
Villnerstraße 5
I-39044 Neumarkt
☎ 00 39 04 71 / 81 34 00
www.peterdipoli.com

Azienda vinicola Dipoli
Peter Dipoli
Via Villa 5
39044 Egna

Urlaubskomfort in Südtirols Süden
Vacanze di confort nell'Alto Adige meridionale

Ganz im Süden an der Weinstraße empfängt das Hotel Teutschhaus seine Gäste in familiengeführten Häusern mit langer Tradition. Hier lebt man in und mit der Natur, die sich so herrlich für reizvolle Spaziergänge, Wanderungen oder Radtouren eignet. Besonders gelungen ist die ausgewogene Mischung aus alten Werten und modernem Komfort. In den holzgetäfelten Stuben mit echter Gasthausatmosphäre kommen die Urlauber auch in Kontakt mit Einheimischen. Im Sommer lädt die Liegewiese mit Freischwimmbad zu entspannten Stunden un-

Giù a sud sulla Strada del Vino, l'hotel Teutschhaus accoglie i suoi ospiti in una casa di lunga tradizione a gestione familiare. Qui si vive nella e con la natura, che si presta in maniera meravigliosa per deliziose passeggiate, escursioni o giri in bicicletta. Particolarmente riuscito è l'equilibrato connubio tra i valori di un tempo e il comfort moderno. Nelle stube rivestite di legno gli ospiti entrano in contatto con gli abitanti del luogo in un'autentica atmosfera da locanda. D'estate il prato-solarium e la piscina all'aperto invitano a trascorrere ore

ter südlicher Sonne. Die Gartenterrasse, der sonnendurchflutete Wintergarten und die romantischländlichen Stuben bieten immer den perfekten Rahmen für die gute Küche des Hauses – vom reichhaltigen Frühstück über Snacks oder Kaffee und Kuchen bis zum abendlichen Dinner mit italienischen und Südtiroler Spezialitäten.

In der Vinothek lagern nicht nur die edelsten Tropfen, sondern auch die Weine des eigenen Bauernhofs, die zur Degustation und zum Verkauf angeboten werden. Der alte Törggelekeller eignet sich besonders im Herbst zu geselligem Beisammensein und zum Verkosten typischer Südtiroler Gerichte. Zum Wochenprogramm des Hotels gehören auch ein Grill- und ein Buffetabend, ein Galadinner, ein Diavortrag über Südtirol, eine Führung durch das hauseigene Obst- und Weingut und geführte Wanderungen durch den historischen Ortskern von Kurtinig. Säle für Festlichkeiten und Veranstaltungen bieten Platz für Familienfeiern aller Art, und mit dem Seminarraum inklusive Multimediaanlage lassen sich Arbeit und Genuss wunderbar miteinander vereinen.

rilassanti sotto il sole del sud. La terrazza-giardino, il soleggiato giardino d'inverno e le romantiche stube rustiche creano sempre la cornice perfetta per la buona cucina della casa – dalla ricca colazione agli spuntini o caffè e dolci fino alla cena con specialità italiane e altoatesine. Nella vinoteca vengono conservate non solo i vini più nobili ma anche quelli del proprio maso, che sono a disposizione sia per una degustazione che per l'acquisto. La vecchia taverna per il "Törggelen" si presta molto bene a momenti conviviali soprattutto in autunno e alla degustazione di piatti tipici tirolesi. Fanno parte del programma settimanale dell'hotel anche le serate all'insegna di grigliate e buffet, una cena di gala, una proiezione di diapositive sull'Alto Adige, una visita guidata attraverso i frutteti ed i vigneti della propria azienda vinicola, escursioni guidate nel centro di Cortina sulla Strada del Vino. Le sale per festeggiamenti ed eventi offrono spazio per feste familiari di tutti i tipi, inoltre con la sala conferenze dotata di impianto multimediale, lavoro e piacere si sposano a meraviglia.

Hotel Teutschhaus
Martinsplatz 7
I-39040 Kurtinig
☎ 00 39 04 71 / 81 71 39
www.teutschhaus.it

Hotel Teutschhaus
Piazza San Martino 7
39040 Cortina

Tradition, Innovation und Begeisterung
Tradizione, innovazione ed entusiasmo

Das Weingut Castelfeder wurde 1970 von Alfons Giovanett gegründet. Die kleine Privatkellerei lag ursprünglich im Ortskern von Neumarkt im Südtiroler Unterland und verarbeitete hauptsächlich rotes Traubengut aus den Rebsorten Lagrein, Blauburgunder und Vernatsch. Mit der Übernahme der Leitung von Sohn Günther erfolgte die Umsiedlung in das kleine Weindorf Kurtinig, wo hauptsächlich weiße Rebsorten wie Weißburgunder, Chardonnay, Pinot Grigio, Sauvignon und Gewürz-

L'azienda vinicola Castelfeder è stata fondata nel 1970 da Alfons Giovanett. In origine la piccola azienda vinicola era situata nel centro storico di Egna nel cuore della Bassa Atesina. Le uve lavorate erano quasi esclusivamente nere e provenivano da vitigni Lagrein, Pinot Nero e Schiava. In seguito al passaggio della gestione al figlio Günther, l'azienda venne trasferita da Egna a Cortina sulla Strada del Vino, un piccolo paese con antiche tradizioni vitivinicole, dove vengono

traminer angebaut werden. Die guten Lagen, die unterschiedlichen Böden und Mikroklimen ermöglichen auf rund 50 Hektar den Anbau des gesamten breiten Südtiroler Rebsortenspektrums. Die Weine von Castelfeder werden in vier Qualitätslinien eingeteilt: die Linie Classic als gehobenes Standardsegment mit allen für Südtirol typischen Rebsorten, die Cru-Weine der Villa Karneid mit terroirgeprägten Weinen von grandioser Fülle und Burgum Novum, Spitzengewächse der Kellerei seit 1989 und Ausdruck der wertvollen besten Weinberglagen. Mont Mès schließlich präsentiert die junge, dynamische Seite der Kellerei Castelfeder. Unter diesem Motto vereinen sich zwei fruchtige Cuvées.

Weinbau und Wein sind in der Familie Giovanett mit den Jahren zum Mittelpunkt herangereift, ja zum Lebensinhalt geworden. Der langjährige Einsatz von Günther und seiner Frau Alessandra wird heute durch die Begeisterung und Bestimmtheit der Kinder ergänzt. Ivan, Diplom-Ingenieur für Weinbau und Önologie, ist heute im elterlichen Betrieb der Kellermeister, und Ines, die sich noch im Studium befindet, hat ihren Einstieg in die Verwaltung und den Verkauf bereits gewagt.

coltivate principalmente uve bianche tra cui il Pinot Bianco, lo Chardonnay, il Pinot Grigio, il Sauvignon e il Gewürztraminer. L'ottima esposizione dei vigneti, i differenti terreni e i molteplici microclimi presenti sui 50 ettari di vigneti rendono possibili la coltivazione e la crescita dell'intera gamma di varietà di vitigni presenti in Alto Adige. I vini di Castelfeder si possono suddividere in quattro categorie di qualità: la linea Classica che rappresenta lo standard elevato dei più classici vitigni altoatesini, la linea del podere storico di Villa Karneid con tipici vini terroir di grande corposità, la linea Burgum Novum che fin dal 1989 offre le vere perle della cantina provenienti dai vigneti più pregiati, ed infine la linea Mont Mès che rappresenta l'aspetto "giovane e dinamico" dell'azienda vinicola Castelfeder e che comprende due cuvée dal gusto splendidamente fruttato. Coltivazione e vinificazione sono maturate negli anni nel seno della famiglia Giovanett per diventare punto centrale e persino scopo di vita. L'impegno di tanti anni di Günther e sua moglie Alessandra viene ora completato dall'entusiasmo dei figli di cui Ivan, con laurea in viticoltura ed enologia, è l'enologo dell'azienda paterna mentre Ines, ancora impegnata nello studio, collabora già nell'amministrazione e nella vendita.

Weinkellerei Castelfeder
Franz-Harpf-Straße 15
I-39044 Neumarkt
☎ 00 39 04 71 / 82 04 20
www.castelfeder.it

Azienda vinicola Castelfeder
Via Franz-Harpf 15
39044 Egna

Landgasthof mit Aussicht und feiner Küche
Trattoria di campagna con vista e con cucina raffinata

Kamut-Tagliolini mit Kalbsragout und Wurzelgemüse | Tagliolini di kamut con ragù di vitello e verdure

Rezept finden Sie auf Seite 337 |
Per la ricette vedere a pag. 337

Die märchenhafte Lage mit fantastischer Aussicht bis zum Kalterer See, herrliche Ruhe in unberührter Natur, dazu die nette Gastwirtsfamilie und die ausgezeichnete Küche: Der Dorfnerhof mit der gemütlichen Atmosphäre eines echten Landgasthofs ist die ideale Adresse für einen Kurzurlaub mit Freunden oder der Familie – zu jeder Jahreszeit. Wer ein paar Tage in Ruhe und Abgeschiedenheit verbringen, dabei stilvoll wohnen und kulinarisch verwöhnt werden möchte, ist im Dorfnerhof einfach traumhaft aufgehoben. Von hier aus kann man unzählige Wanderungen in den Naturpark Trudner Horn unternehmen.

Das Haus, dessen Grundmauern gut 400 Jahre alt sind, strahlt mit dem kopfsteingepflasterten rustikalen Gewölbe und vielen Details aus der Vergangenheit große Geborgenheit aus. In den wohltuend schlichten Stuben und der verglasten Veranda kann man sich die fantasievolle Küche des Juniorchefs Anton Dalvai schmecken lassen. Die eigene Landwirtschaft mit Viehzucht, Gemüse- und Kartoffelacker liefert so manchen Rohstoff für die exquisiten Schmankerln. Neben der traditionellen Südtiroler Küche mit Knödeln, Schlutzkrapfen und

Una posizione favolosa con vista incantevole fino al lago di Caldaro, una straordinaria tranquillità nella natura incontaminata, a ciò si aggiunge la gentilezza della famiglia ospitante e la cucina eccellente: il Dorfnerhof con la sua atmosfera accogliente da autentica trattoria di campagna è l'indirizzo ideale per una breve vacanza in famiglia o tra amici in ogni periodo dell'anno. Al Dorfnerhof chi vuole trascorrere un po' di giorni in tranquillità e solitudine, soggiornare in un ambiente

Gröstel bereitet Anton auch außergewöhnliche Leckereien zu wie die Costata oder das Entrecôte vom Ochsen. Vor dem Dorfnerhof stehen etliche Sauerkirschbäume, aus deren Früchten Familie Vescoli-Dalvai Marmeladen, Säfte und einen süffigen Aufgesetzten herstellt. Und wer sich bei letzterem nicht mit einem Stamperl begnügen möchte: Sechs behaglich-komfortabel eingerichtete Gästezimmer lassen die Gäste sanft ins Land der Träume entschwinden und Kraft für einen neuen Urlaubstag tanken.

pieno di stile ed essere coccolato dal punto di vista culinario, è accolto in maniera favolosa. Da qui si possono intraprendere numerose escursioni nel Parco Naturale del Monte Corno. La casa, i cui muri hanno più di 400 anni, emana una sensazione di protezione e sicurezza con le sue volte rustiche in pietra e i molti dettagli del passato. Nelle piacevoli e sobrie stuben e nella veranda a vetrate si può gustare la fantasiosa cucina dello chef junior Anton Dalvai. L'azienda agricola di proprietà con allevamento di bestiame, campi di verdure e patate fornisce le materie prime per gli squisiti manicaretti. Accanto alla tradizionale cucina sudtirolese con canederli, schlutzkrapfen e rosticciata, Anton prepara anche delle straordinarie prelibatezze come la costata o l'entrecôte di bue. Davanti al Dorfnerhof crescono parecchi alberi di ciliegie amarene, dai cui frutti la famiglia Vescoli-Dalvai prepara marmellate, succhi e grappe nobilitate. E per chi poi non volesse accontentarsi di un solo bicchierino di grappa, le sei stanze per gli ospiti arredate in modo comodo e confortevole faranno scivolare dolcemente gli ospiti nel mondo dei sogni e fare il pieno di energie per un nuovo giorno di vacanza.

⌂ **Gasthof Dorfnerhof**
Familie Vescoli-Dalvai
Gschnon 5
I-39040 Montan
☎ 00 39 04 71 / 81 97 98
oder 00 39 3 48 / 8 55 43 41
www.dorfnerhof.it

Trattoria Dorfnerhof
Famiglia Vescoli-Dalvai
Casignano 5
39040 Montagna

Bresaola mit gegrillten Spargelspitzen

Hotel Restaurant Weingarten, S. 266

Zutaten für 4 Personen

1,5 kg weißer Spargel | *2 Bd. Rucola* | *1 EL Zitronensaft* | *4–5 EL natives Olivenöl zzgl. Olivenöl zum Anbraten* | *30 Scheiben Bresaola* | *8 Kirschtomaten* | *100 g fein gehobelte Parmesanspäne* | *Salz, Pfeffer aus der Mühle*

Zubereitung

Den Spargel putzen, waschen, sorgfältig schälen und in kochendem Salzwasser blanchieren. Herausnehmen und die Spitzen etwa 4 Zentimeter lang abschneiden. Den restlichen Spargel in Stücke schneiden. Die Spargelspitzen von allen Seiten kurz anbraten und würzen.

Rucola waschen, trocken schleudern und mit den Spargelstücken in der Mitte von vier Tellern verteilen. Mit Salz, Pfeffer, Zitronensaft und Olivenöl würzen. Die Bresaola-Scheiben auf den Salat legen, mit den Spargelspitzen und den Kirschtomaten garnieren. Zum Schluss die Parmesanspäne darüberstreuen und alles mit Olivenöl beträufeln.

Bresaola con punte di asparagi alla griglia

Hotel Ristorante Weigarten, pag. 266

Ingredienti per 4 persone

1,5 kg di asparagi bianchi | *2 cespi di rucola* | *1 cucchiaio di succo di limone* | *4–5 cucchiai di olio d'oliva extravergine più olio d'oliva per arrostire* | *30 fette di bresaola* | *8 pomodori ciliegini* | *100 g di scaglie di grana tagliate fini* | *sale, pepe macinato fresco*

Preparazione

Mondate gli asparagi, lavateli, pelateli con cura e sbollentateli in acqua salata. Toglieteli dall'acqua e tagliate 4 centimetri delle punte. Tagliate il resto dell'asparago a pezzettini. Fate rosolare le punte degli asparagi da tutte le parti, quindi speziate.

Lavate la rucola, strizzatela bene e distribuitela al centro di quattro piatti assieme ai pezzetti di asparago. Insaporite con sale, pepe, succo di limone e olio d'oliva. Disponete le fette di bresaola sull'insalata e guarnite con le punte di asparago e i pomodori ciliegini. Per finire cospargete con le scaglie di parmigiano e passateci una spruzzatina di olio d'oliva.

Mousse di lamponi con panna cotta all'ananas

Wellnesshotel Weinegg, pag. 272

Ingredienti per 4–6 persone

per la mousse di lamponi *200 g di lamponi | 80 g di zucchero | 2 fogli di gelatina | 3 albumi | 80 g di panna*
per la panna cotta *5 fogli di gelatina | 1 baccello di vaniglia | 400 ml di panna | 250 ml di latte | 100 g di zucchero a velo | 100 g di polpa d'ananas | 100 g di zucchero | 1 pizzico di sale*

Preparazione

Per la mousse di lamponi fate cuocere i lamponi con 40 grammi di zucchero e un po' di acqua, infine filtrate con un passino. Ammorbidite la gelatina in acqua fredda. Montate a neve gli albumi con il resto dello zucchero. Montate la panna. Strizzate bene la gelatina, mescolatela quindi nel composto di lamponi caldo e fate raffreddare. Mescolate delicatamente la panna montata e gli albumi montati a neve. Mettete il composto in frigorifero per alcune ore. Per la panna cotta all'ananas ammorbidite la gelatina in acqua fredda. Tagliate a metà il baccello di vaniglia per lungo e grattate via la polpa con un coltello affilato. Mettete in una pentola la panna con il latte, lo zucchero, la polpa di vaniglia e di ananas e il sale. Aggiungete quindi il baccello di vaniglia svuotati della polpa. Scaldate fin quasi a raggiungere l'ebollizione, quindi togliete il baccello di vaniglia. Strizzate bene la gelatina e mescolatela quindi nel composto con il latte. Versate nelle formine e lasciate raffreddare in frigo per 2 ore.
Poco prima di servire rovesciate le formine con la mousse di lamponi e la panna cotta all'ananas sui piatti che verranno guarniti con sciroppi di frutta oppure con frutta fresca, preferibilmente con frutti di stagione come lamponi o fragole fresche oppure fettine di ananas o di kiwi.

Himbeermousse mit Ananas-Panna-cotta

Wellnesshotel Weinegg, S. 272

Zutaten für 4–6 Personen

Himbeermousse *200 g Himbeeren | 80 g Zucker | 2 Blatt Gelatine | 3 Eiweiß | 80 ml Sahne*
Panna cotta *5 Blatt Gelatine | 1 Vanilleschote | 400 ml Sahne | 250 ml Milch | 100 g Staubzucker | 100 g Ananasmark | 100 g Zucker | 1 Prise Salz*

Zubereitung

Für die Himbeermousse die Himbeeren mit 40 Gramm Zucker und etwas Wasser köcheln lassen und anschließend durch ein Sieb passieren. Die Gelatine in kaltem Wasser einweichen. Das Eiweiß mit dem restlichen Zucker schaumig schlagen. Die Sahne steif schlagen. Die Gelatine gut ausdrücken und in die warme Himbeermasse rühren, abkühlen lassen. Die geschlagene Sahne und den Eischnee unterheben. Die Masse für einige Stunden in den Kühlschrank stellen.
Für die Ananas-Panna-cotta die Gelatine in kaltem Wasser einweichen. Die Vanilleschote längs halbieren und das Mark mit einem scharfen Messer herauskratzen. Die Sahne mit der Milch, dem Zucker, dem ausgekratzten Vanillemark, dem Ananasmark und der Prise Salz in einen Topf geben, die ausgekratzte Vanilleschote dazugeben. Alles bis knapp zum Siedepunkt erhitzen, dann die Vanilleschote entfernen. Die Gelatine gut ausdrücken und in die Milchmischung rühren. In Förmchen füllen und etwa 2 Stunden im Kühlschrank kalt werden lassen.
Kurz vor dem Servieren die Himbeermousse und die Ananas-Panna-cotta auf Teller stürzen und mit frischen Früchten oder Fruchtsaucen servieren. Besonders gut eignen sich Früchte der Saison, frische Himbeeren, Ananas, Erdbeeren oder Kiwis.

Süße Symphonie von Crème brûlée mit Zitronengras, Gewürztraminer-Espuma und Kürbiseis

Restaurant Castel Ringberg, S. 292

Zutaten für 10 Personen

Crème brûlée *350 ml Sahne* | *150 ml Milch* | *50 g Zucker* | *5 Eigelb* | *2 Stängel Zitronengras, fein geschnitten* | *1 Limettenblatt oder -abrieb* | *brauner Zucker zum Abflämmen*

Gewürztraminer-Espuma *200 ml Gewürztraminer* | *150 g weiße Schokolade* | *100 ml Sahne*

Kürbiseis *300 g Kürbisfleisch (z. B. Flaschenkürbis oder ein anderer aromatischer Kürbis)* | *200 ml Milch* | *200 ml Sahne* | *50 g Zucker* | *50 g Honig* | *1 Ei* | *3 Eigelb*

Zubereitung

Für die Crème brûlée alle Zutaten außer dem braunen Zucker miteinander verrühren und auf 80 °C erhitzen. Über Nacht ziehen lassen, dann passieren. In passende feuerfeste Förmchen füllen und bei 140 °C im Ofen im Wasserbad oder bei 85 °C im Dampfgarer pochieren. Die gestockte Crème abkühlen lassen und kurz vor dem Servieren mit braunem Zucker bestreuen und mit einem Bunsenbrenner abflämmen.

Für die Espuma den Gewürztraminer kurz aufkochen lassen, die weiße Schokolade hineinbröckeln und auflösen. Auf mindestens 5 °C abkühlen lassen, dann die flüssige Sahne unterrühren. Die Masse in eine kleine Syphonflasche ISI einfüllen, eine Gaskapsel aufdrehen, gut durchschütteln und 30 Minuten kühl stellen.

Für das Eis das Kürbisfleisch klein schneiden und in der Milch weich kochen. Den Kürbis pürieren und mit Zucker, Honig, Sahne, Ei und Eigelb verrühren. Die Eismasse auf 85 °C erhitzen und zur Rose abziehen. Alles abkühlen lassen und dann in der Eismaschine gefrieren lassen.

Dolce sinfonia di crème brulée con citronella, spuma di Gewürztraminer e gelato alla zucca

Ristorante Castel Ringberg, pag. 292

Ingredienti per 10 persone

per la crème brulée *350 ml di panna* | *150 ml di latte* | *50 g di zucchero* | *5 tuorli d'uovo* | *2 steli di citronella tagliata fine* | *1 foglia di un lime o la sua buccia grattugiata* | *zucchero di canna da caramellare*

per la spuma di gewürztraminer *200 ml di Gewürztraminer* | *150 g di cioccolata bianca* | *100 ml di panna liquida*

per il gelato alla zucca *300 g di polpa di zucca (per es. zucca lagenaria o un'altra zucca aromatica)* | *200 ml di latte* | *200 ml di panna* | *50 g di zucchero* | *50 g di miele* | *1 uovo* | *3 tuorli d'uovo*

Preparazione

Per la crème brulée mescolate insieme tutti gli ingredienti tranne lo zucchero di canna e scaldateli fino a 80 °C. Lasciate in infusione una notte, quindi filtrate. Riempite delle formine pirofile con la crema e mettetele in forno a 140 °C oppure fate affogare a bagnomaria o a vapore a 85 °C. Lasciate raffreddare la crema addensata, cospargete con lo zucchero di canna prima di servire e caramellate con un becco di Bunsen.

Per la spuma lasciate bollire per un po' il gewürztraminer, sminuzzateci la cioccolata bianca e fatela sciogliere. Lasciate raffreddare ad almeno 5 °C, quindi mescolateci la panna liquida. Mettete il composto in un sifone ISI, inserite una cartuccia di gas, scuotete bene e mettete al fresco per mezz'ora.

Per il gelato tagliate la zucca a pezzettini piccoli e cuoceteli nel latte fino ad ammorbidirli. Passate la zucca e mescolatela con zucchero, miele, panna, uovo e rossi d'uovo. Fate riscaldare la massa per il gelato a 85 °C fino a raggiungere una giusta consistenza senza far bollire. Lasciate raffreddare il tutto e quindi congelate nella macchina per il gelato.

Mit mediterranem Gemüse gefüllte Teigtaschen mit Taggiasche-Oliven und Fetakäse-Raspeln

🏠 Hotel Girlanerhof, S. 276

Zutaten für 8 Personen

Teig *125 g Weizenmehl* | *125 g Hartweizengrieß* | *2 Eier* | *1 Eigelb* | *5 g Salz*
Füllung *1 Zucchino* | *1 rote Paprikaschote* | *1 gelbe Paprikaschote* |
1 kleine Aubergine | *½ Zwiebel* | *1 Knoblauchzehe* | *2–3 EL Olivenöl* | *frische*
Kräuter wie Thymian, Rosmarin und Basilikum | *80 g Mascarpone (optional)* |
Salz, Pfeffer aus der Mühle
außerdem *24 Kirschtomaten* | *80 g Butter* | *160 g Fetakäse* |
160 g Taggiasche-Oliven | *Basilikum oder Pesto zum Garnieren*

Zubereitung

Mehl und Grieß sieben und mit den restlichen Zutaten zu einem glatten Teig
verkneten. Mit Klarsichtfolie abdecken und 2 bis 3 Stunden im Kühlschrank
ruhen lassen. Für die Füllung Zuchino, Paprikaschoten und Aubergine putzen
und klein schneiden. Die Zwiebel fein würfeln, den Knoblauch durchpressen.
Das Gemüse mit Zwiebeln und Knoblauch in einer Pfanne anschwitzen, vom
Feuer nehmen und mit frischen Kräutern, Salz und Pfeffer gut abschmecken.
Abkühlen lassen und auf Wunsch mit Mascarpone vermengen.
Den Nudelteig auf einer bemehlten Arbeitsfläche dünn ausrollen. Mit einem
runden Ausstecher Kreise von 6 bis 8 Zentimetern ausstechen. Die Füllung mit
einem Löffel in die Mitte der Teigkreise setzen, einen zweiten Kreis darüber-
legen und fest andrücken. Reichlich Salzwasser zum Kochen bringen und die
Teigtaschen darin 3 bis 4 Minuten kochen. Abtropfen lassen und auf vorgewärmte Teller geben. Die Kirschtomaten vierteln und mit den Oliven in Butter
anschmelzen, über die Teigtaschen gießen. Den Fetakäse raspeln und
darüberstreuen. Mit frischen Basilikumblättern oder Pesto garnieren.

Fagottini ripieni di verdure mediterranee con olive taggiasche e scaglie di feta

🏠 Hotel Girlanerhof, pag. 276

Ingredienti per 8 persone

per la pasta *125 g di farina 00* | *125 g di farina di semola di grano duro* |
2 uova | *1 tuorlo* | *5 g di sale*
per il ripieno *1 zucchina* | *1 peperone rosso* | *1 peperone giallo* | *1 melanzana*
piccola | *½ cipolla* | *1 spicchio d'aglio* | *2–3 cucchiai di olio d'oliva* | *erbe*
aromatiche fresche come timo, rosmarino, basilico | *80 g di mascarpone*
(facoltativo) | *sale, pepe macinato*
inoltre *24 pomodori ciliegini* | *80 g di burro* | *160 g di feta* | *160 g di olive*
taggiasche | *basilico o pesto come guarnizione*

Preparazione

Filtrate con un passino i due tipi di farina e lavorate assieme agli altri ingredienti fino ad ottenere un impasto omogeneo. Coprite con la pellicola trasparente e lasciate riposare in frigorifero per 2 o 3 ore. Per il ripieno pulite la
zucchina, i peperoni e la melanzana e tagliateli sottili. Tritate finemente la
cipolla e schiacciate l'aglio. In una padella soffriggete le verdure con la cipolla
e l'aglio, togliete dal fuoco e insaporite bene con le erbette fresche, il sale e il
pepe. Fate raffreddare e a piacere mescolateci il mascarpone.
Stendete finemente la pasta su un piano di lavoro infarinato. Con un coppapasta tagliate dei cerchi del diametro di 6 o 8 centimetri. Con un cucchiaio
mettete il ripieno al centro dei cerchi di pasta, metteteci sopra un secondo
cerchio e fate aderire bene i bordi. Portate ad ebollizione abbondante acqua
salata e fatevi cuocere i fagottini per 3 o 4 minuti. Scolate e mettete sui piatti
preriscaldati. Tagliate in quattro i pomodori ciliegini e fate soffriggere nel
burro assieme alle olive, versate quindi sopra i fagottini. Tagliate a scaglie la
feta e cospargete sui fagottini. Decorate con foglie di basilico fresco o con il
pesto.

Zuppa di Pinot Bianco d'Oltradige

⬜ Hotel Gasthof Steinegger, pag. 280

Ingredienti per 2–4 persone

per i crostini *2 fette di pane da toast* | *40 g di burro* | *½ cucchiaino di cannella in polvere*

per la zuppa *1 cipolla* | *1 cucchiaio di olio di semi* | *1 pizzico di zucchero* | *⅛ l di Pinot Bianco* | *¼ l di brodo vegetale o brodo di carne, ben insaporito* | *100 ml di panna* | *3 tuorli d'uovo (possibilmente da galline allevate all'aperto)* | *1 pizzico di noce moscata* | *1 pizzico di cannella in polvere* | *sale*

Preparazione

Per i crostini togliete il bordo del pane da toast e tagliate il pane in dadini da ½ centimetro. Fate sciogliere il burro in una padella, versateci i dadini di pane e dorateli continuando a mescolare. Cospargeteli quindi con la cannella, togliete dal fuoco e metteteli da parte.

Per la zuppa, tagliate la cipolla a dadini sottili e fate soffriggere in una pentola con dell'olio di semi. Aggiungete un pizzico di zucchero e fate caramellare lievemente. Sfumate con il Pinot Bianco e lasciate cucinare per alcuni minuti. Versate il brodo e fate bollire di nuovo. Versate nella zuppa tre quarti della panna e frullate vigorosamente con il minipinner. Fate raffreddare la zuppa fino a 85 °C circa. Mescolate il resto della panna con i tuorli d'uovo e versate il tutto nella zuppa continuando a mescolare. Insaporite con noce moscata, cannella e sale. Infine scaldate la zuppa a 87 °C circa e sbattetela con un frustino fino ad ottenere una schiuma, in modo che il tuorlo d'uovo non coli (la zuppa non deve più cucinare). Non appena la zuppa sbattuta ha raggiunto una consistenza cremoso-schiumosa, versatela in fondine o in tazze, ripartite in maniera uguale la schiuma, cospargetela con i crostini e servitela subito.

💡 Questa classica zuppa d'Oltradige viene preparata con il Pinot Bianco, che la famiglia Steinegger produce ormai da secoli in botti di legno. Con il Gewürztraminer si raggiunge una nota particolarmente speziata. Al posto del vino bianco si può utilizzare addirittura il prosecco o la birra. Chi ama i gusti più rustici, può sostituire il pane da toast con il pane di segale raffermo.

Überetscher Weißburgunder-Suppe

⬜ Hotel Gasthof Steinegger, S. 280

Zutaten für 2–4 Personen

Einlage *2 Scheiben Toastbrot* | *40 g Butter* | *½ TL Zimtpulver*

Suppe *1 Zwiebel* | *1 EL Samenöl* | *1 Prise Zucker* | *⅛ l Weißburgunder* | *¼ l Gemüsebrühe oder Fleischsuppe, gut abgeschmeckt* | *100 ml Sahne* | *3 Eigelb (möglichst Freilandeier)* | *1 Prise Muskatnuss* | *1 Msp. Zimtpulver* | *Salz*

Kartoffel 1 ½ [handwritten annotation]

Zubereitung

Für die Einlage das Toastbrot entrinden und in ½ Zentimeter große Würfel schneiden. In einer Pfanne die Butter zergehen lassen, die Brotwürfel dazugeben und unter ständigem Schwenken goldbraun rösten. Dann mit Zimt bestreuen, aus der Pfanne nehmen und beiseite stellen.

Für die Suppe die Zwiebel fein würfeln und in etwas Samenöl in einem Kochtopf anrösten. Die Prise Zucker darüberstreuen und hell karamellisieren lassen. Mit dem Weißburgunder ablöschen und einige Minuten köcheln lassen. Die Brühe angießen und nochmals aufkochen lassen. Drei Viertel der Sahne zur Suppe geben und mit dem Stabmixer kräftig durchmixen. Die Suppe auf circa 85 °C abkühlen lassen. Die restliche Sahne mit dem Eigelb verrühren und unter ständigem Rühren ebenfalls zur Suppe geben. Nun mit Muskatnuss, Zimt und Salz abschmecken. Anschließend die Suppe kontrolliert auf etwa 87 °C erhitzen und mit einem Schneebesen schaumig schlagen, ohne dass das Eigelb gerinnt (die Suppe darf nicht mehr kochen). Sobald die Suppe zu einer cremig-schaumigen Konsistenz aufgeschlagen ist, in Suppenteller oder -tassen füllen, den Schaum gleichmäßig aufteilen, mit den Zimtcroutons bestreuen und sofort servieren.

💡 Diese klassische Überetscher Suppe wird mit Weißburgunder zubereitet, den Familie Steinegger schon seit Jahrhunderten in Holzfässern ausbaut. Eine besonders würzige Note erreicht man mit Gewürztraminer. Anstelle von Weißwein kann man sogar Sekt oder Bier verwenden. Wer es rustikaler mag, kann statt Toastbrot auch getrocknetes Roggenbrot nehmen.

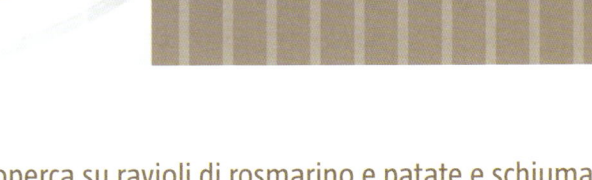

Gebratener Zander auf Kartoffel-Rosmarinravioli und Kresseschaum

Hotel Seeleiten, S. 294

Zutaten für 6 Personen

2 Zanderfilets à 300 g | *1 EL Zitronensaft* | *3–4 EL Olivenöl*
Kartoffel-Rosmarinravioli *300 g Kartoffeln* | *50 g Rosmarinnadeln* |
250 ml Sahne | *1 Msp. Muskatnuss* | *150 g Nudelteig (Fertigprodukt)* |
1 Eigelb | *Salz und Pfeffer*
Kresseschaum *2 Schalotten* | *1 EL Butter* | *1/8 l Weißwein* | *250 ml Fleisch-brühe* | *80 ml Sahne* | *100 g Gartenkresse* | *2–3 EL kalte Butterflöckchen*

Zubereitung

Die Zanderfilets schuppen, waschen, in vier gleich große Teile schneiden und mit Zitronensaft beträufeln.
Die Kartoffeln schälen, waschen, in Würfel schneiden und in Salzwasser circa 15 Minuten gar kochen, abgießen und durch die Kartoffelpresse drücken.
Mit der Sahne glatt rühren. Die Rosmarinnadeln fein hacken und unter die Kartoffelmasse rühren. Mit Salz, Pfeffer und Muskatnuss abschmecken.
Das Püree erkalten lassen.
Den Nudelteig dünn ausrollen und zwölf runde Teigblätter ausstechen. Jeweils einen Teelöffel Fülle in die Mitte setzen, die Ränder mit verquirltem Eigelb bestreichen, mit einem weiteren Teigblatt bedecken, gut festdrücken und die Ravioli in Salzwasser etwa 10 Minuten kochen.
Für den Kresseschaum die Schalotten fein würfeln und in der Butter unter Rühren dünsten. Den Weißwein angießen und fast vollständig einkochen lassen. Die Fleischbrühe hinzufügen und wieder um die Hälfte einkochen lassen. Mit der Sahne aufgießen, die Kresse hineingeben und mit der kalten Butter aufmixen.
Die Fischfilets salzen. Das Olivenöl in einer heißen Pfanne erhitzen, die Filets auf der Hautseite 3 Minuten braten, umdrehen und weitere 2 Minuten braten.
Die Ravioli auf Tellern verteilen, die Fischfilets darauflegen und mit dem Kresseschaum umgießen.

Lucioperca su ravioli di rosmarino e patate e schiuma di crescione

Hotel Seeleiten, pag. 294

Ingredienti per 6 persone

2 filetti di lucioperca di 300 g l'uno | *1 cucchiaio di succo di limone* |
3–4 cucchiai di olio d'oliva
per i ravioli di rosmarino e patate *300 g di patate* | *50 g di aghi di rosma-rino* | *250 ml di panna* | *1 pizzico di noce moscata* | *150 g di pasta (già pronta)* | *1 tuorlo d'uovo* | *sale e pepe*
per la schiuma di crescione *2 scalogni* | *1 cucchiaio di burro* | *⅛ l di vino bianco* | *250 ml di brodo di carne* | *80 ml di panna* | *100 g di crescione* | *2–3 pezzettini di burro freddo*

Preparazione

Pulite i filetti di lucioperca, lavateli e tagliateli in quattro parti uguali. Cospargete quindi con succo di limone.
Pelate le patate, lavatele, tagliatele a tocchettini e cucinate in acqua salata per circa 15 minuti, scolate e passatele quindi in uno schiacciapatate. Mescolate bene con la panna. Tagliate finemente gli aghi di rosmarino e mescolateli nelle patate. Insaporite con sale, pepe e noce moscata. Fate raffreddare il purè.
Stendete la pasta finemente e ritagliate dodici cerchi. In ogni cerchio mettete un cucchiaino di ripieno nel mezzo, cospargete i bordi con l'uovo sbattuto, ricoprite con un altro cerchio di pasta, fate aderire bene e cucinate quindi i ravioli in acqua salata per circa 10 minuti.
Per la schiuma di crescione tagliate gli scalogni fini e fate quindi rosolare nel burro mescolando di continuo. Versate il vino bianco e fate quasi ridurre del tutto. Aggiungete il brodo e fate nuovamente asciugare della metà. Versate la panna e il crescione, passate quindi tutto al mixer aggiungendo il burro freddo.
Salate i filetti di pesce. Scaldate l'olio di oliva in una padella calda, fate rosolare i filetti per 3 minuti dalla parte della pelle, girateli e fateli andare ancora per 2 minuti. Distribuite i ravioli sui piatti, appoggiateci sopra i filetti di pesce e versateci sopra la schiuma di crescione.

Topfenknödel mit marinierten Erdbeeren

Grill-Restaurant Spuntloch, S. 304

Zutaten für 4 Personen

Knödel *180 g Mehl* | *180 g Butter* | *180 g Topfen* | *2 Eier, verquirlt* |
1 Prise Salz
Panade *400 g Brotbrösel* | *2 EL Zimt* | *100 g Zucker*
Erdbeeren *500 g reife, aromatische Erdbeeren* | *Saft von 1 Zitrone* |
3–4 EL Staubzucker

Zubereitung

Mehl, Butter, Topfen, Eier und Salz zu einem Teig verrühren und eine Stunde
zugedeckt kalt stellen. Den Teig dann zu Knödeln formen. In einem Topf
Wasser zum Kochen bringen und die Knödel etwa 10 Minuten darin sieden
lassen. Herausnehmen und abtropfen lassen. Für die Panade die Brösel mit
Zimt und Zucker vermischen und die Knödel darin wälzen.
Die Erdbeeren mit Zitronensaft und Staubzucker marinieren und auf vier
Tellern anrichten. Die panierten Knödel daraufsetzen und mit einem Pfeffer-
minzblatt garnieren.

Canederli di ricotta con fragole marinate

Ristorante-Grill Spuntloch, pag. 304

Ingredienti per 4 persone

per i canederli *180 g di farina* | *180 g di burro* | *180 g di ricotta* | *2 uova
sbattute* | *1 pizzico di sale*
per la panatura *400 g di pane grattuggiato* | *2 cucchiai di cannella* |
100 g di zuccero
per le fragole *500 g di fragole mature e saporite* | *succo di 1 limone* |
3–4 cucchiai di zucchero a velo

Preparazione

Impastate la farina, il burro, la ricotta, le uova e il sale e lasciate riposare al
fresco coperto per un'ora. Formate quindi dei canederli dall'impasto. In una
pentola portate dell'acqua ad ebollizione e fatevi cuocere i canederli per ca.
10 minuti. Togliete i canederli dall'acqua e scolateli bene. Per la panatura
mescolate il pan grattato con la cannella e lo zucchero e rotolateci i canederli.
Marinate le fragole nel succo di limone e nello zucchero a velo, disponete
quindi su quattro piatti. Poneteci sopra i canederli impanati e guarnite con
una foglia di menta piperita.

Tagliolini di kamut con ragù di vitello e verdure

Trattoria Dorfnerhof, pag. 326

Ingredienti per 10 persone

per i tagliolini *600 g di farina di kamut | 5 uova | sale | 2 cucchiai di olio d'oliva*

per il ragù di vitello *400 g di collo o spalle di vitello | 50 g di cipolla | 3–4 cucchiai di olio | 100 ml di vino bianco | 500 ml di fondo di vitello | sale | pepe macinato | 1 foglia di alloro | 1 rametto di rosmarino | 1–2 cucchiaini di fecola di patate*

per le verdure *1 carota | 1 pezzo di sedano | 1 gambo di porro, tutto pulito*

Preparazione

Per i tagliolini lavorate tutti gli ingredienti fino a formare un impasto omogeneo, coprite e mettete al fresco per mezz'ora. Con la macchina per fare la pasta tirate dapprima dei fazzoletti di pasta sottile, quindi dei tagliolini. Per far ciò utilizzate un po' di farina di kamut in modo che i tagliolini non si appiccichino. Avvolgete la pasta a mo' di lumaca, riponetela su una teglia infarinata e lasciate asciugare.

Per il ragù di vitello tagliate la carne a tocchettini e tritate finemente la cipolla. Scaldate l'olio e soffriggeteci cipolla e carne tagliata a dadini. Sfumate con il vino bianco e lasciate cuocere. Versate il fondo di vitello e aggiungete le erbette. Lasciate andare per circa un'ora fino a che la carne si è ammorbidita e quindi addensate con la fecola mescolata con acqua.

Tagliate le verdure a piacimento e sbollentate per breve tempo. Fate cuocere i tagliolini in acqua bollente per circa 3 minuti, togliete dall'acqua e scolate. Mescolate insieme pasta, ragù di vitello e verdure e spadellateci la pasta per circa 1 minuto.

Kamut-Tagliolini mit Kalbsragout und Wurzelgemüse

Gasthof Dorfnerhof, S. 326

Zutaten für 10 Personen

Tagliolini *600 g Kamutmehl | 5 Eier | Salz | 2 EL Olivenöl*

Kalbsragout *400 g Kalbshals oder -schulter | 50 g Zwiebel | 3–4 EL Öl | 100 ml Weißwein | 500 ml Kalbsfond | Salz | Pfeffer aus der Mühle | 1 Lorbeerblatt | 1 Zweig Rosmarin | 1–2 TL Kartoffelmehl*

Wurzelgemüse *1 Möhre | 1 Stück Sellerieknolle | 1 Stange Lauch, alles geputzt*

Zubereitung

Für die Tagliolini alle Zutaten zu einem glatten Teig verkneten, zudecken und eine halbe Stunde kalt stellen. Mit Hilfe einer Nudelmaschine zuerst dünne Teigflecken, dann Tagliolini ausrollen. Etwas Kamutmehl dabei verwenden, damit die Nudeln nicht aneinanderkleben. Aus den Nudeln eine Schnecke formen, auf ein bemehltes Blech legen und trocknen lassen.

Für das Kalbsragout das Fleisch in Würfel schneiden, die Zwiebeln fein hacken. Das Öl erhitzen und Zwiebel- und Fleischwürfel anrösten. Mit Weißwein ablöschen und einkochen lassen. Den Kalbsfond angießen und die Gewürze hinzufügen. Etwa 1 Stunde köcheln lassen, bis das Fleisch weich ist, dann mit in Wasser angerührtem Kartoffelmehl binden.

Die Wurzelgemüse in die gewünschte Form schneiden und kurz blanchieren. Die Tagliolini in Salzwasser etwa 3 Minuten garen, herausnehmen, abtropfen lassen. Nudeln, Kalbsragout und Wurzelgemüse mischen und die Nudeln etwa 1 Minute darin ziehen lassen.

Das Eisacktal und seine Kastanien
La Val d'Isarco ed i suoi casegneti

Am Brennerpass beginnt das obere Eisacktal mit der Fuggerstadt Sterzing. Der Name „Eisacktal" leitet sich von „Eisache", also Eisbach ab. Alte Gehöfte, pittoreske Dörfer und historische Städte in einer malerischen Umgebung zeugen von einer uralten Kulturlandschaft. Keltische Druiden, römische Legionäre, deutsche Kaiser und venezianische Händler zogen hier durch, später gefolgt von Künstlern und Gelehrten wie Dürer, Goethe, Mozart, Riemenschneider. Den kulturellen Reiz des Eisacktals machen die vielen Burgen, Schlösser und Herrensitze aus, darunter die bedeutendste Kunststätte der Renaissance, die Brixner Hofburg, sowie die Klosteranlagen Säben und Neustift. Hauptstadt des Tales ist Brixen, die älteste Stadt Tirols mit einer Fülle an Kulturschätzen.

Ein essbarer Kulturschatz ist die Edelkastanie, Frucht des gleichnamigen wunderschönen Baums, einst Nahrung der Armen und heute zum Törggelen im Herbst äußerst beliebt. Schon der Minnesänger Oswald von Wolkenstein besang die Kastanie, die das Bild der Mittelmeer-Vegetation prägt. Wahrscheinlich gelangte sie mit den Römern ins südliche Tirol, wo sie im Verbund mit der Weinrebe vortrefflich gedeiht. Auch Albrecht Dürer zeigte

La Val d'Isarco inizia al passo del Brennero passando per Vipiteno, la storica cittadina mineraria, per poi raggiungere Bressanone e Chiusa ed arrivare fino alle porte di Bolzano. Masi antichi, paesini caratteristici e luoghi storici immersi in un paesaggio idilliaco sono testimoni di un'antichissima area culturale attraversata in tempi remoti da druidi celti, legionari romani, imperatori germanici e mercanti veneziani seguiti successivamente da celeberrimi artisti e letterati tra cui Dürer, Goethe e Mozart. Una delle attrazioni culturali della Val d'Isarco sono gli innumerevoli castelli, roccaforti, residenze nobiliari e monasteri tra cui importanti siti artistici rinascimentali come ad esempio l'abbazia di Novacella e il Palazzo Vescovile a Bressanone oppure il monastero di Sabiona sopra la città di Chiusa.

Capoluogo della valle è Bressanone, la città più antica della contea del Tirolo che offre numerosi tesori culturali di alto pregio. Uno tra questi tesori è addirittura commestibile: la castagna, un tempo cibo dei poveri e oggi tanto apprezzata in autunno per il più tipico rito conviviale altoatesino: il Törggelen ossia l'andar per osterie. Già nel medioevo Oswald von Wolkenstein cantò la castagna, qui

sich vom „botanischen Sinnbild" des beginnenden Südens beeindruckt und aquarellierte während seiner ersten Italienreise 1495 einen solchen Baum vermutlich in der Gegend um Klausen. Von Vahrn bei Brixen bis zum Rittner Hochplateau und hinunter nach Bozen zieht sich ein einziges Band von Kastanienbäumen. Hier entlang erstreckt sich der 60 Kilometer lange „Keschtnweg", der sich in sechs Abschnitte mit verschiedenen Schwierigkeitsgraden und Höhenunterschieden gliedert. Er

simbolo della vegetazione mediterranea. Probabilmente venne portata dai romani nella parte sud del Tirolo, dove cresce in modo eccellente insieme alle viti. Anche Dürer, durante il suo primo viaggio in Italia nel 1495, dedicò al castagno un acquerello eseguito nella zona intorno a Chiusa. Da Varna presso Bressanone attraverso l'altipiano del Renon fino giù a Bolzano si snoda un nastro ininterrotto di castagni accompagnati dalla "via delle castagne", uno splendido itinerario escursio-

führt über die Südtiroler Sonnenterrasse, den Ritten, durch lauschige Misch- und Nadelwälder, immer an mächtigen Esskastanien vorbei, die sich mit Rebhängen, Obstgärten und grünen Wiesen abwechseln. Eine Wanderung im Spätherbst, wenn Wein und Kastanien reif sind, gehört zu den unvergesslichen Erlebnissen in Südtirol.

nistico lungo 60 chilometri che conduce attraverso un rigoglioso paesaggio caratterizzato da maestosi castagneti che si alternano a verdi prati, frutteti e vigneti. Un'escursione nel tardo autunno, al tempo del Törggelen, quando il vino e le castagne sono maturi, non deve assolutamente mancare tra le cose da farsi in Alto Adige.

Bauern und Metzger mit Leib und Seele
Contadino e macellaio con anima e corpo

Wenn man als Verbraucher weiß, wo die Lebensmittel herkommen, wie sie produziert und verarbeitet werden, so ist das ein großer Schritt in
Richtung natürliche und gesunde Ernährung. Gerade Fleisch- und Wurstwaren schmecken besser,
wenn die Produktionswege kurz sind und die Tiere
keinem unnötigen Stress ausgesetzt werden. Bei
der Metzgerei Frick im reizenden Fuggerstädtchen
Sterzing sind diese Wege nachvollziehbar, besitzt
der Betrieb doch eine eigene Landwirtschaft zur
Aufzucht von Rindern und Kälbern und einen EU-
zertifizierten Schlachthof.

Bauern und Metzger seit 1854 – das bedeutet
über 150 Jahre Erfahrung in der Landwirtschaft
und im traditionellen Handwerk des Metzgers. Es
ist ein echter Familienbetrieb, in dem alle fünf
Kinder mithelfen. Das moderne, großzügig gestal-

Il primo passo di ogni consumatore verso un'alimentazione sana e consapevole è conoscere le
origini e i modi di lavorazione di ogni prodotto. Ancora di più se si tratta di carni e di insaccati che
hanno un sapore ben diverso se i percorsi produttivi sono brevi e gli animali non vengono esposti
ad uno stress inutile. È il caso della macelleria di
Johann Frick nella storica e pittoresca cittadina di
Vipiteno che nella propria azienda agricola, con
macello certificato UE, alleva manzi e vitelli. Contadini e macellai fin dal 1853, i Frick nella cui
azienda tipicamente a conduzione familiare oggi
collaborano tutti i cinque figli, hanno quindi
un'esperienza ultra centocinquantennale in entrambi i settori, cosa che già di per sé costituisce
una garanzia di qualità. Per rendersene conto di
persona non serve che entrare nel grande negozio

tete Geschäft am Eingang zur Sterzinger Fußgängerzone heißt Gourmets von nah und fern willkommen. Neben Frischfleisch und italienischen Spezialitäten sind es besonders der Speck und die Kaminwurzen aus eigener Produktion sowie zahlreiche andere selbst hergestellte geräucherte Spezialitäten, die die Kunden begeistern. Auch fertige Speisen zum Mitnehmen wie die sehr beliebten Speck-, Spinat- oder Käseknödel, Gerstsuppe, Wildragout, Gulasch, Lasagne und zur Törggelezeit Surfleisch und Sauerkraut bietet die Metzgerei Frick an. Die enge Zusammenarbeit mit einheimischen Bauern garantiert naturbelassene Lebensmittel höchster Qualität – alles ein Grund für reisende Feinschmecker, sich aus dem reichhaltigen Angebot der Metzgerei ein paar regionale Spezialitäten mit nach Hause zu nehmen.

moderno all'inizio della zona pedonale di Vipiteno e scegliere qualcuna tra le tante specialità genuine. Accanto alle carni fresche e le specialità italiane ci sono ovviamente il classico speck e i kaminwurzen fatti in casa, ma anche molte altre specialità, in particolare carni affumicate. E poi ci sono delle vere squisitezze gastronomiche già preparate e cucinate come i canederli allo speck, agli spinaci o al formaggio, la zuppa d'orzo, il ragù di selvaggina, il gulash, le lasagne come pure, nel periodo del Törggelen, la carne in salamoia e i crauti in agro. Inoltre la stretta collaborazione con altri contadini e allevatori della zona fa sì che la gamma dei prodotti offerta dai Frick sia non solo molto vasta, ma anche di qualità estremamente genuina per cui si ha sempre la certezza di fare una scelta giusta e di portarsi a casa delle vere specialità della gastronomia regionale.

Metzgerei – Landwirtschaft
Johann Frick & Co. OHG
Untertorplatz 5/F
I-39049 Sterzing
☎ 00 39 04 72 / 76 49 37
www.frick.bz.it

Macelleria – azienda agricola
Johann Frick & Co. snc
Piazza Fuori Porta 5/F
39049 Vipiteno

Martin Plank
Martin Plank

Seit Jahrzehnten dem Genuss verpflichtet
Da decenni al servizio del buon sapore

Viele Stammkunden erinnern sich noch an die Zeit, als schon Martin Planks Vater einen Speckstand im Innenhof der Burg Reifenstein bei Sterzing betrieb. Hier versorgte sich so mancher Heimkehrer noch schnell mit Speck und den anderen Spezialitäten der Familie. Einheimische wie Urlauber schätzten in der Burg sowohl die malerische Umgebung als auch die Qualität der angebotenen Produkte. Den Standort in der Burg gibt es nicht mehr, die Qualität ist jedoch geblieben. Es ist ein traditioneller handwerklicher Kleinbetrieb und der einzige in Freienfeld, der nun wenige Kilometer von Sterzing entfernt direkt an der Bundesstraße frisches regionales Fleisch von Kalb, Rind und Schwein anbietet, dazu natürlich auch andere gute Frischware, Wildspezialitäten, Aufschnitt und so Exotisches wie Straußenfilet. Speck, Nackenspeck und Kaminwurzen stammen aus der eigenen Produktion. Entweder gleich hier oder auch bei umliegenden Bauern werden die Hammen nach althergebrachten Rezepten gepökelt und geräuchert. Nach einer wochen- beziehungsweise monatelangen Trocknung in gut durchlüfteten Räumen kommt die Ware in den kleinen Verkaufsraum, in

Tanti clienti abituali ricordano ancora i tempi in cui il padre di Martin Plank gestiva una bancarella di speck nel cortile interno del Castel Pietra nei pressi di Vipiteno, dove spesso al termine di una gita ci si riforniva prima di tornare a casa. Residenti e turisti sapevano apprezzare non solo il pittoresco ambiente del maniero, ma anche la qualità dei prodotti offerti dalla famiglia Plank. Oggi Martin Plank, Martl per gli amici, non lo troviamo più all'interno del castello, ma nella sua piccola azienda artigianale, l'unica nel suo genere a Campo di Trens, direttamente sulla statale a due passi da Vipiteno, azienda che tutt'ora lavora e vende carni locali fresche di vitello, di manzo o di maiale, oltre naturalmente ad altre specialità come cacciagione e salumi di ogni genere, ma anche qualcosina di più esotico come i filetti di struzzo. Lo speck e i kaminwurzen tipicamente altoatesini sono comunque sempre prodotti in casa sulla base di tradizionali ricette che prevedono metodi molto specifici di affinamento, affumicatura e stagionatura prima di finire sugli scaffali del piccolo negozio a far bella mostra di sé accanto ad altre specialità altoatesine quale il vino e il pane

dem man auch andere Südtiroler Spezialitäten wie Wein und Schüttelbrot findet. Nicht nur in Freienfeld kann man Martls Spezialitäten erwerben, sondern auch in einem Supermarkt am Brenner sowie an jedem 5. und 20. des Monats auf dem Brennermarkt, auf den Wochenmärkten montags in Brixen und dienstags in Sterzing und einmal jährlich in Bruneck auf dem berühmten Stegener Markt, der Ende Oktober zahlreiche Besucher anlockt.

di segale. E Martl è rimasto fedele anche alla vecchia bancarella del padre, visto che i giorni 5 e 20 di ogni mese lo troviamo ancora sul mercato del Brennero, mentre ogni lunedì è presente a quello di Bressanone e ogni martedì a quello della vicina Vipiteno. E una volta all'anno, a fine ottobre, non può mancare nemmeno alla grande fiera-mercato di Stegona, la popolarissima sagra autunnale alle porte di Brunico.

🏠 **Martin Plank**
Sprechenstein 11
I-39040 Freienfeld
☎ 00 39 04 72 / 76 48 58

Martin Plank
Castel Pietra 11
39040 Campo di Trens

Romantik Hotel &
Restaurant Stafler
Romantik Hotel &
Restaurant Stafler

Kochkunst und Lebensart für Genießer
Un eldorado del benessere e della buona tavola

Saiblingsfilet in Buchweizenkruste auf Ackerbohnen-Erbsencreme | Filetto di branzino in crosta di grano saraceno su crema di fagioli e piselli

Rezept finden Sie auf Seite 426 |
Per la ricette vedere a pag. 426

Im Romantik Hotel & Restaurant Stafler haben es sowohl ruhesuchende Naturliebhaber als auch Feinschmecker bestens getroffen! Hinter den jahrhundertealten ehrwürdigen Mauern des Viersterne-Hauses verbirgt sich ein stimmungsvolles Hotel mit verspielten Erkern, heimeligen Stuben, einer einladenden Bar und gemütlichen Sitzecken. Schwimmbad, Sonnenterasse, Whirlpool in der ausgedehnten Parkanlage mit Teich und Trimmpfad sowie Tennisplätze zählen ebenfalls zum Angebot des Hauses wie die Wellness-Oase „Romantica".

Das Leben soll man sich aber auch schmecken lassen. Dafür ist Küchenchef Peter Girtler zuständig, der schon seit neun Jahren für das kulinarische

Il Romantik Hotel & Restaurant Stafler è un piccolo paradiso non solo per gli appassionati della natura, ma anche per gli amanti della buona tavola. Le venerande mura della storica locanda racchiudono un albergo a quattro stelle dall'atmosfera suggestiva e romantica con pittoreschi sporti, accoglienti stube, un bar molto invitante e comodi salottini raccolti. Splendide anche le strutture ricreative che oltre alla piscina, la grande terrazza-solarium, il whirlpool nell'ampio parco con laghetto e percorso vita e i campi da tennis, comprendono anche il bellissimo reparto wellness "Romantica", un'affascinante oasi del benessere. A regnare invece dietro i fornelli è Peter Girtler, pluripremiato chef della casa da ormai nove anni e

Wohl der Gäste sorgt. „Ich möchte die Menschen zum Träumen bringen, mit ein wenig Verrücktheit und viel Romantik", ist sein Credo. Dass er damit richtig liegt, beweisen zwei Hauben und der im Jahr 2009 verliehene Michelin-Stern. Peter Girtler ist ein Könner, wenn es um die Melange von Südtiroler Bauernrezepten und italienischer Lebenskunst geht. Klassiker wie gegrillte Milchkalbsleber mit gelben Linsen oder hausgemachter Kalbskopf auf zwei Arten gelingen genauso hinreißend wie originelle und kreative Gerichte, zum Beispiel das „verdrehte" Vitello tonnato mit zweierlei Gazpacho. Peter Girtlers Intuition und seiner Liebe zum modernen Kochen sollte man vertrauensvoll folgen und sich einlassen auf die nur skizzenhaft beschriebenen Gänge des großen Sommermenüs: Geräucherter Aal – Südtiroler Apfel – Gartengurken etwa, oder Steinbutt – Freilandei – Baumspinat lassen der Fantasie Platz und machen Appetit auf Gaumenfreuden der Spitzenklasse.

detentore di due cappelli e, dal 2009, di una prestigiosa stella Michelin. "Vorrei far sognare i miei ospiti, con un po' di follia e tanto romanticismo" è il suo motto e per capirlo meglio basta mettersi a tavola e gustare le sue creazioni nate da un sapiente abbinamento tra antiche ricette della cucina altoatesina e l'estro di quella italiana. Un classico il suo fegato di vitellino da latte con lenticchie gialle come pure la testina di vitello servita in due modi diversi, ma anche altri piatti non sono da meno, come ad esempio il vitello tonnato "un po' diverso" con due tipi di gazpacho. E se le descrizioni dei piatti spesso potranno risultare appena abbozzate come nel caso del grande menu estivo: anguilla affumicata – mela altoatesina – cetrioli dell'orto, oppure: rombo – uovo di gallina ruspante – spinaci arborei, potrete ugualmente fidarvi alla cieca del grande amore di Peter Girtler per uno stile nuovo di cucinare e del suo infallibile intuito nel preparare piatti davvero eccellenti.

Romantik Hotel &
Restaurant Stafler
Familie Stafler
I-39040 Mauls/Freienfeld
☎ 00 39 04 72 / 77 11 36
www.stafler.com

Romantik Hotel &
Restaurant Stafler
Famiglia Stafler
39040 Mules/Campo di Trens

Tradition und Moderne auf historischem Gelände
Tradizione e modernità in un luogo storico

Biersuppe | Zuppa di birra

Rezept finden Sie auf Seite 427 |
Per la ricette vedere a pag. 427

Schon vor vielen Jahren hatte Roland Ganterer die Idee, auf dem geschichtsträchtigen Boden neben dem schönen alten Hotel einen innovativen Anbau entstehen zu lassen. Hier, wo 1809 während des Tiroler Freiheitskampfes französische und sächsische Truppen dank Andreas Hofers Schützen „in die Klemme" gerieten, kann man sich heute im modern und licht gestalteten Wirtsbrauhaus genüssliche Köstlichkeiten servieren lassen. Das Gebäude besticht schon von außen durch Geradlinigkeit, viel Holz, Sichtbeton, Stahl und Glas. Offene Bereiche wechseln mit intimeren ab, eine gemütliche alte Tiroler Stube, mit 300 Jahre altem Holz errichtet, bringt einen reizvollen Kontrast in das ganze Ensemble.

Wo auch immer die Gäste sich niederlassen, die bodenständigen Gerichte wie Kalbskopf, Kamin-

Già molti anni fa Roland Ganterer ebbe l'idea di completare il vecchio bellissimo albergo con un edificio moderno e innovativo. Qui nella cosiddetta "Sachsenklemme" ovvero nella "gola dei Sassoni", dove nel 1809 i ribelli tirolesi capeggiati da Andreas Hofer tesero un micidiale tranello alle truppe francobavaresi e sassoni, oggi si è invitati a fare sosta in un ristorante birreria moderno e luminoso e farsi servire qualche gustosa specialità della casa. L'edificio stesso attrae per la sua elegante sobrietà fatta di tanto legno, calcestruzzo a vista, alluminio, acciaio e vetro, mentre al suo interno si alternano spazi aperti e ambienti più raccolti con una accogliente stube tirolese i cui rivestimenti sono stati realizzati con antico legname risalente a tre secoli fa. Ottima la cucina legata soprattutto alle tradizionali pietanze di questa terra e che spazia

wurzen, Speck, hausgemachte Schlutzkrapfen, Bauerngröstel, Haxen, Rippelen oder Tafelspitz schmecken prima. Und dazu passt das frisch gezapfte Andreas-Hofer-Bräu-Bier, das Braumeister Götz Spieth gleich nebenan aus biologischen Rohstoffen herstellt. Nur die allerbesten Produkte, wie zum Beispiel der Bio-Hopfen aus der Hallertau und das eigene Quellwasser, garantieren die Premium-Qualität aller Öko-Biere. Sie werden weder filtriert noch hitzebehandelt, sodass die wertvollen Inhaltsstoffe erhalten bleiben. Solch ein naturreines Märzen, Helles oder Weizen, bei dessen Herstellung man auch zuschauen kann, schmeckt nicht nur solo, sondern findet sich auch in einigen Gerichten der Sachsenklemme wieder wie etwa in der herzhaften Biersuppe, in der samtigen Sauce zum Angus-Steak oder sogar im gschmackigen „Bieramisù".

dalla testina di vitello fino allo speck e i kaminwurzen, dalle mezzelune pusteresi fatte in casa alla rosticciata, agli stinchi e alle costicine fino alla squisita lombata di manzo, il tutto da accompagnarsi con una eccellente birra appena spillata che viene prodotta nel proprio birrificio Andreas-Hofer-Bräu, regno del maestro birraio Götz Spieth, grande esperto e cultore del biologico. Infatti, per le sue birre né filtrate né trattate con calore impiega soltanto materie prime ed ingredienti biologici come il luppolo Hallertau o l'acqua attinta da una sorgente propria. E tutto ciò è molto evidente assaggiando una chiara, una Weizen oppure una Märzen, per citare qualcuna delle specialità offerte e per non parlare delle varie pietanze alla birra che il Sachsenklemme serve ai suoi ospiti tra cui una gustosa zuppa alla birra, una succulenta bistecca Angus con vellutata salsa alla birra e un favoloso "bieramisù" per concludere in bellezza.

Hotel Restaurant Sachsenklemme
Roland Ganterer
Brennerstraße 1
I-39045 Franzensfeste
☎ 00 39 04 72 / 83 78 37
www.sachsenklemme.it

AH Bräu
Sackweg 1 Grasstein
I-39045 Franzensfeste
☎ 00 39 04 72 / 83 78 37

Hotel Ristorante Sachsenklemme
Roland Ganterer
Via Brennero 1
39045 Fortezza

Birrificio AH Bräu
Via Sacco 1 Le Cave
39045 Fortezza

Bäckerei Gasser
Panificio Gasser

Besser kann der Tag nicht beginnen
La giornata non potrebbe cominciare in modo migliore

Im Jahr 2010 konnte die Bäckerei Gasser ihr 20-jähriges Jubiläum feiern. Vom anfänglichen Vier-Mann-Betrieb bis zum Unternehmen mit insgesamt 30 Mitarbeitern stand immer im Vordergrund, den Kunden erstklassige Produkte anzubieten. Mitterweile werden vom beschaulichen Lüsen aus täglich vier eigene Filialen und mehrere Wiederverkäufer beliefert, darunter ein Delikatessenladen in München. Die ganze Familie ist in die Herstellung involviert: Vater Siegfried und Sohn Michael kümmern sich als Bäcker um die Produktion, Mutter Bernadette ist im Verkauf und Personalbereich tätig, Sohn Christian obliegt das Kaufmännische, und Oliver, der Jüngste, schließt demnächst die Prüfung zum Konditorgesellen ab. 60 verschiedene Brot- und Brötchensorten und

Nel 2010 il panificio Gasser ha potuto festeggiare il suo 20° anniversario. Dalla piccola attività dell'inizio composta da quattro uomini all'azienda con trenta dipendenti, l'obiettivo principale è stato sempre quello di offrire ai clienti prodotti di prima classe. Nel frattempo, dal tranquillo paesino di Luson vengono riforniti ogni giorno le quattro filiali del panificio e numerosi rivenditori, tra i quali un negozio gourmet a Monaco di Baviera. Tutta la famiglia è coinvolta nell'azienda: il papà Siegfried ed il figlio Michael si occupano della panificazione, la madre Bernadette è attiva nel settore vendite e risorse umane, il figlio Christian adempie alla funzione commerciale, ed Oliver, il più piccolo, concluderà presto gli studi per il diploma da pasticcere. Ogni giorno vengono sfornati freschi

25 diverse Torten verlassen täglich frisch die Backstube. Besonders hervorzuheben ist das Schüttelbrot, das noch traditionell hergestellt und handgeschüttelt wird. Bei den letzten beiden Brotprüfungen erhielt man dafür jeweils die Auszeichnung in Gold mit der Höchstzahl an Punkten. Auch der Südtiroler Apfelstrudel zählt zu den Top-Erzeugnissen der Bäckerei Gasser. Er enthält nur einheimische Äpfel, und der zarte, umhüllende Teig wird ausschließlich mit Südtiroler Butter zubereitet; somit darf er das Südtiroler Qualitätszeichen tragen. Alle Verkaufsstellen der Bäckerei Gasser bieten nicht nur die eigenen köstlichen Spezialitäten an, sondern auch ein breites Spektrum an Südtiroler Qualitätsprodukten. Außerdem finden die Besucher die feinen Produkte der Bäckerei Gasser jedes Jahr beim Brotmarkt in Brixen, beim Speckfest in Villnöß und auf der Südtiroler Apfelstrudelmeile in Bruneck und Bozen.

60 tipi diversi di pane e panini e 25 torte differenti. Spicca in particolare lo "Schüttelbrot" che viene ancora prodotto artigianalmente e scosso a mano e per il quale, negli ultimi due esami del pane, è stato ottenuto un riconoscimento in oro con il numero di punti più alto. Anche lo strudel di mele altoatesino va annoverato tra i prodotti di punta del panificio Gasser. Esso contiene solo mele locali e l'impasto morbido e avvolgente viene preparato esclusivamente con burro dell'Alto Adige; in questo modo può sfoggiare il marchio di qualità dell'Alto Adige. Tutti i punti vendita del panificio Gasser non offrono solo le proprie deliziose specialità, ma anche una vasta gamma di prodotti altoatesini di qualità. Inoltre i visitatori potranno trovare i delicati prodotti del panificio Gasser al mercato del pane di Bressanone che si tiene ogni anno, alla festa dello speck a Funes e alla sagre dello strudel di Brunico e di Bolzano.

Bäckerei Gasser
Preisn 1
I-39040 Lüsen
☎ 00 39 04 72 / 41 38 10
www.baeckerei-gasser.it

Panificio Gasser
Preisn 1
39040 Luson

Tradition und Qualität für Küche und Keller
Tradizione e qualità per cucina e cantina

Sebastian Trockner
Sebastian Trockner

Es gibt wohl keinen Autofahrer, dem auf seiner Fahrt nach Süden beim Örtchen Kollmann nicht das rot-weiß „karierte" Schachbrettmuster der Friedburg auffallen würde. Seit dem 15. Jahrhundert diente das Zollgebäude vielen durchreisenden Kaisern, Königen, Fürsten, Gelehrten und Pilgern als Unterkunft.

Nur wenige Schritte entfernt hat sich der Familienbetrieb Trockner niedergelassen, Produzenten von Speck, Fleisch- und Wurstwaren erster Güte in vierter Generation. Im Jahr 1930 gründete Sebastian Trockner, Großvater und Urgroßvater der derzeitigen Firmeninhaber, die gleichnamige Metzgerei. Seine Fleisch- und Wurstwaren und besonders der nach traditioneller Methode hergestellte Speck erfreuten sich bald großer Beliebtheit.

Ursprünglich stellte man Speck her, um Fleisch haltbar zu machen, und zwar ausschließlich für den Hausgebrauch. Die dafür verwendeten Schweine wurden meist kurz vor Weihnachten geschlachtet, ihr geräucherter und luftgetrockneter Speck stand dann das kommende Jahr zur Verfügung. Früher bereicherte er keinesfalls den täglichen Speiseplan, sondern kam bei Festen und

Non c'é persona che passando per la val d'Isarco non si accorga della località Colma dominata dalle facciate a scacchiera bianco-rossa del Castel Friedburg, storica dogana e locanda che fin dal XV secolo ha dato alloggio ad imperatori, re e principi, studiosi e pellegrini di passaggio.

A pochi passi da questo appariscente edificio ci attende l'azienda familiare della famiglia Trockner che in quarta generazione continuano a produrre eccellenti carni, speck e salumi. Nel 1930 Sebastian Trockner, rispettivamente nonno e bisnonno degli attuali proprietari, apre l'omonima macelleria che ben presto diventa famosa in tutta la zona soprattutto per il suo favoloso speck lavorato con antichi metodi. In origine si faceva lo speck soltanto ad uso domestico per conservare la carne eccedente al fabbisogno quotidiano. I maiali venivano solitamente macellati prima di Natale e lo speck affumicato a freddo e stagionato in locali arieggiati doveva quindi bastare per l'intero anno successivo, per cui veniva consumato con grande parsimonia e portato in tavola soltanto alla domenica ed in occasione di grande feste. Oggi, invece, lo speck, insieme al vino e allo Schüttelbrot, il pane di se-

Banketts zum Einsatz. Heute gehört er in Südtirol zur berühmten Marende, zusammen mit Schüttelbrot und Wein.

Wie man guten Speck macht, hängt immer von der geheimen Gewürzmischung ab, die von Generation zu Generation weitergegeben wird. Familie Trockner und ihre Mitarbeiter stellen in ihrem Betrieb auch den Südtiroler Speck mit der Ursprungsbezeichnung „g.g.A." her, das ist bester Markenspeck, der strengen Kontrollen unterliegt. Als Rohstoff dienen immer ausgewählte Schweineschlegel, fachgerecht zugeschnitten, gesalzen und mit ausgewählten Aromen gewürzt, trocken gepökelt und geräuchert – „geselcht", wie man in Südtirol sagt. Dann muss er noch mindestens 22 Wo-

gale cosiddetto "scosso", è sinonimo della più classica merenda all'altoatesina.

L'arte di fare un buono speck dipende soprattutto dalla particolare miscela di spezie usata per la salmistratura e l'affumicazione, ricetta spesso segreta e tramandata di generazione in generazione. Quello della famiglia Trockner è certificato IGP il che comporta una serie di severissimi controlli di qualità. Infatti, lo speck altoatesino IGP è ricavato da cosce suine accuratamente selezionate e deve essere salato e speziato con aromi naturali, salmistrato a secco, affumicato a freddo e stagionato all'aria a dieci fino a quindici gradi di temperatura per almeno 22 settimane. Durante l'intero ciclo di lavorazione dei controllori indipendenti devono avere

chen zur Reifung in luftigen Kammern bei 10 bis 15 Grad Celsius abhängen. Während des gesamten Herstellungsablaufs haben unabhängige Kontrolleure jederzeit Zugang zu den Produktionsstätten. Sie prüfen Reifezeit, das ausgewogene Verhältnis von Mager- und Fettanteilen, Salzgehalt, Konsistenz, Geruch und natürlich den Geschmack.

Hat man nun ein Stück Speck gekauft, so ist die richtige Lagerung zu Hause wichtig! In der Vakuumpackung hält er sich im Kühlschrank mehrere Monate. Vor dem Verzehr sollte man ihm aber einige Stunden bei Raumtemperatur Luft zum Atmen geben, damit er sein Aroma entfalten kann. Dann gibt es mehrere Möglichkeiten, den Südtiroler Speck richtig zu genießen: Entweder schneidet man ihn hauchdünn, am besten mit einer Aufschnittmaschine, oder man bedient sich der traditionellen Methode und schneidet ihn mit der Hand mit oder ohne Kruste in Scheibchen oder in dünne Streifen.

Im neu und modern gestalteten, lichten Verkaufsgeschäft warten bei Familie Trockner aber nicht nur guter Speck, Karree-, Kaiserteil- und Schopfspeck auf qualitätsbewusste Kunden, sondern auch Kaminwurzen, Rinds- und Hirschgeselchtes sowie verschiedene Salamisorten. Frischfleisch vom Rind, Kalb, Schwein und Geflügel, hausgemachte Würste, saftige Schinken und viele andere Spezialitäten aus eigener Produktion runden das Angebot ab.

libero accesso ai locali di produzione per poter rilevare il rapporto prescritto tra parte magra e grassa, il contenuto di sali, la consistenza, i tempi di stagionatura e ovviamente le qualità organolettiche.

Una volta portato a casa, lo speck in confezione sottovuoto può essere conservato in frigo anche per qualche mese, ma prima di consumarlo è consigliabile farlo respirare per un paio di ore all'aria a temperatura ambiente per far sì che si sviluppino pienamente tutti i suoi aromi. Per tagliarlo poi, ci sono vari metodi: o a fette sottilissime con l'affettatrice oppure nel modo più tradizionale tagliandolo a mano, con o senza la cotenna, in fettine o striscioline leggermente più consistenti.

Nel moderno e luminoso negozio della famiglia Trockner non vi attende però soltanto lo squisitissimo speck nelle sue diverse varietà, ma anche le gustose salsicce affumicate chiamate kaminwurzen, specialità di carne di manzo e di cervo, eccellenti carni fresche di manzo, vitello, maiale e pollame, salumi fatti in casa, ottimi prosciutti ed altre specialità gastronomiche lavorate in proprio.

Sebastian Trockner
Kirchweg 5
I-39040 Kollmann/Barbian
☎ 00 39 04 71 / 65 41 35
www.trocknerspeck.com

Sebastian Trockner
Via della Chiesa 5
39040 Colma/Barbiano

Gesundes und Leckeres aus der Natur
Prodotti sani e deliziosi dalla natura

Ein idyllisches Fleckchen für Ruhe suchende Urlauber und Liebhaber von naturbelassenem Obst und Gemüse ist der Obergostnerhof von Familie Gasser oberhalb von Kloster Säben. Johann und Elisabeth Gasser bewirtschaften ihren Hof unter fleißiger Mithilfe ihrer Kinder Johanna, Florian, Magdalena und Katharina. In ihrem Laden gleich neben dem Wohnhaus bietet Familie Gasser ihre ausschließlich hausgemachten Spezialitäten an: naturtrüben Apfelsaft ohne chemische Zusätze, Apfel- und Birnenkrips, Himbeer-, Erdbeer- und Schwarzbeermarmelade, getrocknete Zwetschgen, Apfelessig, Kren, Himbeer- und Holundersirup und Nusseler. Und da der Hof direkt am berühmten Eisacktaler Keschtnweg liegt, wundert es nicht, dass auch die Kastanien den Weg als Marmelade ins Glas finden. Wer seine Lieben oder Freunde daheim mit gesunden und schmackhaften Leckereien überraschen möchte, kann sich von Familie Gasser einen Geschenk-Korb nach Wunsch zusammenstellen lassen.

Die Schönheit der Natur in 750 Metern Höhe verführt zum Bleiben – drei komplett ausgestattete Ferienwohnungen zwischen 35 und 50 Quadratmetern mit großen Sonnenbalkons und herrlichem Panoramablick machen den Entschluss leicht, hier ein wenig länger zu verweilen! Ausflugsziele gibt

L'Obergostnerhof della famiglia Gasser sovrastante il monastero di Sabiona è un fazzoletto di terra paradisiaco per chi in vacanza cerca la tranquillità e per gli amanti della frutta e verdura non trattate. Johann ed Elisabeth Gasser conducono il loro maso con la diligente collaborazione dei loro figli Johanna, Florian, Magdalena e Katharina. Nel loro negozio proprio di fianco all'abitazione, la famiglia Gasser offre le proprie specialità fatte esclusivamente in casa: succo di mela naturale senza additivi chimici, crips di mele e pere, marmellate di lamponi, fragole e mirtilli neri, prugne secche, aceto di mele, cren, sciroppo di lamponi e di sambuco e il nocino. E poiché il maso si trova direttamente sul famoso sentiero delle castagne della Val d'Isarco, non c'è da meravigliarsi se anche le castagne finiscono nel bicchiere sotto forma di marmellate. Chi poi volesse sorprendere i propri cari o gli amici a casa con delle leccornie genuine e saporite, può farsi preparare dalla famiglia Gasser un cestino-regalo a piacere. La bellezza della natura a 750 metri di altezza induce a fermarsi – tre appartamenti arredati di tutto punto tra i 35 e i 50 metri quadri con un grande balcone soleggiato e una vista panoramica grandiosa rendono facile la decisione di indugiare qui un po' più a lungo! Parecchie sono inoltre le mete per un'escur-

es etliche: Eine Wanderung auf dem über 60 Kilometer langen, in Etappen gegliederten Keschtnweg, ein Ausflug ins Kloster Säben, zum Schloss Velthurns in Feldthurns oder ins Dürer-Städtchen Klausen gehören zu den unvergesslichen Erlebnissen. Sehenswert ist auch das Fresko des „Lebensrads" in der Friedhofskapelle der romanischen Kirche St. Valentin in Verdings.

sione: una passeggiata lungo il sentiero delle castagne che si snoda su 60 chilometri, articolato a tappe, una gita al monastero di Sabiona, a Castel Velturno, o nella cittadina di Dürer, Chiusa, rappresentano delle esperienze indimenticabili. Degno di una visita è anche l'affresco della "Ruota della vita" nella cappella cimiteriale della chiesa romanica di San Valentino a Verdignes.

Obergostnerhof
Familie Johann Gasser
Pardell 51
I-39043 Klausen
☎ 00 39 04 72 / 85 55 48
www.gasser.bz.it

Maso Obergostnerhof
Famiglia Johann Gasser
Pradello 51
39043 Chiusa

Ausflugs- und Urlaubsziel für die ganze Familie
Meta di vacanza e di escursioni per tutta la famiglia

Mitten in idyllischen Obst- und Weingärten am Rand des Dorfs Albeins bewirtschaftet Familie Noflatscher den 500 Jahre alten denkmalgeschützten Kircherhof schon in vierter Generation. Hier einzukehren oder zu wohnen bedeutet, dem Alltag für einige Zeit zu entfliehen. Die Familie hat bei der Renovierung des Hauses großen Wert darauf gelegt, historisch Wertvolles zu bewahren und dies im Restaurant und im Törggelelokal mit neuen modernen Elementen zu verbinden. Die Küche des

In mezzo a vigneti e frutteti idilliaci ai margini del paese di Albes, la famiglia Noflatscher, ormai alla quarta generazione, gestisce il cinquecentenario Kircherhof, posto sotto la tutela dei beni culturali. Fare una sosta qui o soggiornarvi significa fuggire per un po' dalla vita di tutti i giorni. Nella ristrutturazione della casa la famiglia ha posto grande attenzione alla conservazione del patrimonio storico, combinandolo con elementi moderni nel ristorante e nella taverna per il Törggele. La cu-

Hauses bietet frisch zubereitete Gerichte der verfeinerten Tiroler Kost mit mediterranem Einschlag,
die sich nach der Saison richten: Im Frühling gibt
es Spargel, im Sommer Pilze und frisches Gemüse,
im Herbst Lamm, Kürbis und Wild.

Obst und Gemüse sowie frische Kräuter wachsen
im eigenen Kräutergarten und auf den eigenen
Feldern: Äpfel, Birnen, Kirschen, Pfirsiche und Marillen werden den Gästen entweder frisch angeboten oder zu ebenso traditionellen wie fantasievollen Kreationen verarbeitet. Der Chef des Hauses
erklärt interessierten Gästen gern alles Wissenswerte über den Kräuter-, Obst- und Gemüseanbau.
Der Kircherhof ist die ideale Adresse für Familienfeiern, Firmenessen oder Reisegesellschaften. Als
Familienbetrieb liegen Familie Noflatscher besonders die kleinen Gäste am Herzen. Sie haben draußen genügend Platz zum Spielen und Toben; ein
Highlight ist der Streichelzoo.

Wer sich längere Zeit am Kircherhof erholen
möchte, kann das in den drei Ferienwohnungen
mit herrlicher Aussicht tun. Dank der schönen
Lage sind die Ski- und Wandergebiete auf der Plose
oder im Villnöß schnell und bequem erreichbar.

cina della casa propone raffinate prelibatezze tirolesi preparate fresche con un'impronta mediterranea, che si adeguano alla stagione: in primavera
gli asparagi, in estate i funghi e le verdure fresche,
in autunno l'agnello, la zucca e selvaggina. Frutta,
verdura e erbe aromatiche crescono nel proprio
orto e nei campi di proprietà: mele, pere, ciliegie,
pesche e albicocche sono servite fresche oppure
rielaborate in tradizionali e allo stesso tempo fantasiose creazioni. Lo chef della casa è lieto di spiegare agli ospiti tutto quello che di importante c'è
da sapere sulla coltivazione di erbe aromatiche,
frutta e verdura. Il Kircherhof è l'indirizzo ideale
per feste in famiglia, pranzi di lavoro o viaggi di
gruppo. Come azienda familiare alla famiglia Noflatscher stanno particolarmente a cuore gli ospiti
più piccoli che hanno tanto spazio per giocare e
sfogarsi e un piccolo zoo con animali da accarezzare. Chi si volesse trattenere più a lungo lo può
fare nei tre appartamenti per le vacanze con vista
favolosa. Grazie alla bella posizione, i comprensori
sciistici e i percorsi escursionistici della Plose e di
Funes sono facilmente e velocemente raggiungibili.

Kircherhof
Familie Noflatscher
Albeins 12
I-39042 Brixen
☎ 00 39 04 72 / 85 10 05
www.kircherhof.it

Maso Kircherhof
Famiglia Noflatscher
Albes 12
39042 Bressanone

Brixen – Südtirols älteste Stadt
Bressanone – la città più storica

Ein Spaziergang durch die älteste Südtiroler Stadt ist zugleich ein Spaziergang durch die Jahrhunderte. Hier trifft Romanik auf Gotik, Gotik auf Barock, Barock auf Jugendstil – für kunsthistorisch Interessierte tut sich ein Füllhorn von prachtvollen Bauten auf. Etliche Klöster, Kirchen und Kapellen in und um Brixen mit wertvollen Fresken, spätgotischen Altären und etlichen Kunstschätzen zeugen von einer glanzvollen Vergangenheit. Die Sehenswürdigkeiten sind so zahlreich, dass man hier nur einige herauspicken kann, zum Beispiel den Dom mit dem einzigartigen Kreuzgang, das nahe gelegene Kloster Neustift mit dem prachtvollen Bibliothekssaal oder die Bischöfliche Hofburg, die auf einen Bau aus dem Jahr 1270 zurückgeht. Einst zogen hier Kaiser und Könige, Krieger und Kaufleute, Boten und Sänger durch und hielten Einkehr in den Gaststätten. Heute sind es Urlauber und Tagestouristen, die nach ausgiebigem Kunst- und Kulturgenuss eine Pause einlegen.

Una passeggiata nella cittadina più antica dell'Alto Adige è una passeggiata attraverso i secoli. Qui si susseguono i vari stili, dal romanico al gotico, dal barocco al liberty, e per gli appassionati dell'arte si dispiega un ventaglio di magnifici edifici storici. Numerosi conventi, abbazie, chiese e cappelle sia nel cuore della città che fuori porta con i loro preziosi affreschi, altari del tardo-gotico ed altri tesori artistici sono testimoni di un passato nobile e movimentato. Innumerevoli le attrazioni da visitare come il Duomo con il chiostro unico nel suo genere, l'abbazia di Novacella con la sua importante e magnifica biblioteca oppure lo storico Palazzo Vescovile risalente all'anno 1270. In epoca remota nelle antiche locande brissinesi passarono e si fermarono imperatori e re, mercanti e soldati, messaggeri e menestrelli in viaggio tra l'Italia ed il resto d'Europa. Oggi sono invece i villeggianti e gli escursionisti a rifocillarsi durante la loro visita a questa splendida città d'arte.

Eine Welt für sich mitten in Weinbergen
Un mondo a sé in mezzo ai vigneti

Den altehrwürdigen Pacherhof gab es schon lange bevor Bischof Hartmann im 12. Jahrhundert das nahe gelegene Kloster Neustift gründete. Wahrscheinlich kehrte er hier sogar ein und ließ sich den hervorragenden Weißwein und eine herzhafte Jause schmecken. Bekanntheit erlangte der Hof allerdings durch den 1440 hier geborenen Gotikmaler Friedrich Pacher, jüngerer Bruder und Mitarbeiter des berühmten Michael Pacher. Er schuf den Katharinen- und den Barbara-Altar in der Stiftskirche in Neustift. Seit Jahrhunderten hat sich beim „Alten Pacher", wie er im Volksmund heißt, nichts geändert – traditionsreiche Gastfreundschaft wie eh und je empfängt die Besucher. Seit 1986 darf er sich „Erbhof" nennen, das bedeutet, dass der Hof nachweislich seit mindestens 200 Jahren von derselben Familie bewohnt und bewirtschaftet wird. Durch die Heirat von Maria Pacher mit einem „Huber" kam dieser Familienname auf den Hof und bürgt seitdem für Kost und Logis vom Feinsten.

Mitten in den Eisacktaler Weinbergen gelegen, ist der Pacherhof ein traditionsreiches Weingut, das Sylvaner, Ruländer, Gewürztraminer, Müller Thur-

Il venerando maso Pacherhof risale ad un'epoca ancora antecedente alla fondazione dell'abbazia di Novacella avvenuta nel XII secolo per volontà del vescovo Hartmann di Bressanone che probabilmente sapeva di questo maso per la fama dei suoi eccellenti vini bianchi. In epoca più recente, il maso diviene rinomato per dare i natali nel 1440 a Friedrich Pacher, pittore gotico e fratello e collaboratore del più giovane e ancor più celebre Michael Pacher. Tra le sue opere più pregiate vanno ricordati gli altari consacrati a Santa Caterina e Santa Barbara nella basilica dell'abbazia di Novacella. Da secoli, quindi, il "vecchio Pacher", come qui viene chiamato, è un luogo non solo storicamente importante, ma anche rinomato per la sua vocazione enogastronomica. Dal 1986 annoverato tra i "masi ereditari" altoatesini, titolo riservato ai poderi agricoli che per almeno duecento anni siano stati di proprietà della stessa famiglia, oggi il Pacherhof è gestito dalla famiglia Huber, cognome del marito di Maria Pacher.

Situato nel cuore dei vigneti della Val d'Isarco, la storica tenuta vinicola del Pacherhof produce le classiche varietà dei vini bianchi della zona e cioè

gau, Riesling, Veltliner und Kerner keltert. Diese guten Tropfen begleiten die verfeinerte Tiroler Küche des Hauses, die man in vier getäfelten Stuben – eine davon gehört zu den ältesten Südtirols – genießt. Der Pacherhof, das ist ein kleines Paradies mit vielen lauschigen Plätzchen zum Plaudern und Genießen. Auch Wellness mit Bade- und Saunalandschaft, Beauty, Hallen- und Freibad mit großer Liegewiese kommt nicht zu kurz, und für Leseratten hält die hauseigene Bibliothek Lesestoff zum Schmökern bereit.

Sylvaner, Pinot Grigio, Gewürztraminer, Müller Thurgau, Riesling, Veltliber e Kerner che si accompagnano in maniera perfetta alla tradizionale cucina della casa le cui raffinate specialità vengono servite in quattro accoglienti stube rivestite di legno, una delle quali è tra le più antiche dell'Alto Adige rimaste interamente conservate. Inoltre, gli ospiti che alloggiano al Pacherhof hanno a loro disposizione un bellissimo spazio wellness con saune e una vasta offerta di massaggi e trattamenti estetici, oltre alle due piscine e un grande prato soleggiato per il relax.

⌂ **Pacherhof**
Familie Huber
Pacherweg 1
I-39040 Neustift/Vahrn
☎ 00 39 04 72 / 83 57 17
www.pacherhof.com

Maso Pacherhof
Famiglia Huber
Via Pacher 1
39040 Novacella/Varna

Mit Herz und Seele dem Weinbau verschrieben
Votati alla vitivinicoltura con anima e cuore

Schon immer waren es die Ordensleute, die sich um den Weinbau verdient gemacht haben. Sie errichteten schon vor Hunderten von Jahren Klöster an etlichen Orten in Europa, und wo die klimatischen Bedingungen günstig waren, wurde Weinbau betrieben. Eines davon ist die gewaltige Anlage des Klosters Neustift, 1142 vom Brixner Bischof Hartmann als Augustiner-Chorherrenstift gegründet und anfangs ein willkommenes Hospiz für die Pilger auf der Reise nach Rom oder ins Heilige Land.

Heutigen Reisenden ist ein Rundgang durch die barocke Basilika, die prachtvolle Bibliothek und den gotischen Kreuzgang sehr zu empfehlen. Ebenso sehenswert sind auch der Wunderbrunnen, die Engelsburg und der historische Stifts- und Kräutergarten. Wer nach ausgiebigem Kulturgenuss eine Stärkung braucht, kann im Stiftsausschank die hauseigenen Weine verkosten und sich dabei eine zünftige Jause schmecken lassen.

Die Weinberge der Stiftskellerei Neustift befinden sich im nördlichsten Weinbaugebiet südlich der Alpen, wo rund um das Stift in geschützten Lagen

Da sempre sono stati conventi ed abbazie a prendersi particolarmente a cuore la coltivazione della vite. Non a caso in secoli lontani molti monasteri in varie parti d'Europa venivano edificati in luoghi in cui il suolo e le condizioni climatiche risultavano favorevoli alla viticoltura. Uno tra questi è l'imponente monastero di Novacella fondato nel 1142 dal vescovo brissinese Hartmann come abbazia dei Canonici Agostiniani che ai quei tempi offriva anche ricovero ai pellegrini in viaggio verso Roma o la Terra Santa. Oggi invece, è assolutamente da non perdere una visita alla basilica barocca, alla splendida biblioteca e al chiostro gotico. Degni di nota sono inoltre la fonte dei miracoli, la "Engelsburg", una piccola fortezza su modello di Castel Sant'Angelo, e lo storico orto delle erbe officinali dell'abbazia. Dopo i piaceri culturali ci si può ritemprare con quelli del palato nell'osteria dell'abbazia e gustare i vini fatti in casa che accompagnano sostanziose merende.

I vigneti dell'abbazia si estendono nel territorio vinicolo più a nord dell'area al di qua delle Alpi e godono di una posizione riparata e di terreni ricchi

auf mineralischen Böden in 600 bis 900 Metern Meereshöhe sehr fruchtige und saftige Weißweine gedeihen. Ebenfalls im Besitz des Stiftes befindet sich der Marklhof am Schreckbichl bei Girlan. Das dritte Neustifter Weingut liegt bei Bozen rings um das kleine Kloster Mariaheim, wo die sommerliche Hitze des Bozner Talkessels den sonnenhungrigen Lagrein bestens reifen lässt. Stiftsverwalter Urban von Klebelsberg und Kellermeister Celestino Lucin legen großen Wert auf die Herstellung von charaktervollen Weinen. So soll man bei den Weißweinen an deren Fruchtigkeit, Rasse und Mineralität eindeutig erkennen, dass sie auf silitiumhaltigen Böden wie Granit, Gneiss und Glimmerschiefer stehen und dass die kühlen Herbstnächte die Säure und Aromen gut schützen. Bei kontrollierter Temperatur im Stahltank vergoren und gelagert, bleiben Sorten und Terroircharakter erhalten. Die Klosterkellerei Neustift produziert zwei Linien. Zu der klassischen Linie mit den Weißen Sylvaner, Müller Thurgau, Kerner, Gewürztraminer, Pinot Grigio, Veltliner und Sauvignon sowie den Roten Edelvernatsch, Kalterer See Aus-

di minerali situati ad un'altitudine tra i 600 e i 900 metri, creando così le condizioni ideali per la produzione di vini bianchi fruttati e succosi. Di proprietà dell'abbazia sono anche la Residenza Marklhof a Colterenzio presso Cornaiano e la tenuta che si sviluppa intorno al piccolo convento Mariaheim alla periferia di Bolzano, dove la calura estiva favorisce al meglio la maturazione delle uve Lagrein. L'amministratore dell'abbazia Urban von Klebelsberg e il maestro cantiniere Celestino Lucin privilegiano la produzione di vini di carattere capaci di far trasparire la loro origine. Dal loro aroma fruttato, dal loro temperamento e dalla loro mineralità si dovrebbe poter risalire in modo inequivocabile ai terreni sui quali crescono tali vini bianchi, terreni ricchi di silicio su basi di granito, di gneis e di micascisto, e riconoscere che le fresche notti autunnali proteggono il tenore di acidità e gli aromi. Fermentati e stoccati in serbatoi d'acciaio a temperatura controllata, mantengono tutte le loro peculiarità e i caratteri del terroir. Oltre alla linea classica che comprende i vini bianchi Sylvaner, Müller Thurgau, Kerner, Gewürztraminer, Pinot Grigio,

lese, St. Magdalener, Blauburgunder, Zweigelt, Lagrein und Rosenmuskateller gesellen sich Weine der Edellinie Praepositus. Beste Lagen, möglichst alte Rebberge, niedrige Erträge und späte Erntezeitpunkte ergeben physiologisch perfekt reife Trauben. Das ist die Voraussetzung, um hochwertigste Weißweine (Sylvaner, Kerner, Gewürztraminer und Cuvée Weiß) und Rote Riservas von Format (Blauburgunder, Lagrein und die Dessertweine Moscato Rosa und Kerner Passito) zu produzieren. Diese Weine erfüllen allerhöchste Ansprüche und erhalten regelmäßig die renommiertesten Auszeichnungen.

Alle Weine kann man direkt im Stiftskeller verkosten und erwerben, dazu sortenreine Grappas, den Klosterbitter und den Abbagnac, ein edles Destillat aus Gewürztraminer-Trestern, das sechs Monate im Eichenfass gelagert wurde. Hauseigener Apfelsaft und Kräutertee runden das Angebot ab. Dazu kommen mittlerweile über 200 Qualitätsprodukte wie Olivenöl, Seife oder Kekse, die im Klosterladen am Eingang zum Stift auf anspruchsvolle Kunden warten.

Veltliner e Sauvignon e i vini rossi Schiava nobile, Lago di Caldaro, Santa Maddalena, Pinot Nero, Zweigelt, Lagrein e Moscatello rosa, la cantina dell'abbazia produce la linea nobile "Prepositus" riservata ai grandi vini per i giorni di festa che rappresentano per così dire il non plus ultra della cantina dell'abbazia di Novacella. Le tenute migliori, vitigni possibilmente datati, una produzione a resa fortemente ridotta e un tardo raccolto danno uve maturate in condizioni fisiologicamente perfette. Sono questi i presupposti basilari per produrre vini bianchi di alta levatura (Sylvaner, Kerner, Gewürztraminer e Cuvée bianco) come pure quelli della Riserva Rossa (Pinot Nero, Lagrein e i vini da dessert Moscato Rosso e Kerner Passito). I vini che così vanno a riempire le bottiglie etichettate "Cantina dell'Abbazia di Novacella" sanno soddisfare le esigenze più difficili ed inoltre ottengono regolarmente i più ambiti riconoscimenti. Ed altri 200 prodotti di qualità, dall'olio d'oliva fino ai saponi ed ai biscotti, li troverete nello spaccio conventuale all'ingresso dell'abbazia.

Stiftskellerei Neustift
Stiftstraße 1
I-39040 Vahrn/Brixen
☎ 00 39 04 72 / 83 61 89
www.kloster-neustift.it

Cantina dell'Abbazia di Novacella
Via Abbazia 1
39040 Varna/Bressanone

Ambiente und Lebensart im Zeichen des Weins
Ambiente e stile di vita all'insegna del buon vino

Weingalerie: Der Name ist ein gelungener Hinweis auf ihre Ausrichtung und Philosophie, nämlich ein gut gewähltes, abwechslungsreiches Sortiment an Weinen, Destillaten und Delikatessen anzubieten. Umrahmt wird all dies von einem architektonisch äußerst anregenden Mix aus historischen Mauern und moderner Einrichtung, für das der junge Designer Martin Oberhauser verantwortlich zeichnet. Komfortable Couch-Ecken, ein offener Kamin, passende Musikauswahl und ein abgestimmtes Lichtkonzept bieten den stimmungsvollen Treffpunkt für Weinliebhaber und Gourmets. An milden Sommerabenden lädt zudem der wunderschöne mediterrane Gar-

Weingalerie: già il nome ci fornisce un'indicazione sulla filosofia aziendale della rinomata enoteca brissinese che si presenta come una pregiata collezione di eccellenti vini, nobili distillati e squisite specialità gastronomiche. Il tutto messo in bella mostra in una stimolante cornice architettonica in cui antiche mura convivono armoniosamente con arredi moderni. Opera del giovane designer Martin Oberhauser che con un sapiente abbinamento tra confortevoli angoli salotto, un caminetto, la musica da sottofondo adatta e un'illuminazione adeguata ai vari spazi è riuscito a creare un apprezzato ritrovo per gli amanti del buon vino ed i buongustai. D'estate si aggiunge il bel giardino in stile mediter-

ten mit Fackeln und Kerzen zum romantischen Verweilen ein.

Kulinarisch bietet die Weingalerie täglich kleine Häppchen sowie ausgesuchte regionale und internationale Käse- und Wurstspezialitäten. Jeden Donnerstag- und Freitagabend begleitet ein kulinarisches Verwöhnprogramm aus der Bistroküche die edlen Tropfen. Im Weinverkauf bietet die Weingalerie mit über 500 Weinen eine breite Auswahl für jeden Geschmack, jeden Anlass und jede Preisklasse. Der Schwerpunkt liegt bei den Südtiroler Weinen, doch das Angebot umfasst auch alle italienischen Regionen und einige internationale Weinbaugebiete. Wahre Schätze sind die ausgewählten Raritäten und das edle Sortiment an Destillaten, hochwertigem Olivenöl, Balsamico-Essig sowie Feinkostspezialitäten. In der Weingalerie wird wahre Weinkultur gelebt, das unterstreichen auch die interessanten Verkostungen, Weinseminare und unterhaltsamen Rahmenprogramme, die immer aktuell auf der Homepage zu finden sind.

raneo romanticamente illuminato da fiaccole e candele. Per quanto riguarda invece l'arte culinaria, la Weingalerie offre tutti i giorni gustosi spuntini e una grande scelta di formaggi e salumi sia regionali che internazionali mentre ogni giovedì e venerdì sera la cucina tipicamente da bistrò vi sorprenderà con delle vere squisitezze. Con le sue oltre 500 etichette di vini selezionati l'enoteca sa sicuramente soddisfare anche i palati più esigenti. Dominano i vini più pregiati dell'Alto Adige, ma anche quelli provenienti da altre regioni italiane e alcune specialità straniere trovano il loro posto negli scaffali della Weingalerie. Veri piccoli tesori sono i nobili distillati tra cui non poche pregiate rarità, gli oli d'oliva di grande levatura, gli aceti balsamici e le varie delicatesse gastronomiche. Qui la cultura del buon vino è davvero vissuta dal vivo giorno dopo giorno, come lo dimostrano anche le ricorrenti degustazioni, i seminari enologici e le serate di intrattenimento che la Weingalerie ospita e di cui si può sempre trovare un programma aggiornato sulla homepage.

Weingalerie

Christian Stampfl
Weißlahnstraße 10
I-39042 Brixen
☎ 00 39 04 72 / 83 60 01
www.weingalerie.it

Enoteca Weingalerie
Christian Stampfl
Via Rio Bianco 10
39042 Bressanone

Feine Wurst mit Eisacktaler Wein und Kastanien
Salsiccia squisita con vino e castagne della Valle Isarco

Im Jahr 1958 übernahm Karl Amort den seit Beginn des 20. Jahrhunderts bestehenden Metzgereibetrieb in Vahrn, seit 1987 ist sein Sohn Werner im Geschäft tätig und führt es in bester Familientradition weiter. Werner blickt heute stolz auf viele Medaillen, die ihm für sein Wissen und

Nel 1958 Karl Amort subentrò nella gestione della macelleria di Varna attiva dagli inizi del XX secolo, dal 1987 opera suo figlio Werner che continua a gestirla nella migliore tradizione di famiglia. Werner guarda oggi con orgoglio alle numerose medaglie conferitegli per la sua conoscenza

seine Fertigkeit verliehen wurden. Seit 2002 erreichte er bei sechs Wettbewerben 19 Goldmedaillen, vier Silbermedaillen und einen Ehrenpokal, und 2010 wurden beim 18. Internationalen Fachwettbewerb sechs von sechs eingereichten Produkten mit Gold bewertet: gekochter Speck, Kaminwurzen, Kräuterfilet, Lammschinken und Lammwurzen vom Villnösser Brillenschaf und Meraner. In seinem Geschäft verkauft Werner Amort neben Rind-, Kalb- und Schweinefleisch, Geflügel und Wild auch zartes Lammfleisch. Nach alten Familienrezepturen stellt er saisonal beliebte Fleischwaren her, im Frühling leichte Schinken-Spezialitäten, im Sommer grillfertiges Fleisch und Würste, im Herbst Geselchtes, Hauswürste und Kraut, im Winter Blut- und Leberwürste, saftige Braten und Kochfleisch. Kaltgeräuchertes ist mit verschiedenen Specksorten wie Schinkenspeck, Bauch-, Karree- oder Seitenspeck, mit Rindsgeselchtem und ma-

e abilità. Dal 2002 ha ottenuto ben 19 medaglie d'oro in sei competizioni mondiali, quattro medaglie d'argento e una coppa d'onore e nel 2010, in occasione del 18° concorso internazionale del settore, sei dei sei prodotti presentati hanno meritato l'oro: speck cotto, kaminwurzen, filetto alle erbe, prosciutto di agnello e salamini di agnello di pecore dell'antica razza della Val di Funes e salsiccia meranese . Nel suo negozio Werner Amort vende accanto alla carne di vitello, manzo e maiale, pollame e selvaggina anche la tenera carne di agnello. Secondo le antiche ricette di famiglia egli produce carni diverse a seconda della richiesta di stagione, in primavera leggere specialità al prosciutto, in estate carne ed insaccati pronti per la griglia, in autunno carne affumicata, salumi fatti in casa e crauti, d'inverno sanguinacci, salsicce di fegato e saporita carne per arrosti e per lessi. L'affumicatura a freddo viene praticata su diversi tipi di speck

gerem Kaisergeselchtem vom Schwein vertreten. Die Fantasie des Metzgermeisters geht aber noch viel weiter, und so ist er ständig mit Neuentwicklungen beschäftigt. Dazu gehören zum Beispiel die Salami mit Kastanien oder mit Eisacktaler Weißwein – besondere Delikatessen für eine kalte

come lo speck di coscia, di pancia, di carré o di fianco, oltre che su altri tipi di carni suini e bovine. Tuttavia la fantasia del mastro macellaio va ben oltre ed infatti egli è sempre impegnato con nuovi esperimenti come ad esempio il salame alle castagne o al vino bianco della Val d'Isarco – delica-

Platte. Man darf also gespannt sein, was Werner Amort zum Thema Fleisch und Wurst noch alles einfällt!

tezze particolari per un piatto freddo. Non c'è quindi che da lasciarsi stupire da tutto ciò che verrà in mente a Werner Amort sul tema carne!

Metzgerei Amort
Salernstraße 2
I-39040 Vahrn
☎ 00 39 04 72 / 83 48 49

Macelleria Amort
Via Salern 2
39040 Varna

Der Bäcker-Pionier in Südtirol
Un pioniere tra i panettieri altoatesini

Schon in der dritten Generation ist die Backstube Profanter Garant für allerbeste, natürliche Backwaren. Seit 30 Jahren verwendet Familie Profanter biologische Rohstoffe – der Bio-Pionier hat sich zudem 1999 als erstes Südtiroler Unternehmen gleichzeitig in den Bereichen Managementsystem, Umweltschutz und Hygiene zertifizieren lassen. Die bewusste Ernährung ihrer Kunden liegt Familie Profanter und ihren Mitarbeitern am Herzen. Keine Fertigmischungen, keine Emulgatoren, kein Schweinefett, nur Butter, Oliven- und Rapsöl und nur selbst entwickelte Rezepturen kommen zum Einsatz. Das Meersalz stammt aus Sardinien und ist reich an natürlichem Jod, auf Roggen- und Dinkeläckern in Seis am Schlern reifen alte, resistente Getreidesorten heran, die vielleicht ertragsärmer sind als die modernen Turbokörner, dafür aber gehaltvoller und bekömmlicher. Das schmeckt man den beliebten Spezialitäten wie Breatln, Schüttelbrot, Paarln, Knabbergebäck, Vollkorn-

È già la terza generazione della famiglia Profanter a scommettere sull'assoluta qualità e genuinità del pane che ogni giorno esce dai suoi forni e che da ormai trent'anni viene preparato con l'impiego di ingredienti rigorosamente biologici. Nel 1999 la Profanter fu la prima azienda altoatesina ad ottenere la certificazione di alta qualità ed efficienza per il sistema di gestione, la tutela dell'ambiente e l'igiene aziendale. Infatti, è la qualità e la genuinità del prodotto offerto a stare particolarmente a cuore alla famiglia Profanter: non vengono impiegate né miscele pronte né sostanze emulsionanti e nemmeno grassi suini, ma soltanto burro, olio d'oliva e olio di colza, il sale marino proviene dalla Sardegna ed è ricco di iodio naturale, mentre la segale e il farro maturano sui campi coltivati intorno a Siusi ai piedi dello Sciliar, campi e varietà che rendono meno rispetto ai moderni cereali "turbo", ma che ci ripagano alla grande con il loro sapore e il contenuto di sostanze nutri-

brot, Früchtebrot und Zelten an. Die verwendeten Vollkornmehle werden täglich frisch in der hauseigenen Tiroler Steinmühle gemahlen. So bleiben die wertvollen Inhaltsstoffe wie Spurenelemente und Vitamine erhalten, und das Getreide kann mitsamt dem gesunden Keimling seinen vollen Geschmack entfalten, wozu auch die Verwendung von mehreren Natursauerteigen und Vorteigen sowie das Backen in Natursteinöfen gehört.

Die Bäckermeister der Familie Profanter kann man also als die Südtiroler „Ideen-Bäcker" bezeichnen, nicht zuletzt, da Helmuth Profanter im Jahre 1993 das Südtiroler Mini-Schüttelbrot erfunden und erstmals gebacken hat.

tive assai più ricchi. Per accorgersene basta dare un morso ad una del e tante specialità, dalle pagnottine allo Schüttelbrot, dal pane integrale ai dolci zelten e allo squisitissimo pane alla frutta. Le varie farine integrali vengono preparate quotidianamente con una propria macina a mole di pietra che garantisce la piena conservazione di tutte le più pregiate sostanze nutritive come gli oligoelementi e le vitamine e che, una volta parte dell'impasto acido a lievito naturale, riescono a svilupparsi ulteriormente durante la cottura nei tradizionali forni a pietra naturale. Ed è sempre Helmuth Profanter che nel 1993 ha inventato e sfornato per la prima volta il Mini-Schüttelbrot.

Backstube Profanter
Ignaz-Seidner-Straße 28
I-39042 Brixen
☎ 00 39 04 72 / 88 55 88
www.profanter.it

Panificio Profanter
Via Ignaz Seidner 28
39042 Bressanone

Der Botschafter des Eisacktaler Weins
L'ambasciatore del vino della Valle d'Isarco

Wie ein guter Wein schmecken sollte und eine klare Vorstellung vom eigenen Wein zu haben, ist für Manni Nössing das Wichtigste. Dazu kommt, dass Mutter Natur ebenfalls ein gewichtiges Wort mitzusprechen hat, und deshalb fallen die Weine vor allem von kleinen Winzern jedes Jahr anders aus. Für seine Weine braucht er gesunde, reife und keine gestressten Trauben, sagt der bunte Hund unter den Weinmachern Südtirols. Keinen „Silikonbusen" soll der Wein vor sich hertragen, also nicht etwas versprechen, was er dann nicht halten kann, sondern einen Wein muss man trinken können, ohne vor Ehrfurcht in die Knie zu gehen, er soll zugänglich, ehrlich und für jeden verständlich sein. Im nördlichen Eisacktal sind es seit jeher die spritzigen Weißweine, die dem Tal Ehre machen, und das Beste auf diesem Sektor zu produzieren, hat

Che sapore debba avere un buon vino e avere un'idea chiara del vino di produzione propria, queste sono le cose più importanti per Manni Nössing. A ciò si aggiunga il fatto che anche Madre Natura fa la sua buona parte, e perciò i vini, soprattutto quelli dei piccoli viticoltori, sono diversi di anno in anno. Per i suoi vini, egli ha bisogno di grappoli sani, maturi e "privi di stress", dice Manni, il personaggio forse più eclettico tra i viticoltori del Sudtirolo. Il vino non deve avere un "seno al silicone", e cioè non deve promettere qualcosa che non può mantenere, bensì un vino si deve lasciar bere senza doversi inginocchiare per venerazione, deve essere accessibile, sincero e comprensibile a tutti. Nella parte settentrionale della Val d'Isarco sono da sempre i vini bianchi frizzanti a fare onore alla valle, e Manni Nössing ha fatto della produ-

sich Manni Nössing auf die Fahne geschrieben. Von außen wirkt der Hoandlhof nicht wie ein typisches Südtiroler Weingut, der kantige Betonturm mit den Panoramafenstern erinnert vielmehr an das Büro eines Architekten oder Designers. Auch innen herrscht ein schlicht-edler Stil, den Mannis Weine ebenso verkörpern: Kerner, Gewürztraminer, Sylvaner, Veltliner, Müller Thurgau und demnächst auch Rieslingtrauben finden in einer der besten Weinbauzonen des Brixner Talkessels optimale Bedingungen. Gute Weine werden laut Manni Nössing im Weinberg gemacht. Gepflegte Rebstöcke und Ertragsreduzierung sind die Voraussetzung, damit im Keller daraus große Weine voller Frische und Fruchtigkeit entstehen können – vor allem aber viel Herz, Liebe und Gefühl, um „etwas andere Weine" zu erzeugen.

zione del meglio la propria bandiera. Visto da fuori l'Hoandlhof non sembra una tipica tenuta vinicola altoatesina, la torre squadrata in cemento con finestre panoramiche ricorda più l'ufficio di un architetto o di un designer. Anche all'interno domina uno stile sobrio e raffinato che allo stesso modo rappresenta i vini di Manni: Kerner, Gewürztraminer, Sylvaner, Veltliner, Müller Thurgau, tra breve anche le uve Riesling trovano le condizioni ottimali in una delle migliori zone vinicole della conca brissinese. Secondo Manni Nössig i buoni vini vengono prodotti nel vigneto. La cura delle viti e una resa ridotta sono i presupposti perché nella cantina possano nascere dei grandi vini pieni di freschezza e fruttuosità, ma soprattutto molta passione, amore e sentimento, per creare dei vini "un po' diversi".

Hoandlhof

Manfred Nössing
Weinbergstraße 66
I-39042 Brixen
☎ 00 39 04 72 / 83 59 93
www.manni-noessing.it

Maso vinicolo Hoandlhof
Manfred Nössing
Via dei Vigneti 66
39042 Bressanone

Die Essenz der Alpen
L'essenza delle Alpi

Das Villnösser Tal: 24 Kilometer Schönheit, ein perfektes Ferienland mit einer Umgebung wie aus dem Bilderbuch. Das Villnösser Tal ist ein Seitental des Eisacktals in ostwestlicher Richtung. Teis, St. Valentin, St. Peter, St. Jakob, Coll und St. Magdalena heißen die Dörfer dieses alpinen Schmuckstücks, das im Jahr 2009 von der UNESCO zum Weltnaturerbe und zu den 199 schönsten Landschaften der Welt erklärt wurde. Kein Wunder, denn im Heimattal Reinhold Messners werfen sich die Dolomiten so richtig in Pose: Die mächtigen Zacken der Geislerspitzen inmitten des Naturparks Puez-Geisler überragen das grüne Tal als seine Wahrzeichen.

Das Villnösser Tal gehört zum Verein „Alpine Pearls", der nachhaltigen Tourismus mit umweltfreundlicher Mobilität fördert. Naturliebhaber fühlen sich hier ebenso wohl wie Aktivurlauber. Im Sommer lädt die idyllische Landschaft zu Nordic Walking, zum Wandern, Klettern, Bergsteigen, Mountainbiken sowie zu den verschiedensten geführten Touren. Im Winter bieten sich Langlauf, Nordic-Fitness-Skiing, Fackel- und Schneeschuhwanderungen sowie Rodelpartien an. Kein rummeliger Skizirkus, kein lärmendes Après-Ski, sondern Freude an der Bewegung ohne Stress und

La Val di Funes: 24 chilometri di bellezza, una terra perfetta per le vacanze con un territorio circostante che sembra uscita da un album fotografico. È una valle laterale della Val d'Isarco che si estende in direzione est-ovest. Tiso, San Valentino, San Pietro, San Giacomo, Colle e Santa Maddalena si chiamano i paesi di questo gioiellino alpino che nel 2009 è stato dichiarato dall'Unesco patrimonio mondiale naturale annoverandolo tra

Etikette. Wunderschöne Bauernhöfe, grüne Almen und weite Viehweiden, umrahmt von einzigartiger Bergwelt, bilden die Kulisse für den Urlaub mit der ganzen Familie.

Selbstverständlich kommt die Kulinarik im Villnösser Tal auch nicht zu kurz: Urige Hütten auf herrlichen Almwiesen, gemütliche Gasthäuser und Restaurants servieren echte Tiroler Hausmannskost und gehobene Küche mit Produkten aus der Region.

i 199 più bei paesaggi del mondo. Non c'è da stupirsi quindi che nella patria di Reinhold Messner sembra che le Dolomiti si mettano in posa: gli imponenti picchi del gruppo delle Odle nel mezzo del parco naturale Puez–Odle sovrastano la verde valle assurgendo a suo simbolo. La Val di Funes fa parte dell'associazione "Alpine Pearls" impegnata a promuovere un turismo sostenibile con mobilità compatibile con l'ambiente. Qui gli amanti della natura così come chi preferisce una vacanza attiva si sentiranno a proprio agio. D'estate, il panorama da idillio sarà allettante per il nordic walking, escursionismo, arrampicate, scalate, giri in mountain bike così come per tour guidati. In inverno l'offerta va dallo sci di fondo al nordic fitness skiing, alle ciaspolate e fiaccolate e anche feste con gli slittini. Nessun comprensorio sciistico caotico, nessun rumoroso après-ski, ma solo gioia di muoversi senza stress ed etichetta in una favolosa cornice ideale per una vacanza in famiglia. Naturalmente, anche per quanto riguarda il lato culinario la Val di Funes non si fa mancare niente: rifugi tradizionali su stupendi pascoli, accoglienti locande e ristoranti servono delle autentiche prelibatezze altoatesine accanto ad una cucina raffinata con prodotti della regione.

Tourismusverein Villnöß
St. Peter 11
I-39040 Villnösser Tal
☎ 00 39 04 72 / 84 01 80
www.villnoess.info

Associazione Turistica Val di Funes
San Pietro 11
39040 Val di Funes

Anziehende Behaglichkeit in spektakulärer Natur
Accogliente ospitalità in mezzo ad una natura spettacolare

Buchweizentorte | Torta di grano saraceno

*Rezept finden Sie auf Seite 429 |
Per la ricette vedere a pag. 429*

St. Peter im Villnösser Tal: ein Ort im Herzen der Dolomiten, an dem auf Action und Animation verzichtet wird. Das Gebiet wurde von der UNESCO in die Liste der schönsten Landschaften aufgenommen und zum Weltnaturerbe erklärt. Beschauliche Dörfer mit gepflegten Wiesen wechseln mit verträumten Weilern und traditionsreichen Bauernhöfen.

San Pietro in Val di Funes, una località di villeggiatura nel cuore delle Dolomiti dove è facile rinunciare a programmi di intrattenimento ed animazione. Annoverata tra il patrimonio naturale dell'umanità tutelato dall'Unesco, quest'area dolomitica è tra i paesaggi più belli in assoluto che l'Alto Adige possa offrire ai suoi ospiti. Nell'idilliaca località di San Pietro è la famiglia Messner-Degani

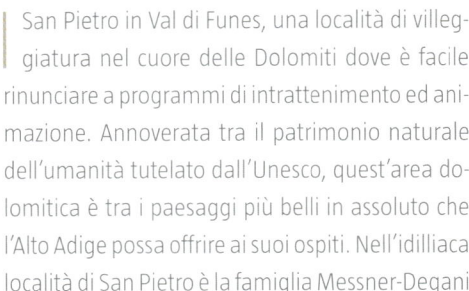

Im idyllischen Örtchen St. Peter begrüßt Familie Messner-Degani ihre Gäste im Hotel Kabis. Das Haus, dessen Grundmauern schon im 11. Jahrhundert entstanden sind und dessen genaue Erbfolge seit 1593 bekannt ist, bietet seinen Gästen von der Terrasse eine grandiose Aussicht auf die fantastische und atemberaubende Bergwelt der Villnösser Geisler. Mitten im Herzen der Dolomiten spürt man die Tradition, gepaart mit frischer Herzlichkeit. Das Hotel Kabis ist ein Domizil zum Entspannen und Erleben, zum Entdecken und Wohlfühlen. Nach einem Wandertag, während dem man vielleicht ein Murmeltier oder eine Gemse erblickt hat, genießt man die gemütliche und herzliche Stimmung des Hauses. Das Hotel verfügt über verschiedene Stuben, jede hat ihren persönlichen Stil und vermittelt mit heimischem Holz, angenehmen Farben und vielen Details Wärme und Gemütlichkeit. Alle Zimmer haben ihr eigenes Flair, sind behaglich, elegant und komfortabel. Die Küche bietet regionale und saisonale Spezialitäten sowie Weine aus der Region. Warme Tage lassen sich wunderbar auf der schönen Sonnenterrasse oder unter den alten Kastanienbäumen verbringen. Hier kann man die letzten Sonnenstrahlen auskosten und sich entspannen, um Herz und Seele mit der herrlichen Umgebung zu vereinen.

a dare il caloroso benvenuto agli ospiti del suo storico albergo Kabis le cui fondamenta risalgono all'XI secolo mentre la storia dei suoi passaggi ereditari risulta perfettamente documentata fin dal 1593. Dal terrazzo dell'hotel si gode di una vista panoramica mozzafiato sull'affascinante mondo rupestre del gruppo delle Odle, uno tra i più spettacolari massicci montani nel cuore delle Dolomiti. È un luogo di partenza ideale per innumerevoli escursioni attraverso un paesaggio alpino pieno di piacevoli sorprese come può essere l'avvistamento di una famigliola di marmotte o di un camoscio che bruca ai piedi di una parete rocciosa. L'interno dell'albergo Kabis è caratterizzato da ambienti molto calorosi, ci sono varie stube, ognuna diversa e accogliente a modo suo, così come accoglienti sono le stanze elegantemente arredate con grande cura e dotate di ogni comfort. Ottima anche la cucina improntata sulle specialità regionali e su pietanze fresche e genuine secondo la stagione nonché sui vini più tipici della zona. Nei giorni caldi la bella terrazza soleggiata e i vecchi castani intorno alla casa invitano a rilassarsi e a fare il pieno di energia per raggiungere quel piacevole e sano benessere di corpo e anima in piena armonia con la natura.

Hotel Kabis
Familie Messner-Degani
St. Peter 9
I-39040 Villnöß
☎ 00 39 04 72 / 84 01 26
www.hotel-kabis.com

Hotel Kabis
Famiglia Messner-Degani
San Pietro 9
39040 Val di Funes

Die Schafe mit den Sonnenbrillen
Le pecore con gli occhiali da sole

Coole Designer-Sonnenbrillen tragen sie, die Villnösser Brillenschafe. Sie sind die älteste Schafrasse im Alpenraum. Sie entstand schon im 18. Jahrhundert aus der Kreuzung der alten heimischen Landschläge mit dem Bergamasker und dem Paduaner Seidenschaf. Heute liegt die Verbreitung des Villnösser Brillenschafs vor allem in den Dolomitentälern und im nördlichen Teil der Provinzen Trient und Belluno. Vom 18. bis ins frühe 20. Jahrhundert war die Schafhaltung in Südtirol ein wichtiger Erwerbszweig. Das Villnösser Brillenschaf wurde nicht nur wegen seiner guten Wolle geschätzt, sondern auch wegen der hochwertigen Fleischqualität.

Günther Pernthaler und seine Kollegen haben es sich zur Aufgabe gemacht, diesem Hochgebirgsschaf wieder seinen Stellenwert zu verschaffen. Etwa 400 Tiere grasen in bis zu 2 000 Metern Höhe auf saftigen Almwiesen im Villnösser Tal. Hier wachsen sie völlig natürlich und artgerecht auf und fressen nur Gras und Kräuter und im Winter im Stall ausschließlich silagefreies Villnösser Heu. Dank ihrer Robustheit, Trittsicherheit und Anpassungsfähigkeit fühlen sie sich auch in regenreichen Bergregionen wohl. Kurze, stressfreie Wege zum

"Villnösser Brillenschaf", vale a dire la pecora occhialuta della Val di Funes, è il nome della più antica razza ovina dell'arco alpino sopravvissuta fino ai giorni nostri. Nate nel Settecento da vari incroci tra le razze nostrane di montagna e quelle padovane e bergamasche, oggi queste splendide pecore vengono ancora allevate, oltre che nelle valli dolomitiche dell'Alto Adige, in alcune zone montane del Trentino settentrionale e del Bellunese dove vengono chiamate "fiemmesi" o "tignole". Tra il XVIII e il XX secolo l'allevamento di pecore rappresentava un settore importante dell'economia regionale. Quelle della Val di Funes non erano apprezzate soltanto per l'ottima qualità della lana, ma anche per la loro carne particolarmente saporita. Insieme ad alcuni amici allevatori Günther Pernthaler si è preso l'impegno di riportare all'antica gloria questa straordinaria razza di alta montagna. Il gregge che dalla primavera fino all'autunno pascola sui rigogliosi prati della Val di Funes fino ad un'altitudine di 2 000 metri, comprende circa 400 animali che d'inverno ritornano a valle nei loro ovili dove vengono foraggiati esclusivamente con il fieno naturale falciato sulle malghe intorno a Funes. La razza si distingue inoltre per la sua alta ca-

Schlachthof garantieren eine ausgezeichnete Fleischqualität. Seit 2009 finden im Villnösser Tal auch spezielle Lammwochen statt. Unter dem Motto „Villnösser Almkulinarium" wird das hervorragende Lammfleisch präsentiert. Die Villnösser Schafweide Ochsengarten, auf der im Sommer nur Villnösser Brillenschafe grasen dürfen, hat 2010 ihr erstes „Schouffest" mit Lammprodukten organisiert: gesunde Produkte aus einer gesunden Natur.

pacità di adattamento, la sicurezza del passo e la grande resistenza alle basse temperature favorita dal suo fitto vello. La brevissima trasferta al mattatoio che evita all'animale ogni tipo di stress, rappresenta un'ulteriore garanzia di qualità per queste carni d'eccellenza. Dal 2009 in Val di Funes si svolgono anche settimane culinarie ed altri eventi dedicati a questo prezioso patrimonio zoologico, tra cui una grande sagra agreste in onore di questi simpaticissimi belatori tenutasi per la prima volta nel 2010 su un pascolo nei pressi di Funes.

Villnösser Brillenschaf
Günther Pernthaler
St. Jakob 18/a
I-39040 Villnöß
☎ 00 39 04 72 / 85 50 16
www.villnoesser-brillenschaf.eu

Villnösser Brillenschaf
Le pecore della Val di Funes
Günther Pernthaler
S. Giacomo 18/a
39040 Val di Funes

Handgefertigter Genuss aus Villnöß
Gusto artigianale dalla Val di Funes

Schüttelbrot-Gnocchi mit Lammragout vom Villnösser Brillenschaf im Apfelmantel | Gnocchi di "pane scosso" con ragù di agnello di pecora occhiauta della Val di Funes in manto di mele

Rezept finden Sie auf Seite 430 |
Per la ricette vedere a pag. 430

Einer der markanten Gipfel der Geislergruppe ist die über 3 000 Meter hochragende Furchetta, Logo des gleichnamigen Betriebes, der sich die Vermarktung der ältesten Schafrasse Südtirols zur Aufgabe gemacht hat, der Villnösser Brillenschafe. Hinter Furchetta stehen drei waschechte Villnösser, zwei von ihnen leidenschaftliche Köche und alle drei ausgewiesene Feinschmecker. Ihr Ziel ist es, die Spezialitäten ihrer Heimat zu veredeln und bekannt zu machen. Frische und Qualität sind dabei oberstes Gebot.

Villnösser Brillenschafe wachsen in freier Natur völlig artgerecht und natürlich auf und entwickeln dadurch äußerst schmackhaftes, feinfaseriges

Una delle cime più imponenti del gruppo delle Odle è la cima Furchetta che svetta a più di 3 000 metri di altezza e che è il logo dell'omonima azienda la cui missione è la commercializzazione della più antica razza di pecore dell'Alto Adige, la pecora "occhialuta" della Val di Funes. A mandare avanti il progetto ci sono tre funesiani veraci, due di essi cuochi per passione e tutti e tre buongustai con tanto di attestati. Il loro scopo è quello di nobilitare e far conoscere le specialità della loro terra. La freschezza e la qualità stanno al gradino più alto dell'offerta. Le pecore della razza Val di Funes crescono libere nella natura seguendo le proprie abitudini e secondo i ritmi naturali sviluppando in

Fleisch. Zart und mild ist das gesunde Fleisch, das die Firma Furchetta mit Sorgfalt und Know-how verfeinert. Vier Produkte stellt Furchetta her: Da ist der zart-hellrosafarbene Lammschinken aus dem saftigen Fleisch der Lammkeule, gefolgt vom Lammrücken-Schinken mit Kräutern, einer würzigen Delikatesse mit unverwechselbarem Aroma. Auch Salami gibt es, eine kräftige Aufschnittwurst aus Lamm- und Rindfleisch. Last but not least kann man sich an Kaminwurzen gütlich tun, zartem Räucherfleisch von Lamm und Rind, harmonisch im Geschmack. Mit diesen Delikatessen bietet die Firma Furchetta außergewöhnliche Naturprodukte, die sich jeder mit gutem Gewissen schmecken lassen kann, denn hier wird bewusst und nachhaltig mit der Natur und ihren Schätzen umgegangen. Wer die Lammspezialitäten einmal kosten möchte: Bei Oskar Messner in seinem Restaurant Pitzock essen & trinken in St. Peter kann man sich von der Qualität der Furchetta-Produkte und von Oskars Kochkünsten überzeugen.

questo modo una carne estremamente saporita e dalla fibra tenera che l'azienda Furchetta lavora con accuratezza e competenza. L'azienda tratta quattro prodotti: il tenero prosciutto di agnello di colore rosa chiaro dalla carne saporita del cosciotto di agnello, seguito dal prosciutto di sella di agnello con erbette aromatiche, una speziata delicatezza dall'aroma inconfondibile.

C'è anche il salame misto agnello e manzo che dà un affettato dal sapore vigoroso. Per ultimo ci sono i kaminwurzen, morbida carne affumicata di agnello e manzo dal gusto armonico. Con queste delicatezze l'azienda Forchetta offre dei prodotti naturali straordinari che si lasciano gustare senza rimorsi di coscienza, in quanto qui la natura e i suoi tesori vengono trattati in maniera consapevole e conservativa. Per chi una volta volesse provare le specialità a base di agnello, a San Pietro, al ristorante Pitzock di Oscar Messner, ci si può convincere della qualità dei prodotti Forchetta e dell'arte culinaria di Oscar.

Furchetta OHG
St. Magdalena 89
I-39040 Villnöß
☎ 00 39 04 72 / 84 01 86
www.furchetta.it

Restaurant Pitzock
Oskar Messner
St. Peter 106
I-39040 Villnöß
☎ 00 39 04 72 / 84 00 12
www.pitzock.com

Furchetta snc.
Santa Maddalena 89
39040 Val di Funes

Ristorante Pitzock
Oskar Messner
San Pietro 106
39040 Val di Funes

Der Natur ganz nah
La natura a fior di pelle

Ⓔ **Lammfilet vom Villnösser Brillenschaf im Speckmantel auf Sellerie-Kartoffelpüree mit Gemüse der Saison** | Filetto di agnello di pecora occhialuta della Val di Funes in crosta di pancetta su crema di sedano e patate con verdure di stagione

Rezept finden Sie auf Seite 431 |
Per la ricette vedere a pag. 431

Die Aussicht im hinteren Villnösser Tal ist geradezu unwirklich schön: Die markanten Geislerspitzen überragen grüne Almen und Wälder und bieten den Augen ein grandioses Naturschauspiel. Villnöß kann man mit Fug und Recht als eines der ursprünglichsten Täler der ganzen Region bezeichnen. Hier hat noch kein Massentourismus Einzug gehalten, alte Bauernhöfe säumen die schmalen Straßen, und beim Hotel Tyrol hört die Straße auf – kein Durchgangsverkehr stört die wohltuende Ruhe. Von hier aus lassen sich zahlreiche Wanderungen und Klettertouren unternehmen, denn die Gegend ist ein Paradies für passionierte Bergsteiger, schließlich ist dies die Heimat von Reinhold Messner, der an den imposanten Geislerspitzen seine ersten Klettererfahrungen machte. Diese wunderschönen Dolomitengipfel mit dem Naturpark Puez-Geisler wurden im Juni 2009 zum UNESCO Weltnaturerbe ernannt.

Im selben Jahr entstand in St. Magdalena ein Naturparkhaus, das der Fauna und Flora des Naturparks gewidmet ist. Die Gäste des Hotels Tyrol genießen hier sommers und winters nicht nur die herrliche Umgebung, sondern auch die umsorgende Gastfreundschaft von Familie Senoner. Das Freischwimmbad und der Garten laden zu ent-

Il panorama nella Val di Funes è talmente bello da non sembrare nemmeno reale: Le imponenti cime delle Odle sovrastano verdi alpeggi e boschi e si offrono alla vista come un grandioso spettacolo della natura. La Val di Funes si può definire a ragion veduta una delle valli più primitive di tutta la regione. Qui il turismo di massa non ha ancora fatto presa, antichi masi fiancheggiano le strette strade e proprio all'Hotel Tyrol la strada si ferma – nessun traffico di passaggio a disturbare la benefica quiete. Da qui si possono intraprendere numerose escursioni ed arrampicate, in quanto l'area è un vero paradiso per gli scalatori appassionati, non a caso questa è anche la patria di Reinhold Messner, che fece le sue prime esperienze di scalata sulle imponenti cime del gruppo delle Odle. Queste vette dolomitiche meravigliose sono state dichiarate, assieme al parco naturale Puez-Odle, patrimonio naturale mondiale nel giugno del 2009 da parte dell'Unesco. Nello stesso anno a Santa Maddalena è sorta un centro espositivo-didattico dedicato alla flora e fauna del parco naturale. Sia d'estate che d'inverno, gli ospiti dell'Hotel Tyrol possono non solo godere dello stupendo paesaggio circostante, ma anche dell'ospitalità premurosa della famiglia Senoner. La pis-

spanntem Genießen, genauso wie der Wellness-bereich mit Sauna und Jacuzzi im Freien, Biosauna, Dampfbad und Ruheraum. Kulinarisch werden die Gäste mit dem täglichen Salat-, Gemüse- und Käsebuffet und einem viergängigen Gourmet-Dinner verwöhnt. Auch die Kunst kommt im Hotel Tyrol nicht zu kurz und erfreut mit zahlreichen Werken der Bildhauerfamilie Senoner.

cina all'aperto ed il giardino così come pure il reparto wellness con sauna e jacuzzi all'aperto, biosauna e bagno turco invitano al relax più completo. Dal punto di vista culinario gli ospiti vengono coccolati con il buffet giornaliero di insalata, verdure e formaggi e con una cena gourmet a quattro portate. All'Hotel Tyrol anche l'arte non è da meno e delizia con le numerose opere dei Senoner, famiglia di scultori.

Hotel Tyrol
Familie Senoner
St. Magdalena 105
I-39040 Villnöß
☎ 00 39 04 72 / 84 01 04
www.tyrol-hotel.eu

Hotel Tyrol
Famiglia Senoner
Santa Maddalena 105
39040 Val di Funes

Wandern und Schlemmen vor überwältigender Naturkulisse
Luoghi d'incanto in mezzo ad una natura stravolgente

Rosa gebratene Lamm-koteletts vom Villnösser Brillenschaf | Cotolette arrosto di agnello di pecora occhialuta della Val di Funes

Rezept finden Sie auf Seite 432 |
Per la ricette vedere a pag. 432

Der historische Adelssitz Ranui wurde im 13. Jahrhundert als Jagdresidenz genutzt. Einmalig sind die Jagd-Fresken aus dem 17. Jahrhundert im ersten Stock des Gebäudes, in dem sich auch die entzückend eingerichteten Zimmer befinden. Die Fenster in den Gästezimmern rahmen das grandiose Naturschauspiel ein, das sich direkt vor den Augen abspielt: Die markanten Geislerspitzen ragen in den blauen Himmel, auf der grünen Wiese steht das Kirchlein St. Johann – keine Postkartenlandschaft, sondern reine Wirklichkeit. Seit 1774 ist dieses Juwel im Besitz von Familie Runggatscher, die hier den Hausgästen in der holzgetäfelten alten Stube das Frühstück serviert. Die sonnige, ruhige Lage am Waldrand am Ausgangspunkt zu zahlreichen Spaziergängen und Wanderwegen macht den prachtvollen Ansitz zu einem sehr geschätzten, ganzjährigen Ferienziel. Mit dem Taxishuttle geht es zur Zanseralm und dann auf Schusters Rappen auf herr-

Fin dal XIII secolo lo storico maso di Ranui era adibito a residenza di caccia come lo testimoniano gli splendidi affreschi con scene venatorie, risalenti al Seicento, che ancora oggi si possono ammirare al primo piano dove sono anche sistemate le accoglienti stanze per gli ospiti. Le finestre di queste stanze fanno da cornice al grandioso spettacolo naturale che si dispiega all'esterno: le imponenti torri di roccia dolomitica delle Odle che si ergono nel cielo azzurro con ai piedi la chiesetta di San Giovanni in mezzo a verdi prati. Uno scenario idilliaco, un po' da favola, che qui invece diventa pura realtà. Dal 1774 il maso Ranui è di proprietà della famiglia Runggatscher che con grande passione gestisce la storica locanda nella cui accogliente stube in legno viene servita la prima colazione agli ospiti che vi alloggiano. Oltre ad essere un apprezzato domicilio di villeggiatura aperto tutto l'anno, il Ranui rappresenta anche un punto di partenza privilegiato per gli amanti dell'escur-

lichen, komplett autofreien Wegen zur Geisleralm, direkt am Fuße der Geislerspitzen: Ganz großes Naturkino, nämlich „Geislerkino" steht hier auf dem Programm, das man in bequemen Liegestühlen bestaunen kann. Die Kinder tollen derweil auf dem Spielplatz mit Streichelzoo. Hungrigen Gourmets serviert der Hausherr auf der Geisleralm feine hausgemachte Speisen, die im Sommer auf der Aussichtsterrasse ebenso munden wie im Winter in der rustikal-gemütlich eingerichteten Stube, ein wunderbarer Ort für Familienfeste aller Art, die ruhig bis in die Nacht dauern dürfen, denn in den kuscheligen Zimmern schläft es sich wie in Abrahams Schoß.

sionismo montano. Bellissima, ad esempio, è la gita che dapprima ci porta con un servizio navetta fino alla Malga di Zannes da dove proseguiamo a piedi fino alla Malga Geisler posta direttamente ai piedi del massiccio del gruppo delle Odle. Ed è qui che la natura diventa vero spettacolo: nel "cinema delle Odle", come viene anche chiamata la terrazza davanti alla Malga Geisler, ci si trova come immersi in una gigantesca proiezione in 3d con le Odle davanti agli occhi, quasi da poterle toccare con mano. In inverno, invece, si starà nella calda stube rustica che tra l'altro si presta molto bene per feste familiari di ogni genere che potranno anche protrarsi fino alle ore piccole, visto che nelle accoglienti stanze della malga si dorme a meraviglia.

⌂ **Ansitz Ranuihof**
Familie Runggatscher
St. Magdalena 39
I-39040 Villnöß
☎ 00 39 04 72 / 84 05 06
www.ranuihof.com

Geisleralm
I-39040 Villnösser Tal
☎ 00 39 04 72 / 84 05 06
▯ 00 39 3 39 / 6 04 46 85
oder 00 39 3 33 / 7 56 90 29
www.geisleralm.com

Maso Ranui
Famiglia Runggatscher
Santa Maddalena 39
39040 Val di Funes

Malga Geisler
39040 Val di Funes

Völs und Seis am Schlern
Fiè e Siusi allo Sciliar

Nach diesem Fleckchen Erde könnte man geradezu süchtig werden, so schön ist es! Es gibt wenige Gegenden auf der Welt, die so markant und einzigartig sind. Die Dolomiten: Dazu gehört das Schlerngebiet mit der Seiser Alm, der größten Alm Europas. Der mächtige Schlern mit den markanten Santner Spitzen ist das Wahrzeichen Südtirols. Seis und Völs am Schlern liegen zu seinen Füßen, beides bezaubernde, traditionsreiche Orte inmitten einer ebenso bezaubernden Landschaft. Bei Völs am Schlern thront eine der beeindruckendsten Burganlagen Südtirols, Schloss Prösels mit Schützenscheiben-, Waffen- und Mineraliensammlungen. Der Völser Weiher ist eigentlich ein einsamer, seerosenbedeckter Waldsee, im Sommer jedoch ein sehr beliebter Badeteich. Die Burgruine Hauenstein war Wohnsitz des Minnesängers und Haudegens Oswald von Wolkenstein. Alljährlich im Frühsommer findet in den drei Ortschaften Seis, Völs und Kastelruth der „Oswald-von-Wolkenstein-Ritt" statt, ein ebenfalls von zahlreichen Schaulustigen besuchtes Ereignis zu Pferd, umrahmt von Dorffesten und mittelalterlichen Spektakeln.

Questo angolo della terra è talmente stupefacente da non poter fare a meno di provare grandi ed indimenticabili emozioni. Nel mondo esistono poche zone così belle e uniche come le Dolomiti di cui fan parte l'area intorno al maestoso massiccio dello Sciliar con il vastissimo altipiano dell'Alpe di Siusi. L'inconfondibile sagoma dello Sciliar è per antonomasia l'emblema dell'Alto Adige. I paesi Siusi e Fiè allo Sciliar sono ubicati ai suoi piedi, entrambi incantevoli luoghi ricchi di tradizione ed immersi in un paesaggio di grande suggestione. A Fiè allo Sciliar troneggia uno dei castelli più imponenti dell'Alto Adige, il Castel Presule con le sue ricche collezioni di bersagli da tiro, di armature e di minerali. Un luogo d'incanto è anche il laghetto balneabile di Fiè ricoperto di ninfee e circondato da boschi. La rovina di Castel Hauenstein fu residenza del cantore e poeta medievale Oswald von Wolkenstein. Ogni anno in prima estate nei tre paesi di Siusi, Fiè e Castelrotto si svolge la sagra equestre "Cavalcata di Oswald von Wolkenstein", un evento particolarmente amato dagli appassionati dei cavalli e delle storiche feste di paese.

Aus guter alter Zeit
Dai bei tempi che furono

Wer das Anno Domini am Ortseingang von Völs am Schlern betritt, begibt sich auf eine Reise in längst vergangene Zeiten. Stunden könnte man hier stöbern, schauen und staunen. Anno Domini ist eine wahre Fundgrube für Liebhaber und Sammler von Antiquitäten und Kunstgegenständen, die Walter Grüner und Petra Gögele mit großer Kennerschaft zusammentragen.

Jedes Exponat hat eine Geschichte, die Walter und Petra dem interessierten Besucher gerne erzählen. Liebevoll arrangierte Sitzgruppen, antike Tische, Glas und Geschirr, hölzerne und irdene Schüsseln und Utensilien für die Küche, Bauernschränke, Bilder, Lampen, Uhren, sakrale und profane Kunst aus früheren Epochen – alles ist original, behutsam renoviert und konservativ restauriert. Kunden und Interessierte bestaunen hier die liebevolle Präsentation der bäuerlichen und bürgerlichen alpinen Kultur, Tradition und Geschichte. Es gibt so viel zu entdecken – eine einzige Augenweide, eine hin-

Chi entra nel negozio Anno Domini alle porte di Fiè allo Sciliar, intraprende un viaggio a ritroso in un tempo lontano. Si potrebbe star qui per ore a rovistare, ammirare e stupirsi. Anno Domini è una vera miniera per gli appassionati e i collezionisti di antichità e di oggetti artistici, che Walter Grüner e Petra Gögele raccolgono con grande amore e competenza. Ogni oggetto esposto ha una propria storia che Walter e Petra raccontano volentieri al visitatore interessato. Salotti disposti con grande cura, tavoli antichi, vetro e posate, zuppiere in legno e in terracotta, utensili per la cucina, armadi contadini, quadri, lampade, orologi, arte sacra e profana di epoche passate – tutto è originale, restaurato con grande cura e delicatezza e con spirito conservativo. I clienti e i visitatori interessati possono qui ammirare l'amorevole presentazione della cultura, tradizione e storia contadina e borghese dell'area alpina. C'è così tanto da scoprire – una gioia unica allo

reißende Zusammen- und Zurschaustellung von ausgefallenen und alltäglichen Gegenständen und eine wahre Fundgrube für Menschen mit einem Hang zu Romantik und Gemütlichkeit.

Beneiden könnte man Walter und Petra, die sich mit Anno Domini einen Traum erfüllt haben. „Altes schafft neue Freude" ist ihr Motto, und so haben sie sich mit großem Einsatz dem Kunsthandwerk verschrieben, dessen Beschaffung, Präsentation und Verkauf äußerst zeit- und arbeitsaufwendig ist. Ihre Leidenschaft zu Kunst und Antikem ist für Walter und Petra Arbeit und Freizeit zugleich und bildet den Kern ihres Lebens. Die meisten Objekte stammen vorwiegend aus dem Tiroler Raum, aus Bayern und Österreich. Die Kunden reisen aus der näheren Gegend an, aber auch aus anderen italienischen Regionen, Deutschland, Holland und der Schweiz. Auch wenn man eigentlich gar nichts Bestimmtes sucht oder braucht –

sguardo, un'esposizione di oggetti insoliti e di uso quotidiano, una vera miniera inesauribile per chi è incline agli aspetti romantici ed intimistici delle cose che ci circondano. Ci sarebbe di che invidiare Walter e Petra, che con Anno Domini hanno realizzato un sogno. "Ciò che è vecchio genera una nuova gioia" è il loro motto e così si sono dedicati anima e corpo all'artigianato artistico, il che richiede molto tempo in termini di rifornimenti, presentazione e vendita. La loro passione per l'arte e l'antico è per Walter e Petra lavoro e svago allo stesso tempo e costituisce l'essenza della loro vita. La maggior parte degli oggetti proviene dall'area tirolese, dalla Baviera e dall'Austria. Anche quando non si è alla ricerca o non si ha bisogno di qualcosa in particolare – è davvero molto difficile lasciare lo spazio espositivo di Anno Domini a mani vuote. In linea di massima, l'assortimento non è legato ad un'epoca in particolare,

den Ausstellungsraum von Anno Domini mit leeren Händen zu verlassen, ist ganz schön schwierig. Grundsätzlich ist das Sortiment nicht auf eine bestimmte Epoche festgelegt, allerdings haben einige Stilrichtungen Vorrang, und so sind es hauptsächlich ländliche Bauernmöbel, gelegentlich ergänzt durch Objekte des Biedermeiers und des Jugendstils. Wunderschön die hellgrünen mundgeblasenen Kristallgläser und -karaffen aus Böhmen, die eine stilvoll eingedeckte Tafel zieren, die Uhren, die Dekorations- und Gebrauchsgegenstände der vergangenen Jahrhunderte, aber auch Modernes wie die imposante, knallrote Aufschnitt-Maschine, die dem Besucher gleich im Eingangsbereich auffällt.

In den letzten Jahren hat sich, was die Einrichtung betrifft, ein Trend zur Mischung von Antikem und Modernem abgezeichnet, und so findet im Anno Domini jeder etwas Passendes nach seinem Geschmack, vielleicht sogar etwas, was man schon immer gesucht, aber nie gefunden hat. Auf dieser Suche wird man von Petra und Walter einfühlsam begleitet und beraten. Ihre Arbeit erfüllt Petra und Walter mit Genugtuung, denn sie ist niemals Routine, sondern eine einzigartige und erfüllende Aufgabe und ein reizvoller Beruf, den sie mit Freude und hohem Anspruch an Qualität und Originalität ausüben.

tuttavia alcune tendenze stilistiche predominano su altre, per cui si trovano per lo più mobili rurali della tradizione contadina accompagnati di tanto in tanto da oggetti del "Biedermeier" e dello stile "Liberty". Stupendi sono i bicchieri e le caraffe in cristallo di Boemia verde chiaro soffiati artigianalmente, che vanno a decorare una tavola apparecchiata in grande stile, gli orologi, gli oggetti decorativi e di uso comune dei secoli passati, ma anche affascinanti oggetti di modernariato come l'imponente affettatrice dal colore rosso acceso, che salta subito agli occhi del visitatore appena si entra. Negli ultimi anni, per quanto riguarda l'arredamento, si profila sempre più la tendenza a mescolare l'antico con il moderno, e quindi all'Anno Domini ognuno trova qualcosa che si adatta al proprio gusto, forse addirittura qualcosa di cui si è sempre andati alla ricerca, ma che non si è mai riusciti a trovare. In questa ricerca si viene seguiti e consigliati da Petra e Walter che dimostrano grande sensibilità. Essi svolgono il loro lavoro con soddisfazione poiché per loro non rappresenta una routine ma un compito unico e gratificante, nonché una professione affascinante che esercitano con gioia ed esigenza estrema quando si tratta di qualità e originalità.

☐ Anno Domini

Antiquitäten und Kunsthandwerk

Walter Grüner

Bozner Straße 7

I-39050 Völs am Schlern

☎ 00 39 04 71 / 72 40 80

Anno Domini

Antichità e Artigianato Artistico

Walter Grüner

Via Bolzano 7

39050 Fiè allo Sciliar

Gesamtkunstwerk für genussfreudige Kulturfreunde
Un gioiello per tutti i sensi ai piedi dello Sciliar

Romantik Hotel Turm
Romantik Hotel Turm

Für Feinschmecker ist es ein wahrer Glücksfall, dass Stefan Pramstrahler nicht seinem ursprünglichen Berufswunsch, nämlich Goldschmied, gefolgt ist, sondern sich mit ebenso viel erforderlichem Fingerspitzengefühl an den heimischen Herd gestellt hat! Mit 14 trat er seine erste Lehrstelle in Paris an und steht heute mit einigen Kollegen an der gastronomischen Spitze Südtirols. Auch ein Kochbuch hat er verfasst, das „Völser Kuchlkastl", das in Frankreich den ersten Preis für ein regionales deutschsprachiges Kochbuch erhielt. Seinen Gästen will Stefan Pramstrahler das Besondere bieten, eine anspruchsvolle Küche, aber ohne Mätzchen. Nur das Beste ist gut genug, lautet sein Credo – glücklicherweise kann sich der Meisterkoch auf beste Rohware verlassen, die ihm Bauern aus der Gegend oder die Metzgerei seiner Cousins liefern. Was Stefan und sein Team in der Küche daraus zaubern, hat höchstes Niveau und entzückt Einheimische und Reisende gleichermaßen. Stefan gehört zu den Könnern, die ihre Wurzeln nicht vergessen haben. Er präsentiert somit Speisen der traditionellen bäuerlichen Küche, diese allerdings von erster Güte und kunstvoll dargeboten.
Apropos Kunst: Der Turm ist ein Hotel, das mit Kunst lebt. Über 2 000 Ölbilder, Aquarelle und Li-

Per gli amanti della buona tavola è un vero caso fortuito che Stefan Prahmstrahler non abbia seguito la prevista carriera da orafo, ma che si sia fatto trasportare dalla sua passione per l'arte culinaria. Già a 14 anni apprendista cuoco a Parigi, Stefan Prahmstrahler oggi fa parte della punta di diamante dei più apprezzati chef dell'alta gastronomia altoatesina. Tra l'altro è anche l'autore del "Völser Kuchlkastl", un libro di cucina dedicato alle tradizioni gastronomiche della sua terra e che in Francia ha ottenuto il primo premio tra i ricettari regionali in lingua tedesca. Ai suoi ospiti Stefan offre una cucina votata alla genuinità più assoluta dove secondo il suo motto "soltanto il meglio del meglio" viene scelto per poi essere trasformato in raffinati manicaretti, a cominciare dalla materie prime fornitegli dai migliori contadini allevatori della zona e dalla macelleria dei suoi cugini. Senza mai dimenticarsi delle sue radici, presenta quindi una cucina di grande eccellenza basata soprattutto sulle tradizioni culinarie della propria terra.
Oltre che per la sua favolosa cucina il Romantik Hotel Turm è rinomato anche per essere un luogo particolarmente intriso di arte: gli oltre 2 000 quadri tra oli, acquarelli e litografie raccolti nel corso degli anni da papà Karl, appassionato collezio-

Filet vom Jungbullen auf kleinen Steinpilzen mit marinierten Kirschtomaten und Kräutern | Filetto di torello su funghi porcini con pomodori ciliegini marinati ed erbette

Rezept finden Sie auf Seite 433 | Per la ricette vedere a pag. 433

thographien, von Vater Karl zeit seines Lebens zusammengetragen, lassen das Haus quasi zu einer lebenden Ausstellung werden, darunter befinden sich unschätzbare Werke von Picasso, Chagall, Miró, Beuys, Kokoschka, Dix oder Klee, aber auch alte Fotos, Stiche und Bilder der jüngeren Generation, die im Hotel Turm ebenfalls geschätzt wird, denn die hauseigene Galerie lädt aufstrebende Künstler einmal im Monat ein, ihre Werke der Öffentlichkeit vorzustellen. Wer im Romantik Hotel Turm absteigt, ist umgeben von einer Aura aus alter Zeit, hier flaniert er durch uralte Gewölbe, durch holzgetäfelte Stuben und lichtdurchflutete Hallen. Die alten Mauern erzählen von vergangenen Zeiten, immerhin stammt der älteste der vier Türme des Hauses aus dem 12. Jahrhundert und diente auch einmal als Gerichtshof, Gefängnis und Wirtshaus. Gerichtshof und Gefängnis sind Geschichte, geblieben ist glücklicherweise das Wirtshaus – natürlich eines mit gehobenem Anspruch und beileibe kein ehrfurchtgebietender Tempel, son-

nista, trasformano il Turm in una pregiatissima mostra d'arte in cui spiccano Picasso, Chagall, Miró, Beuys, Kokoschka, Dix e Klee, ma anche vecchie foto e tele ed incisioni di giovani artisti contemporanei invitati regolarmente ad esporre le loro opere nella galleria dell'hotel. Chi scende al Romantik Hotel Turm è subito avvolto da un'atmosfera d'altri tempi caratterizzata da antichi soffitti a volta, da stube rivestite di legno e da luminose sale che raccontano il movimentato passato di questo grande complesso storico di cui la più antica delle quattro torri risale al XII secolo e che nel corso dei secoli fu corte giurisdizionale, prigione e locanda. A sopravvivere, per così dire, è stata soltanto la locanda, oggi trasformata in uno splendido albergo di alto livello con un ristorante diventato un privilegiato ritrovo per i gourmet più esigenti. Un albergo di lusso, pieno di classe ma senza fronzoli inutili e superficiali. Grande classe ed eleganza si respirano anche nelle camere e nelle suite, ognuna arredata con grande

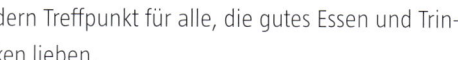

dern Treffpunkt für alle, die gutes Essen und Trinken lieben.

Der Turm ist ein Luxushotel ohne große Etikette, aber mit Klasse. Klasse hat auch die grandiose Aussicht von allen Räumlichkeiten, von der Wiese mit Pool und von den Zimmern und Suiten, die individuell und erlesen eingerichtet sind und Entspannung pur versprechen. Entspannung finden Urlauber außerdem in der Beauty- und Wellness-Oase in Form von allen nur erdenklichen Anwendungen. Der Wellnessbereich des Hotels Turm kann auch von den Gästen benutzt werden, die sich im neuesten Juwel der Familie Pramstrahler einquartieren, im Grottnerhof, nur fünf Kilometer entfernt. Der Weinhof aus dem 13. Jahrhundert beherbergt nun zwei exklusive Designsuiten für Individualisten, eine rauchgeschwärzte Selchküche und eine authentische Bauernstube. Hier können 60 Gäste ausgiebig feiern und auf Wunsch die vielfach prämierten Kochkünste des Hausherrn genießen.

individualità e dotata di ogni comfort. Ad invitare al relax e al dolce far niente non c'è soltanto una splendida piscina circondata da un ampio prato, ma anche un attrezzatissimo reparto wellness & beauty, una vera oasi del benessere che è a disposizione anche degli ospiti alloggiati nel più recente gioiello di proprietà della famiglia Prahmstrahler: il Maso Grottner ad appena cinque chilometri di distanza dal Turm. Questo storico maso vinicolo, le cui fondamenta risalgono al XIII secolo, ospita due esclusive suite di design accanto all'originale stanza per l'affumicatura con le pareti ricoperte di nerofumo ed una antica stube contadina nella quale possono radunarsi fino a 60 ospiti per festeggiare e volendo, anche gustare le squisite specialità preparate dal pluripremiato chef e patron della casa.

Romantik Hotel Turm
Familie Pramstrahler
Kirchplatz 9
I-39040 Völs am Schlern
☎ 00 39 04 72 / 72 50 14
www.hotelturm.it

Romantik Hotel Turm
Famiglia Pramstrahler
Piazza Chiesa 9
39040 Fiè allo Sciliar

Kaffeefreuden: Genuss und Leidenschaft
Le gioie del caffè: gusto e passione

Die Tasse Kaffee am Morgen als Muntermacher, der Cappuccino am Nachmittag, der Espresso zwischendurch oder nach dem Dinner: für die meisten Menschen ganz selbstverständlich. Viele fragen sich auch gar nicht, woher die Kaffeebohnen – übrigens das nach Erdöl zweitwichtigste Handelsgut der Welt – herkommen, wie sie geröstet, verarbeitet und zubereitet werden, damit daraus jenes Genussmittel entsteht, das uns quasi von morgens bis abends begleitet. Valentin Hofer ist schon seit Jahren fasziniert von Kaffee und seinen Sorten, von Anbauzonen und Veredelung. Sein Anliegen ist es, die ganze Komplexität dieses alltäglichen und doch so exotischen Getränks interessierten Menschen nahezubringen. Am Sitz seiner Firma in Völs am Schlern bietet Valentin Hofer Schnupperkurse, Barista-Lehrgänge und Schulungen in der hauseigenen Rösterei an. Er ist Südtirols erster und einziger SCAE-Trainer (Speciality Coffee Association of Europe). Valentin erzählt über die Geschichte des Kaffees, über Legende, Ursprung und Verbreitung, über die Botanik des Kaffeestrauches, Erntemethoden und Verarbeitung, Aufbereitungsarten, Inhaltsstoffe und Wirkung. In seiner Kaffeerösterei kann man dem passionierten Kaffee-

La tazzina di caffè al mattino per farsi la bocca, il cappuccino al pomeriggio, l'espresso a metà giornata oppure dopo cena: per la maggior parte delle persone tutto ciò è naturale. Molti non si chiedono affatto da dove provengono i chicchi di caffè – tra l'altro uno dei più importanti prodotti commerciali dopo il petrolio – come vengono tostati, lavorati e preparati, in modo che da essi ne scaturisca quel genere voluttuario che ci accompagna quasi da mattina fino a sera. Valentin Hofer è da anni affascinato dal caffè e dalle sue varietà, dalle zone di coltivazione e raffinamento. Il suo desiderio è quello di avvicinare le persone interessate all'intera complessità di questa bevanda così ordinaria eppure così esotica. Nella sede della sua azienda a Fiè allo Sciliar, Valentin Hofer offre corsi di assaggio, corsi di formazione per baristi e addestramenti nella torrefattura dell'azienda. Egli è il primo ed unico SCAE-Trainer (Speciality Coffee Association of Europe) dell'Alto Adige. Valentin racconta della storia del caffè, delle leggende, origine e preparazione, sulla botanica della pianta del caffè, metodi di raccolta e lavorazione, costituenti principali ed effetti. Nella sua torrefattura si può osservare l'appassionato amante del caffè alle

Liebhaber beim Rösten zuschauen und das wunderbare Aroma frisch gerösteter Bohnen schnuppern. Man lernt den Unterschied zwischen Arabica und Robusta und den zwischen nasser und trockener Aufbereitung kennen und bei einer Vergleichsverkostung erfahren. Bei Caffè Caroma findet jeder seinen Favoriten, ob mild oder kräftig, ob entkoffeiniert oder aus Bio-Fairtrade, außerdem Kaffeemaschinen und diverses Zubehör.

prese con la torrefazione e riempirsi le narici con il meraviglioso aroma dei chicchi appena tostati. Si impara a conoscere la differenza tra qualità Arabica e Robusta e quella tra trattamento a secco o in umido attraverso una degustazione comparativa. Al Caffè Caroma ognuno trova il suo preferito, sia esso leggero o intenso, sia decaffeinato o da commercio equo-solidale, inoltre macchine da caffè e diversi accessori.

Spezialitäten Kaffee-Rösterei
Caroma KG
Valentin Hofer
Handwerkerzone 92
I-39050 Völs am Schlern
☎ 00 39 04 71 / 72 56 51
www.caffe-caroma.it

Specialità e torrefazione caffè
Caroma sas.
Valentin Hofer
Zona Artigianale 92
39050 Fiè allo Sciliar

Küche, Keller und Museum
Cucina, cantina e museo

Knödeltris | Tris di canederli

*Rezept finden Sie auf Seite 434 |
Per la ricette vedere a pag. 434*

Seit über 500 Jahren steht der Tschötscherhof im idyllischen Örtchen St. Oswald, gleich neben der Kirche und eingebettet in Wiesen, Weiden und Wälder. Wer sich hier in den einfachen, aber urgemütlichen Zimmern einquartiert, ist von himmlischer Ruhe und hinreißender Natur umgeben. Kein Verkehrslärm und auch kein Supermarkt stört diese Idylle, denn alles, was man braucht, gibt es bei Familie Jaider im Tschötscherhof selbst. Die wechselvolle Geschichte des imposanten Gebäudes beginnt bereits im Jahr 1494, das Haus wurde im Laufe der Zeit mehrfach umgebaut und vergrößert. Schon vor dem Ersten Weltkrieg wurden Wanderer hier verköstigt, damals waren hier auch eine Tabaktrafik und eine kleine Gemischtwarenhandlung untergebracht.

Heute erleben Einkehrer und Urlauber in den heimeligen holzgetäfelten Stuben oder auf der Terrasse schönste Stunden. Die ganze Familie arbeitet auf dem Hof, in der Küche wirkt Tochter Verena. Typische Südtiroler Kost kommt auf den Tisch, alles ist hausgemacht und kommt fast ausschließlich von eigenen Äckern, Obstwiesen und aus dem Kräutergarten. Da gibt es Schlutzkrapfen und diverse Knödel, Gulasch, Hauswürste, Spiegeleier

Da più di 500 anni il Tschötscherhof si trova nell'idilliaca località di Sant'Osvaldo, accanto alla chiesa e circondato da prati, pascoli e boschi. Chi sceglie di alloggiare qui nelle semplici ma accoglienti camere, è circondato da una pace celestiale e da una natura affascinante. Nessun rumore di traffico e nessun supermercato a disturbare questo idillio, poiché tutto quello di cui si ha bisogno, lo si trova presso la famiglia Jaider. La storia movimentata dell'imponente edificio comincia già nel 1494, nel corso del tempo la casa venne più volte ristrutturata ed ingrandita. Già prima della prima guerra mondiale, i viandanti venivano qui rifocillati. Oggi chi si ferma qui per una sosta o per passare le vacanze può trascorrere delle ore tra le più belle nelle calde stube rivestite di legno. Tutta la famiglia lavora al maso, la regina della cucina è la figlia Verena. Sulla tavola vengono serviti i tipici prodotti sudtirolesi, tutto è fatto in casa e proviene quasi esclusivamente dai propri campi, frutteti e dall'orto. Ci sono i raviolioni, diversi tipi di canederli, gulasch, salsicce fatte in casa, uova al tegamino con speck e patate arrosto, strudel di mele, torta di castagne o al grano saraceno, torta di ricotta. Le mar-

mit Speck und Bratkartoffeln, Apfelstrudel, Buchweizen- oder Kastanientorte, Topfenkuchen. Hausgemachte Marmeladen vergolden die Frühstücksbrötchen. Auch einen eigenen Wein keltert Familie Jaider: einen fruchtigen Kerner und einen samtigen Zweigelt.

Gleich nebenan gibt ein reizendes kleines Bauernmuseum mit zahlreichen im Laufe der Jahre zusammengetragenen Exponaten Einblick in die harte Arbeit der Bergbauern und Holzarbeiter.

mellate fatte in casa impreziosiscono i panini della prima colazione. La famiglia Jaider produce inoltre un vino proprio: un Kerner fruttato e uno Zweigelt vellutato.

Proprio accanto si trova un grazioso e piccolo museo contadino che con i suoi oggetti esposti raccolti nel corso degli anni, offre una retrospettiva sul duro lavoro dei contadini di montagna e dei falegnami.

Gasthof Tschötscherhof
Familie Jaider
St. Oswald 19
I-39040 Seis am Schlern
☎ 00 39 04 71 / 70 60 13
www.tschoetscherhof.com

Locanda Tschötscherhof
Famiglia Jaider
Sant'Osvaldo 19
39040 Siusi allo Sciliar

Fleisch und Wurst und vieles mehr
Carne, salumi ed altre bontà

Seit sieben Jahren berät und bedient Stefan Rabensteiner seine Kunden persönlich und mit großer Freude an seinem Beruf. Damals gab es in Seis noch keine Metzgerei, also bot es sich an, der Bevölkerung der Gegend und auch den Urlaubern Fleisch- und Wurstwaren anzubieten. Rind-, Kalb- und Lammfleisch bezieht Stefan Rabensteiner aus dem Schlerngebiet. Etwas Besonderes ist das Ochsenfleisch vom Gutshof Zimmerlehen. Die in Südtirol geborenen Tiere werden artgerecht im Laufstall gehalten, wo sie genügend Auslauf haben, und fressen vorwiegend Heu. Die Sommerfrische dürfen sie auf der Seiseralm verbringen. Dieses hochwertige Fleisch zeichnet sich durch feine Marmorierung und exquisiten Geschmack aus und lässt sich vielseitig zubereiten.

Metzgermeister Stefan bietet seinen Kunden natürlich auch eine große Auswahl an Speck, Kaminwurzen, Kochschinken und allerlei andere frische und geräucherte Fleisch- und Wurstwaren an, darunter Hauswurst und Blutwurst, die im Herbst so gut zum Sauerkraut munden – eine Alternative wäre das leckere Sarntaler oder Vinschgauer Rübenkraut und natürlich die hausgemachten Speckknödel – oder lieber Spinat-, Leber- oder Käseknödel? Grillfreunde können sich in der Metzgerei

Da sette anni il mastro macellaio Stefan Rabensteiner consiglia personalmente i suoi affezionati clienti. Macellaio per passione, fu il primo ad aprire una macelleria a Siusi per proporre sia alle famiglie residenti che ai villeggianti i propri prodotti in prevalenza ottenuti e lavorati con carni provenienti da bovini e ovini allevati dai contadini della zona. Tra le specialità più apprezzate la squisita carne di bue del podere Zimmerlehen, dove gli animali crescono con grande libertà di movimento e vengono foraggiati con fieno dell'Alpe di Siusi, il vasto altipiano con i suoi meravigliosi pascoli d'altura sui quali questi animali trascorrono l'alpeggio estivo. Ne risulta una carne estremamente nutriente, caratterizzata dalla venatura filigranata e dal sapore assolutamente squisito.

Oltre alle carni fresche, Stefan offre ai suoi clienti una vasta gamma di salumi e affini, dallo speck ai prosciutti, dai kaminwurzen alle salsicce di maiale e i sanguinacci molto apprezzati d'autunno insieme ai crauti in agro. Ma oltre ai crauti di cavolo bianco ci sono anche quelli fatti con le rape provenienti dalla Val Pusteria e dalla Val Venosta che ben si sposano con i canederli nelle loro classiche varianti allo speck, al fegato, al formaggio o agli spinaci. Infine non c'è che da scegliere tra le

Stefan mit fertig gewürzten Grill-Spezialitäten wie Steaks und Rippchen eindecken und die dazu passenden Saucen ebenfalls gleich mitnehmen. Sollte man noch etwas für den täglichen Bedarf benötigen: Stefan Rabensteiner versorgt seine Kundschaft zusätzlich mit frischem Brot und Brötchen, mit Milch, Käse und Eiern, mit Gewürzen, Konserven, Wein und Spirituosen – und das sogar am Samstagnachmittag.

tante specialità da barbecue e da accompagnare con varie salse gustose anch'esse preparate da Stefan e dai suoi collaboratori. Per chi volesse poi fare una spesa ancora più completa, la macelleria Stefan offre ai suoi clienti una serie di altri alimentari tra cui il pane sempre fresco di giornata, latte, formaggi e uova, spezie, conserve di vario genere come pure ottimi vini e distillati, anche di sabato pomeriggio.

Metzgerei Stefan
Oswald von Wolkensteinplatz 1 a
I-39040 Seis am Schlern
☎ 00 39 04 71 / 70 42 49
www.metzgerei-stefan.it

Macelleria Stefan
Piazza Wolkenstein 1 a
39040 Siusi allo Sciliar

A Buschenschank und lei Guates!
Osteria contadina con ogni ben di Dio

🍴 **Basilikum-Topfen-Nocken |**
Gnocchi al basilico e ricotta

Rezept finden Sie auf Seite 435 |
Per la ricette vedere a pag. 435

Es rumpelt etwas, wenn man bei Atzwang die denkmalgeschützte Holzbrücke über den Eisack passiert, aber keine Sorge, sie hält! Dann noch ein paar Kurven, und wir stehen vor dem Wassererhof, umgeben von Obst- und Weingärten. Den Brüdern Mock ist es gelungen, Alt und Neu zu harmonischem Einklang ohne die oft übliche Tiroler Rustikalität zu verbinden. Das Gemäuer aus dem Jahr 1366 wurde behutsam und hingebungsvoll saniert und dabei wurden auch Charakter und Struktur erhalten. Die Böden bestehen aus bei Vollmond geschlägertem Fichten-, Eichen- und Akazienholz. Zeitgenössisches Design im Innenbereich schafft im Wassererhof einen spannenden Kontrast zu den uralten Mauern. Christoph Mock und sein Zwil-

Ei sente un po' di fracasso quando si passa sul ponte di legno sull'Isarco a Campodazzo posto sotto la tutela dei beni ambientali, ma non preoccupatevi, il ponte regge! Ancora un paio di curve e ci troviamo al Wassererhof, circondati da frutteti e vigneti. Ai fratelli Mock è riuscito di coniugare l'antico e il moderno in uno sposalizio armonico evitando ogni cosa superflua. Le mura del 1366 sono state sanate in maniera accorta e amorevole e allo stesso tempo sono stati mantenuti il carattere e la struttura. I pavimenti sono composti di legno di abete, quercia ed acacia abbattuti in plenilunio. Il design contemporaneo all'interno crea al Wassererhof un avvincente contrasto con le mura antiche. Christoph Mock e suo fratello gemello An-

lingsbruder Andreas teilen sich die Arbeit. Während Christoph die zum Hof gehörige Landwirtschaft obliegt, kümmert sich Andreas um die Küche des Wassererhofes, und hier gilt: Das Gute ist einfach, und das Einfache ist gut. Keine Schnörkel auf den Tellern, sondern beste Grundstoffe, in der Küche zu feinen Schmankerln veredelt. Traditionelles steht auf dem Speiseplan: Speck und Rohmilchkäse, Kastanien- oder Kürbissuppe, Rote-Bete-, Radicchio- oder Lauchknödel, Gerstenrisotto, je nach Jahreszeit Spargelgerichte, Lamm von der Seiseralm oder Schlachtplatte mit Erdäpfelblatteln. Auch die Desserts sind hausgemacht, die Kastanientörtchen mit Khaki-Eis munden köstlich. Dazu gibt's Eigenbauwein, Müller Thurgau und Vernatsch. Auf dem Wassererhof kann man aber nicht nur essen und trinken. Einmal im Monat gehört Jazzmusik dazu, mal von Hannes, einem weiteren Bruder, oder von anderen bekannten Künstlern.

dreas si dividono il lavoro. Mentre Christoph si occupa dell'agricoltura di pertinenza del maso, Andreas si dedica alla cucina del Wassererhof dove vale il motto: ciò che è buono è semplice e ciò che è semplice è buono. Nessun fronzolo sui piatti ma solo materie prime delle migliori che in cucina vengono nobilitate a raffinati manicaretti: speck e formaggio al latte crudo, zuppa di castagne o di zucca, canederli alla bietola rossa, al radicchio o al porro, risotto di orzo, a seconda della stagione piatti agli asparagi, agnello dell'Alpe di Siusi oppure la tradizionale macellata autunnale. Anche i dolci sono fatti in casa tra cui i deliziosi tortini di castagne con gelato di caco. Ad accompagnare il tutto c'è il vino di produzione propria, Müller Thurgau e Schiava. Tuttavia al Wassererhof non è possibile solo mangiare e bere. Una volta al mese si suona musica jazz, con rinomati musicisti tra cui spesso anche Hannes, un altro dei fratelli Mock.

Wassererhof
Christoph und Andreas Mock
Völserried 21
I-39050 Völs am Schlern
☎ 00 39 04 71 / 72 41 14
www.wassererhof.com

Maso Wassererhof
Christoph e Andreas Mock
Novale di Fiè 21
39050 Fiè allo Sciliar

Entzückendes Refugium mit Europas höchstem Rosengarten
Rifugio impreziosito dal roseto più alto d'Europa

Pufels ist ein winziges Örtchen, verschont von Durchgangsverkehr und Lärm, von Massentourismus und Bettenburgen. Stattdessen: unberührte Natur, grandiose Aussicht, Stille. Von hier blickt man nicht nur auf die markanten Geisler Spitzen und die Seceda, sondern auch auf St. Ulrich, Hauptort des Grödnertals. Unten der turbulente Mittelpunkt der Dolomiten, hier oben die Beschaulichkeit eines alpinen Bergdorfs, wie man es sich als Naturliebhaber und Individualreisender nicht schöner vorstellen kann.

Der Uhrerhof in 1500 Metern Höhe bezaubert seine Gäste mit der Anmutung eines privaten Landhauses, klein, aber luxuriös und vor allem unwahrscheinlich gemütlich. Draußen auf den Gartenterrassen findet jeder ein ruhiges Eckchen für sonniges Relaxen. Einzigartig in den Alpen ist Europas höchstgelegener Rosengarten mit über 150 verschiedenen Sorten und mehr als 5 000 Rosenstöcken, der die Bergwiese in ein blühendes, duftendes Paradies verwandelt. Auch der neue kuschelige Wintergarten mit Blick auf St. Ulrich und die Geislerspitzen wärmt Herz und Geist. Von herzerwär-

Bulla è un incantevole paesino al riparo da traffico e rumore, dal turismo di massa. Offre invece natura incontaminata, vista mozzafiato e quiete. L'ospite può godere di una delle viste più belle non soltanto sui massicci dolomitici delle Odle e del Seceda, ma anche su Ortisei, il centro più importante della Val Gardena. Sotto, il fondovalle vivace e quassù in alto un minuscolo paesino alpino, proprio come lo sogna ogni amante della natura. L'Hotel Uhrerhof, a 1500 metri di altitudine, incanta gli ospiti per l'atmosfera famigliare quasi da casa di campagna, piccola ma lussuosa e soprattutto straordinariamente confortevole. Il giardino terrazzato offre tanti angoli dove rilassarsi lasciandosi scaldare dai caldi raggi del sole. Unico nelle Alpi è il roseto dell'albergo, coltivazione posta alla più alta latitudine d'Europa, consta di oltre 150 varietà di rose con oltre 5 000 piante che trasformano il prato scosceso in un paradiso in fiore dal profumo intenso. Anche la nuova veranda accogliente con veduta su Ortisei e sulle cime delle Odle riscalda cuore e spirito. Con lo stesso calore la famiglia Zemmer accoglie i propri ospiti in tutta na-

mender und liebenswürdiger Natürlichkeit sind die Gastgeber, Familie Zemmer. Eine Wohltat, kein Touristenrädchen im Getriebe einer gigantischen Ferienmaschinerie zu sein, sondern Gast in einem Haus mit Charme und Flair. Ein Erlebnis sind auch die kulinarischen Highlights: Absolut richts kommt aus der Dose – alle Marmeladen und Kompotte auf dem Frühstückstisch sind hausgemacht, Kräuter und Gemüse stammen aus dem Garten. Die über 500 Jahre alte holzgetäfelte Bauernstube bietet für die exzellente Küche genau den richtigen Rahmen.

turalezza. Benessere puro, non una rotellina turistica nell'ingranaggio di un marchingegno gigantesco al servizio del turismo di massa, ma piuttosto sentirsi ospiti in una casa di charme e stile. Un vero viaggio del gusto attraverso highlight gastronomici. Così anche tutte le marmellate e composte offerte a colazione sono fatte in casa, mentre erbe e verdure provengono dall'orto. La stube antica, tutta in legno e risalente a oltre 500 anni fa, è la giusta cornice per una cucina d'eccellenza.

🏨 Hotel Uhrerhof Dëur
Familie Zemmer
Pufels 26
I-39046 St. Ulrich
☎ 00 39 04 71 / 79 73 35
www.uhrerhof.com

Hotel Uhrerhof Dëur
Famiglia Zemmer
Bulla 26
39046 Ortisei

Durstig
kemmo ins
Dorf herein
und frein
ins iatz af
Wosso
und
Wein.

Das wildromantische Pustertal
La romantica Val Pusteria

Von Brixen zieht sich das grüne Pustertal in östliche Richtung bis zur österreichisch-osttirolerischen Grenze. Die Rienz schlängelt sich mal seicht fließend, mal wild rauschend durch die Landschaft. Das ganze Tal mit seinen Nebentälern wie das Ahrntal, das Gsiesertal, das Antholzertal, das Pragser Tal mit dem Pragser Wildsee oder das Gebiet der Sextener Dolomiten bezaubert mit traumhaften Kulissen.

Kunstinteressierte zieht es nach Rodeneck mit der Burg Rodenegg, auf der sich die ältesten profanen Fresken im deutschen Sprachraum befinden. Hauptort des Pustertals und wirtschafliches sowie kulturelles Zentrum ist das 1256 erstmals urkundlich erwähnte Bruneck, ein kleines, gemütliches Städtchen mit mittelalterlichem Charakter und angenehmer Atmosphäre zum Bummeln und Flanieren. Das Volkskundemuseum Dietenheim bei Bruneck, ein Freilichtmuseum, zeigt originale Wohn- und Wirtschaftsgebäude aus den letzten sechs Jahrhunderten wie eine vollständige Apotheke, Mühlen, Schmiede und Sägewerk und unzählige Handwerksgeräte.

La verdeggiante Val Pusteria inizia a Bressanone, corre verso est fino a raggiungere la frontiera con l'Austria ed è accompagnata dal fiume Rienza che si snoda attraverso un paesaggio a volte dolce e a volte selvatico e tumultuoso. La valle costituisce un asse principale da cui si diramano altre valli laterali come la Valle Aurina, la Val Casies, la Valle d'Anterselva, la Valle di Braies con il suo incantevole lago e la Valle di Sesto con i suoi spettacolari scenari dolomitici. Tra le tante attrazioni storico-culturali troviamo Castel Rodengo nel quale si possono ammirare gli affreschi profani più antichi dell'area germanofona. Capoluogo della Val Pusteria e centro economico-culturale è Brunico nominata la prima volta nel 1256, una cittadina accogliente dal carattere medioevale e dalla piacevole atmosfera che invita a passeggiare e gironzolare. Il museo provinciale degli usi e costumi a Teodone alle porte di Brunico è un bellissimo museo all'aperto in cui sorgono antichi masi contadini risalenti fino a sei secoli fa ed altre ambientazioni storiche come una farmacia, dei mulini, una bottega da fabbro e una segheria d'epoca.

Feinstes vom Mittelmeer
Il meglio dei sapori mediterranei

Bruneck ist der Hauptort des Pustertals und zieht Kunstinteressierte wie Naturliebhaber gleichermaßen an. Das hübsche Städtchen mit der imposanten Burg, der munter dahinplätschernden Rienz und der malerischen Altstadt ist wie geschaffen für einen Einkaufsbummel. Macht sich dann ein kleiner oder großer Hunger bemerkbar, so hat man wie fast überall in Südtirol die Wahl zwischen einheimischer, also Tiroler, und italienischer Kost. Wie wäre es denn einmal mit einer Melange aus beiden Küchen? Dann auf zu Domenico La Sala und seinem Restaurant Tabula, in das man in einem Lift mit Aussicht gelangt. Hier oben ist Domenicos Reich. Hohe Fensterfronten lassen viel Licht in das modern und hell eingerichtete Restaurant herein, in dem mediterrane Pflanzen südliches Flair verströmen. Auf der großen Terrasse fühlen sich die Gäste in der warmen Jahreszeit wie auf einem privaten Penthouse-Balkon. Domenico kann sich mit Fug und Recht als profunder Kenner der mediterranen Küche und ihrer erstklassigen Zutaten bezeichnen. Über den Dächern von Bruneck bringt er seinen Gästen die authentische „cucina" seiner Heimat nahe. Als Sohn eines Sizilianers und einer Südtirolerin ist er ein Wanderer zwischen zwei Welten, die er mit feinem Gespür für Harmonie miteinander verknüpft. Mit über 20 Jahren Erfahrung

Brunico, capoluogo della Val Pusteria, è una storica cittadina ricca di arte e di cultura. Il pittoresco centro storico posto all'ombra dell'imponente castello omonimo e sulle sponde della Rienza è un luogo ideale per dedicarsi ad uno shopping rilassante. Se poi si fa sentire quel leggero languorino, non ci sarà che l'imbarazzo della scelta, come quasi dappertutto in Alto Adige, tra la tradizionale cucina sudtirolese e quella tipicamente italiana. Ma perché, invece, non decidersi una volta tanto per una sapiente combinazione di entrambe queste tradizioni culinarie? Allora non vi resta che fare un salto al ristorante Tabula, il regno di Domenico La Sala, al quale si accede con un ascensore panoramico. Le ampie vetrate rendono luminoso l'ambiente assai accogliente con il suo arredo moderno accompagnato da piante mediterranee che anticipano il gusto e i sapori della buona tavola che qui ci attende e che d'estate viene imbandita anche su un ampio terrazzo dalle caratteristiche di un bellissimo attico privato. Da profondo conoscitore della cucina meridionale e dei suoi ingredienti di maggiore eccellenza, Domenico La Sala, patron e chef dell'azienda, figlio di padre siciliano e di madre altoatesina, è considerato un vero "cavaliere" dei sapori mediterranei, di quella cucina autenticamente italiana che sopra i tetti di

im Bereich italienischer Feinkost-Produkte weist er sich mit berechtigtem Stolz als Pionier auf diesem Gebiet aus. Domenico kauft und verwendet nur das Beste vom Besten für seine Küche, das heißt Top-Rohstoffe aus Italien, die er dann für seine Feinkost-Linie zu raffiniert-mediterranen Produkten nach persönlichen Rezepten veredelt. In einem Bereich seines Restaurants finden italophile Genießer feinste Qualitätsprodukte in großer Auswahl, zum Beispiel Pasta di Gragnano oder Pelati von Lina Brand, Delikatessen wie Thunfisch „di Tonnara", Makrelenfilets, Schwertfischpaté, natur-

Brunico sa preparare e servire ai suoi ospiti con grande maestria. Un professionista che si muove con disinvoltura in entrambi i mondi culinari di questa terra, due mondi gastronomici che riesce a combinare armoniosamente tra di loro. Forte della sua esperienza ultra ventennale nel campo delle specialità gastronomiche di punta, può ritenersi con meritato orgoglio un pioniere del settore. Per le sue squisite specialità si serve rigorosamente di ingredienti di assoluta qualità che poi nobilita con grande arte e sapienza. Qui troviamo, ad esempio, la pasta di Gragnano e i pelati di Lina

reines Meersalz aus Trapani, sizilianische Sardellen, Thunfischsauce mit wildem Fenchel, natives Olivenöl aus handgepflückten sizilianischen „Nocellara del Belice"-Oliven, in Öl eingelegte Gemüse und Pilze, Saucen für Nudelgerichte, Honig, Grappa und einiges mehr. Der ständige Kontakt zu den Herstellern vor Ort bürgt für die gleichbleibend hohe Qualität. Im Restaurant Tabula kann man sich bei einer persönlichen Degustation davon überzeugen und sich natürlich von Domenicos Kochkünsten verwöhnen lassen, die sich entweder mediterran oder alpenländisch geben oder auch eine Mischung von beidem bieten wie angebratene Thunfischmedaillons mit Sesam-Leinsamenkruste oder hausgemachte Pasta mit Rehragout und Almkäse. Das Pustertaler Tris von Schlutzkrapfen, Käsenocken und Steinpilzknödel gehört genauso zum Repertoire des „Cavaliere dei Sapori" wie Wiener Schnitzel, Rehgulasch mit Polenta, gegrillter roter Thunfisch oder Teigtaschen mit Seebarschfüllung auf Fisch-Safranfumé. Aus den Degustationsangeboten lässt man sich seine Lieblingsspeisen zusammenstellen. Beim Dessert geht es ebenfalls mediterran und multikulti zu mit originaler Cassata siciliana, sizilianischem Cannolo mit Schafstopfenfüllung, Apfel-Birnenstrudel oder Kastanien-Halbgefrorenem auf Kakicreme. Freitags wird das reizvolle kulinarische Potpourri von Livemusik begleitet.

Brand, prelibatezze come il tonno originale di tonnara, filetti di sgombro, paté di pesce spada, il sale purissimo di Trapani, alici siciliane, salsa di tonno al finocchio selvatico, il pregiatissimo olio prodotto con olive raccolte a mano a Nocellara del Belice, verdure e funghi sott'olio, salse da condimento, miele, grappe e tante altre gustosissime specialità della vera cucina italiana. Chi volesse non solo far rifornimento di queste bontà per portarsele a casa, ma anche gustarle in loco, potrà mettersi a tavola per farsi viziare da Domenico nella sua veste da eccellente cuoco. Magari scegliendo uno dei favolosi piatti per così dire "combinati" tra il mediterraneo e l'alpino, come lo sono i medaglioni di tonno in crosta di sesamo e semi di lino oppure la pasta fatta in casa al ragù di capriolo e formaggio di malga. Fanno parte del repertorio anche il tris di mezzelune pusteresi e di canederli al formaggio e ai porcini, lo spezzatino di capriolo con polenta, il tonno rosso ai ferri o i fagottini farciti di branzino su fumé allo zafferano. Questo armonioso connubio tra il sud e il nord lo troviamo anche tra i meravigliosi dessert che spaziano dalle più classiche specialità siciliane come la cassata e i cannoli fino agli strudel di mele e di pere o il semifreddo di castagne con crema di cachi. Ed ogni venerdì questo allettante potpourri culinario viene accompagnato da concertini con musica dal vivo.

⌂ **Ristorante Tabula Da Domenico**
Domenico La Sala
Rathausplatz 5
I-39031 Bruneck
☎ 00 39 04 74 / 77 23 77
www.dadomenico.it

Ristorante Tabula Da Domenico
Domenico La Sala
Piazza Municipio 5
39031 Brunico

Vom Dorfgasthaus zu Urlaubswelten
Da tradizionale locanda del paese a paradiso di vacanze

Braune Schokoladen-mousse | Mousse di cioccolata scura

Rezept finden Sie auf Seite 436 | Per la ricette vedere a pag. 436

Unter drei reizvollen Häusern in Olang am Pustertaler Kronplatz haben die Gäste der Familie Prugger die Qual der Wahl: Komfortabel und gediegen geht es im Hotel Post im historischen Ortskern von Olang zu, wo seit 1868 Gäste bewirtet werden. Der absolute Logenplatz garantiert von allen großzügigen Räumlichkeiten eine fabelhafte Aussicht auf die Pustertaler Bergwelt. Die holzgetäfelte Gaststube hat den Charakter eines ländlichen Gasthauses bewahrt. Hier lässt sich sommers wie winters der Urlaub richtig genießen – genauso wie in den ruhigen Appartements des Residence-Hotel Tolderhof mitten im Grünen, mit Top-Ausstattung und reichlich Platz für Familien. Nostalgie-Fans finden ihr Paradies in der entzückenden Jugendstil-Villa Prugger neben dem Hotel Post, einem architektonischen Juwel mit antiker Einrichtung und modernem Komfort, ideal für Familien oder Freunde.

In allen drei Häusern können die Gäste die Vorteile des Hotel Resort Tolder genießen, nämlich die 900

Difficile la scelta per gli ospiti tra le tre suggestive strutture ricettive della famiglia Prugger a Valdaora ai piedi del Plan de Corones in Val Pusteria. È dal 1886 che l'Hotel Post, sito nel cuore del centro storico di Valdaora, offre ai suoi ospiti un ambiente confortevole e tranquillo dove da tutte le camere spaziose ed esclusive si gode di una vista spettacolare sulle montagne della Val Pusteria. La stube, tutta in legno, ha mantenuto quell'atmosfera di locanda campagnola di una volta. Qui la vacanza, sia d'estate come d'inverno, diventa un

Quadratmeter Wellness-Welten im Hotel Post, geführte Wanderungen in die umliegende traumhafte Bergwelt und das Reitangebot im Gestüt Tolder, dem größten Reiterhof Südtirols mit Halle und Reitbahn, gepflegten Stallungen, Reitunterricht und Geländeparcours.

Frische Luft macht hungrig, und um dem Abhilfe zu verschaffen, ist Chefkoch Uwe Urthaler da. Seine Küche präsentiert sich leicht und mediterran mit Top-Produkten aus der Gegend. Für welche der Viersterne-Unterkünfte man sich auch entschieden hat, die exquisiten Gaumenfreuden des Hotel Post mit Themenabenden, Gourmetmenüs und einer großen Weinauswahl stehen allen Gästen offen.

vero piacere per anima e corpo. Lo stesso vale per gli appartamenti tranquilli del Residence-Hotel Tolderhof immersi nel verde, arredati con gusto e tanto spazio per le famiglie. Gli amanti dei tempi passati, invece, trovano il loro paradiso nella Villa Prugger – una casa in stile liberty accanto all'Hotel Post, un gioiello architettonico con arredi antichi, senza tuttavia rinunciare al comfort moderno, che offre un ambiente ideale per famiglie o gruppi di amici. In ciascuna delle tre case gli ospiti possono apprezzare e usufruire dei vantaggi che l'Hotel Resort Tolder offre, quali il reparto wellness dell'Hotel Post con una superficie di 900 metri quadri, le escursioni guidate attraverso lo splendido paesaggio montano circostante e le cavalcate e passeggiate sui cavalli della scuderia Tolder – il più grande centro di turismo equestre dell'Alto Adige – con maneggio esterno ed interno, stalle molto curate e lezioni di equitazione. L'aria buona e fresca fa appetito. A questo rimedio Uwe Urthaler, il rinomato chef dell'Hotel Post con la sua leggera cucina mediterranea basata su prodotti locali di prima qualità. Indipendentemente per quale delle strutture ricettive a quattro stelle si avrà optato, il trascorrere le proprie vacanza in questo luogo d'incanto rappresenta comunque un'ottima scelta.

⬚ **Hotel Post**

Familie Prugger
Kirchgasse 6
I-39030 Olang
☎ 00 39 04 74 / 49 61 27
www.hotelresort-tolder.com

Hotel Post

Famiglia Prugger
Vicolo della Chiesa 6
39030 Valdaora

Majestätischer Lifestyle und exklusive Gaumenfreuden
Majestic lifestyle – il piacere dei sensi e del palato

Südtiroler Charme und familiäre Herzlichkeit erwartet die Gäste des Alpine Wellness Resort Majestic in Reischach, eine Oase der Ruhe, in der man sich ein paar Tage oder Wochen vom hektischen Alltag verabschieden kann. Wer die Hotelhalle betritt, den umfängt großzügige, elegante Weitläufigkeit mit einem heimeligen Bar- und Kaminbereich. Sechs Stuben und Salons, die alle verschieden in warmen Farben und mit edlen Stoffen eingerichtet sind, vermitteln ein luxuriöses Wohlgefühl. In der gemütlichen Raucherlounge sind die Aficionados des blauen Dunstes unter sich. Überall weht ein Geist der Gastlichkeit. Alpiner Lifestyle, mal modern, mal romantisch interpretiert, umgibt die Gäste auch in den Zimmern und Suiten mit Kuschelgarantie.

Was man während des Urlaubs im Hotel Majestic alles erleben kann? Eine faszinierende Mischung aus Naturerlebnissen mit Almen, Bergseen, Wiesen und Wäldern und kulturellen Sehenswürdigkeiten wie etwa dem reizenden Städtchen Bruneck,

L'Alpine Wellness Resort Majestic a Riscone offre ai propri ospiti cordialità familiare insieme al fascino altoatesino, un'oasi di tranquillità dove dimenticare per alcuni giorni o settimane la frenesia e lo stress quotidiano. Entrando nella hall dell'albergo, vasti spazi elegantemente arredati con una zona bar e angolo caminetto accolgono gli ospiti. Sei stube e salotti arredati con diversi colori caldi e stoffe pregiate trasmettono un senso di confortevole benessere. Nell'accogliente zona fumatori gli affezionati al tabacco si ritrovano fra loro. Ovunque si respira un'ospitalità calorosa e personale. Lo stile di vita alpino, interpretato a volte in chiave moderna, altre in chiave romantica, si ritrova anche nelle stanze e suite, garantendo quell'atmosfera di intimità e calore.

Quali sono le attività ed esperienze offerte da una vacanza all'Hotel Majestic? Un mix di esperienze affascinanti in mezzo alla natura con malghe, laghi montani, prati e boschi, oltre a luoghi d'interesse culturale, quali la graziosa cittadina di Bru-

Gebratenes Perlhuhn-Brüstchen mit Erdäpfelkrusteln | Petti di faraona arrosto con patate in crosta

*Rezept finden Sie auf Seite 437 |
Per la ricette vedere a pag. 437*

dem imposanten Schloss Taufers oder dem Volks-kundemuseum Dietenheim. Direkt vor den Pforten des Hauses können Golfer anspruchsvoll und ab-wechslungsreich putten und pitchen. Im Winter zeigt sich die Umgebung in all ihrer glitzernden Pracht und lässt mit zahllosen Pisten, Loipen und Rodelbahnen mit modernsten Aufstiegsanlagen in der bezaubernden Schneelandschaft die Herzen der Wintersportfreunde höher schlagen. Wer lie-ber „daheim" bleibt oder nach ausgiebigem Sport und Spaß wieder ins Hotel Majestic zurückkehrt, kann im ganzjährig beheizten Außenpool mit Ver-bindung zum Panorama-Hallenbad seine Bahnen ziehen. Aktives Wohlbefinden ist im Fitnesscenter mit Cardio-Krafttrainingsgeräten unter Aufsicht von diplomierten Trainern angesagt. Körper und Geist finden in der 1200 Quadratmeter großen Beauty- und Spa-Area Coroness zu vollkommener Harmonie, dazu gehören die Saunalandschaft im Jugendstil mit diversen Saunas, Sonnenliegen auf der Panorama-Terrasse und der Garten der Begeg-nung mit Entspannungsinsel.

Das Hotel Majestic ist auch für kulinarische Freu-den die Top-Adresse, denn hier wirkt einer der ganz Großen in Südtirol: Karl Volgger, hoch dekorierter Kochkünstler und Kochbuchautor, der „seinem" Hotel schon von Anbeginn verbunden ist und seit über 30 Jahren die Hausgäste begeistert. „Nur wer die Natur liebt, kann ihre wunderbaren Erzeugnisse schätzen" lautet sein Motto. So legt er größten Wert auf regionale Grundnahrungsmittel, auf

nico, l'imponente Castello di Tures o il museo provinciale degli usi e costumi a Teodone. Gli ap-passionati di golf possono praticare put e pitch nel campo, davanti all'Hotel, impegnativo per varietà nel gioco e grado di difficoltà. In inverno i dintorni ricoperti di un bianco luccicante emozionano corpo e anima degli appassionati degli sport invernali, offrendo un'ampia scelta tra innumerevoli piste di discesa, piste da fondo e per slittino con moderni impianti di risalita che conducono in mezzo all'in-cantevole paesaggio invernale. Dopo una giornata di movimento in mezzo alla natura, il Majestic vi attende con la sua piscina esterna, riscaldata tutto l'anno e collegata alla piscina panoramica coperta. Lo splendido centro fitness gestito da trainer di-plomati è dotato e attrezzato con apparecchi di ultima generazione. Completa armonia per corpo e spirito si possono ritrovare nel wellness & beauty Vital Area Coroness: un'oasi del benessere di oltre 1200 metri quadri con diversi tipi di sauna in stile liberty, confortevoli lettini per prendere il sole sulla terrazza panoramica e un "giardino degli incontri" con isola di relax.

La cucina dell'hotel Majestic è rinomata meta ga-stronomica di gran classe perché qui uno dei grandi chef dell'Alto Adige esprime la propria arte culinaria: Karl Volgger, pluripremiato e autore di libri di cucina, legato al "suo" albergo sin dall'ini-zio, entusiasma da oltre 30 anni gli ospiti della casa. Il suo motto: "soltanto chi ama la natura ne può apprezzare i suoi prodotti meravigliosi". Mas-

Kräuter und Aromen aus der alpinen Bergwelt oder aus dem hauseigenen Kräuter- und Gemüsegarten, Inspiration für seine klassische Küche mit mediterraner Note. Der Jahreszeit angepasst und stets auf höchstem Niveau finden auch vergessene alte Wurzelgemüse Einzug in sein kulinarisches Reich, die dem Gaumen ganz neue Geschmackserlebnisse verleihen. Für Karl Volgger ist es Herausforderung und Genugtuung zugleich, den Eigengeschmack aller Produkte zu respektieren und durch kreative Zubereitungsart noch zu verstärken. Die allerbeste Qualität und die Achtung vor den Produkten der Natur lassen Karl Volggers Küche mit allen Sinnen genießen. Für sein Engagement wurde ihm 2010 der erste Preis beim Wettbewerb zur Förderung von Kooperation zwischen Tourismus und Landwirtschaft verliehen.

sima importanza è attribuita ai generi alimentari regionali, erbe e aromi della montagna e dall'orto privato, ispirazione per la sua cucina classica con accenti mediterranei. Sceglie prevalentemente ingredienti adeguati alla stagione, sempre ad altissimo livello, introducendo nel suo regno gastronomico anche verdure e radici dimenticate, veri piaceri nuovi per il palato. Per Karl Volgger è sfida e soddisfazione allo stesso tempo rispettare pienamente il sapore proprio di ogni singolo prodotto facendolo risaltare ulteriormente con un sapiente lavoro di affinamento. La qualità migliore insieme al rispetto per i prodotti offerti dalla natura permettono di gustare con tutti i sensi le prelibatezze di Karl Volgger. Nel 2010 il suo impegno gli è valso il primo premio del concorso per promuovere cooperazioni tra turismo ed agricoltura.

🏠 **Alpine Wellness Resort Majestic**
Familie Feichter
Im Gelände 20
I-39031 Reischach
☎ 00 39 04 74 / 41 09 93
www.hotel-majestic.it

Alpine Wellness Resort Majestic
Famiglia Feichter
Via Im Gelände 20
39031 Riscone/Brunico

Hotel Quelle
Hotel Quelle

Luxusresort in der Natur
Resort categoria lusso immerso nella natura

Ganz exquisite Urlaubsfreuden zu jeder Jahreszeit bereitet im bezaubernden Gsieser Tal das Hotel Quelle. Ruhe, frische Luft und die umsorgende Gastfreundschaft der Familie Steinmair und ihres Teams lassen jeden Zivilisationsstress außen vor. Im Frühling und Sommer entspannen die Gäste in der 5 000 Quadratmeter messenden Gartenanlage mit Hausteich und Wildbach, oder man macht sich auf zu einer der vielfältigen, leichten Wanderungen in die herrliche Natur. Im Winter präsentiert sich das Gsieser Tal geradezu märchenhaft. Das kleine, aber feine Skigebiet St. Magdalena ist nur einen Kilometer entfernt, und den Kronplatz, Südtirols Skigebiet Nr. 1, erreicht man in 20 Minuten mit dem Gratis-Skibus. Rund um die „Quelle" locken wundervolle, einfache Winterwanderwege und 42 Kilometer gespurte Loipen direkt

All'Hotel Quelle nell'incantevole Valle di Casies trascorrete una vacanza sicuramente eccellente in qualsiasi stagione. Tranquillità, aria fresca e ospitalità squisita offerta dalla famiglia Steinmair e dal loro team lasciano dimenticare lo stress quotidiano. In primavera come in estate gli ospiti possono rilassarsi nel giardino di oltre 5 000 metri squadri con ruscello e laghetto. In alternativa, un'ampia rete di sentieri immersi nella splendida natura offre escursioni indimenticabili. La Valle di Casies si presenta da favola anche in inverno. Il piccolo e soleggiato impianto sciistico di S. Maddalena dista soltanto un chilometro, mentre Plan de Corones, la montagna sciistica più gettonata dell'Alto Adige, è raggiungibile in soli 20 minuti con lo shuttle gratuito. I romantici sentieri intorno al Quelle invitano a fare delle bellissime escursioni

vor der Haustür. Alternativen sind geführte Schnee-schuh-Wanderungen, Rodeln unterm Sternenhimmel, Fackelwanderungen oder Pferdekutschenfahrten.

Eigene Führer oder die Gastwirtsfamilie selbst begleiten die Gäste auf Genuss- oder Erlebniswanderungen, zum Beispiel auf die hauseigene Almhütte zu einer zünftigen Jause.

In den weitläufigen, elegant-behaglichen Räumlichkeiten des Hotels mit gemütlichen Sitzecken lässt es sich wunderbar schmökern oder mit Freunden und Gleichgesinnten plaudern. Eltern mit Kindern können sich unbesorgt ihren Freizeitaktivitäten widmen, denn die Kids sind in der „Quelle" bestens aufgehoben. Liebevolle Betreuer sorgen für abwechslungsreiche Stunden beim Kinder-Fitness-Programm, einer Bauernhofbesichtigung, auf dem Spielplatz oder im Kinder-Kino. Möchte man sich in seine „eigenen vier Wände" zurückziehen, so geben zwölf verschiedene Zimmertypen und Suiten den Gästen das Gefühl, zu Hause zu

in mezzo alla neve e direttamente davanti alla porta di casa vi attendono 42 chilometri di splendide piste da fondo. Inoltre è possibile unirsi alle guide alpine per escursioni con le ciaspole, scendere in slitta sotto il cielo stellato, partecipare a fiaccolate o fare un giro in carrozza. Al termine di una bella camminata in montagna gli ospiti, accompagnati da guide o dalla stessa famiglia Steinmair, potranno anche gustare una merenda tipica nella baita alpina di proprietà. Gli ambienti ampi, eleganti e confortevoli del Quelle offrono agli ospiti angoli accoglienti dove è possibile sfogliare semplicemente una rivista o conversare con amici. Le famiglie con bambini possono dedicarsi serenamente alle attività ricreative mentre i piccoli vengono intrattenuti con grande cura da appositi assistenti con un nutrito programma di attività che comprende ad esempio esercizi di fitness, la visita ad una fattoria, il parco giochi e la proiezione di film per bambini. Dodici diversi tipi di stanze e suite dotate di arredi pregiati ed accoglienti offrono

sein. Edle, hochwertige Materialien, warme Farben und liebevolle Details vermitteln kuscheliges Wohlgefühl. Wohlgefühl pur auch in der einzigartigen, völlig neuen Spa-Landschaft. Die über 2 000 Quadratmeter große Wellnessoase bietet unendlich viele Möglichkeiten, sich zu entspannen und Körper, Geist und Seele in Einklang zu bringen. Das Mosaikhallenbad mit Whirlpool und Massageliegen ist mit dem 32 Grad Celsius warmen Panorama-Freibad verbunden. Der Saunabereich mit neun verschiedenen Saunas, Dampfstuben und luxuriösen Ruheräumen bringt die Urlauber zum gesunden Schwitzen und Relaxen. Das Fit & Fun Center mit Dolomitenblick und den neuesten Cardio- und Krafttrainingsgeräten motiviert unter Anleitung der Vitaltrainer zu aktiver Bewegung, und die Beauty- und Vital-Lounge macht „sie" und „ihn" mit allen erdenklichen Anwendungen und Massagen einfach schöner. Kompetente Mitarbeiter verwöhnen in dem edlen Wohnambiente mit allen erdenklichen Beauty-Behandlungen und effektiven Treatments.

Kulinarische Freuden kommen in der „Quelle" ebenfalls nicht zu kurz: morgens das kaiserliche Frühstücksbuffet, tagsüber Salate, Suppen, traditionelle und italienische Gerichte, zum Nachmittags-Kaffee oder -Tee Snacks oder Kuchen und Strudel aus der hauseigenen Patisserie. Abends wählt man à la carte ein fünf- bis siebengängiges Genießermenü ganz nach Wunsch. Alle Gerichte werden frisch und mit Liebe zubereitet und von den besten Weinen aus Südtirol, Italien und der ganzen Welt begleitet.

agli ospiti un ambiente familiare dove ritirarsi e sentirsi a casa. Piacere puro anche nel nuovo attrezzatissimo centro wellness & spa, un'oasi del benessere di oltre 2 000 metri quadri che offre infinite possibilità per rilassarsi e portare in sintonia corpo e mente. La piscina interna a mosaico con idromassaggio e sdraio massaggiante è collegata alla piscina panoramica all'aperto riscaldata a 32 gradi. Per rilassarsi e liberare piacevolmente l'organismo dalle tossine ci sono ben nove sauna di tipo diverso con ampie e lussuose zone relax. Il centro ginnastico Fit & Fun con strepitosa vista sulle Dolomiti e attrezzi di ultima generazione garantisce benefici esercizi di rilassamento e di movimento attivo sotto la direzione dei vital-trainer, mentre le applicazioni offerte dal beauty- e vital-lounge fanno sia "lei" che "lui" semplicemente più belli. Collaboratori competenti coccolano gli ospiti nel prezioso ambiente con tutti gli efficaci trattamenti beauty immaginabili.

Anche il raffinato piacere gastronomico dell'Hotel Quelle riveste un'importanza non trascurabile. Al mattino il ricco buffet della colazione, durante il giorno insalate fresche, minestre, piatti caldi di specialità della cucina locale e italiana, di pomeriggio caffè o tè snack, dolci e strudel fatti in casa. A cena il menu del buongustaio è, a scelta, da cinque a sette portate à la carte. Tutti i piatti vengono preparati freschi con cura e amore e accompagnati dai migliori vini altoatesini, italiani e anche esteri.

Hotel Quelle
Nature Spa Resort
Familie Steinmair
Magdalenastraße 4
I-39030 Gsieser Tal
☎ 00 39 04 74 / 94 81 11
www.hotel-quelle.com

Hotel Quelle
Natura Spa Resort
Famiglia Steinmair
Via Maddalena 4
39030 Valle di Casies

Saiblingsfilet in Buchweizenkruste auf Ackerbohnen-Erbsencreme

⌂ Romantik Hotel & Restaurant Stafler, S. 346

Zutaten für 4 Personen

4 Saiblingsfilets mit Haut à 250 g | Saft von ½ Zitrone | 1–2 TL Worcestershire-sauce | 100 g frischer Buchweizen | 3–4 EL Öl zum Braten | Salz, weißer Pfeffer aus der Mühle
Gemüse 30 g Schalotten | 30 g Butter | 1/3 Knoblauchzehe | 200 g Erbsen (TK) | 200 g Ackerbohnen (Saubohnen), geschält | 100 ml Gemüsefond | 50 ml Sahne | 1 Prise Muskatnuss | ½ TL Bohnenkraut, fein geschnitten | ½ TL frische Minze, fein geschnitten | Salz, Pfeffer aus der Mühle

Zubereitung

Die Saiblingsfilets mit Salz, Pfeffer, Zitronensaft und Worcestershiresauce würzen.
Die Schalotten fein schneiden. In einer Pfanne die Butter erhitzen und die Schalottenwürfel andünsten. Den Knoblauch dazupressen und kurz mit-dünsten. Die Erbsen hinzufügen. Mit Fond und Sahne aufgießen und alles 3 Minuten kochen. Dann mit so wenig Flüssigkeit wie möglich mixen, durch ein feines Sieb passieren und mit Salz, Pfeffer und Muskatnuss würzen.
Die Ackerbohnen getrennt weich kochen. Erbsenpüree und Ackerbohnen mit Bohnenkraut und Minze würzen und abschmecken.
Den Buchweizen in einer trockenen Pfanne rösten und grob mörsern. Die Saiblingsfilets im Buchweizen auf der hautlosen Seite wälzen, in einer heißen beschichteten Pfanne 3 Minuten auf jeder Seite braten, dabei mit der Haut-seite und mit mehr Hitze beginnen. Aus der Pfanne nehmen und warm stellen. Das Ackerbohnen-Püree auf Tellern anrichten, die Fischfilets darauf platzieren. Dazu gefüllte Kartoffelblinis servieren.

Filetto di branzino in crosta di grano saraceno su crema di fagioli e piselli

⌂ Romantik Hotel & Restaurant Stafler, pag. 346

Ingredienti per 4 persone

4 filetti di branzino di 250 g ciascuno, con la pelle | succo di mezzo limone | 1–2 cucchiaini di salsa Worcester | 100 g di grano saraceno fresco | 3–4 cucchiai di olio | sale | pepe bianco macinato
Per le verdure 30 g di scalogno | 30 g di burro | 1/3 di spicchio d'aglio | 200 g di piselli | 200 g di fagioli | 100 ml di fondo vegetale | 50 ml di panna | 1 pizzico di noce moscata | ½ cucchiaio di santoreggia, tagliata fine | ½ cucchiaino di menta fresca tagliata fine | sale, pepe macinato

Preparazione

Insaporite i filetti di branzino con sale, pepe, succo di limone e salsa Worcester. Tagliate gli scalogni finemente. In una padella scaldate il burro e soffriggetevi lo scalogno. Schiacciateci l'aglio e fate dorare insieme per breve tempo. Aggiungete i piselli. Versate il fondo vegetale e la panna e fate cucinare il tutto per 3 minuti. Mixate il tutto con il minor liquido possibile, filtrate con un passino e insaporite quindi con sale, pepe e noce moscata. Cuocete i fagioli separatamente. Speziate la purea di piselli e i fagioli con la santoreggia e la menta e assaggiate.
Dorate il grano saraceno in una padella e pestatelo grossolanamente. Passate i filetti di branzino nel grano saraceno dalla parte senza pelle, rosolate quindi ogni lato in una pentola calda antiaderente per 3 minuti, cominciando dalla parte con la pelle a fiamma più viva. Togliete dalla padella e mettete al caldo. Disponete la purea di fagioli sui piatti e metteteci sopra i filetti di pesce. Serviteci insieme dei blini di patate.

Zuppa di birra

Hotel Ristorante Sachsenklemme, pag. 348

Ingredienti per 8 persone

1 cipolla | *1 cucchiaino di burro* | *1 spicchio d'aglio* | *2 cucchiaini di miele* | *½ l di birra* | *1 foglia di alloro* | *1 l di brodo di carne* | *½ l di panna* | *1 pizzico di noce moscata grattugiata* | *1 cucchiaio di fecola* | *100 g di formaggio grigio* | *1 coppietta di pane della Val Venosta* | *sale, pepe macinato*

Preparazione

Pelate la cipolla e tagliatela sottile. Sciogliete il burro in una pentola e fateci soffriggere la cipolla continuando a mescolare. Aggiungete l'aglio pelato e schiacciato. Versate quindi il miele. Lasciate caramellare il tutto. Sfumate quindi con la birra, versate il brodo di carne e la panna, aggiungete la foglia di alloro e portate ad ebollizione. Insaporite con sale, pepe e noce moscata. Mescolate la fecola in 2 o 3 cucchiaino di acqua e aggiungete quindi alla zuppa calda continuando a girare, portate di nuovo ad ebollizione fino a che la zuppa lega. Passate al mixer e filtrate bene con un passino. Tagliate il formaggio grigio e la coppietta di pane della Val Venosta a tocchettini piccoli e fate rosolare bene il pane in una padella asciutta. Distribuite la zuppa su otto piatti preriscaldati e cospargete con i tocchettini di formaggio grigio e i crostini di pane della Val Venosta.

Biersuppe

Hotel Restaurant Sachsenklemme, S. 348

Zutaten für 8 Personen

1 Zwiebel | *1 TL Butter* | *1 Knoblauchzehe* | *2 TL Honig* | *½ l Bier* | *1 Lorbeerblatt* | *1 l Fleischbrühe* | *½ l Sahne* | *1 Msp geriebene Muskatnuss* | *1 TL Speisestärke* | *100 g Graukäse* | *1 Vinschger Paarl* | *Salz, Pfeffer aus der Mühle*

Zubereitung

Die Zwiebel schälen und fein würfeln. Die Butter in einem Topf zerlassen und die Zwiebel darin unter Rühren anschwitzen. Den Knoblauch häuten und dazupressen, den Honig hinzufügen. Alles karamellisieren lassen. Dann mit Bier ablöschen, das Lorbeerblatt, die Fleischbrühe und die Sahne angießen und aufkochen lassen. Mit Salz, Pfeffer und Muskatnuss würzen. Die Speisestärke mit 2 bis 3 Esslöffeln Wasser verrühren und in die heiße Suppe rühren, nochmals aufkochen lassen, bis die Suppe bindet. Gut aufmixen und durch ein feines Sieb passieren.

Den Graukäse in kleine Würfel schneiden, das Vinschger Paarl ebenfalls fein würfeln und in einer trockenen Pfanne goldbraun rösten. Die Suppe auf acht vorgewärmte Teller verteilen und mit den Graukäsewürfeln und Vinschgerbrot-Croutons bestreuen.

Torta di grano saraceno

⌂ Hotel Kabis, pag. 378

Ingredienti per 1 torta

7 uova | *250 g di burro a temperatura ambiente* | *250 g di zucchero* |
250 g di noci o nocciole | *250 g di farina di grano saraceno* | *1 cucchiaio di*
cacao in polvere | *1 cucchiaio di cannella in polvere* | *3 mele sbucciate grattu-*
giate | *1 cucchiaino di buccia di limone grattugiata* | *1 cucchiaio di fecola di*
patate | *1 bustina di lievito per dolci* | *1 bustina di zucchero vanigliato* |
1 bicchiere di marmellata di mirtilli rossi | *3–4 cucchiai di zucchero a velo* |
1 pizzico di sale
Grasso per la tortiera

Preparazione

Dividete i rossi dai bianchi d'uovo. Mescolate il burro ammorbidito con
200 grammi di zucchero e con i tuorli fino ad ottenere una schiumetta.
Macinate le noci o nocciole. Mescolate lentamente le noci con la farina di
grano saraceno, il cacao, la cannella, le mele grattugiate, la buccia di
limone, la fecola di patate, il sale, il lievito e lo zucchero vanigliato. Montate
a neve gli albumi con il resto dello zucchero e mescolate delicatamente.
Ungete una tortiera, riempitela con l'impasto e fate cuocere in forno preriscaldato a 180 o 200 °C per circa 45 o 55 minuti.
Lasciate raffreddare, togliete dalla tortiera e tagliate per orizzontale. Mescolate la marmellata di mirtilli rossi e spalmatela sulla parte inferiore della torta.
Appoggiateci sopra la parte superiore e cospargete con zucchero a velo.
Servite con panna montata.

Buchweizentorte

⌂ Hotel Kabis, S. 378

Zutaten für 1 Torte

7 Eier | *250 g zimmerwarme Butter* | *250 g Zucker* | *250 g Nüsse (Hasel- oder*
Walnüsse) | *250 g Buchweizenmehl* | *1 EL Kakaopulver* | *1 EL Zimtpulver* |
3 Äpfel, geschält und gerieben | *1 TL abgeriebene Schale von 1 unbehandelten*
Zitrone | *1 EL Kartoffelmehl* | *1 Päckchen Backpulver* | *1 Päckchen Vanillezucker*
| *1 Glas Preiselbeermarmelade* | *3–4 EL Staubzucker* | *1 Prise Salz*
Fett für die Form

Zubereitung

Die Eier trennen. Die weiche Butter mit 200 Gramm Zucker und dem Eigelb
schaumig rühren. Die Nüsse mahlen. Nüsse, Buchweizenmehl, Kakao, Zimt,
geriebene Äpfel, Zitronenschale, Kartoffelmehl, Salz, Backpulver und Vanillezucker langsam unterrühren. Das Eiweiß mit dem restlichen Zucker steif schlagen
und vorsichtig unter den Teig heben. Eine Springform ausfetten, den Teig
einfüllen und die Form im vorgeheizten Ofen bei 180 bis 200 °C etwa 45 bis
55 Minuten backen.
Auskühlen lassen, aus der Form nehmen und waagerecht durchschneiden.
Die Preiselbeermarmelade durchrühren und auf den unteren Tortenboden
streichen. Den oberen Tortenboden daraufsetzen und mit Staubzucker bestreuen.
Dazu steif geschlagene Sahne servieren.

Schüttelbrot-Gnocchi mit Lammragout vom Villnösser Brillenschaf im Apfelmantel

📖 Restaurant Pitzock, S. 382

Zutaten für 4 Personen

400 g Lammfleisch vom Villnösser Brillenschaf (ohne Knochen) | *1–2 EL Öl* |
40 g Zwiebel | *20 g Karotten* | *20 g Knollensellerie* |
1 Knoblauchzehe | *2 EL Öl* | *½ EL Tomatenmark* | *125 ml Blauburgunder* |
400 g braune Lammbrühe, ersatzweise Kalbsfond | *Kräutersträußchen aus Rosmarin, Salbei, Thymian, Zitronenthymian und Lorbeer* | *ein paar Wacholderbeeren* | *Salz, Pfeffer aus der Mühle*
Schüttelbrot-Gnocchi *400 g mehlig kochende Kartoffeln* | *2 Eigelb* |
1 EL Butter | *100 g Mehl* | *20 g Schüttelbrot (Reste)* | *Salz* | *Muskat, gerieben*
karamellisierte Apfelscheiben *1 Apfel* | *1 EL Butter* | *etwas Zucker*

Zubereitung

Das Lammfleisch in kleine Würfel schneiden und in einem Topf im heißen Öl scharf anbraten. Aus dem Topf nehmen. Zwiebel, Karotten und Sellerie putzen und würfeln und ebenfalls im Öl anbraten, die Knoblauchzehe dazupressen. Das angebratene Fleisch wieder in den Topf geben, Tomatenmark hinzufügen und mitrösten, bis alles eine schöne Farbe angenommen hat. Mit dem Rotwein zwei bis drei Mal ablöschen und immer wieder einkochen lassen. Mit der Lammbrühe aufgießen und das Ragout etwa eine Stunde leise köcheln lassen. Nach 45 Minuten das Kräutersträußchen und die Wacholderbeeren hinzufügen.
Für die Gnocchi die Kartoffeln waschen, mit der Schale circa 30 Minuten weich kochen und heiß schälen. Die Kartoffeln durch die Kartoffelpresse drücken, mit Eigelb und Butter verkneten. Die Masse auskühlen lassen. Dann das Mehl und das zerbröselte Schüttelbrot mit Salz und frisch geriebener Muskatnuss würzen und unter die Kartoffelmasse kneten. Aus dem Teig kleine Nocken formen und in Salzwasser 10 Minuten kochen.
Den Apfel mit Schale in Scheiben schneiden und in der Pfanne mit Butter und Zucker leicht karamellisieren. Die karamellisierten Apfelscheiben im Metallring kreisförmig schichten, die Gnocchi im Lammragout schwenken und in dem vorbereiteten Metallring anrichten und den Metallring entfernen.

Gnocchi di "pane scosso" con ragù di agnello di pecora occhialuta della Val di Funes in manto di mele

📖 Restaurant Pitzock, pag. 382

Ingredienti per 4 persone

per il ragù *400 g di carne di agnello di pecora occhialuta della Valle di Funes (disossato)* | *1–2 cucchiai di olio* | *40 g di cipolla* | *20 g di carote* |
20 g di sedano rapa | *1 spicchio d'aglio* | *2 cucchiai di olio* | *½ cucchiaio di concentrato di pomodoro* | *125 ml di Pinot nero* | *400 g di brodo di agnello, in alternativa fondo di vitello* | *un mazzetto di erbette aromatiche compostimo da rosmarino, salvia, timo-limone e alloro* | *un paio di bacche di ginepro* |
sale, pepe macinato
per gli gnocchi di "pane scosso" *400 g di patate farinose* | *2 tuorli d'uovo* |
1 cucchiaio di burro | *100 g di farina* | *20 g di „pane scosso" (resti)* |
noce moscata grattugiata | *sale*
per la copertura di mele *1 mela* | *1 cucchiaio di burro* | *un po' di zucchero*

Preparazione

Tagliate la carne di agnello in tocchettini piccoli, quindi rosolatela bene in olio caldo. Togliete dalla padella, mondate cipolla, carota e sedano rapa, tagliati a tocchettini e rosolate anche questi in olio, schiacciateci lo spicchio d'aglio. Mettete nuovamente nella padella la carne rosolata, aggiungete il concentrato di pomodoro e fate rosolare insieme finché il tutto non ha assunto un bel colore. Sfumate due o tre volte con il vino rosso e continuate sempre a cucinare. Ricoprite con il brodo di agnello e fate cuocere piano il ragù per circa un'ora. Dopo 45 minuti aggiungete il mazzetto di erbe aromatiche e le bacche di ginepro.
Per gli gnocchi lavate le patate, cucinatele bene con la buccia per circa 30 minuti e pelatele ancora calde. Pressate le patate con il passa-patate, lavoratele con il tuorlo d'uovo e il burro. Lasciate raffreddare la massa. Mescolate quindi la farina e il "pane scosso" grattugiato. Insaporite con sale e noce moscata grattugiata fresca. Formate dei piccoli gnocchi dall'impasto e fate cuocere in acqua salata per 10 minuti. Impilate le fette di mela caramellate in un cerchio rotondo di metallo, spadellate gli gnocchi nel ragù di agnello e disponete nel cerchio di metallo già pronto. Togliete il cerchio di metallo.

Filetto di agnello di pecora occhialuta della Val di Funes in crosta di pancetta su crema di sedano e patate con verdure di stagione

🏠 Hotel Tyrol, pag. 384

Ingredienti per 4 persone

per i filetti di agnello *4 pezzi di filetto di agnello di 160 g l'uno* | *2 cucchiai di erbette aromatiche fresche (rosmarino, salvia, timo)* | *8 fettine sottili di pancetta* | *2 cucchiai di olio*
per la crema di sedano e patate *½ sedano piccolo* | *2 patate di grandezza media* | *100 ml di latte* | *100 ml di panna* | *noce moscata grattugiata fresca* | *sale* | *pepe macinato*
per le verdure *200 g di broccoli* | *200 g di carote* | *olio di vegetale* | *brodo vegetale* | *sale* | *pepe macinato*

Preparazione

Frizionate i filetti di agnello con le erbette fresche e avvolgeteli ognuno in due fettine di pancetta. Infilzate ogni filetto con un bastoncino da spiedo in legno. Scaldate un po' di olio in una padella e fate quindi rosolare gli spiedini per breve tempo a fuoco medio, quindi lasciate riposare. Per la crema lavate il sedano e le patate, pelateli e tagliateli a dadini. Versate latte e panna in una pentola e fatevi ammorbidire la patate e il sedano per circa 20 minuti, insaporite con sale, pepe e noce moscata e frullate quindi con il mixer o con la frusta. Nel frattempo lavate e mondate broccoli e carote e tagliateli a fette o a cubetti. Rosolate in olio caldo, salate e pepate, sfumate con un po' di brodo vegetale o con acqua e cuocete al dente a fiamma bassa. Disponete su quattro piatti la crema di patate e sedano, le verdure e i filetti di agnello. Lo chef dell'hotel Tyrol ci accompagna dei canederli al timo in tovagliolo arrosti.

💡 A seconda della stagione si possono certamente utilizzare altri tipi di verdura come per esempio cavoletti di Bruxelles, cavolfiore o fagiolini.

Lammfilet vom Villnösser Brillenschaf im Speckmantel auf Sellerie-Kartoffelpüree mit Gemüse der Saison

🏠 Hotel Tyrol, S. 384

Zutaten für 4 Personen

4 Stück Lammfilet à 160 g | *2 EL frische Kräuter (Rosmarin, Salbei, Thymian)* | *8 dünne Scheiben Bauchspeck* | *2 EL Öl*
Sellerie-Kartoffelpüree *½ kleine Sellerieknolle* | *2 mittelgroße Kartoffeln* | *100 ml Milch* | *100 ml Sahne* | *frisch geriebene Muskatnuss* | *Salz, Pfeffer aus der Mühle*
Gemüse *200 g Brokkoli* | *200 g Karotten* | *Pflanzenöl* | *Gemüsebrühe* | *Salz, Pfeffer aus der Mühle*

Zubereitung

Die Lammfilets mit den frischen Kräutern würzen und in je zwei Speckscheiben wickeln. Jedes Filet auf einen Holzspieß stecken. Etwas Öl in einer Pfanne erhitzen und die Spießchen bei mittlerer Hitze kurz anbraten, danach kurz nachziehen lassen. Für das Püree die Sellerieknolle und die Kartoffeln waschen, schälen und grob würfeln. Milch und Sahne in einen Topf geben, die Sellerie- und Kartoffelwürfel darin in circa 20 Minuten weich kochen, mit Salz, Pfeffer und Muskatnuss würzen und im Mixer oder mit dem Handquirl pürieren. In der Zwischenzeit Brokkoli und Karotten putzen und waschen, in Scheiben oder Würfel schneiden. In heißem Öl anbraten, salzen und pfeffern, mit etwas Gemüsebrühe oder Wasser ablöschen und bei geringer Hitze bissfest garen. Das Kartoffel-Selleriepüree, das Gemüse und die Lammfilets auf vier Tellern anrichten.
Dazu serviert der Küchenchef des Hotel Tyrol gebratene Thymian-Serviettenknödel.

💡 Je nach Saison kann man natürlich auch andere Gemüsesorten verwenden wie zum Beispiel Rosenkohl, Blumenkohl oder grüne Bohnen.

Rosa gebratene Lammkoteletts vom Villnösser Brillenschaf

⌂ Ansitz Ranuihof, S. 386

Zutaten für 4–6 Personen

1 kg Lammkarree (2 Mittelstücke vom Kotelett-Teil) | *10 Prisen Salz-Pfefferge-
misch (2/3 Salz, 1/3 Pfeffer)* | *2 EL Olivenöl* | *1 kleiner Zweig Rosmarin (5 g)* |
1 Zweig Thymian (5 g)

Thymiansauce *2 Karotten* | *1 EL Olivenöl* | *1 EL Tomatenmark* |
300 ml Weißwein | *1 gelbe Zwiebel* | *3 Zehen Knoblauch* | *1 Stück Sellerie-
stange* | *etwas Thymian (5 g)* | *100 ml Balsamessig* | *1 TL Speisestärke* | *Salz*

Zubereitung

Das Lammkarree sauber parieren, beziehungsweise von allen Sehnen und
Häuten freischneiden. Die Abschnitte für die Sauce aufbewahren. Die Fleischstücke mit dem Salz-Pfeffer-Gemisch würzen. Das Olivenöl in einer Pfanne
erhitzen und die Lammkarrees von allen Seiten etwa 5 Minuten gut anbraten.
In eine ofenfeste Kasserolle geben, mit Rosmarinnadeln und Thymianblättchen bestreuen und in den auf 90 °C vorgeheizten Ofen schieben. Entweder
drei Stunden bei der Niedriggar-Temperatur garen oder alternativ 9 Minuten
bei 200 °C.

Für die Sauce die Lammabschnitte und eventuell verfügbare Lammknochen in
Olivenöl scharf anbraten, überschüssiges Fett abgießen, das Tomatenmark
hinzufügen und kurz mitrösten. Mit dem Weißwein ablöschen. Zwiebel und
Knoblauch schälen und klein würfeln, den Sellerie putzen und ebenfalls fein
würfeln. Alles in die Pfanne geben und weiterdünsten. Wenn die Flüssigkeit
fast verdunstet ist, mit gut 1 Liter Wasser aufgießen und köcheln lassen, bis die
Sauce zu zwei Dritteln eingekocht ist. Die Sauce durch ein feines Sieb in einen
kleineren Topf gießen, Thymian und Balsamico hinzufügen und mit Salz
abschmecken. Falls die Sauce noch zu flüssig ist, entweder weiter einreduzie-
ren oder 100 Milliliter Wasser mit einem Teelöffel Speisestärke verrühren, in
die kochende Sauce einrühren, etwa 3 Minuten weiterkochen lassen. Nochmals durch ein Sieb passieren und mit den Lammkoteletts servieren.

Auf der Geisleralm serviert man dazu Kartoffel-Pfifferlingsknödel auf Fenchel-
streifen und feine Ofentomaten.

Cotolette arrosto di agnello di pecora occhialuta della Val di Funes

⌂ Maso Ranui, pag. 386

Ingredienti per 4-6 persone

1 kg di carrè di agnello | *10 pizzichi di sale e pepe mischiati (2/3 di sale,
1/3 di pepe)* | *2 cucchiai di olio d'oliva* | *1 rametto piccolo di rosmarino (5 g)* |
1 rametto di timo (5 g)

per la salsa di timo *2 carote* | *1 cucchiaio di olio d'oliva* | *1 cucchiaio di polpa
di pomodoro* | *300 ml di vino bianco* | *1 cipolla gialla* | *3 spicchi d'aglio* |
1 pezzo di gambo di sedano | *un po' di timo (5 g)* | *100 ml di aceto balsamico* |
1 cucchiaino di amido | *sale*

Preparazione

Pulite il carrè di agnello, e cioè tagliate via le interiora e la pelle. Conservate i
ritagli per la salsa. Insaporite i pezzi di carne con il composto di sale e pepe.
Scaldate l'olio d'oliva in una padella e fateci rosolare bene i carrè di agnello da
tutti i lati per ca. 5 minuti. Disponete in una teglia da forno, cospargete con
aghi di rosmarino e foglioline di timo e mettete in forno preriscaldato a 90 °C.
Fate cucinare per 3 ore ad una temperatura bassa oppure in alternativa per
9 minuti a 200 °C.

Per la salsa fate rosolare bene i ritagli dell'agnello ed eventuali ossa in olio
d'oliva, filtrate il grasso in eccedenza, aggiungete la polpa di pomodoro e fate
rosolare insieme per un po'. Sfumate con il vino bianco. Pelate cipolla e aglio e
tritateli fini, pulite il sedano e tagliatelo altrettanto fine. Versate il tutto nella
padella e continuate a rosolare. Quando il liquido è quasi evaporato del tutto,
versate 1 litro abbondante d'acqua e lasciate cuocere finché la salsa non si è
ridotta a due terzi. Versate la salsa in una pentola più piccola filtrandola con
un passino, aggiungete timo e basilico ed insaporite con il sale. Se la salsa
dovesse essere ancora troppo liquida, fatela addensare ancora oppure
mescolate 100 ml di acqua con un cucchiaino di amido, versatelo nella salsa
bollente e continuate a cucinare per circa 3 minuti mescolando. Filtrate
nuovamente con un passino e servite con le cotolette di agnello.

Alla malga Geisler le cotolette vengono servite con canederli alle patate e
finferli su striscioline di finocchio e pomodori al forno.

Filetto di torello su funghi porcini piccoli con pomodori ciliegini marinati ed erbette

Romantik Hotel Turm, pag. 394

Ingredienti per 4 persone

600 g di filetto di torello | 2–3 cucchiai di olio d'oliva | 3–4 foglie di salvia | 1 rametto di rosmarino | 3 spicchi d'aglio | 12 pomodori ciliegini | 400 g di funghi porcini piccoli (oppure altri funghi di bosco) | 30 g di burro | 1 scalogno (ca. 1 cucchiaio) | 30 g di erba cipollina | sale | pepe macinato

Preparazione

Salate e pepate il filetto di torello. In una padella scaldate l'olio d'oliva e rosolateci la carne assieme alla salvia, il rosmarino e gli spicchi d'aglio non spellati. Portate il forno a 55 °C e fate cucinare la carne per 30 minuti. Sbollentate i pomodori ciliegini per 15 secondi, scolateli e fate raffreddare sotto l'acqua fredda. Pelate i pomodori, tagliateli in quattro, estraete e rimuovete la parte interna, salate quindi leggermente la polpa di pomodoro. Pulite i funghi porcini e tagliateli a fette. Pelate lo scalogno e tagliatelo a tocchettini. Tagliate l'erba cipollina in pezzettini della lunghezza di 5 centimetri circa. Scaldate il burro in una padella, rosolateci lo scalogno, aggiungete quindi i funghi porcini, l'erba cipollina e i pomodori ciliegini. Condite con sale e pepe e spadellate per un po'.
Togliete il filetto di torello dal forno e aumentate la temperatura a 150 °C. Quindi fate cucinare ancora il filetto per 5 minuti. Togliete le erbette e gli spicchi d'aglio.
Distribuite i funghi porcini e i pomodori su quattro piatti, disponeteci sopra il filetto di torello tagliato a fette e cospargete con la salsa dell'arrosto.

Filet vom Jungbullen auf kleinen Steinpilzen mit marinierten Kirschtomaten und Kräutern

Romantik Hotel Turm, S. 394

Zutaten für 4 Personen

600 g Jungbullenfilet | 2–3 EL Olivenöl | 3–4 Blätter Salbei | 1 Zweig Rosmarin | 3 Knoblauchzehen | 12 Kirschtomaten | 400 g kleine Steinpilze (oder andere Waldpilze) | 30 g Butter | 1 Schalotte (etwa 1 EL) | 30 g Schnittlauch | Salz | Pfeffer aus der Mühle

Zubereitung

Das Jungbullenfilet im Stück salzen und pfeffern. In einer Pfanne das Olivenöl erhitzen und das Fleisch mit Salbei, Rosmarin und den ungeschälten Knoblauchzehen anbraten. Den Backofen auf 55 °C vorheizen und das Fleisch 30 Minuten garen.
Die Kirschtomaten 15 Sekunden in kochendem Wasser blanchieren, abseihen und mit kaltem Wasser abschrecken. Die Kirschtomaten schälen, vierteln, das Innere herausnehmen und entfernen, das Tomatenfleisch leicht salzen.
Die Steinpilze putzen und in Scheiben schneiden. Die Schalotte pellen und fein würfeln. Den Schnittlauch in etwa 5 Zentimeter lange Stücke schneiden. In einer Pfanne die Butter erhitzen, die Schalotten andünsten, den Schnittlauch mit den Kirschtomaten hinzufügen. Mit Salz und Pfeffer würzen, die Pilze dazugeben und kurz durchschwenken.
Das Jungbullenfilet aus dem Ofen nehmen und die Temperatur auf 150 °C erhöhen. Dann das Filet nochmals 5 Minuten weitergaren. Die Kräuter und Knoblauchzehen entfernen.
Die Steinpilze und Tomaten auf vier Tellern verteilen, das Jungbullenfilet in Scheiben darauf anrichten und mit dem Bratensaft beträufeln.

Knödeltris

🗎 Gasthof Tschötscherhof, S. 402

Zutaten für 4 Personen

Käseknödel *30 g Zwiebel* | *1 EL Öl* | *150 g Knödelbrot* | *2–3 EL Schnittlauch und Petersilie, fein geschnitten* | *je 1 Msp Muskatnuss und Oregano* | *100 g milder Käse (Gouda, Edamer, Tilsiter oder Bergkäse)* | *2 Eier* | *100 ml Milch* | *2–3 EL Mehl* | *Salz, Pfeffer*
Rote-Bete-Knödel *100 g Rohnen (Rote Bete), gekocht* | *50 g Zwiebel* | *20 g Butter* | *1 EL Öl* | *2 Eier* | *etwas Milch* | *150 g Knödelbrot* | *1 Msp Muskatnuss* | *1 EL Parmesankäse, gerieben* | *1–2 EL Petersilie, fein geschnitten* | *2 Eier* | *1–2 EL Mehl* | *Salz, Pfeffer*
Spinatknödel *150 g Knödelbrot* | *1 Msp Muskatnuss* | *1 EL Parmesankäse* | *2–3 EL Petersilie, fein geschnitten* | *60 g Zwiebel* | *1 Knoblauchzehe* | *20 g Butter* | *1 EL Öl* | *200 g Blattspinat, gekocht und püriert* | *2 Eier* | *50 ml Milch* | *1–2 EL Mehl* | *Salz, Pfeffer*
70 g geriebener Parmesankäse | *Schnittlauchröllchen* | *100 g gebräunte Butter*

Zubereitung

Für alle Knödel das Knödelbrot in eine Schüssel geben und mit Salz, Pfeffer, Muskatnuss, Parmesan, Oregano (Käseknödel) und Petersilie würzen. Zwiebel und Knoblauch schälen, klein schneiden und in der Butter-Öl-Mischung dünsten.
Für die Rote-Bete-Knödel die Rote Bete würfeln und mit Eiern und Milch pürieren. Für die Spinatknödel den Spinat mit den Eiern pürieren und die Milch hinzufügen. Für die Käseknödel den Käse klein schneiden. Alle Zutaten jeweils gut miteinander vermischen, das Mehl unterrühren. Mit nassen Händen Knödel formen, reichlich Salzwasser zum Kochen bringen und die Knödel 10 bis 15 Minuten kochen lassen. Die Knödel abtropfen lassen, auf Tellern verteilen und mit geriebenem Parmesan, Schnittlauch und brauner Butter servieren.

Tris di canederli

🗎 Locanda Tschötscherhof, pag. 402

Ingredienti per 4 persone

per i canederli al formaggio *30 g di cipolla* | *1 cucchiaio di olio* | *150 g di pane per canederli* | *2–3 cucchiai di erba cipollina e prezzemolo, tritati fini* | *1 pizzico di noce moscata e 1 pizzico di origano* | *100 g di formaggio dolce (Gouda, Edamer, Tilsit o formaggio di montagna)* | *2 uova* | *100 ml di latte* | *2–3 cucchiai di farina* | *sale, pepe*
per i canederli alla bietola rossa *100 g di bietola rossa cotta* | *50 g di cipolla* | *20 g di burro* | *1 cucchiaio di olio* | *2 uova* | *un po' di latte* | *150 g di pane per canederli* | *i pizzico di noce moscata* | *1 cucchiaio di parmigiano grattugiato* | *1–2 cucchiai di prezzemolo tritato fine* | *2 uova* | *1–2 cucchiai di farina* | *sale* | *pepe*
per i canederli agli spinaci *150 g di pane per canederli* | *1 pizzico di noce moscata* | *1 cucchiaio di parmigiano* | *2–3 cucchiai di prezzemolo tritato fine* | *60 g di cipolla* | *1 spicchio d'aglio* | *20 g di burro* | *1 cucchiaio di olio* | *200 g di spinaci in foglia lessati e passati* | *2 uova* | *50 ml di latte* | *1–2 cucchiai di farina* | *sale* | *pepe*
70 g di parmigiano grattugiato | *rotolini di erba cipollina* | *100 g di burro fuso*

Preparazione

Per tutti i tipi di canederli mettete il pane in una terrina e condite con sale, pepe, noce moscata, parmigiano, origano (per i canederli al formaggio) e prezzemolo. Pelate la cipolla e l'aglio, tagliateli a pezzettini piccoli e soffriggete nel burro e olio.
Per i canederli alla bietola rossa, tagliate a dadini la bietola passatela el mixer con le uova e il latte. Per i canederli agli spinaci, passate al mixer gli spinaci con l'uovo ed aggiungete il latte. Per i canederli al formaggio tagliate il formaggio a pezzettini piccoli. Mescolate bene tutti gli ingredienti e aggiungete quindi la farina, continuando a mescolare. Formate dei canederli con le mani bagnate, portate ad ebollizione abbondante acqua salata e fatevi cuocere i canederli da 10 fino a 15 minuti. Scolate i canederli, distribuiteli sui piatti e servite con parmigiano grattugiato, erba cipollina e burro fuso.

Gnocchi al basilico e ricotta

Maso Wassererhof, pag. 406

Ingredienti per 4 persone

60 g di foglie di basilico | 3 uova | 600 g di ricotta | 60 g di farina di semola di grano duro | 150 g di farina 00 | salsa di pomodoro | 70 g di parmigiano | sale, pepe macinato
Foglie di basilico per guarnire

Preparazione

Passate al mixer le foglie di basilico insieme alle uova. Mescolate la farina di semola di grano duro con la farina 00 e unitele alla ricotta e alle uova mescolando. Mettete l'impasto in una sacca da pasticcere e su una superficie di lavoro fate uscire dei vermicelli di 1 centimetro di spessore. Con una paletta da pasta ritagliate degli gnocchi lunghi 1,5 centimetri. Versate gli gnocchi al basilico e ricotta in acqua salata bollente, quando gli gnocchi salgono in superficie toglieteli con una schiumarola. Scolate e distribuite nei piatti. Condite con salsa di pomodoro, cospargete con il parmigiano e guarnite ogni piatto con una foglia di basilico.

In primavera gli gnocchi si possono servire anche come un "tris" insieme ad esempio ai canederli agli asparagi e fagottini di patate con ripieno di ricotta ed aglio orsino.

Basilikum-Topfen-Nocken

Wassererhof, S. 406

Zutaten für 4 Personen

60 g Basilikumblätter | 3 Eier | 600 g Topfen | 60 g Hartweizengrieß | 150 g Weizenmehl | Tomatensauce | 70 g Parmesankäse | Salz, Pfeffer aus der Mühle
Basilikumblätter zum Garnieren

Zubereitung

Die Basilikumblätter und die Eier zusammen mit dem Stabmixer mixen. Hartweizengrieß und Mehl mischen und mit dem Topfen und dem Eiergemisch verrühren. Den Teig in eine Spritztüte füllen und auf einer Arbeitsfläche Stränge von 1 Zentimeter Dicke aufspritzen. Mit einer Teigkarte 1,5 Zentimeter lange Nocken abstechen. Die Basilikum-Topfen-Nocken in kochendes Salzwasser geben, einmal aufkochen und mit einer Schaumkelle herausheben. Abtropfen lassen und auf Tellern verteilen. Mit Tomatensauce umgießen, den Parmesan darüberstreuen und mit je einem Basilikumblatt garnieren.

Im Frühling kann man die Nocken auch als „Tris" servieren, zum Beispiel mit Spargelknödeln und Kartoffelteigtaschen mit Bärlauch-Ricotta-Füllung.

Braune Schokoladenmousse

Hotel Post, S. 416

Zutaten für 4 Personen

120 g Bitterschokolade (Kuvertüre) | 2 Eigelb | 20 g Staubzucker | 1 EL Likör (z. B. Crème de Cacao) | 200 ml Sahne
frische Himbeeren zum Garnieren

Zubereitung

Die Bitterschokolade grob hacken, in eine Stahlschüssel geben, diese auf einen entsprechend großen Topf mit heißem Wasser stellen und im warmen Wasserbad bei etwa 35 °C schmelzen lassen.

Das Eigelb mit dem Staubzucker und dem Likör ebenfalls über einem heißen Wasserbad schaumig schlagen, anschließend mit dem Handmixer oder in der Rührmaschine kalt rühren.

Die geschmolzene Kuvertüre mit der Eimasse vermischen. Die Sahne steif schlagen und unterheben. In eine flache Schüssel füllen, mit Klarsichtfolie abdecken und im Kühlschrank 3 bis 4 Stunden kalt werden lassen.

Zum Anrichten einen Esslöffel oder Eisportionierer in heißes Wasser tauchen und Nocken oder Halbkugeln ausstechen. Mit frischen Himbeeren garnieren.

 Anstelle von rohem Eigelb kann man auch pasteurisiertes Eigelb verwenden.

Als Garnitur eignen sich alle Früchte der Saison, zum Beispiel Erdbeeren oder andere Beeren, Kirschen, Trauben oder Bananen.

Mousse di cioccolata scura

Hotel Post, pag. 416

Ingredienti per 4 persone

120 g di cioccolato amaro (glassa) | 2 tuorli d'uovo | 20 g di zucchero a velo | 1 cucchiaio di liquore (ad es. crema di cacao) | 200 ml di panna
lamponi freschi come decorazione

Preparazione

Tagliate grossolanamente il cioccolato amaro, versatelo in una ciotola d'acciaio e mettete la ciotola sopra una pentola di grandezza adeguata riempita con acqua calda. Fate sciogliere a bagnomaria ad una temperatura di circa 35 °C.

Allo stesso modo sbattete i tuorli d'uovo assieme allo zucchero a velo e al liquore a bagnomaria fino a formare una schiumetta. Infine sbattete a freddo con lo sbattitore oppure con la macchina per mescolare.

Mescolate la glassa di cioccolato fusa con la massa con l'uovo. Montate la panna e mescolate il tutto. Versate in una scodella piatta, ricoprite con carta trasparente e fate raffreddare in frigorifero per 3 o 4 ore.

Per servire immergete in acqua calda un cucchiaio o una spatola da gelato e ricavate degli gnocchetti o delle mezze palline. Guarnite con i lamponi freschi.

Invece del tuorlo d'uovo crudo si può anche utilizzare il tuorlo d'uovo pastorizzato.

Come guarnizione si prestano un po' tutti i frutti di stagione, per esempio le fragole oppure altri frutti di bosco, ciliegie, uva o banane.

Petti di faraona arrosto con patate in crosta

 Alpine Wellness Resort Majestic, pag. 419

Ingredienti per 4 persone

2 patate farinose | *1 cucchiaio di olio* | *4 petti di faraona* | *olio per arrostire* |
80 g di verdure in padella (cipolle, carote, sedano, porro, puliti) | *½ cucchiaino
di concentrato di pomodoro* | *80 ml di vino bianco* | *1 rametto di rosmarino* |
½ cucchiaino di fecola | *1 cucchiaino di senape* | *sale, pepe macinato*
per le verdure *20 g di carote* | *20 g di rapa* | *20 g di zucchini* | *2 cucchiai di
olio d'oliva* | *timo e rosmarino per decorare*

Preparazione

Lavate le patate, pelatele e grattugiatele fini. Cuocetele in olio caldo a 170 °C.
Pulite bene i petti di faraona, spellateli e togliete le interiora. Fate indorare
bene i pezzi di faraona in un po' di olio. Tagliate le verdure fini, aggiungetele e
fatele rosolare altrettanto bene. Aggiungete il concentrato di pomodoro e
mescolate bene il tutto. Sfumate con il vino bianco e versate 400 millilitri di
acqua. Fate cuocere, riducete lentamente della metà e filtrate con un passino.
Pulite le verdure, se necessario spellatele e tagliatele a fette sottili.
Insaporite i petti di faraona von sale e pepe e fateli rosolare bene con
2 cucchiai di olio d'oliva in una padella da tutte e due le parti, metteteli
quindi in forno preriscaldato a 160 °C per 8 fino a 12 minuti.
Insaporite la salsa con sale, pepe e rosmarino, amalgamatela quindi con un
po' di fecola sciolta in acqua fredda. Togliete i petti di faraona dal forno,
cospargeteli con senape, rivoltateli nelle croste di patate e metteteli al caldo.
Per le verdure scaldate una padella, versateci l'olio d'oliva e aggiungete prima
le fette di carote, poi di rapa, quindi di zucchini, facendo passare un po' di
tempo tra ogni verdura. Cucinatele a fuoco vivo, continuando a mescolare.
Dopo 4 o 6 minuti insaporite con sale e pepe. Disponete le rondelle di verdure
sui piatti, tagliate a fette i petti di faraona e stendeteli sopra, versateci la salsa
e guarnite con rosmarino e timo.

💡 I petti di faraona possono anche essere sostituiti da petti di pollo. Non
bisogna superare i tempi di cottura, altrimenti la carne si secca. La
verdura può variare a seconda della stagione.

Gebratenes Perlhuhn-Brüstchen mit Erdäpfelkrusteln

 Alpine Wellness Resort Majestic, S. 419

Zutaten für 4 Personen

4 Perlhuhn-Brüstchen | *2 mehlige Kartoffeln* | *1 EL Öl* | *Öl zum Braten* |
80 g Röstgemüse (Zwiebel, Möhren, Sellerie, Lauch, geputzt) | *½ TL Tomaten-
mark* | *80 ml Weißwein* | *1 Zweig Rosmarin* | *½ TL Stärke* | *1 TL Senf* | *Salz,
Pfeffer aus der Mühle*
Für das Gemüse *20 g Möhren* | *20 g Kohlrabi* | *20 g Zucchini* | *2 EL Olivenöl* |
Rosmarin und Thymian zum Garnieren

Zubereitung

Die Kartoffeln waschen, schälen und fein raspeln. In heißem Öl bei 170 °C
backen. Die Perlhuhn-Brüstchen sauber zuzupfen und von Sehnen und Haut
befreien. Diese Abschnitte in etwas Öl schön braun braten. Das Röstgemüse
klein schneiden, hinzufügen und ebenfalls braun braten. Das Tomatenmark
dazugeben und alles gut umrühren. Mit dem Weißwein ablöschen und mit
400 Millilitern Wasser aufgießen. Aufkochen lassen, langsam auf die Hälfte
reduzieren und durch ein Sieb gießen. Die Gemüse waschen, falls notwendig
schälen und in dünne Scheiben schneiden. Die Perlhuhn-Brüstchen mit Salz
und Pfeffer würzen und in einer Pfanne mit 2 Esslöffeln Olivenöl von allen
Seiten anbraten und für 8 bis 12 Minuten in den auf 160 °C vorgeheizten Ofen
schieben. Die eingekochte Sauce mit Salz, Pfeffer und Rosmarin würzen und
mit der in etwas kaltem Wasser aufgelösten Stärke leicht binden. Die Brüstchen
aus dem Ofen nehmen, mit Senf bestreichen, in den Kartoffelkrusteln wälzen
und warm stellen. Für das Gemüse eine Pfanne erhitzen, das Olivenöl hineingeben und nacheinander die Möhren-, Kohlrabi- und Zucchinischeiben in
kurzen Zeitabständen beigeben und bei starker Hitze unter ständigem Rühren
rösten. Nach 4 bis 6 Minuten mit Salz und Pfeffer abschmecken. Die Gemüse-
scheiben auf Tellern anrichten, die Perlhuhn-Brüstchen in Scheiben darauf
platzieren, die Sauce angießen und alles mit Rosmarin und Thymian garnieren.

💡 Die Perlhuhn-Brüstchen können auch durch Hühnerbrüste ersetzt werden.
Die Garzeit darf nicht überschritten werden, da das Fleisch sonst trocken
wird. Das Gemüse kann der Jahreszeit entsprechend variiert werden.

Bauernbratl Schweinerippchen oder -Schulter, mit Kartoffeln und Zwiebel geschmort

Bauernschöpsenes Schmorgericht mit Schaffleisch, Zwiebeln, Knoblauch, Karotten und Rotwein

Beuschel Lunge

Bozner Sauce eine Art Remoulade aus gehacktem Ei, Öl, Senf, Kräutern, etwa zu Spargel

Brotklee, lat. Trigonella caerulea aromatisches Brotgewürz, zum Beispiel für Paarln und Schüttelbrot

Erdäpfelplatteln in Fett ausgebackene Rechtecke aus Kartoffelteig

Fritatten feinnudelig geschnittene Pfannkuchen als Suppeneinlage

Gröstel Bratenfleisch mit Kartoffeln und Zwiebel, knusprig geröstet. Entweder mit Kalbfleisch (Herrengröstel) oder mit Schweine- oder Rindfleisch (Bauerngröstel), ebenfalls sehr beliebt mit Stockfisch

Graukas Magerkäse, ähnlich wie Handkäs, mit Zwiebeln, Essig und Öl

Grießplatteln Dicker Grießbrei, abgekühlt, in Stücke geschnitten, paniert und gebraten

Hirnpofesen (auch Pavesen) gewürztes Hirn in 2 Brotscheiben, in Fett ausgebacken, als Suppeneinlage

Kaminwurzen kleine, geräucherte, luftgetrocknete Würste

Keschtn, Köschtn Kastanien

Kiechl Krapfen, ausgebacken und mit Marmelade gefüllt, auch „Kniekiechel"

Kloazen gedörrte Birnen

Kren Meerrettich

Marillen Aprikosen – die besten kommen aus dem Vinschgau

Mus zum Beispiel Schwarzplentenmus aus Buchweizenmehl und Milch gekochter Brei, mit brauner Butter und „Holersulz" (Holunderbeer-Sirup)

Plenten von Polenta, aus Maisgrieß

Povesen, Pofesen gefüllte, in Fett ausgebackene Weißbrotscheiben

Preßknödel Knödel mit Graukäse

Riebel, Riebler Schmarren

Saure Suppe Kuttelsuppe

Schlutzkrapfen oder Schlutzer mit Quark und Spinat gefüllte Nudelteigtaschen, mit brauner Butter und Parmesan

Bauernbratl (arrosto alla contadina) costicine e pezzetti di arista di maiale brasati insieme a patate e cipolle

Bauernschöpsenes (castrato alla contadina) carne ovina brasata con cipolla, aglio, carote e vino rosso

Beuschel (corata)

Bozner Sauce (salsa bolzanina) tradizionale salsa per gli asparagi preparata con uova sode tritate, olio, senape ed erbe aromatiche

Brotklee (trigonella) tipica erba aromatica per vari tipi di pane di segale

Erdäpfelplatteln (tavolette di patate) rettangoli di patate fritte in grasso

Fritatten (frittatine) striscioline di frittata da servire in brodo

Gröstel (rosticciata) arrosto misto di patate, cipolle e pezzettini di carne di vitello per l'Herrengröstel, (rosticciata dei signori) e di maiale o di manzo per il Bauerngröstel (rosticciata alla contadina), oppure al baccalà

Graukas (formaggio grigio) un particolare formaggio magro servito con cipolla, olio e aceto

Griessplatteln (tavolette di semolino) fatta a mo' di polenta con semolino di frumento, raffreddata, tagliata a fettine, impanata e saltata in padella

Hirnprofesen (cervello di vitello) speziato, spalmato tra due fette di pane, fritto nel grasso, da servire in brodo

Kaminwurzen (salsicce affumicate) piccole salsicce affumicate e stagionate all'aria

Köschtn (castagne, caldarroste)

Kiechl (craffen alla contadina) frittelle farcite di marmellata

Kloazen (spicchi di pere essiccate)

Kren (crema di rafano)

Marillen (le albicocche tipiche della val Venosta)

Mus (mosa) farina bianca di mais e di frumento cotta nel latte o nella panna e cosparsa di burro fuso, servita spesso con formaggio o marmellata di sambuco

Plenten (polenta)

Povesen (crostini) fettine di pane bianco farcite e fritte in grasso

Pressknödel (canederli pressati) canederli al Graukas (formaggio grigio)

Riebel (frittata) fatta a piccoli pezzetti, anche in versione dolce

Saure Suppe (minestra agra) variante tirolese della zuppa con trippa

Schwarzplenten Buchweizen, entweder für Knödel oder auch für Torten, mit Preiselbeersahne gefüllt

Strauben Spiralförmig in heißem Schmalz ausgebackener Pfannkuchenteig, mit Puderzucker bestäubt

Tirteln oder Türteln mit Sauerkraut oder Quark gefüllte, in Schmalz ausgebackene Roggen-Weizenmehl-Teigtaschen, vornehmlich aus dem Pustertal

Topfen Quark

Tschutsch Teig aus Mehl, Milch, Speck und Eiern, in einer Form im Ofen gebacken

Vinschger paarweise gebackenes Roggenbrot

Vormas kalte Vorspeise aus Kalbskopf, Zunge, Graukäse, Ochsenmaul, mit Zwiebeln, Essig und Öl

Vorschlagbrot großer, runder Brotlaib aus Weizen- und Roggenmehl mit Gewürzen wie Anis, Fenchel, Brotklee

Zelten Kuchenartiges Roggenbrot mit getrockneten Früchten und Nüssen, wird meist zu Weihnachten gegessen

Zieger gelagerter Käse aus Magerquark, oft sehr scharf

Zigori zarte Löwenzahnblätter, im Frühling als Salat gegessen mit Pellkartoffelscheiben, Speck und Zwiebeln

Schlutzkrapfen o Schlutzer (mezzelune pusteresi) grandi ravioli farciti di ricotta e spinaci cosparsi di burro fuso e formaggio grattugiato

Schwarzplenten (polenta nera) nome tirolese della farina o del semolino di grano saraceno usati per canederli, frittate e torte

Strauben (riccoli) spirali di pastella fritta nello strutto, cosparsi di zucchero a velo

Tirteln (tortelli) fagottini di frumento e segale riempiti di crauti o ricotta, fritti nello strutto, tipici della val Pusteria

Topfen variante di ricotta

Tschutsch (focaccia) impasto preparato con farina, latte, speck e uova, versato in uno stampo e cotto nel forno

Vinschger Paarl (pagnotta accoppiata venostana) la classica "coppietta" di pan di segale originaria dalla val Venosta

Vormas primo piatto freddo preparato con testina di vitello, lingua, formaggio grigio, muso di bue, cipolla, olio e aceto

Vorschlagbrot grande pane rotondo preparato con farina di frumento e di segale, aromatizzato con anice, finocchio e trigonella

Zelten (pane natalizio) il tipico dolce del Natale tirolese preparato con un po' di farina di segale e tanta frutta secca e noci

Zieger un formaggio di ricotta magra stagionato, spesso molto piccante

Zigori (cicoria) le foglie di tarassaco (dente di leone) che in primavera vengono servite come insalata insieme a fette di patate lesse, speck e cipolla

✂️ Rezeptverzeichnis | Elenco delle ricette

Impressum | Editoriale

© 2011 Neuer Umschau Buchverlag GmbH, Neustadt an der Weinstraße

Außenredakteur/Recherche | Ricerche e redazione esterna
Wolfgang Bierfreund, München

Texte | Testi
Cornelia Haller, Gargazon/Meran

Fotografie
Brigitte Frank, München

Übersetzung ins Italienische | Traduzione italiana
Giorgio Hofer & Manuela Marini, Venezia
hofervenezia@yahoo.it

Lektorat | Revisione testi
Nikola Hahn, Neustadt an der Weinstraße

Herstellung, Gestaltung und Satz | Impaginazione e fotocomposizione
Tatjana Beimler, Neustadt an der Weinstraße

Reproduktionen | Riproduzioni
Blaschke Vision, Freigericht

Karte | Cartina
Thorsten Trantow, Herbolzheim
www.trantow-atelier.de

Druck und Verarbeitung | Stampa e legatoria
NINO Druck GmbH, Neustadt an der Weinstraße
www.ninodruck.de

Printed in Germany
ISBN: 978-3-86528-506-5

Besuchen Sie uns im Internet | Visitate il nostro sito
www.umschau-buchverlag.de

Titelfotografie | Foto di copertina
Tourismusverein Villnöß/Südtiroler Marketing Gesellschaft (Geislergruppe); Brigitte Frank (Food). Die Foodaufnahme zeigt Lammfilet vom Villnösser Brillenschaf im Speckmantel auf Sellerie-Kartoffelpüree mit Gemüse der Saison, zubereitet vom Hotel Tyrol in Villnöß, S. 431.
Azienda Turistica Val di Funes/SMG Bolzano (Gruppo delle Odle); Brigitte Frank (la cui foto mostra il piatto "Filetto di agnello di pecora occhialuta della Val di Funes in crosta di pancetta su crema di sedano e patate con verdure di stagione" preparato dall'Hotel Tyrol di Funes, pag. 431)

Wir bedanken uns für die freundlicherweise zur Verfügung gestellten Fotos bei | Ringraziamo per le foto gentilmente messe a disposizione da:
EOS/Frieder Blickle (S. 28–37); Hotel Bella Vista, Trafoi am Stilfser Joch (S. 42 beide Fotos unten, S. 43 oben rechts); WERBOSA Werbeagentur, Schlanders (S. 46–47 alle Fotos bis auf S. 47 oben rechts); Hotel Hanswirt/ Christian Gufler (S. 56 sowie S. 108 Foodbild, S. 57 unten); Hotel an der Stachelburg, Partschins (S. 58–59 alle Fotos bis auf Foodbild); Schloss Tirol, Meran (S. 61 oben rechts); Braugarten Forst, Algund/Forst (S. 63 oben links); Hotel Tirolerhof, Algund (S. 64 unten, S. 65 oben sowie unten rechts); Südtiroler Köcheverband, Meran (S. 68–69); Bistrò Hellweger's (S. 74 unten sowie S. 75); Touriseum – Südtiroler Landesmuseum für Tourismus, Meran (S. 94–95); Relais & Châteaux Hotel Castel Fragsburg, Meran (S. 98–99 alle Fotos bis auf Foodbild); Restaurant Elisabeth, Tscherms (S. 118 Mitte, S. 119, S. 120 oben rechts, S. 121 oben); la maiena Life Resort, Marling/Meran (S. 122–123 alle Fotos bis auf Foodbild); Biedermannhof/Familie Innerhofer, Tscherms (S. 126 alle bis auf oben rechts sowie S. 127 unten); G. Pfitscher, Burgstall (S. 138 sowie S. 139 alle bis auf Foto oben links); Moar-Hof, Burgstall (S. 140 oben rechts); Hotel Gasthof zum Mohren, Tisens/ Prissian (S. 146 oben sowie unten rechts,

Impressum | Editoriale

S. 147 oben und unten links); Brauhotel Martinerhof, St. Martin in Passeier (S. 152 sowie S. 153 oben links); Golfclub Passeier.Meran, St. Leonhard in Passeier (S. 156–157 alle Fotos bis auf Foodbild); Andreus Golf & Spa Resort, St. Leonhard in Passeier (S. 158–161); Hotel Bergland, St. Leonhard in Passeier (S. 162–165); MuseumPasseier, St. Leonhard in Passeier (S. 166 unten rechts); Metzgerei Hofer, Moos in Passeier (S. 172 oben links und unten, S. 173 oben links und rechts); Hotel Jägerhof, St. Leonhard in Passeier (S. 175 unten, S. 176 unten, S. 177 unten rechts); Parkhotel Laurin/Annette Fischer (S. 193 oben links und rechts sowie unten rechts); Franziskaner Bäckerei OHG, Bozen (S. 194–195, S. 196 oben links und rechts, S. 197); Roter Hahn Südtiroler Bauernbund/Frieder Blickle (S. 202–205); Gasthof Kohlern, Bozen (S. 210–211 alle Fotos bis auf Foodbild); Weingut Larcherhof, Bozen (S. 213 Mitte), Weingut Ansitz Waldgries, Bozen, mit Köfererhof, Vahrn, und Gumphof, Völs am Schlern (S. 225); Kaserhof; Oberbozen/Ritten (S. 236 Mitte, S. 237); Hotel Naturidylle Geyrerhof®, Oberbozen/Ritten (S. 238 Mitte rechts: Macel Musiol, sowie unten links: Photo-VicianiU, S. 239 oben: Kurt Ramoser); Hotel Ansitz Kematen, Klobenstein (S. 242 Mitte links und rechts); Hotel Zum Zirm, Klobenstein/Ritten (S. 248 oben, S. 249); Hotel Girlanerhof, Girlan/Eppan (S. 277 oben links sowie unten rechts); Kellerei St. Michael-Eppan, Eppan (S. 278 oben rechts, S. 279 unten rechts); Verena Eisenstecken, Hotel Gasthof Steinegger, Eppan/Berg (S. 280 Mitte sowie unten links, S. 281); Pension Aurora, Eppan (S. 284 oben rechts, S. 285); Gasthof Klughammer/Manuel Perktold (S. 296, S. 297 oben); Grill-Restaurant Spuntloch/Gius Josef, Kaltern (S. 304, S. 305 oben rechts sowie unten); Überetscher Speck, Eppan (S. 306 oben rechts, S. 307 oben links sowie unten); Castel Sallegg, Kaltern (S. 308–311); Hotel Teutschhaus, Kurtinig (S. 323 oben links und rechts); Gasthof Dorfnerhof, Montan (S. 326 Mitte, S. 327 oben links); Romantik Hotel & Restaurant Stafler, Mauls/Freienfeld (S. 346 unten links und rechts, S. 347); Naturprodukte Gasser, Klausen (S. 356 oben links); Pacherhof, Neustift/Vahrn (S. 362, S. 363 oben links und Mitte); Augustiner Chorherrenstift Neustift, Vahrn (S. 364–367 alle Fotos bis auf S. 366 oben rechts); Weingalerie, Brixen (S. 368); Tourismusverein Villnöß, Villnösser Tal (S. 376–377); Hotel Kabis, Villnöß (S. 378 Mitte links sowie unten); Villnösser Brillenschaf/Lorenz Fischnaller (S. 381); Hotel Tyrol/Annelies Kompetscher (S. 384 unten rechts); Ansitz Ranuihof, Villnöß mit Geisleralm, Villnösser Tal (S. 386–387); Romantik Hotel Turn, Völs am Schlern (S. 395 Foodbild, 396–397); Tourismusverband Hochpustertal/M. Schönegger: S. 410, E. Steiner: S. 411 oben links, F. Blickle: S. 411 oben rechts; Ristorante Tabula Da Domenico, Bruneck (S. 412–413, S. 414 oben sowie unten rechts, 415); Hotel Post, Olang (S. 416 unten, S. 417 oben links sowie unten); Alpine Wellness Resort Majestic, Reischach (S. 420–421); Hotel Quelle Nature Spa Resort, Gsiesertal (S. 422–425).

Ferner bedanken wir uns für den Text auf S. 21 bei Dr. Luis Durnwalder, Landeshauptmann Südtirols.

Inoltre ringraziamo il presidente delle giunta provinciale Luis Durnwalder per il suo gentile intervento pubblicato a pag. 21.